갈림길의
일본

**갈림길의
일본**

다카이치의 일본, 어디로 가는가

1판 1쇄 펴냄 2026년 3월 20일

지은이 이헌모
발행인 김병준·고세규
발행처 생각의힘
편집 박승기·봉정하 디자인 김경민 마케팅 김유정·신예은

등록 2011. 10. 27. 제406-2011-000127호
주소 서울시 마포구 독막로6길 11, 2, 3층
전화 편집 02)6925-4185 영업 02)6925-4188 팩스 02)6925-4182
전자우편 tpbook1@tpbook.co.kr 홈페이지 www.tpbook.co.kr

ISBN 979-11-94880-57-8 (03340)

갈림길의 일본

이현모 지음

다카이치의 일본, 어디로 가는가

생각의힘

일러두기

1. 단행본은 겹화살괄호(《 》), 신문, 영화, 드라마, 미술 작품, 보고서, 글 등은 홑화살괄호(〈 〉)로 표기하였다.

2. 각주는 저자 주이다.

3. 인명, 지명 등 외래어는 국립국어원의 표준어 규정 및 외래어 표기법을 따르되 일부는 관례와 원어 발음을 존중하여 그에 가깝게 표기하였다.

4. 국내에 소개된 작품명은 번역된 제목을 따랐고, 국내에 소개되지 않은 작품명은 원어 제목을 독음대로 적거나 우리말로 옮겼다.

들어가면서

1990년 4월 2일 월요일 이른 새벽. 26세의 청년은 잔뜩 긴장한 표정으로 짙은 안개에 시계가 불투명한 서울을 뒤로하고 김포공항으로 향했다. 마치 앞으로 전개될 자신의 불투명한 미래를 예언하는 듯한 날씨였다.

나는 긴장과 두려움을 떨치지 못한 채 청운의 꿈을 품고 도쿄 나리타행 비행기에 몸을 실었다. 서울과 도쿄는 비행기로 두 시간 정도 거리였다. 고소공포증과 이제부터 시작될 일본 생활에 대한 두려움과 막연한 기대감이 복잡하게 뒤섞인 묘한 긴장감에 창밖을 응시하며 내내 새로운 출발을 위한 마음을 다스리기에 여념이 없었다.

도쿄에 도착 후 일본 친구 집에서 20여 일 신세를 지게 된다. 일본은 생면부지의 땅이고 오갈 데도 없는 처지인지라 염치 불고하고 함께 유학길에 오른 친구와 둘이 20여 일 동안 숙식을 제공받는 크나큰 신세를 졌다. 오전에는 학교에 가서 수업을 듣고 오후부터는 자유 시간이지만, 일본어도 어눌하고 어디가 어딘지도 모르는 청맹과니이니 아르바이트를 구하는 것도 어려웠다. 우선은 친구와 둘이 살 집부터 구하기로 하고 오후는 부동산을 순회하며 집을 구하러 다니는 나날이었다.

그러나 정작 부동산에서는 한국 유학생이라는 말을 꺼내기가 무섭게 퇴짜를 맞는 일이 반복되면서, 일본 생활이 결코 녹록지 않을 것임을 절감하는 날들이 이어졌다. 우여곡절 끝에 이케부쿠로池袋와 가까운 곳에 방 한 칸짜리 낡은 목조 아파트를 구해 친구와 둘이 공동생활을 하며 본격적인 유학 생활을 시작하였다. 이때가 1990년 4월 하순쯤이었던 것으로 기억한다.

도쿄 생활의 시작과 새로운 경험

당시 한국에서 일본으로 올 때는 당장 필요한 옷가지만을 갖고 왔던지라 모든 것을 새로 장만해야만 했다. 가난한 유학생에게 이런 살림살이를 갖추는 것도 만만치 않은 부담일 수밖에 없으니 불편을 감수하며 생활해야 했다.

유학 초기, 오전의 일본어 학교가 끝나면 점심 무렵 귀가를 하는데 통학로인 지하철역에서 집까지는 도보로 20분 정도 거리였다. 며칠 다니다 보니 주택가를 가로지르는 지름길을 발견하여 시간을 단축할 수 있었다. 이렇게 주변 환경에 익숙해지고 적응이 되어가면서 종종 놀라운 광경과 마주치게 되었다.

당시 TV, 냉장고는 물론 비디오, 오디오 세트 등의 전자제품을 비롯하여 침구나 소파, 책상, 의자, 식탁 등 지금 같으면 리사이클센터에서 취급할 물건들이 쓰레기 집하장에 쌓여 있던 것이다. 처음에는 이삿짐으로 내어놓은 것으로 생각했으나 아무리 보아도 쓰레기 집하장이었다. "아니 이렇게 멀쩡한 것들을 정말 버린다고?" 하며 반신반의할 수밖에 없었다.

그 후 우리는 쓸 만한 물건이 있는지 쓰레기 집하장을 주의 깊게 살피는 습관이 생겼다. 물론 우리도 체면이 있는지라 사람이 있을 때는 짐짓 아닌 척하면서 매의 눈으로 찜을 해두었다가, 심야시간이 되어 사람의 왕래가 없을 때 필요한 물건을 챙겨와 유용하게 사용했다.

이렇게 쓰레기로 버려진 물품을 하나하나 챙기다 보니 우리의 살림살이도 제법 사람 사는 모양새를 갖춰가게 되었다. 이것이 바로 내가 일본에 온 1990년 유학 첫해에 있었던 일이며, 그 당시 일상의 풍경이다. 26세 청년의 눈에 비친 일본 아니 도쿄의 모습과 생활상은 한국의 그것과 큰 차이가 나는 놀라움의 연속이었다.

과연 일본이 선진국이고 한국보다 잘사는 나라이다 보니, 이렇게 멀쩡한 물건들도 쓰다가 싫증 나면 버리고 또 새 물건으로 바꿀 정도로 생활도 여유가 있구나 하며, 그 격차를 피부로 느낄 수밖에 없던 시절이었다. 이런 유학 초기의 경험, 즉 일본이 한창 잘나가다 버블이 붕괴되는 시절의 세태를 도쿄에서 경험한 나는 그 때문인지 일본인이 검소하고 절약 정신이 뛰어나다는 세간의 통설에 선뜻 수긍하기 어렵다.

아무튼 당시 일본은 한국보다 저만치 앞서 나가고 있는 선진국이었고, 세상 물정 모르는 사회 초년생의 눈에 보이는 일본은 그저 부럽고 배울 것이 많은 롤 모델 사회로만 느껴졌다.

30년이 지난 일본의 현재

그로부터 정확히는 35년이란 세월이 흘렀다. 우리 속담에 10년이면 강산이 변한다고 하는데, 요즘 같은 시대에는 과거의 10년은 지금의 1, 2년과 같은 느낌일까? 26세의 혈기와 의욕은 왕성했지만 모든 게 어리바리했던 청년이 이제는 환갑을 넘긴 장년이 되어 일본의 대학에서 일본 학생들을 가르치고 있다.

나는 2012년 봄부터 미국 미시간대학교에서 연구년을 보낸 2년을 제외하고, 1990년 4월부터 지금까지 도쿄에서 살고 있다. 경기도 포천에서 태어나 성장했고, 1980년대에 군대와 대학까지 마치며 한국에서 살아온 26년의 세월보다 일본에서 생활한 시간이 더 길다. 그런 의미에서 자신의 정체성이 헷갈릴 때도 종종 있다.

지금은 오히려 한국이 일본을 앞서가는 분야도 많고, 오히려 일본이 디지털 후진국이며 아직도 팩스를 쓰는 아날로그 국가가 아니냐 반문하는 분도 있을 것이다.

맞다. 나는 지금부터 그 애기를 하려고 한다. 정확히는 내가 일본에서 살기 시작한 1990년과 비교하면 한국은 민주주의의 성숙도는 물론 경제와 사회, 문화, 예술, 과학 등 많은 분야에서 발전과 진보가 있었다. 작금의 K-컬처붐은 말할 것도 없고, 유학 초기 한국 음식이 너무 그리워도 쉽게 구할 수도 먹을 수도 없었다. 지금은 동네 슈퍼나 편의점에서도 손쉽게 한국 식료품이나 상품을 구할 수 있게 되었으니 그야말로 격세지감이라 하지 않을 수 없다.

그러나 일본은 어떤가? 결론부터 말하자면, 내가 처음 일본에 왔을 때의 1990년과 비교해도 한국이나 다른 국가들이 변모하고 성장한 것에 비하면 일본은 '잃어버린 20년' 또는 '30년'으로 형용되듯, 과거 1990년대와 비교하여도 큰 변화가 없어 보이는 정체를 겪고 있지 않느냐고 하는 사람도 많을 것이다.

그렇다. 과거 1980년대 말까지 그렇게 잘나가던 일본이 왜 주춤하게 되었는가? 그 원인이 무엇인가 무척 궁금해질 수밖에 없다.

내가 일본에 온 해가 1990년인데, 일본의 연호로는 헤이세이平成 2년이었다. 헤이세이 30년이 종말을 고하고 2025년 현재는 레이와令和 7년이다. 흔히 말하는 헤이세이 30년 동안 일본은 왜 다른 나라들처럼 변화와 발전을 하지 못하고 정체하고 있었는가 하는 의문점을 풀어보는 것이 이 책의 주제이고 목적이다.

최근 한국과 일본의 실상

내가 유학을 시작한 1990년대와 지금은 너무도 많은 것이 변했다. 당시 일본은 아시아에서 유일한 선진국이었으며 한국은 홍콩, 싱가포르, 대만과 함께 새로 떠오르는 네 마리의 용으로 불리던 시절이었다. 경제력이나 산업기반은 물론이고 국제적 위상 또한 일본에 견줄 아시아 국가는 존재하지 않았다. 일본은 이런 후발 국가들의 롤 모델 같은 존재였고 동경의 대상이었다.

그러나 지금은 어떤가? 과거 일본이 아시아에서 가장 앞서가는 나라이며 물가도 비싸 손쉽게 여행하기도 어려운 나라였다고 한다면, 지금은 물가도 싸고 화폐가치도 하락하여 여행하기 부담 없는 값싼 나라로 전락하고 있다고 할 수 있다. 헤이세이 30년에 걸친 장기 불황으로 사회는 활력을 잃어가고, 조금 거칠게 표현하자면 거대한 일본호는 망망대해를 조타수 없이 밤하늘의 별자리에 의존하여 항해를 하고 있는 듯한 느낌이 들 정도이다. 이 책에서 그 원인을 알아볼 것이다.

내가 유학했던 90년대와 지금 현재 한일간의 경제력을 비교해 보아도, 거의 10배 차이가 나던 GDP가 이제는 2.5배 정도로 좁혀졌다. 이는 일본의 국토와 인구가 한국보다 2.5배 정도 크고 많은 것을 생각한다면 단순 비교하여도 거의 대등한 입장이 되었다고 말할 수 있다.

이런 경제력 차이의 축소는 한국인과 한국 사회에는 일본에 대한 자신감으로 나타나기도 한다. 과거 우리 세대가 가졌던 일본을 향한 동경이나 질투 같은 복잡한 감정은 많이 희석된 듯하다. 이는 바람직한 현상이고 앞으로 대등하고 우호적인 양국 관계 정립을 위해서도 이런 변화는 긍정적으로 생각한다.

그러나 한편에서는 일본에 대한 막연한 동경을 넘어 상찬을 주저하지 않는 사람과 일종의 열패감을 드러내는 사람들도 눈에 띈다. 특히 SNS 등을 보면 일본을 향한 무비판적인 칭송과 함께 반대로 일본을 비하하고 무시하는 포스팅이 생각보다 많이 눈에 띈다. 물론 그런 생각이나 포스팅이 무조건 나쁘다는 의미가 아니다. 다만 실제로 과연 일본이라는 나라와 사회가 한국인과 한국 사회가 부러워하며 본받고 배워야 할 정도의 대상인가 하는 점을 진중히 생각해 보자는 것이다.

어느 사회나 화사한 햇살을 받아가며 눈부시게 주목받는 곳이 있으면, 하루 종일 햇볕도 들지 않아 음습하고 어두운 채 눈에 잘 띄지 않는 곳도 존재한다. 아마도 일본을 동경하고 칭찬하는 사람들에게는 전자의 부분이 눈에 많이 들어올 것이다. 그러나 실제로 그 사회의 일원으로 좋든 싫든 그 사회의 밝고 어두운 면을 다 겪으며 생활인으로 살다 보면, 같은 사회의 다른 모습이 눈에 들어오게 된다.

일본인과 같은 조직, 같은 커뮤니티에서 한국인이라는 정체성을 유지하며 30년 이상을 '방문자'가 아닌 '생활자'로 살아오면서 체득하게 된 것은, 오히려 어둡고 본받지 말아야 할 부분들도 많다는 점이다.

물론 일본이 호황이던 시절에는 일본식 제도나 시스템과 규범 등이 세계적으로도 평가받고 선망의 대상이 되기도 하였다. 그러나 소위 '잃어버린 30년'이라 회자되는 기간을 일본 사회의 구성원으로 생활하며 겪고 깨닫게 된 실상은 많이 다르다고 감히 단언한다.

현재의 일본, 특히 헤이세이부터 지금까지의 일본 사회는 오히려 과거의 잘나가던 영광의 굴레에서 벗어나지 못한 결과, 시대의 변화에 뒤처지고 있다. 튼튼한 기술력이나 산업 기반을 갖추고 있으면서도 이를 제대로 활용하고 발전시키지 못하고 있다는 생각을 지울 수 없다.

책의 취지와 구성

이 책은 일본을 폄하하거나 비난하고자 하는 의도에서 쓰인 책이 아니다. 과거 아시아 국가에서 유일한 선진국의 위용을 뽐내고 다른 후발 국가들의 롤 모델과 같은 역할을 하던 일본이 왜 이렇게 과거의 위용과 활력을 잃고 의기소침한 나라가 되었나 하는 점을, 나름대로의 경험과 지식을 바탕으로 풀어보고자 한다.

책에서 일본 사회에 대한 분석과 비판을 하고 있지만, 이는 사회과학을 전공하는 이방인의 시선과 판단일 뿐이다. 나는 한국보다 일본에서 살아온 시간이 더 길다. 일본 사회에 애증이 남다르고, 기본적으로는 살 만하니까 살고 있는 것이다.

'살 만하다'는 것은 그만큼 일본 사회가 외국 국적의 이방인에게도 기회를 제공하는 사회라는 의미다. 일본이 갖고 있는 긍정적이고 바람직한 현상도 평가를 해야 하며, 일본도 한국과 같이 사람 사는 곳이라는 점을 잊어서는 안 된다. 즉 처음부터 일본이기에 무언가 탁월한 자질과 뛰어난 능력 등이 결합되어 사회와 국가가 융성하고 번창하였다는 것이 아니라, 그 시대를 살아가며 당시 요구되는 시대성을 타국보다 일찍 깨닫고 이를 실현하며 인적, 사회적, 문화적 역량 등을 적절하게 이끌어내고 발현시켰을 뿐이다.

바꿔 말하면 시대정신에 부합하는 의식이나 깨달음이 저하되고 그런 현실 자각을 방해하는 요인들이 사회 구석구석에 자리하고 팽배해지게 되면, 번영보다는 쇠락의 길을 걸을 수 있다는 뜻이다. 그런 의미에서 한국이나 일본은 같은 입장이다. 과거 일본이 국운이 상승하고 경제적으로 번창할 때가 있었던 것처럼, 현재 한국도 자긍심을 느낄 정도로 국운이 상승하고 발전하고 있다고 하여도 언제 일본처럼 정체의 길을 걷게 될지 모른다.

이 책에서 현재 일본의 정체 현상을 낳고 있는 원인이 무엇인가를 나의 일본 생활과 지식을 바탕으로 분석하고 설명하고자 한다. 다만 철저한 자료와 데이터를 바탕으로 검토 분석하는 학술 서적이 아니고, 누구나 쉽게 읽을 수 있는 책을 쓰겠다는 취지에서 나온 결과물이므로 개인의 주관적인 이해와 판단이 들어가 있음을 밝힌다.

이 책은 일본에 대한 비판서이지만, 한국에서도 역지사지로 삼을 수 있는 요소들이 많을 것이다. 남의 나라 일이지만 우리에게도 닥칠 수 있는 개연성을 충분히 내재하고 있는 사항들이다. 한국의 독자들에게는 일본의 현실을 좀 더 냉정하고 이성적으로 볼 수 있는 계기가 되고 타산지석으로 삼을 수 있는 단초를 제공할 수 있기를 바란다.

책의 구성은 다음과 같다. 제1부는 '헤이세이의 잃어버린 30년'이다. 과거 1980년대 말까지 일본의 위상이 어떠했으며, 세계적으로 일본이 얼마나 주목과 각광을 받던 시절이었던지에 대해 당시의 데이터와 통계 등을 바탕으로 분석한다. 그랬던 일본이 1985년의 플라자 합의를 시발점으로 하는 버블의 시대로 접어들게 되고 헤이세이 들어서 장기 불황에 빠져들어가는 상황을 살펴본다.

제2부는 정치·행정 이야기다. 이 책에서 가장 많은 분량을 차지하고 있는 부분이 정치와 행정이다. 왜냐하면 주지하

다시피 일본은 자민당 일당 지배체제가 60년 이상 이어지고 있는 세계에도 유례가 없는 나라이다. 그런 일본의 정치를 담당하고 있는 자민당의 권력구조와 공과功過를 살펴보는 것이 일본의 근간을 들여다보는 것이 되기 때문이다. 또한 정치와 이인삼각二人三脚을 이루는 행정시스템과 정치와 행정의 관계를 들여다봄으로써 일본의 권력 구도와 시스템을 파악할 수 있기 때문이다.

일본의 흥망성쇠에는 항상 자민당이 동행했으며 지금도 함께하고 있다. 그런 의미에서 자민당을 보지 않고는 일본의 정치와 행정을 제대로 파악할 수가 없다. 또한 일본의 정치 구조는 한국의 대통령제와는 다른 의원내각제이다. 이 의원내각제의 특징과 자민당 정치가 접목된 일본 특유의 의원내각제의 특성을 알아보는 일은 매우 흥미로운 일이며, 헌법 개정을 정치 과제로 두고 있는 한국 사회에도 시사하는 바가 크다. 아울러 주권자인 국민이 정치와의 관계를 어떻게 가져야 하는지를 일본 주권자들의 정치의식을 통하여 간접적으로 알 수 있을 것이다.

제3부는 경제·산업·사회 이야기다. '일본은 이미 부자나라가 아니다'라는 주제를 놓고 일본 샐러리맨의 실상을 통해 들여다본다. 또한 일본이 신용 사회라는 허상을 구조적 부패의 사례 등에서 살펴본다. 일본 장기 침체의 요인으로 꼽히는 저생산성, 저효율성, 저임금 등의 사례를 일본 조직사회의 고질적인 병폐와 기능부전의 원인을 '회의 만능주의와 책임 분산구조' '공평과 평등의 도그마에 빠진 요코나라비 사회' '모난돌이 정 맞는 동조압력 사회' '예정조화 논리의 지배와 형

식주의의 만연'이라는 항목별로 나누어 구체적 분석을 시도
했다. 아울러 일본 미디어의 실태와 저급함을 일명 '한국 때
리기'의 실례를 통해 소개하면서 일본의 국제경쟁력이 하락
하는 원인에 대해 살펴보고 있다.

제4부는 교육, 문화·예술, 역사 이야기다. 재외국민으로
일본에서 자녀교육을 통해 얻고 느낀 경험을 바탕으로 일본
교육 현장의 문제점을 추출한다. 엄격한 교칙과 조화를 강조
하는 일본 교육 현장에서는 인내와 참음을 강요하고, 이는 청
소년들의 개성과 창의성의 억제로 이어지는 현장을 꿈이 없
는 젊은이들의 모습을 통해 소개한다. 아울러 일본 대학교육
현장의 현실과 문제점에 대해서 분석을 시도하고 있다.

또한 과거 80~90년대까지만 해도 동남아시아 지역을 석
권했던 일본의 문화산업이 쇠퇴하게 된 원인과 배경을 '오만
의 정치'와 '동조압력'의 사회구조를 통해 분석해 본다. 역사
분야에 있어서는 일본이 8월 15일을 '패전일'이라고 하지 않
고 '종전일'이라고 하는 문제를 지적하며, 과거 일본의 전쟁
을 통해 드러난 문제점들이 현재까지 이어지고 있는 실태에
대해 살펴보며 역사를 통한 학습과 교육의 중요성을 다시 한
번 확인하고 있다.

마지막으로 '글을 마무리하면서'에서는 이 책을 마치면서
앞으로 전개될 일본 정치와 다카이치 정권의 향후를 전망해
보았다. 또한 장기간 경기 침체로 고통을 겪었던 일본 사회가
불황에서 탈출하기 위해 개선해야 할 문제점들에 나름대로
제안을 하면서 마무리했다.

이렇게 이 책은 크게 4부 구성으로 되어 있으며, 각 부문

마다 테마를 갖고 일본과 일본 사회를 분석하며 논하고 있다. 따라서 독자들께서는 관심이 있는 분야부터 읽어도 문제가 없을 것이다. 또한 중간중간에 '커피브레이크'라는 휴식 공간을 만들어 일본에 관련된 알아두면 유익한 상식을 소개하는 코너를 마련해 두었으니 책을 읽다 지루해지면 읽어보시는 걸 추천한다.

차례

제3부　경제·산업·사회 이야기 _ 233

제4부 교육, 문화·예술, 역사 이야기 _ 367

제1부

헤이세이平成의 '잃어버린 30년'

일본은 천황제를 유지하고 있는 나라이다. 천황이 바뀔 때마다 연호가 바뀌는데 2025년은 레이와令和 7년이 된다. 한국인이 일본에 관한 공부를 할 때 골치 아픈 것 중의 하나가 일본의 시대를 나타내는 연표를 외울 때이다. 한국처럼 서기로만 표시가 되면 이해하기 쉬운데, 거의 모든 서적을 비롯한 관공서의 문서나 자료가 연호를 사용하고 있다.

예를 들어 명치 XX년, 다이쇼 XX년, 쇼와 XX년, 헤이세이 XX년, 레이와 X년이란 식으로 등장하게 되면, 연호에 익숙지 않은 사람은 이를 다시 서기 몇 년으로 환산해야 하기에 여간 골치 아픈 일이 아니다. 나도 처음 일본을 공부할 때 가장 골머리를 앓았던 것 중의 하나가 바로 이 연호와 서력을 매치시키는 일이었다. 지금은 요령이 생겨 대략 서기 몇 년이라는 감이 오게 되었지만, 이런 연호 사용에 익숙해지기 까지는 많은 시간과 노력이 필요했다.

이 책에서 주로 대상으로 하는 헤이세이는 제125대 아키히토明仁 천황이 1989년 1월 8일에 즉위하면서 시작된다. 따라서 1989년이 헤이세이 1년 즉 원년이다. 그리고 아키히토 천황이 아들에게 생전 양위를 하며 물러난 2019년 4월 30일(헤이세이 31년)로 헤이세이가 막을 내린다. 즉 1989년부터 2019년 4월

말까지의 약 30년이 헤이세이에 해당된다.

이 헤이세이 30년 사이에 1980년대 말까지 최고의 호황을 누리던 일본이 장기 불황에 빠져 있을 때, 미국과 중국을 중심으로 한 경제력의 판도가 바뀌면서 헤이세이 30년이란 기간이 일본에는 치명적이고 돌이킬 수 없는 실패의 시간이었다. 그런 연유로 이 헤이세이 30년을 가리켜 '잃어버린 30년'이라 부르는 것이다.

헤이세이 장기 불황은 도대체 어느 정도였나

1980년대의 일본은 어쩌면 유사 이래 최고의 절정기를 맞았던 시절이었다 하여도 과언이 아닐 것이다. 당시 일본이 얼마나 호황이었으며 잘갔는지를 나타내는 지표 몇 가지를 살펴보기로 한다.

우선 첫 번째가 기업의 시가총액이다. 주식의 시가총액은 상장기업의 주가에 발행된 주식 수를 곱한 것으로 기업가치나 규모를 평가할 때의 지표로 쓰인다. 나라마다 산정 방식의 차이는 있을 수 있으나, 일반적으로 시가총액이 크다는 것은 기업의 업적뿐만 아니라 장래 성장에 대한 기대도 의미한다. 물론 주가는 변동적이며 때때로 과대 또는 과소평가되기도 하기에 절대적인 것은 아니겠지만, 기업의 이익이나 자산이 크면 클수록 시가총액도 높아진다.

헤이세이가 시작된 1989년 4월을 기준으로 세계 기업의 시가총액을 살펴보면, 세계 50위까지의 기업에서 일본 기업이 차지하고 있는 압도적 비중에 놀라게 된다. 지금은 합병과 통합 등으로 이름이 바뀌거나 사라지기도 했지만, 1989년 4월 당시 시가총액 1위부터 5위까지가 일본 기업과 은행이다.

1위 NTT, 2위 니혼코교日本興業은행, 3위 스미토모住友은행, 4위 후지富士은행, 5위 다이치간교第一勧業은행의 순으로 상위 1위부터 5위를 일본이 차지하고, 미국의 IBM 이 6위로 체면을 살리고 있을 정도였다. 1위부터 50위까지의 기업 중 일본 기업이 32개로 압도적으로 많았고, 미국이 뒤를 이어 15개 기업을 포함시켰다.

그로부터 30년이 지난 2019년 4월 말 기준으로 세계 시가 총액 기업을 살펴보면, 이번에는 마이크로소프트를 시작으로 아마존, 애플, 알파벳(구글), 페이스북 등 미국 IT기업이 1위 부터 6위까지를 싹쓸이하고 있으며, 그 뒤를 중국이 좇고 있 는 형국이다.

50대 기업 중 미국 기업이 31개, 중국 기업이 7개인 반면, 일본 기업은 도요타 자동차가 유일하게 45위(1989년은 11위)를 기록하고 있을 뿐이다. 참고로 한국은 유일하게 삼성전자가 20위를 기록하고 있다.

두 번째로 국가별 GDP의 변화이다. 헤이세이의 시작인 1989년의 일본 GDP는 미국에 이은 세계 2위의 위치를 견고 히 지키고 있었다. 아니 기세를 몰아 미국을 넘어설지도 모른 다는 기대감마저 느낄 정도의 위세를 떨치고 있었다.

전후 복구와 고도성장을 거치면서 1968년에 독일을 제치 고 세계 2위 경제대국의 위상을 점한 일본이 2010년에 중국 의 추월을 허용하면서 3위로 내려앉게 되었고, 2023년에는 엔저의 영향도 있었다고는 하지만 독일에 다시 역전을 허용하며 세계 4위로 내려앉게 되었다. 또한 가까운 시일 내에 빠르게 성장하고 있는 인도에게 4위 자리도 내줄 것이라고 전망된다.

중국과 인도는 국토의 면적이나 인구의 측면에서 일본이 총량으로 상대하기에는 역부족일 수 있다. 하지만 오히려 일본과 비슷한 국토 면적이지만 상대적으로 인구가 적은 독일에 다시 추월을 허용한 점을 보면, 함께 G7*에 속한 다른 선진국들이 성장하며 파이를 늘려가고 있는 사이 일본이 주춤하며 정체하고 있었음을 단적으로 드러내는 결과라 하겠다.

세 번째로 1인당 GDP이다. GDP(국내총생산)는 국가의 경제 규모를 나타내는 지표이다. 이 GDP를 인구로 나눈 것이 '1인당 GDP'다. 이는 그 나라에 살고 있는 사람들의 경제적 풍요로움을 나타내는 대표적 지표라 할 수 있다.

헤이세이가 시작된 1989년 일본의 1인당 GDP는 24,831달러로 세계 4위를 마크하고 있다. 스위스, 룩셈부르크, 스웨덴에 이은 4위의 순위지만 미국(22,814달러)을 비롯 캐나다, 프랑스, 영국, 이탈리아, 독일 등 다른 G7 국가들보다는 상위를 차지하고 있었다. 2000년에는 룩셈부르크의 49,174달러에 이

---

* G7은 Group of Seven의 약자로 미국, 영국, 독일, 프랑스, 일본, 이탈리아, 캐나다의 주요 선진 7개국과 EU로 구성되어 있다. 이 국가의 정상과 EU 집행위원장이 일 년에 한 번 모여서 국제적인 정치, 경제 문제에 관해 논의하는 회합을 갖고 있는데, 이를 G7 서밋 또는 주요 7개국 정상회의라 한다.

어 38,536달러로 세계 2위를 마크하였는데, 그로부터 10년이 지난 2010년에는 44,674달러로 세계 18위로 순위가 크게 하락했다. 미국이 48,401달러로 12위, 캐나다가 47,513달러로 13위에 이은 18위였다. 그 뒤를 G7 국가로 독일, 프랑스, 영국, 이탈리아의 순으로 이어지게 된다.

그로부터 20년이 지난 2024년 최근의 통계자료를 보면 일본의 순위가 더욱 하락하였음을 확인할 수 있다. IMF의 World Economic Outlook Databases(2025년 4월)을 보게 되면, 세계 190개 국가 중 일본은 32,498달러로 36위를 기록하고 있다. 이는 미국이 85,812달러로 7위, 독일이 54,989달러로 17위, 캐나다 54,473달러 18위, 영국 52,648달러 22위, 프랑스 46,203달러 26위, 이탈리아 40,224달러 28위를 기록하고 있어 G7 국가 중 일본이 최하위를 기록하고 있음을 알 수 있다. 참고로 한국은 36,128 달러로 스페인에 한자리 앞선 31위를 마크하고 있어 일본을 앞지르고 있음을 알 수 있다.

이 통계의 순위는 최근 일본의 엔저에 영향을 받은 순위의 하락이라는 측면도 있겠지만, 중요한 것은 헤이세이 30년을 거치면서 소위 선진국이라 불리는 나라들 즉 G7 국가에서 일본의 1인당 GDP가 최하위를 기록하고 있다는 점이다. 이는 다른 나라들이 크건 작건 지속적인 성장을 해온 것에 비해 일본은 그러하지 못했다는 것을 증명하는 자료이다. 더구나 한국에도 추월을 당했다는 사실이 많은 일본인에게 쇼크였을 것이다. 그 이유 등에 대해서는 후술하기로 한다.

물론 위에서 살펴본 통계로만 일본의 경제력과 잠재력을 측정하고 단언할 수는 없다. 그렇지만 이 책에서 다루고자 하는 헤이세이의 30년간 일본이 저성장 내지는 정체의 상태를 이어오고 있었다는 사실은, 이런 통계와 데이터를 통해서 확인할 수 있다. 그러면 여기서 궁금해지는 점이 있다. 흔히 말하는 선진국이라고 하는 나라들이 20세기 말과 21세기를 거치면서 각자 여건이나 환경은 다르더라도 점진적이고 지속적인 성장을 이어오고 있는 것에 비해, 일본은 소폭이거나 그다지 눈에 띄는 성장이 없어 보인다는 점이다. 왜 일본만 다른 나라에 비해 소극적이며 미온적인 변화밖에 없었던 것일까 하는 의문이 든다.

나는 그에 대한 답변을 책의 본문에서 풀어가겠지만, 크게 보았을 때 우선 꼽을 수 있는 것으로 무력하고 무능한 정치와 그를 가능하게 하는 국민의 정치적 무관심과 비합리적 제도와 사회적 인습 등을 들 수 있을 것이다. 경제·산업적으로는 저 생산성과 비효율의 산업구조로 인한 제조업의 쇠퇴를 비롯하여, '변화'보다는 '안정'을 추구하는 국민성에도 기인하는 점이 크며, 무엇보다도 아날로그 시대에서 디지털 시대로의 변화에 둔감했고 뒤처졌다는 점을 꼽지 않을 수가 없다.

일본의 전성기

고도성장기에 접어든 60년대 이후부터 80년대의 절정기에 달하는 이 시기는 일본 경제의 황금기였으며, 일본 역사상으로도 최고로 국운이 상승했던 시절이 아니었을까 싶다.

《1등 국가 일본Japan as Number One: Lessons for America》이라는 책이 있다. 일본이 고도성장을 이루며 독일을 제치고 미국에 이은 세계 2위 경제대국으로 도약한 것을 계기로, 당시 하버드 대학교 교수였던 사회학자 에즈라 보걸Ezra Vogel이 일본을 분석한 책으로 1979년에 출판되어 일세를 풍미했다. 이 책에서는 일본의 성공 배경으로 수준 높은 교육시스템과 국민의 높은 학습의욕에 덧붙여 종신고용제 같은 일본식 경영을 높게 평가했다. 미국도 이런 점을 일본에 배워야 한다는 의미로 부제를 '미국에의 교훈'이라고 했을 정도였다. 이 책으로 인해 미국의 대 일본관에 큰 영향을 주었다고 회자된다.

만일 저자가 지금도 생존하여 현재의 일본 상황에 대해 다시 저술을 한다면, 아마도 책 제목에서 'as'를 'was'로 바뀌어야 할 것이다. 과거 No.1이라 칭송될 정도로 고공행진했던 일본이 30여 년이 지난 지금은 과거의 영화를 그리워하고 추억해야 할 처지에 있기 때문이다.

당시 80년대 20대였던 내가 느꼈던 일본에 대한 감정이나 이해를 회상해 보면 상전벽해라 하지 않을 수 없다. 80년대의 한국은 전두환 신군부의 등장과 함께 80년 5월의 광주 민주화 항쟁을 비롯한 민주화 운동의 열기가 최고조에 달했던 시기였다. 이웃나라 일본은 일찌감치 선진국으로 자리매김하고 풍요와 평화를 구가하던 시절이다.

도쿄의 하라주쿠原宿에는 주말만 되면 각종 코스프레를 즐기는 젊은이들이 모여 춤추고 노래하며 젊음을 만끽하며 자본주의의 향락에 취해 있을 때, 동시대를 사는 한국의 청년들은 캠퍼스를 뛰쳐나와 거리에서 신군부 정권 전투경찰의 최루탄과 맞서 투석전과 화염병으로 저항하며 민주화 투쟁을 벌이던 처절한 시절이었다.

내가 20대였던 시절에는 일본 소니의 워크맨이 전 세계적인 히트 상품이었다. 일본산 전자제품이 세계를 석권하며 젊은이들이 가장 가지고 싶은 물건이던 시절과 겹친다.

비단 전자제품을 비롯한 제조업뿐만 아니라 일본 문화는 애니메이션과 망가, 가정용 게임 등의 인기로 전 세계로 퍼져나갔으며, 당시 제이팝을 비롯한 음악과 드라마 같은 엔터테인먼트 산업도 아시아 지역에서는 범접할 수 없는 지존의 영역을 구축함과 동시에 동경의 대상이 되던 시절이었다.

실제로 나는 대학에서 일본 관련 수업을 듣던 중 모 교수가 했던 강의 내용이 거의 40년이 되는 지금도 잊히지 않는다. 교수는 일본 사회와 일본인에 대한 칭찬 일색으로 수업 시간을 다 쓰다시피 하더니, 결론은 "한국 기술력은 일본에 20 아니 30년을 뒤처졌다"라고 하며, "시민의식 또한 20년 이상 뒤처져 있어 영원히 못 따라갈 것이다"라는 식으로 강의를 마무리하던 군 장성 출신 강사의 강의를 잊지 못한다.

기술력의 차이는 그렇다 치더라도, 시민의식의 차이는 무슨 기준으로 20년의 차이 운운하는 것인지 납득하기 어려웠고 인정하기 싫었다. 오히려 그 수업을 통하여 일본에 대한 동경보다는 반감이 더 늘어나는 기분이었다. 그런데 묘하게도 내가 군 복무를 마치고 대학 졸업하면서 일본 유학을 계획하게 된 것도 그 교수의 강의가 일정 정도 영향을 주었을 것이다. 도대체 일본이라는 나라가 얼마나 잘나가고 멋진 사회인지 두 눈으로 직접 보는 것은 물론, 배워야 할 것이 그렇게 많다면 일본에 대해 공부를 해보자는 마음이 자리했던 것이다.

비록 이는 나의 개인사에 불과한 추억이겠지만, 아마 나와 같은 동시대 즉 80년대에 20대로 지낸 세대라면 십중팔구 당시 한국과 일본의 경제력과 국력의 차이를 절감했을 것이고, 국가의 위상에 대해서도 큰 차이가 있었음을 기억할 것이다. 아무튼 그때는 그랬다. 그만큼 일본은 당시의 느낌으로는 넘사벽의 나라였고 선진 사회였던 것이다.

버블 경기와 국운 발흥

1980년대 미국을 집어삼킬 기세로 승승장구하던 일본의 위세는 실로 대단한 것이었다. 당시 일본의 경기를 나타내는 대표적인 말로 '버블 경기bubble boom'라는 말이 있다. 통상 1980년대에서 90년대 초에 이르는 일본의 호경기를 나타내는 말인데, 일본 정부의 견해로는 1986년 12월부터 1991년 2월까지의 51개월간에 나타난 '자산 가치의 상승과 호경기 및 그에 따른 사회현상'이라 설명하고 있다. 버블 시기의 일본은 주식과 부동산의 급등, 엔고에 따른 해외투자를 적극적으로 펼쳤으며, 당시 도쿄 중심부를 순환하는 전철인 야마노테선山手線 구역의 토지 가격으로 미국 본토를 살 수 있다고 할 정도로 부동산 가격이 급등했던 시기였다.

버블 경기의 거의 끝자락에 해당하는 1990년 4월부터 일본 유학을 시작한 나는 버블 경기의 진가와 위용을 연일 뉴스를 통하여 접할 수 있었고, 실제로 도쿄의 롯폰기를 비롯한 긴자, 아카사카, 신주쿠, 시부야, 이케부쿠로, 우에노 등의 번화가는 버블 경기에 심취하여 흥청망청 소비 향락을 즐기는 모습들을 목도할 수 있었다. 무엇보다 놀랐던 뉴스는 미국의 상징과도 같았던 뉴욕 맨해튼의 록펠러 센터를 비롯하여 프로야구 구단, 영화사 등을 일본의 자본이 연이어 사들이는 소식과 함께 세계 유명 화가의 작품을 천문학적인 금액으로 일본 기업이 경매에서 낙찰한 뉴스였다.

일본 기업은 윤택한 자금력을 동원하여 해외 부동산과 기업을 적극적으로 매수하는데, 당시 뉴스가 되었던 것을 보면 세이부 그룹이 영국의 인터컨티넨탈호텔(1988년), 미쓰비시 지소가 뉴욕 맨해튼의 록펠러 센터(1989년)를 매수한 것을 비롯하여, 소니의 콜롬비아 영화사(1989년) 매수 등을 들 수 있겠다. 또한 빈센트 고흐의 〈해바라기〉가 런던 옥션에 출품된 것을, 일본의 부동산 회사인 야스다 화재해상보험(현 손해보험재팬)이 약 5300만 달러(1987년 당시 일본 엔으로 약 72억 엔)이라는 경이적인 금액으로 낙찰한 뉴스다.

이렇듯 일본의 버블 경기에 의한 윤택한 자금을 통한 외국 특히나 미국의 상징적 빌딩이나 프로야구구단, 기업이 일본 기업의 손에 넘어가게 되자 미국인의 마음을 돈으로 매수했다는 비난과 함께 일본에 대한 성토가 이어지게 된다. 또한 일본 자본의 해외 부동산 투자는 현지의 지가 상승을 불러일으키어 자산세를 상승시키고 정상적인 거래를 방해하여 현지 경제에 혼란을 초래하고 있다는 비난도 이어졌다.

그때는 막대한 자금력으로 세계를 석권하며 원하는 부동

산이나 기업 등 닥치는 대로 사들였던 일본이, 이제는 상황이 역전되어 중국인을 필두로 한 외국인이 도쿄의 부동산 등을 마구 사들이고 있다면서, 경계의 눈초리와 비난조의 목소리로 뉴스를 연일 내보내고 있으니, 세상사 요지경이라 아니할 수 없다.

일본 정체의 시발점

앞에서 살펴본 버블 경기의 위세는 비단 민간기업에서만 나타난 것이 아니다. 정부와 지자체도 버블경기로 인한 세수의 확대에 힘입어 넘쳐나는 돈을 주체하지 못하고, 마구잡이로 공공사업 확대 등을 통한 소모전에 돌입하게 된다. 80년대 일본 전역에서 불게 된 행정 청사의 신축 또는 개축의 붐과 공공 건축물 건설 및 전국 리조트 사업 확대가 그 전형적인 예라 하겠다.

당시 대표적인 사례를 살펴보면, 다케시타 노보루竹下登 내각 때인 1988~89년 지방교부세가 교부되는 전국 약 3,000 시정촌과 도부현에 '후루사토故鄉 상생 사업'이라는 명목 하에 일률적으로 1억 엔씩을 배분하기도 하였다. 이처럼 정부나 지자체가 주체가 되는 공공사업에는 공공시설이나 건축물 정비가 있는데, 이런 시설의 필요성이나 장래 계획과 운영 등에 관한 꼼꼼한 검토를 거치기보다는 경쟁하 듯 앞을 다투어 공공시설이 확대되어 갔다.

이는 후일 유지 관리에 막대한 재정을 필요로 하게 되지만, 버블 경기가 꺼진 후에는 재정 압박으로 다가올 수밖에 없게 되어 폐쇄나 폐관을 하게 되는데, 그 비용조차도 조달이 안되어 그대로 방치되어 있는 경우도 있다. 또한 버블 시기를 거치며 전국적으로 확대된 무분별한 공공시설의 건설과 확대는 후일 정부와 지자체의 재정 압박을 초래하게 되었으며, 유지 관리 등의 후속적인 비용과 부담은 정부와 지자체의 부채를 확대하는 요인으로 작용하게 된다.

1980년대 수출산업 증가로 호황을 누리던 일본 경제에 큰 변화를 가져오게 되는 결정적 계기는 1985년에 발생한다. 다름 아닌 1985년 9월 22일 뉴욕의 플라자 호텔에서 개최된 일본, 미국, 영국, 서독(당시), 프랑스 5개국의 재무 장관과 중앙은행 총재가 모여 미국 달러 가치를 인위적으로 하락시키기 위한 환율 레이트 안정화를 목적으로 합의를 한다. 이것이 그 유명한 '플라자 합의'다.

당시 이 배경에는 미국이 강 달러화로 인한 심각한 무역적자로 인한 불경기가 심각했으며, 일본과 독일은 수출이 급증하고 있어 심각한 불균형을 초래하고 있었다. 이에 미국의 주도로 일본 엔과 독일 마르크의 가치를 높이고, 반대로 미국 달러의 가치를 낮춤으로써, 미국 내 제조업의 불황을 극복하고 무역 불균형을 조정하려던 의도가 있었다.

이때 일본의 재무상(당시는 대장성 대신)이었으며 후일 총리가 되는 다케시타 노부루는 "1달러 200엔 정도의 엔고가 되지 않겠느냐"라고 했다는 후일담이 전해지는데, 당시 1달러 240엔이었던 달러 대 엔의 환율이 1달러 120엔까지 엔고가 진행된다. 인위적 환율 조정으로 일본 엔화의 가치가 두 배로 뛰어오른 셈이 된다.

이를 계기로 파죽지세였던 일본 수출업이 막대한 타격을 입게 되리라는 것은 명약관화한 일이었다. 이 협정으로 엔화 가치가 급격히 상승하면서 자동차 산업과 전자제품 등 일본의 주력 수출 상품에 큰 타격이 예상되는 가운데, 일본 정부는 이를 완화하기 위한 방책으로 저금리 정책을 시행하며 대규모 경기부양책을 펼치게 된다.

결국 일본 내의 부동산과 주식시장이 과열되면서 버블 경제가 형성되었으며, 90년대 초 버블이 붕괴되면서 일본 경제는 장기간에 걸친 불황의 늪으로 빠지게 되는 것이다. 물론 헤이세이 30년을 지나며 버블경기의 붕괴만이 일본 경제를 불황에 빠트린 원인은 아니지만, 장기 불황의 시발점이었던 것은 분명하다.

그와 함께 1980년대 초중반 세계 반도체 시장을 잠식해가던 일본이었으나, 미일반도체 산업의 불균형 해소를 위한 '미일 반도체 협정'이 1986년, 1991년, 1996년 세 차례에 걸쳐 체결되는데, 이는 일본 반도체 산업 몰락의 결정적 계기가 되었다.

버블이 붕괴한 후 1995년에는 한신 아와지 대지진이 있었고, 97년에는 동남아시아 외환 위기가 찾아오며, 2008년에는 리먼 브라더스 파산이라는 미국발 국제불황이 세계를 덮쳤다. 그 여파가 일본에도 영향을 미쳐 2009년 총선에서 자민당이 폭망하고 민주당이 대승을 거두며 정권교체가 이루어지기도 했다. 그 후에는 2011년 3월 동일본대지진이 발생하며 후쿠시마 원전사고 등 일본 열도가 큰 충격에 휩싸이게 된

다. 최근에는 2020년부터 세계를 혼란에 빠트린 코로나 팬데
믹으로 일본도 심한 고충을 겪게 된다. 이러한 자연재해와 세
계 경기 침체 등에 직·간접적으로 영향을 받으며 일본의 장
기 불황이 이어지게 된다.

1. 일본의 애매함은 나라 이름부터
— '니혼'과 '닛뽕'의 차이

해외에 살게 되면 모두 애국자가 된다고 한다. 그 말의 진위야 어찌되었건 아마도 고국을 떠나 타국에 정착하여 살면서 마음 한구석에는 고국에서 지낸 시간과 추억을 그리는 마음과 부모 형제 친구 등이 그리운 마음에 고국에 대한 향수가 더욱 강렬해지는 것이 아닌가 싶다. 그러나 평소에는 의식하지 않고 생활하다가 올림픽이나 월드컵 같은 스포츠 이벤트가 열리게 되면, 고국팀과 선수들의 선전을 응원하며 밤을 밝히기 일쑤다. 아마 이는 어느 나라에 살고 있어도 마찬가지일 것이다.

그런데 일본에 살고 있다 보면, 특히나 한일전 스포츠 경기는 특별한 긴장감과 흥분을 느끼게 해주기에 더욱 각별하다. 한일전이 펼쳐질 때마다, 두 나라의 열혈 서포터들이 경기장을 찾아 대형 태극기와 일장기를 내걸고 목이 터져라 "대한민국"과 "일본"을 연호하며 응원전을 펼치는 장면은 아주 익숙한 모습이다. 우스운 얘기지만, 한국어를 배우는 일본 학생들에게 응원 때 들리는 대한민국을 써보라고 하면 십중팔구 "대항민구"라고 쓴다. 반대로 일본의 응원단이 연호하는 일본을 나타내는 말은 우리에겐 어떻게 들리는가?

'니혼'or '닛뽕'?
일본의 정식 국호는 닛뽕인가? 니혼인가?

　서양인의 눈에 비친 일본인 내지는 일본 사회의 특성에 대한 키워드로 vague(애매모호), indecisive(우유부단), reserved(마음을 털어놓지 않는), polite(공손), harmonious(조화), humility(겸손), avoding friction(마찰 회피) 등으로 설명한 것을 본 적이 있다. 그중에서도 '애매모호'의 전형적인 사례가 일본의 국가 명칭이 아닐까 싶다. 왜냐하면 한국어로는 일본이지만, 일본어로는 닛뽕(Nippon)과 니혼(Nihon)이 혼용되고 있기 때문이다.

　이는 일상 회화 속에서도 혼용되고 있어 외국인이 이를 엄격히 구분하여 사용하는 것은 매우 지난한 일이다. 문제는 외국인은 차치하더라도 정작 일본인들조차도 정식 국호가 닛뽕인지 니혼인지 헷갈려 한다는 점이다.

　예를 들어 日本人, 日本円, 日本時間, 日本列島과 같은 단어는 닛뽕으로 읽어야 하나 아님 니혼으로 읽어야 맞는 것인가? 원래 일본이라는 국호는 '해 뜨는 나라日の出の国／日ノ本'에서 유래되었으며, 음독으로 닛뽕이라 했다. 그것이 에도시대에 이르러 관동지방의 방언으로 '니혼'이라는 명칭으로 불리기 시작하면서 혼용이 되었다.

　그 예로 도쿄와 오사카에 있는 日本橋를 도쿄에선 '니혼바시'라 하지만, 오사카에선 '닛뽕바시'라고 한다. 이렇듯 국호를 둘러싼 혼용이 심화되자, 2009년 국회에서 야당 의원이 '국호'를 어느 한쪽으로 통일할 의향이 있는지 대정부 질의하기에 이른다. 이에 대해 일본 정부는 "닛뽕과 니혼은 양쪽 다 널리 사용되고 있어 어느 한쪽으로 통일할 필요가 없다"라고 답변한다. 즉 결론은 어느 쪽이라도 괜찮다는 얘기다. 나도 헷갈리니 묻지 마세요라는 대답이 되겠다.

사실 국호의 명칭에 대한 논의는 오래전부터 있었다. 1934년 당시의 문부성 임시 국어 조사회에서 국호의 통일안으로 '닛뽕'을 결정하였으나, 정부에서 채택되지 않은 채 흐지부지하다가, 1970년 사토佐藤栄作 내각에서 국호를 '닛뽕'으로 각의 결정(한국으로 말하자면 국무회의의 결정) 하기에 이른다.

그러나 이는 각의 결정일 뿐이며, 이를 시행하기 위한 근거 법령이 마련되지 않았기에 국호는 여전히 두 가지가 혼용된 채 현재에 이르고 있다. 이런 국호의 호칭에 대해 NHK의 조사(2004년)에 의하면, '니혼'이 61%, '닛뽕'이 37%의 비율로 읽히고 있으며, 젊은 세대일수록 '니혼'이 증가하는 경향에 있다고 한다.

이처럼 국호의 호칭에 대해서도 명확히 '닛뽕'인지 아님 '니혼'인지 애매모호한 상태에서 혼용하고 있는 것을 보면, 일본의 애매모호성이 단적으로 드러난다 하겠다.

하지만 이런 애매함 속에서도 사실은 일정한 룰이 있어 두 가지 용어가 적절히 구분되어 사용되고 있는 것도 사실이다.

공영방송으로 올바른 언어 사용과 전파의 역할을 담당하는 NHK의 경우, 정식 국호에는 닛뽕을, 그리고 그 외의 경우는 그 단어에 맞게 적절히 구분하여 사용하고 있다고 한다. 예를 들어

‘니혼’의 경우: 日本画, 日本海(동해), 日本髮, 日本橋(東京)
‘닛뽕’의 경우: 日本(国号), 日本国民, 日本橋(大阪) 등
‘니혼’ 또는 ‘닛뽕’의 경우: 日本一, 日本記録, 日本語 등

국호의 호칭에 대한 실상이 위와 같은 상황이지만, 지금껏 국호로 ‘니혼’이 아닌 ‘닛뽕’을 선호하는 이유에 대해서는 일설에 의하면, 라틴어권에서는 H 음이 발음되지 않으므로 NIHON이 ‘니온’으로 변형되어 불리게 되므로 닛뽕을 채택했다는 설이 있다. 반대로 ‘닛뽕’보다는 ‘니혼’을 선호하는 입장에서는, 영어로 발음할 때 어감이 강한 NIPPON보다는 NIHON이 부드럽고 온화한 느낌을 주므로 이로 선택해야 한다는 의견도 있다고 한다.

따라서 스포츠 응원처럼 힘차고 강렬함을 나타낼 때에는 ‘닛뽕’을, 그리고 부드럽고 온화한 문맥에서는 ‘니혼’을 분류하여 사용하는 것이 현재의 실태라 하겠다. 축구나 야구, 배구 등에서 일본을 응원할 때 귀 기울여 들어보면, “닛뽕 간바레”또는 “닛뽕 차차차”라고는 해도, “니혼 간바레”또는 “니혼 차차차”라고는 하지 않음을 알 수 있다.

여담으로 한 학생이 “선생님은 한국과 일본이 경기를 하면 어디를 응원하십니까?”라는 질문을 한 적이 있다. 내심 엉뚱한 녀석이라는 생각이 들었지만, 진지한 표정으로 “한일전의 경기가 되면, 말할 것도 없이 한국의 승리를 기대하며 응원한다. 너희들이 만약 프랑스에서 살고 있는데, 일본과 프랑스와의 경기가 열리면 프랑스를 응원하겠니?”하며 반문하는 형식으로 답을 하며, 부언으로, 그러나 한국이 아닌 일본이 다른 나라의 팀

과 경기를 할 때는 일본을 응원한다고 했다.

과연 그 대답의 진위는 혼토(true) or 우소(false)?

제2부

정치 · 행정 이야기

나는 2018년에 《도쿄 30년, 일본 정치를 꿰뚫다》(효형출판)라
는 책을 출판하여 일본 정치에 대해 다룬 바 있다. 그로부터
6년의 시간이 지났으며 일본도 적지 않은 변화가 있었다. 따
라서 여기서는 앞의 책에서 다루지 않은 부분과 그 후의 변화
에 대한 내용을 중심으로 이 책의 취지에 맞추어 일본 정치를
진단하고자 한다.

　나는 헤이세이 30년 동안 일본이 정체하고 있는 이유 중,
가장 중요한 요인으로 생각하며 방점을 찍고 있는 부분이 정
치를 둘러싼 문제이다. 정치 문제의 핵심은 무엇보다도 정부
에 의한 '정책 미스'와 그런 정치를 용인하고 지지하며 유지
하게 해 온 주권자들의 책임이 크다 하겠다. 그럼 정치에 대
해 좀 더 구체적으로 차근차근 살펴보도록 한다.

정치를 보는 눈

　많은 독자들이 "일본의 정치는 3류, 경제는 1류"라는 말을
들어본 적이 있을 것이다. 경제와 정치를 분리하여 평가할 수
있을지에 대한 의문은 차치하고, 일본이 고도성장과 버블을

겪으며 고공행진을 이어갈 때 경제는 칭송을 받는데 비해, 정치는 자민당 일당 독주체제와 세습 정치 및 금권정치와 정치 부패 등으로 네거티브한 이미지를 각인시키며 이런 말이 자연스레 인구에 회자되게 되었다.

그러나 정치와 경제를 서로 다른 분야이므로 따로 뚝 떼어서 평가할 수는 있을지 몰라도, 정치가 소멸되거나 기능하지 못하는 상태에서 경제의 발전을 기대하기는 어렵다. 또한 경제가 뒷받침되지 않는 정치 또한 그 존재 이유를 상실하게 된다는 점에서, 정치와 경제를 분리하여 우열을 가리는 것은 적합하지 않다.

그런 의미에서도 정치와 경제를 분리하여 어느 쪽이 우수하고 열등한지 굳이 성적을 메기는 것보다, 두 분야가 어떻게 조응하며 상호 관계를 보완시켜왔는지를 보는 것이 사회의 실체에 대한 접근과 이해를 용이하게 한다 생각한다. 흔히 정치는 권력 투쟁을 일삼을 뿐, 권력을 둘러싼 욕망과 권모술수의 온상과도 같은 이미지로 인식되는 경향이 있다. 그러나 정치학적으로 정치를 분류한다면 정치는 '권력 획득과 그 유지와 관련된 현상'이라고 정의할 수 있다.

따라서 정치를 볼 때는 두 가지 측면에 유의해서 살펴야 한다. 하나는 '권력 투쟁'의 측면이고, 다른 하나는 권력 행사에 의한 '공공성의 실현'이다. 정치는 권력투쟁을 피할 수 없는 영역이지만, 정치의 목표가 권력투쟁일 수만은 없다. 정치는 권력투쟁을 통하여 획득한 공권력을 이용하여 공공적 질서와 번영을 가져오는 다양한 정책을 실시하여 권력을 유지하는 것이 목표가 된다.

  따라서 권력투쟁의 측면만을 부각시키고 비난하는 것은 정치의 본질을 제대로 보지 못하고 반쪽 면만 보는 어리석음에 지나지 않는다. 물론 권력투쟁 과정을 통하여 보수와 진보 혹은 여야 간에 펼쳐지는 이념과 정책 대결 등을 통하여 공공성의 실현을 위한 과제가 부각되고 도출되는 효과도 있다.

  그러나 주로 정치는 권력투쟁의 측면이 부각되고 중시되기 일쑤이며 그게 또한 사바세계의 관심과 흥미를 유발하는 것도 사실이다. 하지만 또 다른 측면인 '공공성의 실현'이라는 관점에서 본다면, 누가 권력을 잡는 것보다 그 권력에 의해 어떤 정책이 설계되고 운용되고 있는지, 그를 위해 어떤 제도와 법제 정비가 이루어지고 있으며, 그로 인해 우리 삶에 어떤 영향을 미치고 있는지에 주목하는 것이 중요하다.

  이러한 관점에서 일본 정치를 주시할 때, 소위 '경제는 일류지만, 정치는 삼류'라는 말은 다분히 '권력투쟁'의 측면만을 중시한 관점에서 보는 현상이라 생각한다. 다른 측면인 '공공성의 실현'이라는 관점에서 본다면, 전후의 폐허 속에서 단기간에 일본을 복구·부흥시키고 선진국 대열에 진입하게 한 것이 우수한 관료 집단의 역할이 컸다고는 하지만, 자민당 일당독재라 불리며 전후 일본을 거의 독점적으로 경영해 온 자민당의 존재와 공과를 경시할 수 없다.

  2차대전 패배 후 일본의 재건과 고도성장 그리고 부흥과 버블, 그 후의 버블 붕괴와 잃어버린 30년의 모든 궤적에 자민당은 중심에 있었고 지금도 여전히 그렇다. 따라서 자민당의 권력구조와 역할 등에 대한 고찰 없이, 막연한 이미지만으로 '정치가 3류'라 평가하고 비하하는 것은, 나무를 보고 숲을 보지 못하는 오류를 낳을 수 있다.

만일 "정치가 3류"라는 말이 적절하다 한다면, 그런 정치를 용인하며 권력을 쥐어 주고 유지시켜주는 것도 결국 유권자의 몫이므로 근본적으로 국민 즉 주권자의 문제로 귀결된다. 결국 정치가 후진적이라는 것은 현상으로서는 타당할 수 있겠지만, 근본적으로는 그런 평가를 하는 자신에 대한 비판으로 부메랑이 되어 돌아온다는 사실을 직시해야 한다.

만일 일본의 정치가 3류밖에 안 되는 후진적 시스템과 구조 속에서 운영이 되고 있다고 한다면, 그 책임은 결국은 그런 정치를 용인하고 뽑아주고 있는 유권자 즉 일본 국민의 책임으로 귀결된다는 점을 강조하고 싶다. 앞으로 이 책에서 살펴보게 될 일본 주권자들의 정치적 무관심이나 정치와 관련된 다양한 아비투스에 대해 비판적 시각을 갖고 파헤쳐 보기로 한다.

I. 자민당 정치의 공과

한국 독자들이 일본 정치를 볼 때, 매우 의아하게 생각하는 부분이 아마도 자민당에 의한 반영구적인 장기 집권이 어떻게 가능한 것인가 하는 점일 것이다. 그런 의문점을 자민당 탄생부터 현재에 이르기까지의 과정과 특징을 개관하면서 살펴보도록 한다.

55년 체제와 관료 국가

자민당은 1955년 당시 좌파 세력의 대통합에 위기를 느낀 일본 우파 세력이 자유당과 민주당으로 양분되어 있던 보수 진영을 통합하여 탄생한 정당으로 정식 명칭은 자유민주당 Liberal Democratic Party, LDP이다. 이렇게 1955년을 기점으로 일본 정치는 자민당과 사회당을 축으로 좌우 또는 보수와 혁신이라는 대립 축을 구축하게 된다.

이처럼 1955년에 성립된 좌우 세력을 대표하는 일본 사회당과 자유민주당의 양당을 주축으로 한 정치 체제를 가리켜 '55년 체제'라 부른다. 55년 체제에서는 자민당이 처음부터 끝까지 집권 여당의 위치를 고수하게 된다. 이런 55년 체제는 1993년의 총선에서 비자민 연합세력에 의한 호소카와細川護熙 연립내각이 탄생할 때까지 38년간 이어지게 된다. 이때 사회당도 크게 의석을 잃게 되면서 자민당 VS 사회당으로 대표되던 55체제가 붕괴된다.

55년 체제의 특징은 자민당과 사회당의 대결구도에서 항상 1과 2분의 1($1\frac{1}{2}$)의 구도로 1955년 당초부터 1993년 38년 만에 야당으로 전락할 때까지 자민당이 과반수의 의석수[*]를 차지하게 되지만, 자민당의 목표인 헌법 개정을 위한 3분의 2의 의석에는 미치지 못하게 된다.

---

[*] 1955년 자민당 탄생 이후 총선에서 과반수를 획득하지 못한 선거는 1976년의 록히드 선거였다. 그 결과 당시 미키 다케오三木武夫수상이 퇴진하였으나, 자민당은 곧바로 무소속 당선자를 영입하여 과반수를 겨우 채우게 된다.

이는 자민당에 의한 헌법 개정*을 저지하기 위한 3분의 1 이상의 의석을 사회당을 비롯한 야당이 차지하게 되면서, 사회당은 '만년 야당'이라는 조롱을 받으면서도 다른 야권 세력 및 노조와의 연계를 통해 평화 헌법의 '호헌'과 군사적 측면에서의 '경무장'의 노선을 견인하게 된다.

1955년 자민당 첫 수상은 일본 민주당 총재였던 하토야마 이치로鳩山一郎였는데, 뒤를 이은 이시바시 탄잔石橋湛山이 와병으로 퇴진하게 되자, 정당인 출신이 아닌 관료 출신의 총재가 연이어 탄생하며 자민당 정권을 이어가게 된다. 예를 들면 기시 노부스케(岸信介)를 필두로 요시다 학교의 이케다 하야토池田勇人, 사토 에이사쿠佐藤栄作 등이 수상직을 거치면서 엘리트 관료 출신 수상의 리더십에 의한 고도성장의 과정을 거치게 된다.

이 과정에서 1957년에 발표된 '경제백서'에 기술된 다음과 같은 문구가 큰 관심을 모았다.

"이미 전후는 끝났다The post-war is already over.'

이 문구는 당시 최고의 유행어가 되었는데, 2차대전에서 패배한 일본이 초토화된 국토를 재건하고 전후 복구에 몰입하게 된다. 1950년에 발발한 한국전쟁 특수 등에 힘입어 고도성장을 이루게 된 결과, 전전 수준 즉 전쟁에서 패하기 전의 수준까지 국력이 회복하였음에 대한 선언이었다.

이를 계기로 일본은 전후 복구를 종료하고, 이 과정을 통해

---

* 헌법 개정을 위해서는 중의원과 참의원에서 각각 3분의 2이상의 찬성이 필요하다. 만일 어느 한쪽이라도 부결이 되면 곧바로 폐안이 된다.

얻은 자신감으로 고도성장을 이어가게 되는데, 그 일익을 담당하고 견인하는 것이 위의 관료 출신 수상들이었으며, 그들을 서포트하며 지원하게 되는 것이 중앙정부 관료조직이다.

이런 전후 복구와 55년 체제하에서 자민당 정권의 성장 정책이 이어지는데, 이런 국가정책의 디자인과 실행 역할을 관료조직이 담당하면서 '관료 국가화'가 심화되고 '관료정치'의 확대가 이어진다. 이는 후일 일본의 정치와 행정의 관계를 가리켜 '관료 국가'또는 '관료정치'라고까지 대변될 정도로 큰 힘을 축적하게 된다.

경제성장과 자민당 독주 체제의 고착화

앞서 살펴본 대로 일본은 전후 복구 과정을 거치며 한국 전쟁의 특수 등에 힘입어 고도성장을 이어가게 된다. 1964년 4월 일본은 비 서구권 국가로는 처음으로 OECD에 가입하며 선진국으로 진입한다. 같은 해 아시아 국가로는 처음으로 도쿄 올림픽을 개최하게 되며, 올림픽 개최에 맞추어 고속전철인 도카이도 신칸센東海道新幹線을 개통하는 등 명실상부한 선진국으로서의 위상을 갖추어 가게 된다.

또한 1968년에는 GDP에서 독일을 따돌리고 미국에 이어 세계 2위의 경제대국으로 우뚝 서게 되었다. 이어서 1972년에는 미국의 지배하에 있던 오키나와를 일본에 반환하는 오키나와 반환이 이루어져 표면적으로는 전후를 완전히 극복하고 아시아 유일의 선진국으로 더욱 그 위용을 떨치게 된다.

그러나 호사다마라고 했던가?

거침없는 성장과 발전을 거듭하는 일본 사회는 경제적 풍요로움에 의한 향락과 환희에 빠지게 되는 한편, 사회 구석구석의 부조리 또한 독버섯처럼 꿈틀거리며 생명력을 늘려가게 된다. 그 대표적인 예로 정치와 관료조직의 타락과 재계와의 유착구조의 고착화를 들 수 있다.

일본의 정치는 앞에서 소개한 대로 1955년 체제가 성립된 이후, 자민당이 1993년의 총선에서 비자민 연합세력에 패배하여 정권에서 내려오기까지 38년간 이어진다. 이케다 하야토 수상부터 다케시타 노보루 수상에 이르는 쇼와昭和의 후반기는 전후 부흥을 이룩한 일본이 고도 경제성장으로 고공행진을 이어가던 시절이었다.

이 시기는 전술한 대로 자민당의 독주가 이어지는 시기였고, 자민당 총재가 되면 내각총리대신 즉 수상이 되는 것을 의미하던 시기이다. 따라서 만년 야당이라 야유받던 사회당을 견제하고 대결하는 것보다 자민당 내 권력투쟁에서 승리하는 것이 정치의 목표가 된다. 그러니 장기 집권이 이어지던 자민당 내의 권력투쟁은 치열할 수밖에 없었다.

중선거구제의 시대

중선거구제란 한 선거구에서 국회의원 정원을 3~5명 선출하는 제도이다. 같은 지역구에서 동일 정당 즉 자민당 소속 후보자가 복수로 입후보를 하는 일이 발생하게 된다. 그러면 정당의 추천을 받은 공인 후보가 정책이나 이념을 내세워 선거전을 치르는 효과가 크지 않다. 따라서 각 후보자의 지명도나 개인 능력에 의해 선거전을 치르는 구도가 형성된다.

그때 정당을 대신하여 위력을 발휘하는 것이 파벌이다. 당내 많은 회원을 거느리는 영향력이 큰 파벌에 속하게 되면 자신의 정치 커리어 형성에 유리하게 되는 것은 물론이고, 선거도 정당이 아닌 파벌의 원조와 지원을 받으며 치르게 된다. 그리고 선거에서 당선되면 이번에는 자신이 속한 파벌 영수가 총재가 될 수 있도록 지원을 하면서 파벌의 보호를 받게 되는 구조이다. 소위 말하는 오야붕과 꼬붕 같은 관계가 형성된다.

따라서 장래 총리를 노리는 파벌 영수는 자신의 세력 확장을 위해 정치자금을 모으는 일에 필사적이 될 수밖에 없다. 좀 더 많은 자금을 확보해야 더욱 많은 의원을 파벌의 수하로 거느릴 수 있게 되고, 이는 장래 자민당 총재가 되어 꿈에 그리던 수상이라는 정상을 차지할 수 있기 때문이다. 이렇게 되니 돈이 많이 드는 금권정치가 만연할 수밖에 없는 구조가 되어간다.

당연하게도 불법적, 비공식 루트 등을 통해 확보하는 정치자금은 기업과의 유착구조를 만들게 되고, 기업의 이런 검은 돈은 장래를 위한 투자의 성격을 띤다. 70년대 파벌정치를 극대화하며 수상의 자리까지 올랐으나 록히드 사건으로 불명예스럽게 검찰에 체포되는 수모를 겪었으며, 수상직을 물러난 후에도 강력한 파벌을 이용한 막후 정치로 크게 위세를 떨쳤던 다나카 가쿠에이田中角榮전 수상이 당시 파벌정치의 현주소를 다음과 같이 표현하고 있다.

"정치는 힘이다. 힘은 숫자다. 숫자는 돈이다."

즉 '정치를 하려면 힘이 있어야 하는데, 그 힘을 이루는 것은 많은 의원을 내 편으로 만드는 것이고, 그를 위해서는 막대한 정치자금이 필요하다'는 의미로 해석할 수 있으며, 이는 당시 자민당 파벌정치의 현주소를 적나라하게 드러내는 표현이라 하겠다.

Ⅱ. 자민당 정치의 지배 구조와 변화

자민당의 지배 구조

자민당 하면 우선 먼저 무엇이 연상되는가?

아마 독자들에 따라 다르겠지만, 우선은 세계 정치사에서도 유래를 찾아보기 힘든 장기 집권 정당이라는 점을 먼저 떠올릴 것이다. 둘째로는 일본의 보수 내지는 우익정당이라는 이미지가 아닐까 싶다. 그리고 셋째로 장기 집권에 따른 일본 사회의 기득권층을 대변하는 정당이며, 파벌정치가 위력을 발휘하는 정당으로 세습의원이 유난히 많은 정당이라는 이미지 정도가 아닐까 싶다.

위에서 열거한 세 가지 사항 중 첫 번째에 해당하는 장기 집권을 보자면, 1955년 자민당이 결성된 이래 2025년으로 창당 70주년을 맞는다. 사람으로 치면 고희를 맞는 셈인데, 이 70년 사이에 자민당이 집권당의 위치에서 벗어나 있던 시간은 불과 5년* 남짓하다.

위의 사실로 볼 때, 자민당은 전후 일본의 복구 시기와 고도성장과 버블 경기 그 후의 헤이세이의 장기간에 걸친 불황의 시기를 거쳐 현재의 레이와에 이르기까지 전 기간에 걸쳐 집권당의 자리를 고수하고 있으며, 2025년 11월 현재는 다카이치 사나에高市早苗가 제104대 내각총리대신으로 국정을 운영하고 있다.

따라서 일본 정치와 사회를 알기 위해서는 자민당에 의한 통치구조를 먼저 파악하고 이해할 필요가 있음은 아무리 강조해도 지나치지 않다. 이처럼 자민당은 전후 일본을 책임지고 있는 유일한 정당이라 해도 과언이 아니다. 또한 지금 현존하는 야당 세력이 공산당을 제외하고는 합종연횡과 이합집산을 반복해 온 것에 비하면, 자민당은 몇 차례 위기는 있었으나 끝내 붕당 하지 않고 출범 당시의 당명과 정권을 그대로 유지하고 있는 점에 주목해야 한다.

그러나 자민당의 내부를 들여다보면 시대에 따라 많은 변화가 있었음을 알 수 있다. 70년의 역사를 갖는 자민당의 지

---

* 1955년 창당 이후 자민당이 정권에서 물러나 야당으로 머물러 있던 시간은, 1993년의 비자민 연합으로 탄생한 호소카와細川護熙 연립정권과 하타羽田孜 정권 시기인 1993.8.9~1994.6.30까지의 기간과 2009.9.16일 민주당에게 정권을 넘긴 후, 2012.12.26 아베 신조가 재탈환할 때까지 기간에 불과하다.

배 구조와 통치 이념이 크게 변화하는 시기를 나는 55년 체제 붕괴의 전과 후로 나누고자 한다. 즉 앞에서도 소개한 1993년의 총선에서 비자민 연합세력에 의해 과반수 의석을 확보하지 못해 38년 만에 정권에서 물러난 시기를 기준으로 그전과 후의 자민당이 크게 변화하기 때문이다.

이를 편의상 '55체제의 자민당'과 '헤이세이의 자민당'으로 구분하여 그 특징을 살펴보도록 한다.

55년 체제의 자민당
― 보수 본류와 방류의 노선 그리고 파벌정치

앞에서도 언급한 대로 55년 보수 합동으로 자민당이 결성되었을 당시에는 전후 복구가 급선무였고, 국제 사회는 미소 대립으로 인한 냉전의 한복판이었다. 전후 복구가 한창이던 때 한국전쟁으로 인한 전쟁 특수에 힘입어 고도성장의 발판을 마련한 일본은 미일동맹 체제하에서 경제성장에 주력하는 모습을 보인다.

55년 체제가 성립하기 전까지 일본 재건에 힘을 기울인 사람이 요시다 시게루 수상이다. 요시다가 이끄는 구 자유당계와 하토야마 이치로가 이끄는 구 민주당계의 보수 합동으로 1955년에 자민당이 결성되었다. 요시다가 이끄는 소위 요시다 학교라 불리는 관료 출신의 수상들(이케다 하야토, 사토 에이사쿠, 오히라 마사요시)을 '보수 본류'라 칭하는데, 이들은 군비를 가볍게 하여 군사비 부담을 줄이면서 미일 안보체제를 기축으로 하여 국제무역을 통한 경제성장을 꾀하는 정책에 힘을 기울인 것이 특징이며, 이런 노선은 전후 일본 진로의 방향성에 큰 틀을 형성하게 된다.

이에 반해 하토야마 이치로, 기시 노부스케, 고노 이치로 등을 중심으로 한 구 일본 민주당 및 구 자유당계 출신들이 자민당 내의 요시다 계열과 대립하게 된다. 이런 흐름을 이어 가는 세력을 '보수 방류'라고 하며, 이들의 정책노선은 친미와 반공을 기저로 하면서 자주 헌법 즉 헌법 개정론을 주장하며 재군비를 적극적으로 추진하는 매파로 분류된다. 55년 체제 기간 중에는 대개 보수 본류 계열이 집권을 하게 되면서 미일 동맹하에서 군사적 측면은 미국에 의존하며, 군비는 최소한의 경무장 노선을 유지하면서 수출을 통한 경제성장을 도모하며 고도성장을 통해 일본의 부흥을 이끌어 간다.

외형적으로는 경제성장을 통한 국가의 위상과 국력이 확대되고 커져가는 과정이었지만, 내부적으로는 자민당 내의 본류와 방류의 정책과 노선의 차이에서 오는 대립과 갈등 그리고 권력을 둘러싼 권력투쟁이 치열해졌다. 자민당 내의 권력투쟁에서 승리하여 자민당 총재가 된다는 것은 수상이 된다는 의미이므로 총재직을 둘러싼 암투와 대결은 날로 치열해질 수밖에 없는 구도가 형성되었다.

그런 구도 속에서 '파벌정치'가 유효한 역할을 하게 되면서 자민당 내의 유력한 파벌이 형성되어 파벌 간의 대립과 조율을 통한 정치가 이루어진다. 그런 의미에서 자민당은 스펙트럼이 매우 다양한 정치집단이라고 할 수 있다. 다양한 이념과 노선이 파벌이라는 집합체에 수렴되고, 파벌을 통해 자신들의 정책을 실현할 수 있는 기회를 엿보게 되는 것이다.

또한 파벌을 중심으로 권력투쟁을 벌이면서 당내 투쟁과 총선 등 선거를 치러야 하므로 막대한 정치자금이 필요하게 된다. 이는 필연적으로 재계와의 유착과 부조리가 심화되는 과정을 낳게 된다. 전후부터 정치와 재계와의 유착으로 인한 크고 작은 부정부패는 끊이지 않았지만, 1980년대 들어서는 더욱 심화된 양상을 띠게 된다.

1988년에 발각된 리크루트 사건*을 비롯하여 1992년 도쿄 사가와 큐빈佐川急便 사건이 발각되어 기업의 불법 정치자금 수뢰 혐의로 자민당의 유력 정치가 가네마루 신金丸信의 기소가 이루어진다. 이 사건은 자민당뿐만 아니라 제1야당인 사회당으로 의혹이 확산되고, 유력 정치가들의 국회 증인 출석이 실시되는 등 대형 스캔들로 확대된다.

이런 일련의 대형 부정부패 스캔들이 이어지고 기성정당에 대한 정치 불신이 심화되는 과정에서 자민당의 일부 의원들이 탈당하여 신당을 창당하는 등 정치권의 혼란이 가속된다. 이런 배경을 두고 1993년 7월에 실시된 해산 총선거에서 자민당은 과반수 획득에 실패하게 된다.

반자민당 표가 제1야당인 사회당으로 가는 것이 아니라 보수계열의 신당으로 흡수되었으며, 자민당과 사회당의 대립구

---

* 리크루트 사건이란 1986년 9월 리쿠르트사가 정계를 비롯한 재계, 언론계의 실력자들에게 자회사인 리쿠르트 코스모스의 미공개 주식을 증여한 것이 발각된 사건으로 뇌물 증여와 수뢰 혐의로 12명이 기소되고, 1989년 가을에는 다케시타 내각이 총사퇴하기에 이른다.

조로 이어져 온 55년 체제가 사실상 막을 내리는 선거 결과였다. 공산당을 제외한 비자민 연합 세력이 호소카와 일본신당 대표를 제79대 내각총리대신으로 추대하면서 자민당이 38년 만에 정권을 내주게 된다. 자민당이 집권당에서 야당으로 전락하고, 중의원에서 과반수를 차지하지는 못했으나 여전히 제1당의 위치에는 변함이 없었다.

당시 중의원 정수 511석 중 자민당은 223석으로 제1당의 위치는 변함이 없었으나, 과반수에는 훨씬 못 미치는 총선 패배로 정권에서 물러나게 된 것이다. 참고로 제2당으로 자민당과 함께 55년 체제를 지탱해 온 사회당은 134석에서 64석을 잃은 70석에 그치며 좌파 정당으로서 존망의 기로에 서게 된다*.

헤이세이의 자민당과 보수 방류의 집권
―우경화의 심화와 파벌정치의 퇴조

앞에서 살펴본 대로 보수정당을 지향하는 자민당 내에서 요시다 시게루 노선을 따르며 출발한 파벌을 보수 본류라고 부른다. 반면 55년 자민당 결성 당시 하토야마 이치로가 이끌던 일본 민주당 계열에서 이어지는 파벌을 보수 방류라 칭한다.

---

* 도쿄 사가와큐빈 사건 등으로 정치 불신이 심화되던 가운데 자민당 내에서는 최대 파벌이었던 다케시타 파가 분열하고, 야당이 부의한 내각불신임안이 자민당 내 찬성세력의 동조에 힘입어 국회에서 가결되어 미야자와宮沢喜一 수상이 중의원을 해산하게 된 선거이다.

초기에는 1954~1956년에 하토야마 이치로, 1957~1960년에는 기시 노부스케가 정권을 잡아 보수 방류의 집권기를 갖기도 했지만, 1960년대 이후 보수 본류에 속하는 이케다 하야토, 사토 에이사쿠, 다나카 가쿠에이 등의 집권이 이어지며 말 그대로 방류에 머무르게 된다.

보수 본류가 군비 경무장과 경제성장주의에 중점을 두는 것에 비해 방류는 사상적으로는 보수 매파에 속하며 헌법 개정, 미일 안보 중시, 부부 별성 금지, 군비 확산 등을 지지하는 경향이 있다. 경제정책으로는 신자유주의 또는 적극재정의 스탠스를 취하며 야스쿠니 신사 참배를 하는 것도 미키 다케오, 고이즈미 준이치로小泉純一郎, 아베 신조安倍晉三 등 보수 방류계열의 수상들이다.

헤이세이로 연호가 바뀌고 2000년 무렵까지는 여전히 보수 본류 계열의 집권이 이어졌지만, 2001년 국민적 인기가 높았던 방류 계열의 고이즈미 수상의 탄생으로 본류와 방류의 역전이 시작된다. 고이즈미의 집권으로 자민당 내 파벌정치가 약화되면서 본류와 방류의 구분도 의미를 잃어가게 된다. 그러나 2010년대 이후 방류계의 아베 신조와 본류계의 기시다 후미오岸田文雄, 이시바 시게루石破茂 등 최근의 수상들과 관련하여 재차 주목을 받는 경향이 있다.

2012년 야당으로 전락했던 자민당은 민주당에서 정권을 탈환하며 아베의 장기 집권이 시작된다. 아베는 위에서 말한 대로 보수 방류의 계통을 잇고 있는 정치가인데, 헌법 개정을 주장하며 친미 노선을 강화한다. 또한 역사수정주의에 의거한 보수 우익세력의 지지를 확보하며 우클릭을 하게 되는데,

이런 기류에 편승하여 험한 헤이트 스피치 등이 백주 대낮 공공연하게 거리를 활보하게 된다.

이런 일본의 우경화는 당연히 한국과의 관계를 악화시키게 되는데, 2018년의 대법원 강제징용 배상 판결에 이어 공해상에서 발생한 한일 간 '레이더 갈등'문제로 한일관계가 악화 일로를 걷다가 2019년 화이트리스트에서 한국을 제외하면서 절정에 달한다. 이런 기류의 변화와 흐름의 배경에는 보수방류의 계통을 이어받는 아베의 매파 정치노선과 일본의 장기 불황으로 인한 자신감 상실이 겹치면서 두드러지게 나타난 파행적 내셔널리즘, 그리고 그에 기인한 국수주의적 경향의 대두라고 볼 수 있다.

1994년의 정치개혁으로 인한 변화

앞서 살펴본 1993년의 총선에서 자민당이 과반수 확보에 실패하면서 공산당을 제외한 비자민 연합세력에 의한 연립정권이 탄생하고 자민당은 야당으로 전락하게 된다. 자민당 패배의 원인은 금권정치의 만연과 대형 정치자금 스캔들로 인한 신뢰도 하락 등이 주요 원인이었는데, 연립정권은 이런 부패한 정치구조를 만들어내는 메커니즘을 개선하기 위한 정치개혁에 박차를 가한다.

이로 인해 당시 파벌정치를 강화하며 금권정치를 잉태하는 원흉으로 여겨졌던 중선거구제를 현재의 '소선거구제 비례대표 병립제'로 전면 개편하게 된다. 아울러 '정치자금규정법政治資金規正法'의 개정으로 정치와 돈의 관계를 보다 투명하게 하기 위한 제도 개선이 이루어진다. 그런데 이렇게 정치자금 규제를 강화하게 되면, 정치자금 문제로 바람직한 정당정치의 발전에 지장을 초래할 수 있다는 괘념이 존재했다. 이를 해소하는 방안으로 '정당교부금제도'*가 신설된다. 정당교부금은 남녀노소 국민 한 사람당 250엔으로 계산하여 정부가 교부금 재원을 마련한다.

이런 일련의 개혁을 통하여 정치지형이 바뀌게 되는데, 자민당의 통치구조에도 큰 변화를 가져오게 된다. 우선 기존의 중선거구제가 소선거구제로 바뀌면서 파벌의 영향력이 급격히 줄어들게 되고 이는 파벌정치의 약화를 초래한다. 중선거구제일 때는 자민당 내의 복수 후보가 동일 선거구에 출마하면서 당보다는 후보자 개인 역량과 파벌의 논리에 의해 선거가 치러졌는데, 중선거구제가 폐지되고 소선거구제로 바뀌면서 파벌이 아닌 정당이 전면에 나설 수밖에 없게 되었다.

즉 소선거구제는 한 명의 공천 후보만이 필요하게 되므로 출마를 하고자 하는 정치가는 자민당의 공천을 받는 것이 최

---

* 이를 정당조성제도라고 하는데, 이는 국가가 정당에 대해 정당교부금을 조성함으로써 정당 정치활동의 건전한 발달을 촉진하고 공명과 공정을 확보하여 민주정치의 건전한 발달에 기여함을 목적으로 하는 제도이다. 각 정당의 의원 수와 직전 선거에서의 득표수 등을 기준으로 교부금 액수가 결정된다. 정당교부금은 사용처를 총무성에 보고하여야 하며 이를 관보로 공개한다. 참고로 2024년도 각 정당의 교부금은 다음과 같다. 자민당 약 160억, 입헌민주당 약 70억, 일본유신회 약 34억, 공명당 약 30억, 국민민주당 약 12억, 레이와 신센구미 약 6억 3천만, 사회민주당 약 2억 9천만, 참정당 약 1억 9천만 엔 등이다.

우선이 될 수밖에 없다. 공천을 받기 위해서는 공천권을 쥐고 있는 당 총재와 간사장 등 자민당 집행부의 결정을 따를 수밖에 없게 된다.

이전에는 파벌의 영향력과 원조에 의지하여 선거를 치렀으나 소선거구제에서의 파벌은 선거에 별반 영향을 줄 수 없는 구조가 되었다. 의원은 우선 당의 공천을 받는 것이 최우선이 되고, 공천권을 쥐고 있는 총재와 간사장 등 집행부가 의원의 생사여탈권을 쥐는 구조가 되며 집행부의 권한이 대폭 강화되게 된다. 이렇게 선거제도를 중선거구제에서 소선거구제로 바꾸는 것으로 권력의 중심이 파벌에서 집행부로 옮겨 가는 결과로 이어진다.

또한 새로 신설된 정당교부금 제도를 통하여 각 의원은 정치자금을 지급받게 되었다. 이전에는 주로 개인의 후원금과 파벌의 지원금을 실탄으로 사용해 왔는데, 이제 각 정당에 국고로 매년 정당교부금이 지원되는 것이다. 150억 엔 전후의 막대한 정당교부금을 받아 총재와 간사장 등 집행부는 당 운영에 이를 실탄으로 적절히 활용할 수 있게 된다.

이처럼 1993년의 비자민 연립정권에 의한 정치개혁의 결과 자민당 내의 권력구조도 큰 변화를 겪게 된다. 우선 총재의 권한이 대폭 강화되었다. 자민당 총재는 수상을 의미하는데, 과거 파벌정치가 위력을 발휘할 때에는 파벌의 조정과 협의에 의해 수상이 탄생하였다. 즉 당내 영향력은 파벌이 좌지우지하고 있던 셈이다.

그러나 소선거구제로 선거제도가 바뀌면서 파벌의 영향력이 급격히 감소함과 더불어 정당교부금 제도로 정치자금을 확보하고 의원들의 공천과 정치자금 지원 등 생사여탈권을 쥐게 되는 총재의 권한이 크게 강화된 것이다.

과거 자민당에는 당 집행부에 자신의 목소리를 내며 당의 결정에 반기를 들기도 하는 이른바 소신 있는 정치가가 일정하게 존재했다. 즉 과거에는 여당 내 야당과 같은 의원들의 존재가 가능한 구조였으나, 소선거구제 이후의 자민당 의원들은 비즈니스맨처럼 샐러리맨화 되었다. 소신과 강단이 있는 정치가가 사라졌다고 한탄하는 소리가 제법 들리기도 하는 이유다.

이는 자민당 내의 권력구조가 1990년대의 정치개혁을 계기로 파벌에서 당 집행부로 대폭 이동하였다는 관점에서 보게 되면 당연한 귀결이라 할 수 있다. 나중에 살펴보겠지만, 자민당 내의 파벌정치의 형해화가 진행되었다고는 하지만 여전히 파벌의 논리가 총재 선거 등에서는 강력하게 작용하고 있다.

III. 자민당 정치의 특성

파벌정치의 공과

일본 정치를 논할 때 창당 이래 60년 이상의 장기 집권을 이어오고 있는 자민당을 빼놓고는 말을 이어 갈 수 없다. 자민당하면 떠오르는 대표적인 것이 '파벌정치'일 것이다.

창당 초기부터 보수 방류와 본류와의 당내 정쟁을 통한 권력투쟁이 반복되면서 주거니 받거니 하는 식의 정권을 둘러싼 경쟁이 이루어지는데, 초기는 보수 방류계의 집권으로 시작하여 1960년대 들어 보수 본류가 권력을 잡으면서 경제성장 위주의 정책으로 고도성장이 이어진다.

자민당이 1993년 잠시 동안 야당으로 전락*했다가 곧바로 다시 정권을 탈환한 후, 2009년 민주당에 굴욕적인 대 참패**를 당하면서 명실상부한 정권교체가 이루어진다. 그러나 이도 3년 3개월의 단명으로 막을 내리고 2012년 12월의 총선에서 아베 총재(당시)가 이끄는 자민당이 다시 정권을 재탈환하면서 현재까지 집권을 이어 오고 있다.

그 사이에 1990년대의 정치개혁과 2001년 대대적인 중앙부처 개편과 관저기능의 강화, 2014년의 내각인사국의 신설

---

* 자민당은 호소카와 내각(1993년8월9일~1994년4월28일)과 하타 내각(1994년4월28일~1994년6월30일)이 이어지는 기간 제1야당의 위치에 있었으나, 이후 무라야마 내각(1994년6월30일~1996년1월11일)에서 연립정권으로 정권에 복귀한 후, 야당 전락 2년 반 만에 자민당 총재가 수상으로 복귀하는 제1차 하시모토 내각(1996년1월11일~1996년11월7일)으로 집권여당으로 정권에 복귀한다. 그러나 이때는 자민당, 사회당, 사키가케의 연립정권 체제가 유지되었으며, 제2차 하시모토 내각(1996년11월7일~1998년7월30일)에서 자민당의 정권복귀가 이루어졌으나 연립정권으로 협조했던 야당의 원외협조가 유지된다.
** 2009년 8월 30일에 아소 다로 정권에 의한 해산 총선거가 실시되는데, 자민당은 181석을 잃은 119석에 그쳤다. 이는 1955년 자민당 결성 이래 중의원에서 제1당의 위치를 빼앗긴 최초의 선거였다. 반대로 민주당은 대폭 의석 수를 늘리며 308석을 차지하여 명실상부한 정권교체를 이루었다.

등을 통한 관료조직의 장악 등의 과정을 거치면서 자민당의 권력 구도와 국정 운영 방식에도 변화가 일게 된다. 또한 보수 방류의 계통을 이어받은 고이즈미의 장기 집권(2001년4월 26~2006년9월26일)으로 인한 파벌정치의 형해화 과정과 아베의 장기 집권으로 확고해진 집행부의 당내 영향력 증가로 당의 운영도 변모하게 되었다.

파벌 자체가 해체되는 것은 2023년 기시다 정권 들어서 아베 파를 중심으로 한 파벌의 정치자금 문제가 불거지면서 그 해결책으로 파벌 해체를 실시한 때이다. 그러나 공식적으로 아소파는 아직 해체하지 않은 상태로 유지되고 있다.

이런 파벌 해체가 형식적인지 어떨지는 앞으로 총재 선거를 비롯한 자민당 내의 권력투쟁 과정을 살펴보아야 하겠지만, 어쨌든 현재로서는 이제 파벌은 거의 존재하지 않게 되었다. 그럼 자민당 집권 내내 당내 경쟁을 통한 권력투쟁의 주체였던 파벌정치의 공과는 어떻게 평가할 수 있을까?

부정적으로는, 첫째로 파벌의 역학 관계에 따라 당과 정부의 포스트를 나누어 갖게 되는 게 특징이다. 이로 인해 적재적소의 인사가 아닌 파벌의 나눠먹기식 인사가 이루어진다.

둘째로 당내에는 파벌의 수만큼 다양한 가치관이나 이념이 형성될 수 있으며 정당의 선명한 이념이나 아이덴티티가 유권자에게 전달되기 어렵다. 셋째로 파벌끼리 정쟁에 치우치게 되면 중요한 정책과제를 소홀히 하게 될 뿐 아니라, 반대로 파벌 영수끼리 담합을 하여 과두정치의 지배체제를 구축할 수도 있다.

마지막으로 여야간의 정권교체가 아닌 자민당 내 파벌 간

권력 교체가 이루어지는 현상을 두고 유권자는 마치 정권교체가 이루어진 것 같은 '착시 현상'에 빠지기 쉽고, 이는 더 나아가 미덥지 않은 야당으로 정권교체를 하는 것보다 자민당 내 파벌에 의한 '유사類似 정권교체'가 바람직하다는 안도감을 제공하기에 이른다.

이 자체로 일본에서 좀처럼 여야 간 정권교체가 일어나지 않는 현상에 대한 전면적인 설명이 될 수는 없겠으나, 유권자로 하여금 정권교체가 굳이 필요하지 않다는, 그래서 정권교체에 대한 소극적 평가를 갖게 하는 것과 함께 파벌에 의한 '유사 정권교체'를 실질적인 정권교체로 받아들일 여지가 있다는 점에 주목할 필요가 있다.

그러나 파벌정치에는 네거티브한 측면만이 존재하는 것은 아니다. 반대로 긍적적인 측면을 살펴본다면, 첫째로 파벌정치는 따지고 보면 연립정권과도 같은 성격을 띤다는 점이다. 즉 자민당 내에 다양한 이념과 노선을 지향하는 세력들이 파벌로 형성되므로 매우 다양한 스팩트럼을 갖는다. 이는 다변하는 국내외 정세와 정치 현안에 대해 유연하게 대응할 수 있으며 다양한 계층의 지지 기반을 구축할 수 있다는 장점이 있다.

둘째로 집행부의 독단과 전횡을 견제할 수 있다. 파벌정치가 강력하게 작용하던 시기에는 총재 즉 수상이라고 하여도 독단적으로 당이나 정부를 운영하는 데 큰 제약이 있었다. 그러나 고이즈미 집권 이후 파벌의 영향력이 약화되고 파벌정치가 유명무실하게 되자 고이즈미와 아베 같은 독선적인 총재 즉 수상의 전횡이나 장기 집권을 견제할 수단과 기능이 약화되어 버린다.

그리고 마지막으로 파벌은 원래 정책이나 이념이 비슷한 의원들이 모여 정책연구나 공부하는 모임이라는 취지를 띠고 있어 의원들의 정책 입안 능력의 향상이라는 순기능도 있다는 점을 들 수 있다.

자민당 총재 = 수상의 선출 방법

앞에서도 살펴보았지만, 자민당이 1955년 이후 현재에 이르기까지 5년 남짓의 기간을 제외하고는 집권 여당으로 국정을 담당하고 있다. 따라서 자민당의 No.1인 총재가 되면 자동적으로 내각총리대신 즉 수상이 되어 국가 운영을 맡게 되는 셈이다. 그러면 일본처럼 자민당의 독주가 이어지고 있는 현실로 보았을 때, 자민당 총재가 된다는 것은 최고 국정책임자가 된다는 얘기인데, 그런 자민당 총재는 어떤 자격과 과정을 거쳐 선출되는가를 살펴보는 것이 필요하다.

우선 총재가 되기 위해서는 총재 선거에 입후보할 자격 조건을 갖춰야 하는데, 자민당 규정(당칙黨則)에 따르면 총재 입후보 자격은 자민당 국회의원(중의원 또는 참의원)이어야 하며, 자민당 국회의원 20명의 추천을 받아야만 입후보할 수 있다. 자민당 총재 선거의 투표자격은 자민당 소속 국회의원, 자민당 당원과 당우黨友에게 주어진다.

우선 국회의원은 중의원과 참의원으로 자민당 소속이어야 한다. 당원은 입당 신청을 한 후 당비(연회비 일반 당원 4,000엔, 가족 당원 2,000엔, 특별 당원 1만 엔 이상)를 내야 하며, 총재 선거

투표에 참여하기 위해서는 최근 2년간 당비의 체납이 없어야 한다. 또한 자민당원이 되기 위해서는 만 18세 이상의 일본 국적이 필요하지만, 공명당과 사회 민주당은 일본 국적의 조건을 두고 있지 않다.

자민당 당우는, 당을 지원할 목적을 갖고 있는 자민당 우호 단체의 회원으로 자민당에 일정한 권리를 갖는다. 자민당을 지원할 목적의 단체로는 '자유사회를 지키는 국민회의'(약칭 자유국민회의) 와 '국민정치협회'가 있는데, 이 단체의 회원으로 연회비 1만 엔 이상을 납부하고 있으면 당우로 투표권을 갖는다.

국회의원은 1인 1표를 갖게 되고, '당원표'는 전국 당원과 당우의 투표로 배분이 결정된다. 2024년 9월 27일의 자민당 총재 선거의 예를 보면, 국회의원이 전부 368표이고, 전국 약 110만 명의 당원·당우 표도 국회의원의 표에 따라 368표로 계산이 되어 합계 736표가 되는 방식이다. 그리고 국회의원표와 당원표를 합하여 유효표의 과반수를 득표한 후보자가 새 총재로 선출된다. 다만 1차 투표에서 과반수를 얻은 후보자가 없을 경우는 상위 2명을 두고 결선투표를 실시한다.

결선투표는 국회의원은 1인 1표로 계산하는 반면, 당원표는 각 도도부현에 1표씩 할당하여 47표가 되는데, 도도부현별로 결선 투표 대상 2인 중 득표수가 많은 후보가 각 도도부현 배당의 1표씩을 획득하는 방식이다.

2024년 9월의 자민당 총재 선거는 주지하다시피 1차 투표에서 과반수 획득자가 없어 상위 1위인 다카이치 사나에와 2위인 이시바 시게루가 결선투표에서 승부를 가리게 되었다. 결선투표 결과, 이시바는 의원 투표수 189표와 도도부현 26표를 합친 215표이고, 다카이치는 의원 투표수 173표와 도도부현 21표를 합친 194표에 그쳐 결국 이시바가 다카이치를 꺾고 새 자민당 총재가 되었다.

1차 투표에서 뒤졌던 이시바가 결선투표에서 1차 투표 1위였던 다카이치에게 역전을 하여 최종 승리할 수 있었던 것은 결선투표에서 파벌의 논리가 작용했기 때문으로, 아직 파벌 정치가 종식되지 않았음을 증명한 사례이기도 했다.

일본은 세습의원 천국

2024년 10월 27일 실시된 중의원 해산 총선거의 결과는 당시 이시바 총재가 이끄는 자민당이 과반수의 233석에 훨씬 미치지 못하는 191석에 머무르며 참패했다. 연립정권 파트너인 공명당의 당선자 수(24석)를 합하여도 215석에 그치게 되어, 여소야대의 상황에서 힘겨운 국정 운영을 해야 하는 결과로 막을 내렸다.

이는 이전 아베 정권의 연승이 이어지던 것을 생각하면 자민당이 근래 선거에서 보기 드문 대패로 기록될 선거였으며, 야권의 공조와 단일화 등이 제대로 이루어진다면, 1993년과 같은 연립정권에 의한 정권교체도 충분히 가능한 결과이다.

자민당 참패의 원인은 여러가지 있겠지만, 코로나 팬데믹 이후 이어지는 정부 여당의 무능한 국정 운영을 꼽을 수 있다. 불경기의 출구는 보이지 않고, 소비자물가 상승 등으로 서민 가계의 압박이 커져가기만 하는데, 자민당은 정치자금 문제로 이전투구하며 권력투쟁을 일삼고 있는 모습에 국민의 실망과 분노가 저변에 깔린 것이다. 그러나 집권 자민당이 247석에서 56석을 잃는 191석으로 총선 대패를 하는 어려운 상황에서도 굳건히 당선되여 국회로 살아 돌아오는, 선거에 유난히 강한 면모를 보이는 정치가들이 있다. 다름 아닌 '세습 정치가'라 불리는 '세습의원'*들이다.

　이런 세습의원이 선거에 얼마나 강한지를 분석한 결과**를 보면, 일본의 정치 시장에 새로운 인물이 등장하기가 얼마나 어려우며 두터운 장벽이 가로막고 있는지를 알 수 있다. 지금의 소선거구제로 바뀐 후 첫 선거가 실시된 1996년 선거부터 2017년의 총선에 이르기까지 8번의 중의원 선거에서 소선거제 지역구에는 총 8,803명이 출마했다. 이 중 지역구에서 낙선을 했지만 비례대표로 부활당선*** 한 당선자를 전부 포함하여도 초선 의원은 20%정도에 머무른다. 이는 일본의 선거 시

＊　세습의원에 대한 명확한 규정이 있는 것은 아니지만, 통상적으로 부모나 조부모를 비롯한 친족이 국회의원으로 활동하며 만들어놓은 기반과 자본 등을 이어받아 국회의원이 된 사람을 가리킨다.

＊＊　이에 대한 내용은 2021년 10월 17일 〈일본경제신문〉 온라인 기사를 참조

＊＊＊　이는 1994년 소선거구제로 바꿀 때 중의원의 경우, 선거구와 비례대표를 중복으로 입후보할 수 있는 규정을 둔 것에 기인한다. 즉 후보자가 지역구와 비례를 중복하여 입후보할 수 있게 했다. 비례대표 명부에서는 정당이 복수 후보자를 동일 순위로 정할 수 있는데, 지역구에서 당선자의 득표수에 대한 낙선자의 득표수 비율(석패율)을 구하여 석패율이 높은 후보자부터 비례 명부의 순위를 정한다. 이로써 중복후보는 비록 지역구에서 낙선을 하여도 석패율로 비례대표로 당선될 수 있는데, 이를 미디어에서는 '부활당선'이라 부르며, 세간에서는 지역구에서 낙선했는데 비례로 당선이 되었다고 '좀비'라 조롱하는 목소리도 많다.

장에 신규 참여를 어렵게 하는 여러 장애가 있음을 나타내는 단적인 결과라 하겠다.

지난 2024년의 총선 결과를 보면 총 96명의 세습의원이 당선되었는데, 이는 전체 당선자의 20.7%에 해당한다. 그러나 자민당 당선자에 국한해서 보면, 전체 191명의 당선자 중 64명이 세습의원으로 전체 당선자의 33.5%에 해당된다. 과거에 비해 세습의원의 비율이 점차 감소하는 추세이나 여전히 자민당의 세습의원 비율은 30%를 웃돌고 있음을 알 수 있다.

물론 다른 국가에서도 세습 정치가는 존재한다. 그러나 소위 선진국이라고 하는 나라에서 일본처럼 집권 여당의 세습의원이 30%대를 차지하는 나라는 없다. 이는 일본 특유의 선거 풍토와 정치 문화에서 유래하는 면이 크다고 할 수밖에 없다.

예를 들어 지금의 다카이치 수상부터 2000년대의 수상들을 거슬러 올라가면서 살펴보면 이시바, 기시다, 아베, 하토야마(민주당), 아소, 후쿠다, 아베, 고이즈미 수상에 이르기까지 세습의원이 다수를 차지한다. 세습의원이 아닌 경우는 민주당 정권 수상이었던 간 나오토菅直人, 노다 요시히코野田佳彦 두 사람과 자민당에서는 스가 요시히데菅義偉 전 수상과 다카이치 수상 정도이다. 즉 2001년부터 현재에 이르기까지 총 10명의 수상 중 6명이 세습의원인 것이다. 이는 세습의원이 많을 뿐 아니라 세습의원이어야 최고 정점인 수상이 되기가 쉽다는 방증이기도 하다.

그럼 왜 유독 일본에 이토록 세습의원이 많을까. 일본에서

는 정치가가 되려면 세 가지 '반(ばん)'이 필요하다고 한다.

우선 첫째로 '지반地番'이다. 이는 지지 기반을 가리키는 말로 후원회 등으로 조직된 지역구의 기반을 뜻한다. 둘째는 '간반看板'으로 지명도를 뜻한다. 유명인이거나 지명도가 있어 널리 알려진 사람일수록 선거에 유리하다는 점에서 지자체의 단체장이나 의원 등을 역임하며 지명도를 쌓는 것도 중요하다. 마지막 세 번째로 '가방鞄'인데 이는 정치활동을 하기 위한 선거자금을 뜻하는 말이다.

이처럼 세 가지의 '반(ばん)'을 갖추어야 일본에서 국회의원으로 당선될 수 있다고 한다. 물론 이는 어디까지나 세속적인 표현에 불과하지만, 사실은 이 세 가지의 필요조건이 세습의원을 만드는 매커니즘으로 크게 작용하고 있다는 점을 간과해서는 안 된다.

전후 자민당 의원의 전직을 살펴보면 가장 많은 것이 지방 정치인 출신(단체장과 의원), 관료 그리고 정치가 비서 출신 순이다. 이중에서도 1980년대에는 비서의 약 절반이 세습 후보이고, 1990년대에는 60%, 2000년대에는 70%를 차지하고 있는데, 이런 루트를 통하여 선대先代의 비서로 정계와 인연을 맺고 정치 신예로 인맥을 쌓으며 지명도와 활동 영역을 넓혀가게 된다.

그러면 앞에서 살펴본 세 가지 반(ばん)과 세습 정치가가 어떻게 관련이 있는가 좀 더 상세히 살펴보자.

우선 '지반'인데, 이는 선대가 닦아 놓은 지지기반을 후대가 그대로 물려받음으로써 선거전에 매우 유리한 상황에서 정치에 입문할 수 있다. 그중에서도 각 의원의 '후원회'는 선거에 있어 막강한 전투력과 결속력을 발휘하며 집표 머신으로 활동한다. 이런 후원회와 지역구를 선대로부터 물려받고 이를 토대로 선거전을 치른다.

두 번째 '간반'이다. 이는 지명도를 뜻하는데 앞서 살펴본 대로 세습 국회의원의 전직을 보게 되면 국회의원 비서 출신이 많다. 대개 세습의원들은 선대의 비서로 정치에 발을 들여놓게 된다. 당연히 선대와 함께 정치 활동을 하면서 후원회를 비롯한 지역구 주민들과의 교류를 통하여 인지도를 넓혀가는 과정을 자연스레 밟게 된다.

마지막으로 '가방'이다. 이는 정치자금을 뜻하는데, 일본의 정치자금법을 보면 선대의 정치자금을 후대가 이어받게 되는 경우 증여세가 면제된다. 또한 정치자금규정법을 보면 개인이 정치단체에 연간 2,000만 엔까지 기부를 할 수 있는데, 선대가 자식의 정치단체에 매년 2,000만 엔의 기부를 하게 되면 상속세를 내지 않고도 자신의 자산을 양도할 수 있다. 이렇게 각종 감세 혜택을 이용하면서 선대의 자산과 후원자들의 유대 관계까지 물려받게 된다면, 출발부터 정치 초년생들과는 전혀 차원이 다른 매우 유리한 환경에서 정치를 시작하게 되는 것이다.

이렇게 세습의원은 자연스레 선대의 지반과 가방을 물려받는 특혜를 누리게 된다. 거기에 본격적으로 정치가로 데뷔하기 전 선대의 비서로 채용되어 수련을 쌓으며 지역구에 얼굴을 알리며 후계자 양성과정을 거친다. 이런 과정을 거쳐 선대가 정계를 은퇴하거나 사망하면 지역구와 정치자금 등을 고스란히 물려받아 출마한다. 물론 당선 확률도 매우 높기에 이런 과정을 거쳐 세습의원들은 양산되고 있다.

세습의원의 자질이나 능력은 차치하고, 이런 메커니즘 속에서 자연스레 세습이 이뤄지는 건 지역구 지지자들에게 정서적인 면에서 선대의 후계자라는 '안심'과 '기대'를 안겨주게 된다. 세습의원은 정치 신인보다 중앙 정치에서 영향력을 발휘할 수 있고, 선대부터 이어온 지지자들과의 유대 관계가 그대로 유지되기 때문이다.

지역구에서 가장 강력한 지지자들은 후원회 등의 조직인데, 이들은 지역 경제의 일익을 담당하는 경우가 대부분이다. 때문에 이들의 지지를 얻어 당선된 세습의원은 지역에 보조금이나 공공사업 등을 유치하여 이들의 지지에 보답을 하는 이익유도형 정치에 힘을 기울이게 된다. 세습의원과 상부상조하는 일종의 이익단체 역할을 하는 셈이다. 이런 이유로 정치 신인보다는 중앙정치 무대에 영향력을 끼칠 수 있는 정치가를 선호하는 구도가 자연스레 형성된다.

선대의 후광에 힘입어 당선된 세습의원은 당선을 거듭하며 승승장구하게 된다. 선대로부터 이어지는 당내는 물론이고 사회 각계(재계, 지역구, 정계 등)와의 인맥 등 특혜를 활용하여 지지기반과 활동 영역을 넓혀가며 거물 정치가로 거듭나는 것이다. 이렇게 세습의원은 선대가 사망이나 은퇴를 하더라도 선대가 닦아놓은 기반(지명도나 인간관계와 이해관계 등)과 정치자금을 고스란히 물려받아 선대와 같은 동업자 관계로 이어지게 된다. 이런 구조로 정치도 가업으로 계승되게 되는 것이다.

알고 있는 일본의 유명 정치가들의 이름을 떠올려 보자.

아마도 한국에도 널리 알려진 일본의 거물급 정치가들의 대부분이 이런 세습 정치가로 출발하여 수상 또는 주요 정치가로 자리잡고 활동하고 있음을 알 수 있다. 세습의원에 대해서는 아무래도 부정적인 이미지가 강하지만 굳이 긍정적인 이미지를 들어본다면, 선거에 강한 만큼 선거구 관리 등으로 많은 시간을 빼앗기지 않아도 된다는 관점에서 주요 정책 결정 과정에 관여하거나 당내에서 정치력을 발휘하기 위한 활동에 주력할 수 있다는 점 등을 장점으로 꼽기도 한다.

2. 일본 최고의 권력기관인 '국회'와 '국회의사당'

현행 일본의 헌법에는 국가권력을 입법(국회), 행정(내각), 사법(법원) 셋으로 나누고 있다(삼권 분립). 이는 삼권의 억제와 균형에 의해 권력 남용을 방지하고 국민의 권리와 자유를 보장하고자 하는 시스템이라 하겠다. 이 삼권 중에 국회를 헌법에서 '국권의 최고기관으로 국가의 유일한 입법기관이다'(제41조) 라 규정하고 있다.

이는 국회가 주권자인 국민의 의사를 가장 직접적으로 대표하는 것이므로 국가의 모든 기관 중 가장 중요하다는 의미이다. 또한 국회가 유일한 입법기관으로 법률은 국회에서만 제정할 수 있으며, 국회의 의결만으로 법률을 확정하는 것을 의미한다.

다만 권력분립의 발상에서 국회에 대해 행정 및 사법으로부터 감시 내지는 억제력이 미칠 것을 예정하고 있으며, 국회가 최고기관이라고 해서 제한이 일절 미치지 않음을 의미하지는 않지만, 행정과 사법에 비해 입법기관인 국회가 국민의 대의기관으로서 최고 권력기관임을 헌법에 명확히 규정하고 있다.

국회의사당 개요

국회의사당National Diet Building은 도쿄도 치요다구 나가타초東京都千代田区 永田町에 위치한다. 국회의사당의 현재 건물은 1936년(쇼와 11) 11월에 제국의회 신의사당으로 건설된 것이다. 약 20년에 걸친 공사 기간이었다. 건축 디자인은 전국에 공모하여 118개의 안에서 뽑힌 것이다. 당시 이를 그린 건축가에 1만 엔의 상금이 주어졌는데, 지금 시세로는 약 2,000만 엔에 달한다고 한다. 국회의사당은 중앙탑을 중심으로 좌우 대칭으로 만들어졌으며, 정면을 마주 보고 왼쪽이 중의원, 오른쪽이 참의원으로 배치되어 있다.

국회의사당은 철근 콘크리트 건물로 중앙탑을 제외한 대부분이 지상 3층이고 중앙탑이 4층이다. 탑 옥상부까지 포함하면 지상 9층 건물 높이가 된다. 크기는 길이 206미터, 폭 88미터, 중앙탑 높이 65미터이다. 외장은 화강암의 석조이며 내장은 대리석 등을 포함한 일본 전국에서 40종류 이상 대략 3만 톤의 석재를 모아서 사용하였다고 한다. 그래서 국회의사당을 '돌 박물관'이라고도 부른다고 한다. 또한 패전 후 한때는 부족한 식량난을 해결하기 위해 국회 앞마당도 채소와 야채를 재배하는 밭으로 이용되기도 하였다.

부지 건물은 2만 649평, 건축면적 3,750평으로 주요 방 수는 390실(다용실 포함하면 449실)이다. 의석수는 참의원 회의장 460석(최대 635석), 중의원 466석(최대 635석)이며, 방청석 수는 참의원 770석(기자석 92석), 중의원 922석(기자석 90석)이다.

국회의사당에 관련된 몇 가지 흥미로운 점을 소개하자면, 우선 중앙현관은 통상 사용하지 않으므로 아카즈노 토비라ぁかずの扉, 즉 '열리지 않는 문'으로 불린다. 그러나 이 문이 열리는 경우가 있는데, 중의원과 참의원 선거후 국회의원이 첫 등원할 때 이 문이 열린다. 그리고 천황이 국회 개회식에 참여하기 위해 국회

를 방문할 때나 국빈이 국회를 방문할 때도 이 현관문이 열린다고 한다. 참고로 이 현관문의 무게는 약 1톤에 이른다고 하는데, 문을 여는 사람은 힘깨나 써야 할 것 같다.

중앙 현관 홀의 각 구석에는 위대한 정치가의 동상이 있다는데

국회의사당 현관을 들어서게 되면 현관 중앙홀이 2층에서 6층까지 후키누케(빈공간)로 되어 있으며, 벽면에는 일본의 사계를 그린 유화가 장식되어 있다. 이렇게 자연 채광을 취하는 구조라서 본회의장 외에는 낮에는 조명을 켜지 않아도 된다고 한다. 그리고 특이한 점은, 각 면의 구석 즉 네 모서리에는 각각 일본 헌정사에 큰 공헌을 한 세 사람의 동상이 세워져 있는데, 한 쪽 구석만 공석인 채로 비어져 있다.

참고로 세 사람이 누군가 하면 우선 자유민권운동의 지도자인 이타가키 다이스케板垣退助와 일본 최초 정당 내각의 총리대신이며 와세다 대학 설립자인 오쿠마 시게노부大隈重信, 그리고 한국에서 가장 유명한 일본 정치가의 한 사람으로 초대 내각총리대신인 이토 히로부미伊藤博文 세 사람의 동상이 설치되어 있다.

그러면 나머지 한쪽 구석은 왜 비워두었는가에 대한 궁금증이 생기는데, 당초 후보 인물이 있었지만 최종 결정의 합의에 달하지 못했다는 설, 정치는 늘 미완의 과정이므로 그 상징으로 미완성인 채로 남겨두었다는 설, 그리고 비어 있는 쪽의 구석에 동상을 세우게 되면 그 엉덩이가 천황이 머무는 황거를 향하게 되어 불경하기에 비웠다는 설 등이 있다.

그러나 가장 설득력 있는 설은, 다름 아닌 현역 정치가들이 자신이 위대한 정치가가 되어 나머지 한구석을 장식할 수 있도록 분발하라는 의미에서 남겨두었다는 설이다. 그래서인지 국회의사당 견학을 오는 지역구 유권자들에게 의원 비서가 안내를 하면서 "우리 선생님이 저 나머지 자리를 차지하기 위해 오늘도 열심히 정치 활동을 하고 계십니다"하고 소개를 한다고 하는데, 믿거나 말거나가 되겠다.

국회의 소집과 회기

국회의 소집은 내각이 결정하고 '소집 조서召集詔書'의 공포에 의해 이루어진다. 여기서 조서詔書라는 것은 '임금의 명령을 일반에게 알릴 목적으로 적은 문서'를 뜻하는데, 일본의 소집 조서는 국회를 소집할 때 천황의 서명과 날인 후 효력이 발생하는 문서를 뜻한다. 따라서 실질적으로 국회를 소집하는 권한은 국회의장이 아니고, 내각 즉 총리가 갖고 있으며, 형식적으로는 천황의 업무 중 하나라 할 수 있다.

일본의 국회는 통상 국회, 임시국회, 특별국회로 나누어진다. 통상 국회는 일 년에 한 번 1월 중에 소집되며 국가예산 등을 심의한다. 기간은 150일로 정해져 있다. 임시국회는 재해 대책 등을 위한 추경예산이나 법률안의 심의 요구가 있을 때 등 소집되는데, 중·참 양원 중 어느 한쪽의 총의원 4분의 1 이상의 요구가 있을 때 내각은 임시회를 소집해야 한다(헌법 제53조).

2017년 6월 통상 국회 폐회 후에 중의원 120명, 참의원 72명의 야당 의원이 모리토모 학원森友学園 등의 문제를 심의할 필요가 있다며 임시국회 소집을 요구했다. 그러나 당시 아베 내각은 이에 대응하지 않고 98일 후에 임시국회를 소집하는데, 임시국회 개원과 동시에 중의원 해산을 선언하여 야당은 닭 좋던 개 지붕

쳐다보는 꼴이 되었다.

야당은 아베 정권이 90일이 넘도록 임시국회를 소집하지 않은 것이 헌법 위반이라며 국가배상을 요구하는 소송을 일으켰다. 이에 대해 최고 재판소는 "임시국회 지연에 의해 개개 국회의원의 권리나 이익이 침해되었다고 할 수 없다. 소집을 요구한 국회의원이 지연을 이유로 국가에 배상을 요구할 수 없다"라며 상고를 기각했다. 당시 각종 스캔들로 정치적 위기에 몰렸던 아베 전 수상의 배짱은 확실히 타의 추종을 불허한다. 특별국회는 중의원 해산에 의한 총선거 후에 소집되는 국회를 뜻한다. 특별국회에서는 소집과 함께 내각이 총사직하게 되므로 양원에서 새로운 내각총리대신 지명이 이루어진다.

이와 같이 '소집'이라는 것은 중·참의원 양원 의원을 국회에 모이게 하여, 국회를 활동 가능한 상태로 하는 행위를 말하는데, 내각의 조언과 승인에 의해 이루어지는 천황의 국사 행위로 헌법 제7조에 규정되어 있다. 일본의 천황은 상징 천황이지만 국사 행위로 국회 소집권이 있는데, 물론 내각이 시키는 대로 하는 것에 불과하지만, 국회의 개원에 맞추어 천황이 국회를 방문하여 축사를 한마디 하는데, 이를 '오고토바おことば'라고 하며, 천황이 참석하지 못할 때에는 황태자가 참석하여 이를 대독한다.

그러면 여기서 한 가지 궁금증이 생긴다. 일본은 중의원과 참의원의 양원제이고, 국회가 절반으로 나뉘어 대칭으로 중의원과 참의원 본회의장이 둘로 갈려 있는데, 천황은 그러면 어느 쪽으로 참석을 하는 것일까?

천황은 참의원(전전의 귀족원)에 참석을 하며, 개회식은 회기

첫날 양원의 국회의원이 참의원 본회의장에 다 함께 모여 천황을 맞이하여 실시된다. 그때 중의원 의장이 양원을 대표하여 인사를 한 후 천황의 오고토바가 이어진다.

국회의사당을 중심으로 수상관저와 공관이 있으며 국회의원의 의원회관 등이 위치하고 있다. 또한 각 정당의 본부가 이곳을 중심으로 자리 잡고 있는 관계로 흔히 일본의 정치를 나타낼 때는 이곳 지명인 '나가타초永田町'로 표현한다. 그리고 나가타초 바로 옆으로 이어지는 가스미가세키霞が関는 중앙부처의 관청가가 이어진다. 따라서 행정의 중심가를 나타낼 때는 '가스미가세키'라는 지명으로 말하는 것이 일반적이다.

이처럼 국회의사당을 중심으로 나가타초와 가스미가세키 그리고 최고재판소와 헌정기념관 등이 인접하고 있으며, 천황이 머무는 황거와 긴자銀座, 히비야日比谷 등이 연결되어 있는 이곳이 일본 정치와 행정 및 사법 그리고 경제의 중심가라고 할 수 있으며, 일본의 코어 부분이라고 하겠다. 따라서 이곳을 제압하면 일본을 점령할 수 있다고도 하는데, 1995년의 옴진리교가 이곳 상공에 사린을 살포하는 계획을 세웠다고도 전해진다.

Ⅳ. 일본 정치의 현실과 과제

일본 의원내각제의 장점과 한계

세계 국가의 통치구조를 보면 크게 대통령제와 의원내각제로 나누어볼 수 있다. 대통령제를 채택하고 있는 나라는 미국을 기원으로 중남미와 아프리카, 아시아 여러 국가들을 비롯한 한국을 들 수 있다.

한편 의원내각제를 채택하고 있는 대표적인 나라로는 영국과 캐나다, 호주, 독일, 일본 등을 들 수 있다. 일본의 의원내각제가 독일과 영국을 모델로 도입되었다고 해도 제도를 운용하는 방식에 있어서는 차이가 있다.

일본은 국회를 양원제 즉 중의원과 참의원의 이원제를 채택하고 있다. 모두 국민의 투표로 선출되며 피선거권은 중의원 25세, 참의원 30세로 차이를 두고 있다. 임기는 중의원 4년 참의원 6년인데, 참의원은 3년마다 절반이 임기를 마치고 교체된다. 선거권은 18세이다. 2025년 1월 현재로 중의원의 정수는 465명이며 참의원은 248명이다. 둘을 합친 국회의원 수는 713명이다. 국회를 구성하는 중의원과 참의원은 원칙적으로 동등한 권한을 갖는다. 그러나 양원제를 채택하고 있는 나라에서 볼 수 있듯이 상원과 하원 중 보다 민의를 반영하는 것이 하원이라고 한다면, 일본의 경우는 중의원이 하원에 해당된다.

이에 따라 일본에서도 '중의원 우월'의 원칙이 적용되고 있다. 즉 중의원과 참의원이 서로 다른 의결을 했을 경우에는 최종적으로 중의원의 의결을 따라 국회의 최종의결로 한다. 중의원 우월의 형태를 구체적으로 보면, 법률과 예산의 의결과 조약의 승인, 내각총리대신의 지명에서 중의원이 참의원에 대해 우월권을 갖는다. 또한 법률안은 중의원과 참의원 중 어느 쪽이 먼저 심의를 하여도 상관없지만, 예산안에 대해서는 중의원이 먼저 심의 의결하는 권한이 있으며, 내각불신임 의결권은 중의원에게만 인정되고 있다.

이러한 의원내각제와 양원제를 채택하고 있는 일본의 경우, 지금까지 살펴본 대로 전후 거의 대부분을 자민당이 집권 여당으로 자리해 온 것이 최대의 특징이라 할 수 있다. 의원내각제의 최대 장점은 안정된 국정 운영, 수상의 정치적 책임을 묻기 쉽다는 점을 들 수 있다.

먼저 안정된 국정 운영에 대해서 살펴보자. 일본의 내각은 국민에 의해 선출된 국회의원으로 구성된 최대 정당의 당수가 국회에서 내각총리대신으로 임명되어 내각을 구성하는 것이 일반적이다. 이처럼 국회에서 선출된 수상이 내각을 구성하게 되므로 내각은 국회를 책임지는 형태를 띠게 된다. 즉 국회의 신임을 얻어 구성되는 행정부의 내각이므로 국회(입법)과 내각(행정)이 협조하는 체제가 구축되므로 안정된 국정 운영이 가능하다.

대통령제처럼 국회와 대통령이 각각 국민에 의해 선출되어 분리된 형태로 견제와 균형을 맞추는 것이 아닌, 국회 제1당의 당수 또는 연합세력의 대표가 수상이 되어 행정부를 통괄하므로 엄격한 의미에서의 입법과 행정의 분리라 할 수 없지만, 그만큼 협조와 타협이 가능하다. 따라서 반목과 대립을 기본으로 하는 대통령제의 입법과 행정의 관계보다 매우 양호한 관계가 형성되며, 그런 관계로 안정적인 정국 운영이 가능하다는 장점을 들 수 있는 것이다.

다음으로 수상의 정치적 책임을 묻기 쉽다는 점이다. 수상을 필두로 구성되는 내각이 행정부를 통괄하고 내각은 국민이 아닌 국회에 대해 책임을 지는 형태가 의원내각제이다. 따라서 내각을 신임할 수 없다고 판단될 때는 중의원 의원 51명 이상의 찬성이 있으면 내각불신임안을 부의할 수 있으며 본회의에서 의결할 수 있다. 만일 내각불신임안이 가결되면 내각은 총사퇴를 하던가, 10일 이내에 중의원을 해산해야만 한다.

전후 내각불신임결의가 가결된 것은 1948년과 53년의 요시다 내각, 1980년 오히라 내각, 1993년의 미야자와 내각의 네 번뿐이다. 모두 불신임결의가 가결되어 중의원이 해산했다. 한편, 참의원은 내각을 신임할 수 없을 때 수상에 대한 문책결의안을 제출할 수 있는데, 만일 가결되더라도 중의원의 내각불신임결의와 같은 법적 구속력은 없다.

이처럼 중의원을 해산하게 되면 40일 이내에 총선거를 실시하여야 하며, 총선거 후 30일 이내에 국회를 소집(이를 '특별국회'라 한다)하여 내각총리대신 임명 선거를 하여야 한다. 이런 절차를 거쳐 수상과 내각의 전면 교체가 이루어진다. 대통령제의 경우, 임기 중 대통령을 탄핵하는 것이 상당히 곤란한 것에 비하면 의원내각제의 경우는 비교적 용이하다는 것이 장점이다.

그러나 앞에서 열거한 의원내각제의 장점은 단점과 표리일체의 관계에 있다는 점을 주의해야 한다. 즉 첫 번째 장점으로 언급한 안정적인 정국운영이 가능하다는 것은 국회의 구성이 중의원과 참의원 양원에서 정부 여당이 제1당으로, 적어도 과반수 이상을 확보하였을 때에만 해당하는 말이다.

만일 중의원, 참의원 둘 중 어느 한 곳, 예를 들어 중의원은 야당이 참의원은 여당이 제1당이 되면 정국 운영이 오히려 혼란스러워진다. 수상의 리더십은 발휘되기 어렵고 중의원과 참의원의 의결이 엇갈리는 경우 이를 조정하고 재의결해야 하는 등 법안과 정책의 결정과 실행에 오랜 시간이 소요된다. 소모와 지연에 따른 '정치의 지체' 현상이 발생하는 것이다.

이시바 전 정권이 바로 이런 경우에 해당된다. 2024년 선거 당시 중의원에서 야당 세력에게 과반수를 내주고 참의원에서 과반수를 차지하고 있었는데, 그것마저도 2025년 7월 20일 실시된 참의원 선거에서 다수 의석을 잃는 대패를 했다. 자민당 탄생 이후 처음으로 중의원과 참의원에서 모두 과반수를 획득하지 못하는 비상사태가 발생했다. 비록 비교 제1당의 위치는 변함이 없으나 중·참 양원에서 여소야대의 상태로 정국을 운영하여야 하는 입장이 된 것이다. 이시바의 뒤를 이은 다카이치가 수상으로서 리더십을 발휘하며 자신의 색깔을 드러내는 정치를 펼쳐 나가기 매우 어려운 상황에 처해 있다.

두 번째로 내가 일본 의원내각제의 가장 큰 과제로 보고 있는 부분은, 국민 즉 주권자의 민심과 정권이 일치하지 않는다는 점이다.

쉽게 말하면, 국민이 직접 자신들의 리더를 뽑는 대통령과는 달리 일본의 수상은 국회의원들의 투표에 의해 선출된다. 국민은 중·참의원의 국회의원 선거만을 한다. 그리고 국민의 투표에 의해 구성된 국회에서 통상 제1당의 대표나 총재(자민당의 경우)가 내각총리대신으로 선출된다. 대통령과 국회의원 모두를 국민이 선출하는 대통령제를 '이원대표제'라 부르며, 국민이 국회의원만 선출하고 내각의 수반인 수상을 국회에서 국회의원이 선출하는 의원내각제를 '일원대표제'라 구분한다.

의원내각제의 경우, 선거에서 다수 유권자의 지지를 받아 통상 과반수를 확보하며 제1당이 된 당수가 국회에서 수상으로 선출되는 과정을 통하여 민심을 국정에 반영한다는 점에서는 이론이 없다. 그러나 실제로 현실 정치에서 일어나는 현상은 교과서의 이론과는 상당히 괴리가 있다.

자민당의 경우 70년의 기간 중 5년여를 제외한 긴 세월을 집권 여당으로 자리해 왔으며 현재도 그렇다. 그렇다면 일본 국민, 아니 유권자가 압도적으로 자민당을 지지하여 이토록 긴 세월을 집권당의 위치를 고수할 수 있었는가 의문이 든다.

실제로 자민당이 총선에서 획득하는 절대 득표율은 통상 10~20%대에 불과하며, 일본 정치사에서 최장수 총리 재임 기록을 세운 아베 정권 집권 시기에도 대부분 지지율보다는 지지하지 않는 비율이 높았다. 그럼 왜 여론의 비지지율이 지지율보다 높은데다 선거에서 자민당의 절대 득표율이 압도적이지도 않음에도 불구하고, 그토록 오랜 기간 정권을 차지할 수 있는가 하는 소박한 의문이 드는 것이 자연스럽다.

이는 근본적으로는 국가의 리더를 직접 유권자가 뽑지 않
는 의원내각제의 특성에서 유래하는 현상이라 보이는데, 일
본과 같은 의원내각제를 채택하고 있는 영국이 노동당과 보
수당의 정권교체가 일정 시기를 두고 이루어지는 것을 보면,
의원내각제 그 자체의 문제라기보다는 일본의 정치풍토와 정
치문화 등이 크게 영향을 주고 있는 것으로 보인다.

최근 아베의 장기 집권 이후 자민당 총재 선출 과정을 보
면 스가 요시히데, 기시다 후미오, 이시바 시게루, 다카이치
사나에 총재가 탄생하여 수상직을 계승하고 있다. 그런데 스
가, 기시다 전 수상의 경우는 국민 여론조사에서는 언제나 지
지율 한 자릿수 숫자로 늘 하위 그룹에 속하는 인지도였으나
자민당 총재가 되어 수상으로 국정을 담당했다. 만일 대통령
제였다면 절대로 당선이 될 수 없는 지지율에도 불구하고 국
가의 최고 리더가 될 수 있는 것이 일본 자민당 정치의 큰 특
징이다.

자민당의 국회의원과 자민당의 당원들에 의해서 총재가
선출되는 구조이기에 전국민의 1%도 안 되는 자민당의 당원
(약 100만 명 미만)이 아닌 99%의 국민들은 강 건너 불구경하는
신세로 밀려날 수밖에 없다.

이렇듯 국가의 리더를 자신의 손으로 직접 선출할 수 없는
제도적 한계와 운용으로 인하여 대다수의 유권자는 국가 리
더를 선출하는 데 참정권의 제약을 받게 되며, '자민당 총재
=수상'선출은 결국 나 하고는 상관없는 '그들'만의 리그에서
펼쳐지는 '그들'만의 잔치가 되어 버린다. 자신들의 리더를
뽑는 중요한 정치 현장에서 국민이 소외되어 버린다.

이는 결국 국민의 정치 참여에 대한 관심과 열정을 희석시키는 결과를 불어오는 구조가 아닐까? 자민당원이 아닌 압도적 다수의 국민은 자신들의 리더를 뽑는 과정에 일절 관여할 수 없게 되니, 남의 잔칫집 구경하듯 손을 놓고 있어야 하는 입장이다. 자연히 관심도 열정도 희박해질 수밖에 없게 되는 것이 아니겠는가?

근래 일본 국민의 정치 참여도의 저조에는 이런 의원내각제가 갖는 제도적 한계와 구조가 적지 않은 영향을 미치고 있다고 생각한다. 여야간의 경쟁에 의한 정권교체가 거의 이루어지지 않는 일본의 정치 풍토에서 자민당 일당지배구조가 오랜 시간 지속되다 보니 정권교체를 통한 새로운 정치에 대한 기대와 희망의 열기가 느껴지지 않는다.

자민당을 제외한 야당 세력이 다수의 소수 정당으로 분열되어 선거의 공조나 협조체제가 이루어지지 않는 상태로 선거를 치르게 되면서, 자민당을 지지하지 않는 비지지표를 분산하여 소수 야당끼리 나누어 먹기 식의 선거전을 펼치는 결과, 자민당이 어부지리식으로 많은 의석을 획득하게 되는 결과가 된다. 1994년에 중선거구제에서 소선거구제로 바꾸면서 양당제의 정착으로 정권교체가 순조롭게 이루어지는 구조를 기대했으나, 거대 여당의 존속과 소수 야당의 난립으로 정권교체는커녕 자민당의 장기 집권을 이롭게 하는 결과로 이어지고 있다.

마지막으로 '유권자의 민심과 정권이 일치하지 않는다'는 관점의 연장선에서 보면, 유권자의 여론이 어떻든지 국회 내의 권력지형에 의해 총리가 선출된다는 것이 일본 의원내각제의 문제다. 물론 이론적으로는 총선을 통한 여론을 반영한 형태에서 새 정부가 출범하게 되니 주권자 여론＝내각 구성의 도식이 성립되지만, 이는 어디까지나 교과서 같은 설명에 불과하다.

앞에서도 살펴본 대로 실질적으로는 자민당의 파벌 또는 권력 구도와 당내 이해관계에 따라 총재가 선출되고, 총재는 당연직처럼 수상이 되어 정부를 구성한다. 그러다 보니 내각의 수반인 총리는 민심 즉 주권자의 여론 동향보다 정권을 유지하기 위해서는 실질적으로 국회(당내)의 동향에 더욱 신경을 쓰게 되며, 대 국회관리를 우선시하지 않을 수 없게 된다.

그러면 자연적으로 국민의 여론이나 동향이 최우선이 아닌 후순위로 밀려날 수밖에 없게 되는 것이고, 국민에 대해 책임을 져야 재선이나 정권 연장 가능성이 보이는 대통령제의 대통령과는 다른 구조 속에서 국정을 운영하게 된다. 이로 인해 정치가 민심의 동향에 촉각을 곤두세우며 정책과정에 우선적으로 수렴하기보다는 국회 내의 여론과 힘의 논리가 우선시되어 국정을 이끌어 나가게 될 개연성이 크다.

따라서 국민 주권자에 책임을 지는 국정 운영이라기 보다는 제도적으로도 그렇지만 실질적인 운용에 있어서도 책임의 대상이 주권자가 아닌 국회로 치환되어 애매모호해지게 된다.

앞에서 의원내각제의 장점으로 들었던 '수상의 정치적 책임을 묻기 쉽다'라는 것은, 결국 국회와의 관계에서 성립되는 논리이지 대 국민 책임을 묻는다는 의미가 아닌 것이다. 이렇게 의원내각제에서는 이론과 실제의 괴리에서 발생하는 '국민 경시' 내지는 '국민 소외' 정치와 국정 운영이 이루어질 가능성이 크다는 점을 간과해서는 안 된다.

최근 한국에서 헌법 개정을 둘러싼 논의가 화두가 되고 있는 가운데 의원내각제 도입을 주장하는 목소리도 제법 들린다. 의원내각제의 장점이 분명히 있지만, 이웃나라 일본의 현실을 보면 의원내각제는 선거제도와 매우 긴밀하게 연동하는 만큼 선거제도와의 연계 및 운용에 대해 충분한 검토와 숙고가 필요할 것이다.

또한 국가의 리더를 선출하는 과정이나 책임을 묻는 과정에 국민 즉 주권자가 소외되는 일본 의원내각제의 단점과 한계를 극복할 수 있는 대안이 제시되지 않는 이상, 의원내각제가 현행 대통령제의 단점을 극복하는 대안이 되기를 기대하기란 어렵다.

일본 수상의 권한이 미약하다?

앞에서는 대통령제와 의원내각제의 특징에 대해 살펴보았다. 한국은 1960년 제2공화국 시절 짧은 기간 의원내각제를 경험하였지만, 기본적으로 대통령제를 채택하여 운영해 왔기에 의원내각제의 이미지가 생소할 것이다. 대통령제의 대표적 나라로 인식되는 미국과 의원내각제를 채택하고 있는 일본 수상의 이미지로 보면, 아마도 대부분의 한국인은 미국의 대통령이 일본의 수상보다 훨씬 강력하고 큰 권한을 가진 것으로 인식하고 있을 것이다.

과거 아베의 장기 집권 이전에는 거의 일 년에 한 번씩 수상이 바뀌는 경우가 많았다. 이처럼 한 국가의 리더가 얼굴도 익히기 전에 바뀌는 현상이 반복되면서 한때 일본 수상은 '회전 도어'라 불릴 정도였다. 일 년 정도 지나면 다른 얼굴로 교체되는 그저 얼굴마담 정도의 나약한 이미지가 있을 것이라 추측된다. 대통령과 수상의 권능을 직접 비교할 수는 없지만, 대통령도 수상도 행정부의 수반이라는 공통점이 있으므로 국회와의 관계를 통한 양자의 권능을 살펴보면 흥미로운 점을 발견할 수 있다.

우선 미국의 경우는 대통령과 국회의 권능이 분명한 것이 특징이다. 입법 권한은 국회의 전권이며, 대통령은 비토권만을 갖는다. 이에 비해 일본의 수상은 '내각제출법안'의 형식으로 국회에 법안 제출 권한을 갖고 있다. 수상은 법률을 통하여 자신의 정책을 구체적으로 실행할 수 있는 근거를 마련할 수 있다. 참고로 일본에서 법안의 제출은 내각제출법안과 의원입법으로 나뉘는데, 매년 법률로 성립되는 건수는 압도적으로 내각제출법안의 비중이 높다.

1947년부터 2018년까지 국회에 제출된 모든 법안을 보면 내각제출법안이 9,986건, 중·참의원의 의원입법이 5,853건으로 법안 제출 자체는 압도적인 차이가 나지 않는다. 그러나 실제로 법률로 성립된 건수를 보게 되면, 내각제출법안이 8,865건 의원입법이 1,682건으로 내각제출법안의 법률 성립이 전체의 84%를 차지한다. 또한 수상은 예산편성권을 갖고 있다. 예산을 통하여 자신의 정책과 국가 운영의 리더십을 발휘할 수 있다. 물론 예산을 심의하고 의결하는 권한은 국회에 있지만 의원내각제의 특성상, 정부 여당이 행정부의 예산안에 왈가불가 간섭을 하고 트집을 잡는 경우는 찾아보기 힘들다.

위의 두 가지 권능을 보더라도 미국의 대통령에게는 없거나 제한적인 권한인 만큼 일본 수상이 갖고 있는 권능이 적지 않음을 알 수 있다. 그러나 무엇보다도 통상 대통령제의 제도에서 보기 힘든 권한으로는 '중의원 해산권'을 들 수 있다. 즉 국회 해산권이다. 이는 수상이 갖고 있는 권한 중 무엇보다 강력한 무기로 위력을 발휘할 수 있지만, 반대로 자신의 목을 죄는 양날의 검 같은 권한이다. 중의원 해산의 근거는 헌법 제7조와 69조에 있다. 7조는 내각의 조언과 승인에 의한 해산인데, 수상은 내각의 수반이고 내각의 임면권을 갖고 있으므로 사실상 수상의 전권이라 해도 무방하다.

이에 비해 69조 해산은 중의원에서 내각에 대한 불신임안이 가결된 경우 10일 이내에 중의원을 해산하든가, 내각총사퇴를 해야 하는 규정이다. 전후 첫 총선이 치러진 1947년 이후 지금까지 중의원 선거는 2024년 9월까지 총 28번 실시되었는데, 그중 4년 임기만료에 의한 총선거는 딱 1번뿐이었으며, 나머지 27번은 전부 해산 총선거였다. 그 가운데 69조에 의한 해산은 4번뿐이며, 나머지는 전부 7조에 의한 해산 총선거였다. 즉 수상의 판단에 의한 중의원 해산 총선거였다는 의미이다.

그런 의미에서 수상의 중의원 해산권을 '전가의 보도'라고 한다. 수상이 자신에게 형세가 유리하다고 판단되는 시기를 선택하여 칼을 빼들고 해산 총선거를 실시할 수 있기 때문이다. 내각과 정부에 대한 여론이 우호적일 때나 야당이 미처 선거 준비를 하지 못하고 있을 때 등의 시기를 고려하여 정치적 판단을 하여 중의원을 해산한다. 이렇게 해산 총선거를 통하여 의석수를 더 늘리게 되면, 수상은 더욱 정치적 입지를 강화하게 되며 국정 운영에 탄력을 받게 된다. 2026년 2월 8일에 실시된 해산 총선거에서 다카이치 수상이 이끄는 자민당이 중의원 단독 2/3를 넘는 316석을 획득하여, 여소야대였던 국면을 단번에 뒤집으며 압도적 의석 수를 차지한 결과를 보면 수상의 해산 권한의 위력을 실감할 수 있다. 또한 여야 간 대립으로 민감한 정책 현안에 대해 국민의 신임을 묻는다는 명목하에 해산 총선을 통해 난관을 타개할 수도 있다. 2005년 8월에 실시된 고이즈미의 '우정해산 총선'이 그랬고, 2014년 12월 아베에 의한 '아베노믹스 해산 총선거'가 대표적인 사례이다.

이렇듯 강력한 무기로 활용될 수 있는 중의원 해산권에 대해 사토 에이사쿠 전 수상은 "내각 개조는 하면 할수록 총리의 권위가 내려가고, 해산은 하면 할수록 그 권위가 올라간다"고 했으며, 고이즈미 전 수상은 "수상 권력의 최대 원천은 해산권과 인사권"이라며 수상의 중의원 해산권을 강조했다. 다만 수상의 권력 기반이 약할 때에는 당내 저항과 반발에 의해 억제되는 경우가 있으며, 해산권을 행사하지 못하는 경우도 있다. 또한 형세를 오판하여 해산을 했으나 총선에서 패배하며 권좌에서 물러나는 경우도 있다.

이외에도 앞에서 언급한 수상의 권한 중 하나인 인사권과 관련한 내각의 개각을 들 수가 있다. 일본의 개각은 대략 일

년에 한 번씩 이루어진다. 가끔 2년 정도일 때도 있으나 이는 매우 드문 경우이다. 그럼 왜 일 년에 한 번씩 개각을 하는가 인데, 그 이유는 수상의 리더십을 유지하고 확대하여 정권 기반 강화를 꾀하는 목적이 있다. 수상이 갖는 절대 권력인 인사권을 행사하여 후계자를 키우기도 하고, 반대로 라이벌인 정적을 내각에 편입시켜 정치적 행동반경을 제약하는 효과를 노리기도 한다. 또한 적재적소에 인재를 배치함으로써 원활하고 효율적인 국정 운영으로 정권 강화와 함께 수상의 리더십을 강화한다.

두 번째로는 당내의 파벌 균형과 조정을 위한 목적이다. 자민당의 총재가 수상이므로 수상은 행정부의 수반임과 동시에 자민당의 보스이다. 정부와 당을 두루 아우르는 인사로 당내 파벌의 균형을 꾀함과 동시에 당내 불만을 희석하는 효과가 있다. 각 파벌에 안배하는 인사가 이루어지는 까닭이다.

세 번째로는 대국민 이미지 쇄신이다. 일본의 내각은 과반수가 국회의원이어야 한다. 이 말은 즉 과반수 이하의 대신은 국회의원이 아니더라도 임명할 수 있다. 실제로 학자나 전문가가 발탁되어 장관이 되는 경우도 있으나 한국처럼 흔하지는 않다. 과거 고이즈미 정권 때는 이런 정치가가 아닌 민간 전문가를 발탁하여 쓰는 것이 눈에 띄었으나 그 이후는 줄어들었다. 국민에게 매일 똑같은 얼굴을 반복해서 보이는 것보다는 어느 정도 유효기간이 지났다 싶으면 새 얼굴로 교체하여 참신한 이미지로 쇄신하는 것이다.

마지막으로 일본 수상의 권한을 살펴볼 때 간과해서는 안 되는 당과의 관계이다. 수상은 국가의 최고 리더이면서 동시에 집권당 자민당의 총재이다. 자민당은 앞에서도 살펴본 대로 마치 연립정권과도 같은 다양한 스펙트럼을 갖고 있는 정당이다. 따라서 이를 통합하며 이끌기 위해서는 당 총재로서의 리더십이 필요하다.

자민당 총재로서 갖고 있는 권한 즉 국회의원의 공천 권한이나 정치자금의 활용과 당내 인사권 등을 활용하여 수상의 정치력을 최대화하게 된다. 앞에서 열거한 각종 권능을 적절히 사용하면서 정부를 이끌어 갈 수 있으므로 수상의 권한이 대통령에 비해 결코 적을 수 없다. 다만 누구나 이런 권한을 자유자재로 활용하면서 수상의 권력기반을 강화하는 건 아니다. 자민당 특유의 파벌정치와 통치 구조 등으로 인해 당내 지지기반이 취약하거나 리더십이 부족한 수상은 이런 권능을 제대로 활용하기 어렵다. 최근에는 고이즈미와 아베가 수상에게 주어진 권능을 최대한 활용하면서 장기 집권을 위한 정치력 제고에 성공한 수상이라 하겠다.

구태의연한 투표 방식을 고집하는 이유?

2020년 4월 26일 코로나19의 확산이 우려되는 가운데 시즈오카静岡에서 중의원 보궐선거가 있었다. 투표율은 34.10%로 당선은 자민·공명당이 추천하는 자민당 신인 후보가 당선되었다. 투표율은 당초 코로나19 사태임을 감안하면 저조할 것이 예상되었다. 공교롭게도 투표율 30%대는 자민당 지지율과 대략 일치하는 숫자이다.

　　야권은 입헌민주당을 비롯 공산당까지 연대하여 단일 후보를 냈으나 큰 표차로 패배하였다. 당시 코로나19에 대한 지지부진한 대응으로 국민의 신뢰를 잃고 있는 자민당 정권이지만, 유권자 민심은 역시 구관이 명관이고, 어쨌든 죽이 되든 밥이 되든 정부를 믿고 따라야 한다는 의지 표명의 결과로 보인다.

　　지방의 보궐선거가 중요하여 소개를 하는 것이 아니라, 일본의 선거에서만 볼 수 있는 웃지 못할 해프닝에 얽힌 이야기를 소개하고자 한다. 아마도 이건 선진국이라 불리는 나라 가운데 유일하게 일본에서만 볼 수 있는 풍경이 아닐까 한다. 그건 다름 아닌 입후보자 중 두 명이 동성동명同姓同名이어서 생긴 해프닝이다. 이번 보궐선거에 우연히도 다나카 켄田中健이라는 똑같은 이름을 가진 후보자 두 명이 입후보했다.

　　결국 후보자 이름이 한자도 읽기도 똑같아 누구 표인지 구분이 안 되는 표가 3708표가 나왔다고 한다. 그럼 둘이 똑같이 평등하게 나눠 가지면 되는 것이 아니고, 결과는 두 사람의 득표율에 비례하여 표를 사이좋게 나누어 안분按分하게 되었다. 그럼에도 결국 두 사람은 낙선하고 자민당 후보가 당선되었다.

　　그럼 왜 입후보자가 동성동명인 게 문제일까. 일본의 국정선거(중의원, 참의원 선거)는 한국처럼 입후보자와 정당명이 인쇄돼 있는 투표용지에 기표하는 '기호식 투표'가 아니기 때문이다. 위 사건은 투표자가 직접 입후보자의 이름 또는 정당명을 투표용지에 써야 하는 '자서식自書式 투표'방식을 택하고 있기에 일어나는 해프닝이다. 그래서 이번 시즈오카 보궐선거에서는 두 후보의 이름이 똑같아 두 후보는 각각 포스터에는 자신의 나이를 강조하여 선거활동을 했다고 한다.

그럼 간단히 기호식으로 바꾸면 될 것 아니냐 하겠지만, 사실 지방자치단체의 선거는 지자체가 기호식으로 할 것인지 자서식으로 할 것인지 선택할 수 있다. 기호식으로 투표를 하는 곳도 있지만, 아직 대다수 지자체가 국정 선거와 마찬가지로 자서식 투표 방식을 택하고 있다.

총무성의 자료에 따르면, 2021년 3월말 현재 기호식 투표를 조례로 정하고 있는 지자체는 아오모리靑森県, 시마네島根県, 오이타大分県 등의 5현 지사 선거와 시·구청장 선거의 105개 시와 구, 그리고 정촌町村의 단체장 선거인 113정촌이 자서식이 아닌 기호식 선거를 조례로 정하고 있지만, 일본 전체 1,788개 지자체를 보면 아직 압도적으로 유권자가 후보자 이름과 정당명을 기입하여 투표하는 자서식 투표가 국정과 지방선거에서 일반적임을 알 수 있다.

그럼 이 자서식 투표 방식이 갖는 불편함과 단점이 무엇일까?

우선 당연히 투개표에 시간이 많이 걸리고, 그럼 그만큼 인건비를 포함한 선거비용도 많이 든다. 오기誤記로 인해 누구 표인지 모르는 의문표가 많이 나오며, 문맹자나 글을 쓰기 힘든 사람의 투표가 제한을 받는 등 단점이 있다. 그런데도 굳이 이런 불편함을 감수하면서까지 구태의연한 자서식 투표 방식을 택하는 이유는 무엇일까?

그건 바로 집권당인 자민당이 그 방식을 고집하고 있기 때문이다. 실제 투표성향을 분석해 보면, 유권자가 후보자나 정당명을 직접 써서 기입하는 방식을 택하면 아무래도 생판 모르는 신인이나 신생 정당보다는 낯익은 이름과 많이 익숙한 정당을 기입하는 확률이 높다고 한다. 따라서 자서식 투표 방식은 당연 자민당에 유리하다는 해석이다. 아무리 자민당이 그 방식을 고집한다고 21세기에 이렇게 단점이 많은 자서식 투표를 하겠느냐고 의문을 가질 수도 있겠지만, 다음과 같은 경위가 과거에 있었고, 그로 인해 지금까지 국정 선거는 오로지 '자서식 투표'방식을 유지하고 있다.

일본에서도 1950년대부터 투표를 기호식으로 하는 방안이 검토되었다. 1962년 공직선거법 개정에 따라 지방자치단체의 단체장 선거는 기호식 투표가 가능하게 개정이 이루어졌다. 이에 따라 1962년 도치기현 카누마시栃木県鹿沼市 시장 선거가 기호식으로 이루어진 사례가 있다. 그 후 각 지자체의 도입 움직임과 함께 도쿄에서도 기호식 투표를 시행하려고 했으나, 막판에 도쿄도의회에서 자민당이 반대하여 기호식 투표 방식 도입이 좌절됐다.

도쿄가 기호식 투표 도입을 그만두자 요코나라비横並び* 의식이 강한 일본에서는 도쿄를 본받아 종전의 자서식 투표를 고집하게 되었다. 그 후에도 1970년의 법 개정에 의해 지자체의 경우는 단체장과 의회 의원선거에서 각 지자체가 기호식 투표 방식도 선택할 수 있게 바뀌어 오늘에 이른다. 문제는

---

* '요코나라비'라는 말은 사전적 의미로는 '옆에 늘어서는 것'을 뜻하는데, 관련된 사람이나 기업, 단체 등이 모두 같은 방식이나 행동을 하는 것으로 차이를 두지 않고 타자와 동일함을 추구하는 의식구조를 뜻한다.

국정 선거의 경우이다. 국정 선거는 중의원, 참의원 선거가 있는데 이 두 선거는 선거 방식이 각각 다르다. 중의원은 소선거구 비례대표 병립제이지만 참의원은 선거구와 비례대표제로 복잡하다.

아무튼 국정 선거도 자민당이 처음으로 정권에서 내려온 1993년 호소카와細川 연립내각 때 논의되어 시행된 정치개혁으로 기존의 중선거구제에서 현행의 소선거구제로 바뀌면서 투표 방식도 '자서식'에서 한국과 같은 '기호식'으로 개정되었다.

그러나 무라야마村山 정권에서 하시모토橋本 정권으로 바뀌며 다시 정권에 복귀한 자민당이 개정된 선거법으로 처음 중의원 선거(1996년)를 치르기 직전에 다시 기호식에서 자서식으로 되돌리는 개정법안을 강행 통과(1995년 12월)시킨다. 그 이후로 지금까지 기호식이 아닌 자서식 투표 방식을 고집하며 유지하고 있는 것이다.

이건 '경로 의존'도 '전통을 중시'하는 것도 아닌, 오로지 집권 자민당의 선거 유불리 계산에 의한 결과로밖에 생각할 도리가 없다. 굳이 긍정적으로 평가한다면, 자서식 투표를 고집함으로써 문맹률 퇴치에 0.0001% 정도 기여를 하고 있다는 점과 투·개표 등 선거 업무에 관여하는 공무원들 선거 업무수당을 두둑이 챙겨주고 있다는 것 정도일 것이다.

일본의 대한국 정책 변화의 배경과 전개

2025년은 한일 국교정상화 60주년을 맞는다. 한국의 문재인 정권과 일본의 아베 정권 때는 전후 최악이라는 말이 나올 정도로 양국 관계가 악화되고 첨예한 대립을 하던 시기도 있었다. 그러나 전반적으로 본다면 21세기 들어 한일 민간교류는 코로나 시기를 제외하고는 매년 증가 일로에 있으며, 간간이 정치적으로 대립하는 모습을 보이곤 했다. 여기에는 다양한 요인이 있을 수 있지만, 일본 집권당인 자민당의 권력 구도의 변화와 일본 국내 사정의 변화가 일본 정부의 대한국 정책에 영향을 미친 것으로 보인다.

21세기 들어 고이즈미의 5년 5개월(재임기간 2001년 4월 26일 ~2006년 9월 26일)과 그 후 아베의 1년간의 집권, 이후 민주당으로 정권교체가 이루어진 뒤, 재차 아베에 의한 정권 탈환으로 일본의 국가운영이 우경화로 기울고, 대한국 정책도 강경 일변도로 변화하게 된다. 이러한 배경에는, 장기 집권 세력인 자민당 내의 보수 본류와 방류 세력 간의 역학 관계의 변화가 있었음을 간과할 수 없다.

과거 보수 본류가 기존의 미일안보체제를 공고히 하면서 미국을 이용하는 '용미用美정책'을 채택하였다면, 고이즈미, 아베로 대표되는 보수 방류 세력은 '대미 주종관계'를 고착화하면서 대한반도 정책을 핸들링해 왔다고 볼 수 있다. 과거 반공을 국시로 하던 한국의 군사정권과 자민당 내 보수세력들과의 관계로 보더라도, 그때와는 다른 연대의식이 형성될 소지가 있음을 알 수 있다. 물론 당시 한국이 일본의 지원과 협력을 받는 위치에 있었음도 무관하지 않을 것이다.

그러나 1993년 38년 만에 자민당이 야당으로 전락하기 전, 당시 보수 본류의 적자로 주목받던 오자와 이치로小沢一郎 등 젊은 세력들이 자민당을 탈당하여 외부에서 반 자민당 연대 세력을 형성하면서, 자민당 내의 보수 본류와 방류 세력의 판도에 변화를 가져오게 된다. 이때 자민당을 탈당한 유력 정치가에는 오자와 이치로, 하토야마 유키오鳩山由紀夫, 오카다 카츠야岡田克也 등이 있다. 이들 세 명은 각각 구 민주당의 대표를 역임했으며, 하토야마 전 수상은 2009년 8월 아소 다로麻生太郎의 자민당에 압승하며 명실상부한 정권교체를 처음으로 이루어내기도 하였다.

역사에 가정은 무의미하지만, 만일 이들이 그 때 자민당을 탈당하지 않고 내부 개혁과 권력투쟁을 통하여 정권을 잡았다면, 후일 아베 정권은 탄생하지 않았을 수도 있었을 것이고, 자민당 내 정치 지형도 지금과는 다른 모습이지 않았을까 하는 생각을 해본다.

그 후, 자민당은 정체성을 잃어가는 사회당을 끌어안고 연립정권으로 복귀하는 수순을 선택한다.

당시 자민당이 던져 준 떡밥을 덥석 물은 사회당은 무라야마 도미이치村山富市 위원장을 수상(재임기간 1994년 6월 30일 ~1996년 1월 11일)으로 연립정권에 참여하게 되지만, 이를 계기로 급속도로 지지세력이 이탈하며 결국은 형체도 알아볼 수 없을 정도로 와해되고 만다. 이런 과정을 거쳐 1955년 자민당vs사회당으로 탄생한 55년 체제는 급속한 종언을 고하게 된다.

무라야마 연립정권의 뒤를 이어 하시모토 류타로橋本龍太郎를 총재로 선거를 치른 자민당이 2년 5개월여(연립정권기를 포함)에 걸친 야당 신세를 탈피하고 다시 집권 여당으로 복귀한

다. 그런 과정을 겪은 후, 당시 보수 방류로 분류되는 모리파
森派에 속해 있던 고이즈미 준이치로 총리가 탄생하면서 보수
방류계가 지향하던 헌법 개정을 비롯한 우경화 성향이 표면
화된다.

'고이즈미 극장'이라 불릴 정도로 국민적 인기를 구가하던
고이즈미는 신자유주의의 적극 도입과 함께 자민당 내의 기
존 파벌을 중심으로 한 역학 관계를 파괴하며, 수상의 권한
강화를 꾀함과 동시에 이를 기반으로 장기 집권의 기반을 닦
아갔다.

고이즈미의 뒤를 이은 아베 신조는 본격적인 우경화의 길
을 걸었으며, 그런 가운데 한일관계도 예전과는 다른 강도로
충돌과 대립을 반복하게 된다. 항간에는 한국 정부의 미온적
인 대일본 외교 정책 또는 일본과 대립각을 세우며 국민적 지
지를 얻고자 한다는 비판이 있으나, 그런 주장을 일정 부분
수용한다고 하더라도, 일본 내의 권력 구도의 변화 즉 자민당
내의 권력의 주류가 바뀌는 것과 함께 종전의 한국을 비롯한
대한반도 정책 기조도 자연스레 변화하는 환경이 갖추어져
있었음을 간과해서는 안 된다.

다시 말하면, 한국과 일본이 충돌할 수밖에 없는 외적 환
경이 조성되었음을 뜻한다. 한국의 지속적인 경제성장과 일
본의 장기 정체로 인한 경제력 격차의 완화와, 한국 사회 민
주화 진전에 따른 인권문제 재고 및 가치관의 변화 등이 도래
한 것이다. 이를 시작으로 과거 일본과 한국의 산업·무역구
조를 비롯한 위상과 관계가 변화한 외적 환경, 자민당 내의
주류 세력이 비둘기파에서 매파로 바뀌어가고 있던 내적 환

경의 변화를 동시에 주목할 필요가 있다.

이는 결국 좀처럼 출구가 보이지 않는 헤이세이의 장기 정체로 쌓여만 가는 국민의 프러스트레이션frustration, 중국의 국제 사회 대두와 영향력 증가, 북한의 핵개발과 미사일 발사 등을 비롯한 안보 위협 요인과 맞물리게 된다. 이에 대한 집권 자민당의 스탠스는, 기존의 미국과의 협조·공조체제 강화를 꾀하면서 동북아 정세에 강경 노선을 취하게 된다. 그런 가운데 이명박 전 대통령에 의한 독도 방문과 일본 천황의 사죄요구 발언 등을 계기로 혐한과 반한 정서에 불이 붙게 되었고, 본격적인 대한국 비판과 혐한 정서가 표면화되고 본격화되었다.

그 후 일본 국내 극우세력에 의한 헤이트 스피치와 혐한 서적 등을 비롯한 한국 때리기가 이어졌다. 한국 헐뜯기에 TV 방송 등 미디어도 가세하며 한층 가열한 양상으로 치달았고, 2019년 7월에는 한국을 화이트리스트에서 제외하는 대한국 수출규제 즉 경제보복이라는 수단을 끄집어내 대한국 강경책의 절정을 맞게 된다.

이시바 수상 탄생으로 풀어보는 일본 정치*

길고 지리한 여름이 좀처럼 물러서지를 않고 잔서가 최후

---

* 2024년 9월 27일 실시된 자민당 총재 선거의 결과를 분석하여 10월 4일에 작성한 글.

의 발버둥을 치던 2024년 10월 1일. 3년 동안 이어진 기시다 정권이 막을 내리고 이시바 시게루 정권이 탄생했다. 국정을 책임지는 정권은 바뀌었지만, 본질은 여전히 자민당과 공명당에 의한 연립정권의 연장이며, 여야 간의 대결에 의한 정권교체가 아닌 '유사 정권교체'였다. 즉 어디까지나 자민당 내의 총재가 바뀜으로써 이루어진 당내 정권교체에 불과했다.

이시바 시게루(67세)라는 정치가

2024년 9월 27일 실시된 자민당 총재 선거에서 제28대 총재로 당선되어 일본 헌정 제102대 내각총리대신으로 임명된 이시바 시게루는 자민당 내에서는 비주류에 속하지만, 자민당 넘버 2인 간사장을 비롯하여 방위성 대신과 농림수산 대신, 지방 창생 담당 대신 등을 역임하며 주요 경력을 쌓아온 경륜 풍부한 정치가이다.

즉 정치 경력으로 볼 때는 수상이 된 것이 오히려 늦은 감이 있는 인물이라 하겠다. 그런 이시바 총리도 부친이 고향 돗토리현鳥取県지사를 역임하고 국회의원이 된 후에는 자치대신(현 총무대신)을 역임한 정치가였으며, 돌연한 부친의 사망으로 그 뒤를 이어 정계에 입문한 세습의원이다.

그렇지만 아무리 일본 정치 문화가 후진적이라고 하여도 세계 경제규모 3, 4위에 있는 경제대국 일본의 수상 자리를 꿰차는 정치가에게 고진감래나 권토중래 같은 서사가 없을 수 없다. 이시바는 거의 40년에 이르는 정치 이력 중에 1993년 총선 패배 후 자민당을 탈당하여 오자와 이치로가 이끌던 신진당에 합류했던, '배신자'낙인이 찍혔던 정치인이다. 그런 과거의 경력이 오랫동안 당내의 세력 규합에 많은 지장을 초래한 것도 사실이다.

그러나 그것보다도 이시바는 자기만족이라 할까, 소신을 굽히지 않고 취미 활동에는 오타쿠 수준에 이를 정도로 심취하는, 정치가로서는 특이하다 할 수 있는 캐릭터의 소유자로 알려져 있다. 가령 나가타초의 국회의원 숙소는 저녁 이후 의원들의 인맥 쌓기나 정치활동으로 비어 있기 일쑤이지만, 이시바 의원은 언제나 홀로 방에 틀어박혀 독서에 심취해 있었다. 정치부 기자들은 그를 취재하기가 가장 쉬웠다며 입을 모은다.

정치가에게 필요한 역량이 두 가지 있다면 하나는 정책을 이해하고 구상할 수 있는 지력 즉 지식이 있어야 하고, 둘째로는 사람을 끌어 모을 수 있는 매력과 인망人望이 있어야 한다. 지식은 독서 등을 통한 학습과 실전 경험을 통해 체득되고, 인맥은 많은 사람들과 정력적으로 교류를 하며 노미니케이션飲みニケーション* 등을 거듭함으로써 쌓아갈 수 있을 것이다.

이시바 총리를 보면 전자의 경우는 근래 일본의 다른 총리에 비해 가장 준비된 인물이라 할 수 있을 것이다. 그러나 문제는 후자, 즉 사람과의 교류와 커뮤니케이션이 부족하다는 점이 이시바 수상의 정치가로서의 성장에 발목을 잡아왔다. 그가 자민당 총재 선거에 다섯 번째 도전하여 겨우 자신의 염

---

* '노미니케이션'은 일본어의 (술을) '마신다'는 의미를 갖는 동사 '노무飲む'의 명사형 '노미(마심)'와 '커뮤니케이션'의 합성어로, 술을 마시면서 친교를 다지고 교류한다는 의미의 조어다.

원을 이룰 수 있었던 이유이기도 하다.

따라서 이시바 총리가 앞으로 국회에서 전개될 야당과의 공방에서도 논리적으로는 밀리지 않는 이론 무장이 되어 있는 정치가라는 점은 큰 장점이 될 것이다. 반대로 자신의 지지기반 즉 파벌이나 충신 그룹이 없다는 점, 즉 정치가로서 인간관계를 기초로 한 자신의 세력 형성을 이루지 못한 상태에서 시류에 떠밀리 듯이 총리가 되었다는 점은 앞으로 정국을 풀어나가는 데 큰 어려움으로 작용할 것이다.

이시바 총재 탄생의 배경

주지하다시피 이시바 총리는 자민당 내에서도 정권과 당에 대해 비판적인 목소리를 자주 내는 이른바 여당 내의 야당과 같은 역할을 해왔다. 그만큼 자신의 정치적 소신을 굽히지 않는 정치가라고 할 수 있다. 전술한 대로, 한때 자민당을 탈당한 전력과 함께 인간관계 형성을 통한 외연의 확장보다는 자신의 내공을 쌓고 취미 활동을 하는 것에 더욱 주력한 탓에 인간관계 형성에 있어 부족한 면이 있다. 그런 고로 자신을 지지하고 따르는 가신 같은 동료 정치가가 없는 것이 큰 약점이다.

전국적인 인지도나 국민 인기도에서는 늘 1, 2위를 다투어왔지만, 정작 자민당 총재 선거에 나서게 되면, 전국 당원표에서는 압도하여도 결선투표에서 국회의원들의 신망을 얻지 못해 고배를 마시기도 했다. 지난 3년 전, 기시다 전 수상이 총재에 당선될 때의 자민당 총재 선거에서는 무수한 하마평에도 불구하고 국회의원 추천인 20명을 채우지 못해 출마를 포기해야 할 정도로 인적자산이 빈약하다.

그런 이시바가 다섯 번째 도전이 되는 이번 자민당 총재 선거에서 최종적으로 승자가 될 수 있었음은, 물론 본인의 오랜 정치경력에서 갈고닦은 내공이 빛을 발한 것도 있지만, 자민당 내의 킹메이커로 군림하는 아소 다로, 스가 요시히데, 기시다 후미오 3인의 꼬일 대로 꼬인 인간관계와 권력투쟁의 결과로 득을 보게 된 것이 큰 요인이다.

또한 바로 코앞에 닥친 해산 총선거를 대비하여 결선투표에서 자웅을 겨룬 다카이치 사나에라는 극우 정치가보다는 이시바로 총선을 치르는 것이 유리할 것이라 판단한 국회의원들의 선택을 받은 것에 불과하다.

즉 지금까지 아베 정권과 스가 정권, 기시다 정권을 거치면서 가장 영향력을 행사하며 킹메이커로 군림해 왔던 아소 다로가 무슨 일이 있어도 이시바만큼은 지지할 수가 없다는 개인적인 원한과 시기심이 만들어낸 결과라 하겠다.

아소 전 수상이 다카이치를 전폭적으로 지지하면서 1차 투표에서 다카이치가 1위를 하는 기염을 토했으나, 결국 이시바와의 결선투표에서는 1차 투표에서 국회의원의 지지를 가장 적게 받았던 이시바에게 스가를 중심으로 한 세력과 기시다 파의 선택이 쏠려 이시바가 대역전으로 승리를 거머쥔 것이다.

아소는 최악의 선택을 함으로써 그동안 누려왔던 자민당 내 흑막의 보스 역할에 종지부를 찍었다. 즉각 부총재에서 최고고문이라는 그야말로 이름뿐인 한직으로 내몰렸고, 자신의 정적인 스가 전 수상에게 부총재 자리를 내어주는 굴욕을 맛보며 뒷방 노인네로 전락하는 운명에 처했다.

아소는 2008년에 수상이 되어 1년 후에 당시 민주당에게 대패하며 일본 정치사에 큰 획을 긋게 된다. 1955년 자민당 창당 이후 사실상 처음으로 이루어진 명실상부한 여야 정권 교체에 지대한 공헌한 것이 다름 아닌 아소였다. 2008년 아소가 수상이 되었을 때, 이시바는 농림 수산 대신의 자리에 있었으나 아소의 실정에 반발하여 국무 대신인 이시바가 앞장서서 아소 끌어내리기 활동을 했던 것이 아소가 이시바를 싫어하게 된 결정적 계기라고 알려진다.

이시바 정권의 탄생은 '탈아베' 그리고 '탈아소'의 상징

아베 전 수상과 이시바 수상과의 악연은 너무나도 잘 알려져 있으니 새삼 거론할 것도 없지만, 아베의 전폭적인 지지를 받으며 정치가로서의 몸값을 급성장시킨 다카이치 사나에의 약진이 돋보였다. 이번 총재 선거 1차 투표에서 전국 당원 투표 1위를 기록하고, 국회의원 투표도 고이즈미 신지로小泉進次郎에는 못 미쳤지만, 근소한 차이로 70표 이상을 차지하는 기염을 토하며 1차 투표 1위를 기록한 것이다.

만일 이 기세를 몰아 결선투표에서도 이시바를 누르고 다카이치가 총재가 되었다면, 개인적으로는 아베의 망령이 되살아나 일본을 어디로 끌고 나갈지 흥미롭기도 했다. 하지만 그보다는 일본의 장래가 위험하다며 걱정하는 목소리가 더 높았던 것으로 보인다.

자민당 총재 선거가 한창일 때 인터넷이나 SNS, 유튜브 등을 보면 다카이치 지지 일색으로 도배가 되는 경향이 있었다. 자민당원과 당우들에 의한 투표에서 이시바를 누르고 다카이치가 1위를 기록한 사실은 매우 놀라운 점이다.

자민당이야 원래 보수정당이니 보수적 성향의 당원들로 채워져 있고 연령층도 노인층이 많은 것이 특징인데, 다카이치가 기존 아베의 역사수정주의와 극우적 성향을 한층 업그레이드하여 강성 발언을 쏟아내며 지지를 호소하자 마음이 기울며 지지를 보내게 된 것이 아닐까?

이런 지지를 받고 기세를 올린 다카이치가 결선 투표에서 이시바에게 역전패하게 된 이유도 바로 이런 다카이치와 지지자들의 극우적 정치 성향이 자민당 국회의원들 사이에서 거부감으로 나타난 것이라 할 수 있다. 당장은 야스쿠니 신사 참배를 공언하는 다카이치는 미국에서도 껄끄럽게 취급하는 존재가 되었고, 한국이나 중국과 마찰을 일으킬 것은 불을 보듯 뻔한 일이다.

아무튼 집권당인 자민당 내에서도 극우 성향의 리더를 선택함에 거부감을 보였다는 점이 중요하며, 이는 결국 아베 정권이 이루어온 궤적에 비판적인 스탠스를 유지했던 이시바를 선택함으로써 '탈아베'를 꾀하려는 의지로 해석할 수 있다.

다카이치 정권의 출범과 전망

2025년 10월 4일 실시된 자민당 총재 선거는 예상 외의 파란이었다. 직전까지는 고이즈미 신지로가 이시바의 뒤를 잇는 총재로 선출되리라는 것이 대부분의 예상이었는데, 다카이치 사나에가 예상을 뒤엎고 총재로 당선된 것이다.

다카이치는 일 년 전의 총재 선거에서도 1차 투표에서 1위를 기록했으나 과반수에 미치지 못하였기에 결선투표에서 이시바 총리와의 대결에서 국회의원 표를 얻지 못해 역전패했던 바 있다. 그런데 이번 선거에서는 1차 투표와 결선투표 모두 1위로 승리를 거머쥐었다. 심지어 1년 전 국회의원 표에서 이시바에게 역전을 허용했던 다카이치가 국회의원 표에서도 고이즈미를 누르고 1등이었다. 일 년 사이에 무슨 변화가 있었던 걸까?

이에는 일 년 전 이시바 총재 탄생 때 다카이치를 지지함으로써 이시바 정권 내내 찬밥 신세를 면치 못했던 아소 다로의 지원이 결정적인 역할을 했다. 거기에 더해 평소 간결하고 명료한 어법으로 알기 쉽게 의사를 전달하면서 내셔널리즘을 자극하는 강성 발언을 저어하지 않는 다카이치를 지지하는 보수 우익세력의 결집으로 다카이치 총재는 탄생할 수 있었다. 아베 전 수상에 비하면 국가 운영 능력은 차치하고, 카리스마와 리더십이 부족해 보이는 스가-기시다-이시바를 거치며 새로운 변화도 발전도 기대하기 어려운 상태로 기울어져 가는 자민당의 새로운 희망으로 다카이치가 선택되었다고 보는 것이 타당할 것이다.

직전의 참의원 선거에서 국민민주당과 참정당 등 보수 우익성향 정당이 약진한 것도 영향을 미쳤을 것이다. 중도층의 많은 표가 내셔널리즘을 부추키고 극우적 발언을 서슴지 않는 참정당 같은 신생정당에 젊은 층을 위주로 한 지지가 결집된 현상을 보며 자민당 의원들은 위기의식을 느꼈을 것이다. 이시바 같은 온건 보수의 리더로는 젊은 층의 지지를 기대하기 어렵고, 점점 기세가 오르는 극우정당을 견제할 수 없다는 불안심리에 휩싸였을 것이다. 다카이치의 극우적 성향에 대한 거부반응보다는 당장은 당의 궤멸을 막아야 한다는 위기 의식이 더 크게 작용한 것으로 읽힌다.

다카이치는 '여자 아베'로 불릴 정도로 아베 노선의 뒤를 잇는 계승자이며, 오히려 아베보다도 더 강성 발언을 서슴지 않고 쏟아내는 극우 정치가로도 분류된다. 다카이치의 당선 으로 자민당 첫 여성 총재가 탄생함과 동시에 일본 140년 헌 정사에서 최초의 여성 수상이 탄생하게 되었다.

한국보다 더욱 남성 중심 사회인 일본 정계에서 여성으로 자민당 총재와 수상으로 등극할 수 있었다는 것은 시류를 잘 타고 난 덕분이라고 하는 것만으로는 설명이 되지 않는다. 종 말이 가까워진 듯 말기적 증세를 보이던 자민당에 한 가닥 희 망의 불씨를 살릴 수 있는 구세주와 같은 존재로 다카이치가 보수 성향 지지자들의 열렬한 지지를 받으며 총재에 당선된 것은 틀림없는 사실이다.

다카이치 총리의 정치 여정

다카이치 사나에 자민당 총재가 일본 헌정사상 첫 여성 수 상으로 취임한 것 자체만으로도 상징성은 충분하다. 세계경 제포럼WEF이 발표한 '2025 성 격차 지수 보고서'를 보면, 한 국은 전체 148개 국 중 101위(지난해 94위)이고, 일본은 118위 에 머물고 있다. 한일 양국의 젠더 갭Gender Gap은 하위권인데, 그나마 일본은 한국보다 더 뒤처진다. 이러한 일본 사회, 그 중에서도 가장 남초 사회라고 할 수 있는 정치권(중의원의 경우 2024년 선거에서 여성 비율이 15.7%인데 이것이 최고치)에서 최고의 정점을 찍었다는 것 자체만으로도 그녀의 능력을 평가하지 않을 수 없다.

다카이치의 젊은 시절을 보면 파란만장한 인생이었다. 1961년 나라奈良에서 태어나 성장한 그녀는 공부를 잘하는 학생이었다. 도쿄로 진출하고 싶은 마음에 사학의 명문이라 불리는 와세다 대학과 게이오기주쿠 대학 두 곳 모두 합격을 하였으나, 여자는 4년제 대학이 아닌 단기대학으로 충분하다는 부친의 반대로 진학을 포기해야만 했다.

할 수 없이 집에서 다닐 수 있으며 학비가 저렴한 국립 명문대학인 고베대학神戸大学에 진학했다. 자택에서 왕복 6시간 거리를 통학하며 학비는 아르바이트로 스스로 마련하여 학업을 마쳤다고 알려진다. 전공은 경영학이고 대학 시절에는 경음악부에 소속되어 활동하였으며, 헤비메탈 밴드에서 드럼을 쳤다.

대학을 졸업한 1987년 마쓰시타 정경숙松下政経塾에 입학을 하면서 정치와의 인연이 시작된다. 중간에 미국 하원의원 사무실에 파견되어 정치와 직접 인연을 맺은 다카이치는 1989년 일본으로 귀국하여 마쓰시타 정경숙을 졸업하고 지방대학 교수로 취업을 한다. 1992년 참의원 선거에서 자민당 공인후보 신청을 하지만, 공천을 받지 못하고 무소속으로 출마하여 낙선을 하면서 정치에 발을 들이게 된다.

1993년 중의원 선거에서 나라에 무소속으로 출마하여 첫 당선을 이룬다. 93년 7월에 실시된 중의원 해산 총선거는 미야자와 내각의 불신임안이 가결되어 실시되었다. 이 선거는 중선거구제의 마지막 선거이기도 했다. 이 선거에서 자민당은 과반수를 획득하지 못하는 패배로 38년 만에 집권정당에서 야당으로 전락하게 된다.

이때 처음 당선된 국회의원들이 현재는 거물 정치가로 성장하여 일본 정계를 리드하고 있다. 당시 첫 당선을 이룬 자민당 정치가로는 다카이치 수상을 비롯 아베, 기시다 전 수상과 모테기 도시미츠茂木敏充 전 간사장(현 외무대신)이 있으며, 구 민주당 세력으로는 에다노 유키오枝野幸男, 마에하라 세이지前原誠司, 노다 요시히코 등이 1993년도에 첫 당선한 정치가들이다.

그 후 당시 신당 사키가케에 공인 신청(한국의 정당 공천 신청)을 하였으나 거절당하고, 자민당을 이탈한 세력들과 합류하여 자유당을 결성하는 등, 복잡다난한 정치활동을 하다가 신진당 결성에 참여하게 된다. 1996년 신진당 후보로 나라에서 출마하여 재선을 이룬다. 그러나 신진당 당수 오자와 이치로에 반발하여 탈당한 후 자민당에 입당하면서 비로소 자민당과 인연을 맺게 된다. 자민당에 합류하기까지 방랑객 같은 정치 여정을 거쳐야만 했다.

2000년 중의원 선거에서 당선되어 3선을 하고 2002년 고이즈미 내각에서 경제산업 부대신을 맡게 된다. 그러나 2003년 해산 총선거에서 낙선하는 좌절을 맛본 후, 2004년에는 결혼을 하고, 그해 4월에는 긴키대학近畿大学 경제학부 교수로 자리를 잡는다. 그러나 이듬해인 2005년 우정해산 총선거에서 고이즈미의 자객 후보로 출마하여 당선되며 국정에 복귀한다. 그 후 2006년 아베 내각에서 처음으로 내각 특명대신으로 임명되어 각료가 된다. 이때 각료 중 유일하게 8월 15일 야스쿠니 신사를 참배하여 주목을 받게 된다.

그 후 자민당이 민주당에 대패하여 명실상부한 정권교체가 이루어지는 2009년 8월 중의원 선거에서는 지역구에서 패배하였으나 비례대표로 부활 당선하여 5선을 달성한다. 2011년에는 그때까지 속해 있던 파벌에서 이탈하는데 "차기 총재 선거에서 파벌회장이 아닌 아베신조를 지원하기 위하여"라는 이유였다. 이때부터 명실상부한 아베의 열혈 지지 국회의원으로 주목을 받는다.

2012년 12월에 실시된 총선에서 자민당이 민주당에 대승을 거두며 다시 정권을 탈환하고 아베 1강 체제가 구축되는데, 이 선거에서 6선을 달성한 다카이치는 아베 총리의 신임을 얻어 여성 최초로 자민당 정무조사회장직을 맡게 된다. 2년 후의 개각 때는 총무대신으로 취임하는데, 이 또한 여성 최초가 된다. 이때 총무대신이 된 다카이치는 방송국이 정치적 중립성이 결여된 방송을 반복할 경우, 방송법 위반을 들어 전파정지를 명할 수 있다고 으름장을 놓아 미디어를 긴장하게 한다. 아베의 후광을 업고 다카이치가 한층 더 보수 우익의 아이콘으로 성장하는 과정이 이어진다.

그 후에도 총선에서 당선을 거듭하며 정치가로서의 몸값을 올리게 되고 총무대신을 비롯한 다양한 각료직을 경험하면서 정치력을 쌓아간다. 2018년 10월에는 중의원 의원 운영위원장을 맡게 되는데, 이 자리에 여성이 취임하는 것도 다카이치가 처음이다. 압도적 남초 세계인 일본 정계에서 여성으로 수상의 자리를 꿰차기까지 다카이치의 여정이 순탄치 않았을 것이라는 건 쉽게 짐작할 수 있다. 다카이치가 갖고 있는 진귀한 기록을 보게 되면, 여성 첫 수상이라는 타이틀 외에도 여성 첫 자민당 총재와 총무대신, 정책조사회장, 중의원 의원 운영위원장, 나라현 출신 첫 수상 등이 있다.

다카이치는 청년기 파란만장한 성장과정을 거치면서 정치가로 입문하였지만, 초기에는 별로 주목받지 못하는 일개 신예 정치가였다. 그러다 1993년의 첫 중의원 당선을 계기로 아베 전 수상과의 친밀한 관계를 유지 및 발전시켰고, 이후 아베의 지원과 후광에 힘입어 자민당 총재 선거에까지 데뷔하게 되는 거물 정치가로 성장해 간다.

다카이치 총리의 정치와 우려

이시바 수상은 취임 후 낮은 지지율과 아소 다로를 비롯구 아베파 등 비토세력에 의한 사퇴 압박을 비롯한 끌어내리기에 고심하면서도 정권지속을 표명하였다. 그러나 결국 2025년 9월 7일 내각총리대신 및 자민당 총재직 사임을 표명하게 된다. 이에 후임 자민당 총재를 선출하는 총재 선거가 10월 4일 실시되어 다카이치 사나에가 세 번째의 총재직 도전 끝에 당선되었다. 이에 따라 10월 21일 이시바 내각이 총사퇴를 하면서 국회에서 총리 지명선거가 실시되어 다카이치 자민당 총재가 중의원에서 과반수를 획득함으로써 제104대 내각총리대신으로 선출된다.

이렇게 이시바의 뒤를 이어 다카이치 정권이 출범하자마자, 말레이시아의 아세안ASEAN 관련 수뇌회담 참석을 시작으로, 10월 28일 방일한 트럼트 대통령과의 미일 정상회담, 10월 31일에는 경주에서 개최된 에이펙APEC 수뇌회담에 참석하여 이재명 대통령, 시진핑 국가주석과 연이은 정상회담을 소화한다. 이렇게 국제회의 등 굵직한 이벤트가 이어지는 가운데 다카이치 내각의 지지율은 80%에 육박하는 고공행진을 한다.

다카이치 수상은 남초 사회 일본에서 여성이라는 상징성 외에도 앞서 소개한대로, 유명대학 교수를 할 정도의 지적 능력을 갖추었으며, 정치가로 입문하기 전 방송 캐스터의 경험을 살려 논리적이고 명료하게 의사전달하는 무기를 장착한 정치가이다. 이를 기반으로 아베 신조, 아소 다로, 스가 요시히데, 기시다 후미오, 이시바 시게루 등 앞선 수상들이 갖추지 못했던 호소력과 설득력을 가지고 커뮤니케이션 능력을 유감없이 발휘한다.

또한 전직 수상들이 모두 금수저 출신에 세습의원이라는 특혜를 누리고 그 한계에 갇힌 것과는 달리 산전수전의 역경을 극복해 온 정치 여정을 통해 수상직에까지 오르게 되었다는 점에 주목해야 한다. 그만큼 그녀의 정치가로서의 지적 능력이나 강인한 맷집과 강단 등을 갖춘 정치력을 평가해야 한다는 의미이다. 단지 아베 전 수상의 비호와 후원으로 성장한 극우성향의 여성 정치가가 시류에 편승하여 운 좋게 수상이 되었다고 과소평가해서는 안 된다.

그러나 그녀가 지향하는 정치노선과 정치수법은 보수의 영역을 뛰어 넘어 극우적 성향으로 경도한 부분이 있어 심히 염려스럽다. 이는 극심한 남초 사회인 정계에서 여성이라는 사회적 한계와 동시에 비세습의 태생적 한계를 극복하기 위한 수단으로 더욱 강경한 자세와 언행을 통해 자신을 어필하고 이미지화할 필요성이 있었을 것이다.

즉 자민당의 골수 지지층에게는 더욱 확고한 신념을 주입시키는 동시에 지지 정당이 없는 중도 보수층의 결집을 유도하기 위한 스탠스를 취한 것이다. 국내 경기 침체를 극복하기 위한 적극재정 기반의 금융정책과 고물가 대책을 위한 세제개혁과 임금인상 등의 내수용 경기회복 정책을 제시하면서, 보다 선명한 자국중심주의의 보수 우익 노선을 어필하고 있다. 다카이치는 이렇게 일본의 장기 불황으로 누적된 국민적 불만과 프러스트레이션을 해소하고자 한다. 게다가 과거 1980년대처럼 잘나가던 시절의 일본에 대한 추억과 감성을 자극하는 포퓰리즘적 정치 수법을 적극 활용하며 지지층을 확보하고자 할 것이다.

다카이치 정권은 불안한 연립정권, 아니 정확히는 일본유신회의 '각외협력閣外協力'에 토대를 두고 성립된 불안정한 정권이다. 더구나 다카이치에게는 아소 다로라는 든든한 당내 뒷배가 있지만, 아소 역시 언제든 정치적 손익 계산에 의해 변화할 수 있다. 결국 당내 기반의 취약성과 중·참의원 양원의 과반수 획득 실패로 인한 불안한 연립정권 체제의 약점을 극복하는 길은 국민의 여론과 지지밖에 없다.

그렇기에 다카이치는 지금 국민이 원하는 것이 무엇이고, 무엇을 자극해야 국민적 지지를 결집할 수 있는지를 누구보다 고민하고 있을 것이다. 그런 의미에서 아이러니하게도 오랜만에 일본 정치가 국민 여론과 진심으로 마주하게 되었는지도 모르겠다. 대만 문제를 둘러싼 중국과의 대립도 단순히 다카이치 수상의 국회 답변 중의 실언으로 시작되었을지는 몰라도, 그 후의 다카이치의 태도나 언행을 보면 국민 여론의 추이에 매우 예민하게 반응하고 있음이 느껴진다.

문제는 이런 주변국과의 마찰이 일본 국민의 삶이나 일본의 국익에 도움이 되는 것인지 검토해 볼 필요가 있다. 즉 다카이치의 포퓰리즘적 선동정치가 과연 국익을 위한 것인지, 혹여나 개인의 정치적 이익을 우선한 것이 아닌지 신중히 살펴봐야 한다.

3. 일본의 지역 명칭 구분하기

현재 일본의 수도는 도쿄이지만 과거 오랜 시간 교토가 수도 역할을 해왔다. 현재 한 해 800만 명이 넘는 한국인이 일본을 방문(2024년)하고 있으며 과거와는 달리 도쿄, 오사카, 교토 등을 중심으로 한 여행 패턴에서 지금은 지방도시 및 농어촌 지역을 방문하는 투어도 활성화되고 있다.

그런데 우리가 흔히 알고 있는 일본의 광역지방자치단제(일본의 헌법을 비롯한 법령의 용어로는 '지방자치단체'가 아닌 '지방공공단체'가 된다) 가 47도도부현都道府県으로 되어 있는 건 아는데, 왜 도쿄만 도都이고, 홋카이도는 또 다른 한자의 도道로 쓰고 있으며, 오사카와 교토는 현県이 아닌 부府인지 의문이 생긴다. 또한 관동지방関東地方과 관서지방関西地方 또는 수도권이라는 용어 등도 자주 사용되는데, 막연히는 알고 있지만 구체적으로 어느 지역을 가리키는지 자세히 살펴본 적이 없을 것이다.

먼저 일본의 광역자치단체인 47도도부현 명칭의 유래부터 살펴보자. 수도 도쿄의 정식명칭은 도쿄도東京都인데, 도읍을 뜻하는 도都가 쓰이고 있다. 도쿄도는 일본이 한창 전쟁 중이던 1943년 당시 도쿄시東京市(현재는 23특별구로 재편)를 폐지하고, 도쿄부東京府와 통합하며 도쿄도로 재편한 이후 현재까지 이어지고 있다. 그리고 오사카大阪와 교토京都는 현県이 아닌 부府로서, 오사카부大阪府·교토부京都府가 정식 명칭이다.

이 부府라는 것은 1868년 메이지 유신明治維新 때는 전국에 10개 존재했다. 부는 원래 정치·군사의 거점이나 대도시를 뜻했는데, 명치 신정부가 막부직할지 중에서도 중요한 거점을 '부'라 칭하고 직접 관리하게 된 것에서 유래한다. 이듬해에 도쿄·교토·오카사 외에는 부라고 하지 않는다는 포고령을 발포하였는데, 전술한 1943년에 도쿄는 도쿄도로 개편되어 따로 떨어져 나가게 되고, 오사카와 교토만이 부府로 남아 현재에 이르게 되었다.

그리고 홋카이도北海道는 도쿄도都와는 다른 한자 도道를 사용하는 것을 알 수 있다. 홋카이도는 원주민 아이누의 땅으로 에조치蝦夷地라는 멸칭으로 불렸었다. 에도 말기 러시아 제국의 진출에 불안을 느끼던 차, 명치 2년(1869) 정부가 개척사開拓使라는 관청을 설치하면서 개명되었다.

당시 명치 정부는 새로운 명칭으로 제안된 여섯 개 안 중에서 '北加伊道'를 선택하여 '加伊'를 '海'로 고친 후 '北海道'로 명명하였다. 그후 개척사 제도가 폐지되어 도내에는 하코다테현函館県, 삿포로현札幌県, 네무로현根室県의 3현으로 나뉘어졌는데, 4년이 못되어 폐지되면서 홋카이도청北海道庁이 신설되었다.

전후 1947년까지 홋카이도를 관할한 지방행정 관청이 홋카이도청이었다. 1946년 부현제府県制가 개정될 때, 도부현제道府県制로 통합되면서 '도道'가 되었다. 행정관청이었던 홋카이도청은 1947년 지방자치법 시행과 함께 지방자치단체로 되면서 홋카이도가 정식 명칭이 되었다.

간토_{関東}와 간사이_{関西}지역 그리고 수도권 지역

먼저 수도권은 당연히 수도인 도쿄를 중심으로 주변지역인 사이타마현埼玉県 · 지바현千葉県 · 가나가와현神奈川県 · 이바라키현茨城県 · 도치기현栃木県 · 군마현群馬県 · 야마나시현山梨県의 1도 7현을 뜻한다.

관동지방(간토)은 일본의 지역구분 중의 하나로 혼슈本州의 동부에 위치한다. 범위에 대해서는 법률상의 명확한 정의가 있는 것이 아니지만, 일반적으로 이바라키현, 도치기현, 군마현, 사이타마현, 지바현, 도쿄도, 가나가와현의 1도 6현을 가르킨다. 여기에 야마나시현을 추가하면 전술한 수도권 지역이 된다.

수도 도쿄를 포함한 관동지방은 일본의 정치 경제의 중심지이며, 일본 총인구의 약 35%가 살고 있으며, GDP의 약 39.2%(2021년도)를 차지하고 있다. 또한 관동지방은 수도 도쿄와 통근 · 통학권으로 형성된 사이타마현 · 지바현 · 도쿄도 · 가나가와현의 1도 3현을 남관동南関東이라고 하며, 북관동北関東 지역으로는 이바라키현 · 도치기현 · 군마현이 있다.

관서지역(간사이)은 일본의 혼슈 서부에 위치하는 지방으로 도쿄를 중심으로 한 관동지방과 대칭되는 지역이기도 하다. 통상적으로는 교토 · 오사카 · 고베神戸를 중심으로 하는 도시권을 가리키는 경우가 많은데, 부현단위로 보자면 오사카부 · 교토부 · 효고현兵庫県 · 나라현奈良県 · 와카야마현和歌山県 · 시가현滋賀県의 2부 4현이 일반적이다. 그에 비해 좁은 범위로 볼 때는 보통 오사카와 그 주변을 가리키는 경우도 있다.

긴키지방近畿地方과 주고쿠지방中国地方

긴키지방은 혼슈 중서부에 위치한 지역을 가리키는데, 그 범위에 대한 법률상의 명확한 정의는 존재하지 않는다. 다만 교과서와 주요 백과사전에서는 오사카부·교토부·효고현·나라현·와카야마현·시가현·미에현三重県의 2부 5현을 가르키는 경우가 일반적이다.

주고쿠中国 지방은 혼슈 서부에 위치하는 지역으로 중화인민공화국의 중국과는 전혀 관련이 없다. 중국지방이라 불리게 된 연유는 헤이안시대平安時代로 거슬러 올라간다. 이 시기에 정해진 법령에 의하면, 정치의 중추인 교토를 중심으로 한 기내지방畿内地方과 규슈의 중심지인 현재의 후쿠오카福岡를 연결하는 교통로의 중간 지점에 있는 지방이라는 의미에서 중국지방이 되었다고 전해진다.

중국지방은 돗토리현鳥取県·시마네현島根県·오카야마현岡山県·히로시마현広島県·야마구치현山口県의 5현으로 구성되어 있다.

고신에츠甲信越와 호쿠리쿠北陸지방

일기 예보를 전할 때 간토코신에츠関東甲信越 지방이라는 말을 많이 듣는다. 간토는 관동지방을 나타내지만 고신에츠는 어디인가? 고신에츠는 야마나시현, 나가노현長野県, 니가타현新潟県을 가리켜 고신에츠지방이라고 한다. 이처럼 간토고신에츠라는 말로 자주 표현이 되지만 고신에츠지방은 관동지역은 아니다.

호쿠리쿠 지방은 중부지방의 동해쪽 후쿠이현福井県, 이시가와현石川県, 도야마현富山県, 니가타현의 4현을 포함한 지방이다. 여름은 덥고 겨울은 추우며 눈이 많은 동해 해안기후 지역이다.

동해안을 따라 니가타, 도야마, 가나자와, 후쿠이 등 길고 가늘한 평야가 분포한다. 옛부터 일모작 지대로 농가의 부업으로 직물과 도기·칠기 등의 전통공예가 발달하였다.

도호쿠지방東北地方, 히가시니혼東日本과 니시니혼西日本

동북지방(도호쿠)은 혼슈의 동북부에 위치한 지역으로 최대도시는 센다이시仙台市이다. 법률상 명확한 정의는 없지만, 일반적으로 아오모리현青森県·이와테현岩手県·미야기현宮城県·아키다현秋田県·야마가타현山形県·후쿠시마현福島県의 6현을 가리킨다. 이 6현은 혼슈 지역 면적의 약 3할을 차지한다. 이 동북지방과 홋카이도를 합하여 북일본이라고도 한다.

일기예보와 뉴스 등에서는 자주 동일본과 서일본이라는 말이 나온다. 이렇게 일상생활에서는 일본열도를 동과 서로 나누어 분류하고 있음을 알 수 있는데, 어디서부터 어디까지가 동일본이고 서일본인지 명확한 규정이 존재하지 않는다.

기상청의 분류와 전화국인 NTT 동일본과 NTT 서일본, 철도회사인 JR 동일본과 JR 서일본, 전기 주파수 등에 따라 분류되고 있는데 이 구분도 각각 다르다. 이런 점에서도 일본은 뭔가 명확함을 추구하기보다는 마치 애매모호성을 즐기고 있는 듯한 느낌마저 든다.

일본인의 정치 의식[*]

　일본의 정치는, 아베 정권의 집권이 이어지면서 자민당의 반영구적 장기 집권 구도의 고착화와 함께 좀처럼 바람이 불지 않는 무풍지대와도 같다. 코로나19로 인한 팬데믹 사태 속에서 정부 대응에 대한 불만이나 비판은 예전에 없이 강도가 높았다. 그러나 이를 행동이나 여론으로 형성하여 정치를 움직이는 무브먼트로서의 정치 활동은 예나 지금이나 변함이 없다.

　코로나 이후의 치솟는 소비자물가와 2025년의 쌀값 파동 등의 사례를 보면, 누가 봐도 정부의 정책 미스에서 기인하는 국민의 불편함과 고통이다. 하지만 이에 대한 불만이나 정부를 향한 성토가 여론을 형성하지 못한다. 단지 이자카야에서 혼술을 하며 푸념을 늘어놓는 정도에 그치고 있는 것 같다.

　정말 일본인은 정치에 무관심하고 무력한 것인가 끊임없이 질문을 하면서, 이런 일본의 사회현상을 파악하는 데 고심하던 차에 유익한 자료가 있어 이를 토대로 일본인의 정치 의식을 분석해 보도록 한다.

　여기서 사용하는 자료는 NHK 방송문화연구소가 5년마다 정기적으로 실시하고 있는 '일본인의 의식조사'이다. 이는 전국 16세 이상의 국민을 대상으로 1973년부터 5년마다 거의 같

---

[*] 《현대 일본인의 의식구조(제9판)》(NHK북스1260, 2020년)을 참조하여 2020년 7월에 작성한 글이다. 또한 이 자료가 공개된 2020년은 아베 정권의 집권 시기였다.

은 질문을 반세기에 걸쳐 실시하고 있는 조사이다. 첫 조사인 1973년부터 10회째에 해당하는 2018년까지 총 3만 6,079명이 응답했다.

이 조사 결과를 통하여 일본인의 의식구조와 변화를 엿볼 수 있다.

조사 항목은 남녀의 가정관부터 시작하여 정치, 국제화, 내셔널리즘, 종교 그리고 일과 여가, 일상생활과 삶, 생활 목표에 이르기까지 다양한 장르에 걸쳐 있다. 매우 흥미로운 변화를 한눈에 알 수 있는 유익한 자료다.

예를 들어 결혼관은 약 70%가 결혼하지 않아도 좋다고 응답했는데, 이는 첫 조사인 1973년의 51%에서 상당히 증가한 수치임을 알 수 있다. 또한 혼전 관계에 대해서도 1973년에는 불가 58%, 약혼하면 가능 15%, 애정이 있으면 가능 19%, 무조건 가능 3%였던 것이, 2018년에는 각각 17%, 23%, 43%,7%로 변했다. 이는 약혼과 애정 그리고 무조건을 합하면 약 73%의 사람들이 혼전 관계가 가능하다는 인식으로 바뀌었음을 알 수 있다. 이런 통계자료를 보면 확실히 일본인의 성에 대한 개방성이 증가했음을 객관적으로 확인할 수 있다.

그럼 일본인의 정치에 관한 의식은 어떻게 변화하고 있는지 보다 상세히 살펴보기로 하자. 작금의 일본인의 정치적 무관심과 무행동 등은 어떻게 해석해야 하는가 그 힌트를 얻고자 한다.

정치적 유효성 감각

정치에 관해서는 '정치적 유효성 감각'과 '권리에 관한 지식’ 및 ‘정치 활동’으로 나눠 조사한다. 정치적 유효성 감각이란 정치적, 사회적 결정에 대하여 개인 또는 사람들과 함께 행동이나 노력을 하는 것이 효과가 있다고 느끼는 감각이나 신념을 말한다. 즉 ‘정치 효능감’이라 바꿔 말할 수 있는 이 감각이 높으면 높을수록 자신과 이웃의 연대 행동으로 정치적, 사회적 결정에 영향을 미칠 수 있다고 믿는 것이므로, 그만큼 정치적 활동이나 의견을 내는 빈도나 강도가 높아질 수 있다.

조사에서는 투표하는 것과 데모, 진정陳情, 청원을 하는 것이 나라 정치에 어느 정도 영향을 미친다고 생각하는가? 그리고 나라의 정치가 국민 의견이나 희망(여론)을 어느 정도 반영하고 있다고 생각하는가 세 가지를 물었다.

결과는 국민의 행동이 정치에 영향을 미치고 또 의견이 반영된다 생각하는 사람은 장기적으로 보면 감소 경향에 있는 결과가 나타났다. 가장 높았던 것은 조사를 처음 시작한 1973년이고 그 후로는 선거, 데모 등, 여론의 세 가지 항목이 전부 감소하고 있다. 2008년에는 선거와 데모가 증가하여 감소에 제동이 걸렸나 싶었으나 그 후에 다시 감소하고 있다. 유일하게 증가했던 시기는 바로 자민당에서 민주당으로 정권 교체했던 2009년 시기와 겹친다. 그러나 2013년부터는 다시 감소하는데 이는 아베 자민당이 재차 정권을 잡은 후의 시기이다.

저하되는 정치에의 관심

정치에의 관심과 만족도에 관한 최근의 동향을 보면, 우선 나라의 정치에 ‘관심이 있다’‘매우 있다’와 ‘어느 정도 있다’라는 사람의 합계는 2009년에는 84%였으나 2016년에는 74%

로 감소했다. 정치에 관해 주변 사람들과 '얘기할 때가 있다' '자주 한다' '가끔 한다'라는 사람도 68%에서 46%로 크게 감소하고 있다.

한편 나라의 정치에 '만족하고 있다'는 사람은 민주당 정권이었던 2010년의 9%에서 2018년에는 31%로 크게 증가했다. 현재도 '불만이다'라는 사람이 많기는 하지만 만족도가 상승하고 있다. 그와 함께 '지금의 정치가 크게 바뀌었으면 한다'는 2010년의 38%에서 20%로 감소했다. 이 10년 사이에 정치에 대한 관심은 하락했지만 정치에 대한 만족도는 증가하고 있는 것이다.

위와 같은 사실을 볼 때 민주당이 집권한 2009년부터 2012년까지의 기간에 대한 일본인의 민주당 정치에 기대가 컸던 만큼 실망도 컸음을 알 수 있다. 아울러 아베 자민당이 재차 정권을 되찾은 이후, 정치에 대한 관심이 저하하지만 상대적으로 정치에 대한 만족도는 민주당 정권 때보다 증가하고 있음을 확인할 수 있다.

이는 결국 아베 정권이 아무리 무능하다 할지라도 민주당 정권보다는 낫다는 인식 즉 과거 민주당 집권 시의 실정에 대한 국민의 불신이 아직도 크게 트라우마로 자리하고 있음을 말해준다.

입헌민주당으로의 정권교체는 불가능에 가깝다?

이 불신은 아베 정권이 코로나로 죽을 쓰고 엉망으로 국정을 운영해도, 아베 내각 지지율이 큰 폭으로 하락을 할지언정, 민주당의 후신인 입헌민주당의 지지율이 전혀 변동이 없이 한 자릿수에 머물러 있는 이유다.

이를 보면 재차 입헌민주당으로 정권교체는 거의 불가능에 가까운 것 같다. 적어도 이런 의식 조사 결과를 분석해 볼 때 그렇다. 일본 국민들은 아베 정권이 무능하더라도 민주당 정권보다는 낫다는 생각을 갖고 있는 것이다.

동일본 대지진이라는 초유의 국가재난 불행이 겹쳤다 하더라도, 민주당 집권 3년 3개월간의 국정 운영의 아마추어리즘이 일본 국민에게 낙제점을 받았다고 볼 수 있다. 이것이 사실이든 아베 정권과 언론에 의한 여론조작의 결과이든 간에 많은 국민이 아직도 그렇게 받아들이고 있다는 사실이 중요하다.

따라서 이번에 만일 아베 내각이 물러나며 해산 총선거를 한다 하여도 입헌민주당이 이길 승산은 거의 없어 보인다. 결국 자민당 내에서 총재만 바뀌게 되는 자민당 내 유사 정권교체에 그칠 가능성이 높다는 사실을 엿볼 수 있다.

일본인의 정치 의식 ― 권리의식

정치에 관한 질문은 두 번째 항목으로 '권리에 관한 지식'을 묻고 있다. 이는 현행 헌법에 국민의 '의무'가 아니라 '권리'로 규정되어 있는 것을 다음의 6개 항목에서 선택하게 하는 방법이다.

① 자신의 생각을 세상에 자유로이 표현한다 **표현의 자유**
② 세금을 납부한다 **납세의 의무**

③ 윗사람을 따른다 **윗사람에 순종**

④ 도로 우측을 걷는다 **우측통행**

⑤ 인간다운 삶을 산다 **생존권**

⑥ 노동조합을 만든다 **단결권**

'우측통행'이라든가 '윗사람에 순종'하는 내용이 헌법에 규정되어 있을 리 만무하지만, 모든 국민이 헌법의 내용을 숙지하고 있다고 생각한다면, 이 또한 큰 오산임이 조사를 통하여 여실히 드러나고 있다. 교육에 종사하는 몸으로서 책임감을 느끼지 않을 수 없다.

위의 6개 항목 중에 일본의 현행 헌법에 규정되어 있는 권리는 **표현의 자유 생존권 단결권** 세 개뿐이다.

이들 세 '권리'를 알고 있는 사람의 비율은 최근 5년 사이에 감소하고 있으며, 표현의 자유와 단결권은 장기적으로 보아도 감소 경향에 있다. 그중 인지도가 가장 높은 것은 '생존권'으로 처음부터 70%로 높았으며, 1983년 이후로는 75% 전후가 올바르게 인식하고 있다. '표현의 자유'는 1973년 시점에도 49%로 낮았는데, 그 후에도 감소하여 2018년에는 30%를 기록하고 있다.

통계만 보면 국민의 10명 중 3명만이 표현의 자유라는 권리가 있음을 평소 정확히 인지하고 있는 셈이다. 나머지 70%의 사람들은 자신들의 생각을 자유롭게 표현하는 권리가 있음을 평소에 흔히 잊고 있다는 결론이 된다. 일본인들이 사회적, 정치적인 사안은 물론이고 자신을 나타내는 표현을 절제하는 것도 기본적인 '권리'조차 잊고 살기 때문일지도 모르겠다.

그러나 정작 더욱 심각한 것은 **단결권**에 관한 지식이다.

국민의 대부분이 '고용인(경영자)'이라기보다는 '피고용인(노동자)'일 터인데, 헌법에 규정된 권리로서의 단결권에 대한 지식을 묻는 질문을 보면 처음 조사를 시작한 1973년에도 39%로 낮았는데, 2018년에 이르러서는 18%에 불과하다. 10명 중 2명 정도만이 단결권이 국민의 권리 사항임을 평소 인식하고 있다는 의미다.

또한 세금을 납부하는 **납세의무**를 권리로 착각하고 있는 사람이 73년의 34%에서 44%로 증가하여 **표현의 자유와 생존권**보다 높게 나타났다. 이는 교육이 잘못된 탓인가 하는 의문을 불러일으키며 일본인의 헌법 지식수준이 생각보다 높지 않음을 드러내고 있다.

위와 같은 결과를 보면 일본의 노동조합 활동이 거의 없다시피 하는 것이 일본 노동자의 애사심이 투철해서가 아님을 알 수 있다. 노사 간의 합의가 원활한 이유도 개인의 권리보다는 기업과 국가를 우선시하는 멸사봉공 정신에 애국충정의 발로라느니 하는 주장은 설득력이 없게 된다.

이런 조사 결과로 알 수 있듯이, 무릇 일본인들은 노동자의 노동기본권인 **단결권**이 헌법에 보장된 자신들의 권리임을 애초에 잊고 살아가는 것 같다. '단결권'을 근거로 자신들의 권익을 보호하고자 노조를 결성하고, '단체교섭권'을 사용하여 사측에 노조의 주장을 피력하며, 경영자와 협상하여 받아들여지지 않을 경우 '단체행동권'을 행사하여 파업을 하는 것 자체가 헌법에 보장된 노동 삼권에 의거한 '권리'의 행사가 아니라고 여기는 것은 아닐까. 나아가 이 같은 단체행동이 사회에 민폐를 끼치는 해악 행위이며, 심지어는 '위법'이라고까지 인식하고 있을 가능성이 크다고 유추할 수 있다.

실제로 일본의 노동조합 가입률(추정 조직률)은 1970년대 중반부터 급격하게 줄기 시작하여, 1970년에 35.4%였던 가입률이 2015년에는 17.4%까지 감소했다. 노동쟁의도 마찬가지로 반나절 이상의 파업이 가장 많았던 1974년에는 연간 5,197건이었으나, 10년 후에는 594건으로 줄고, 최근에는 연간 30건 정도로 지난 45년 사이에 1000분의 6 이하로 줄었다. 실제로 근래 노동조합 활동에 참여하거나 노동절에 벌이는 춘투와 같은 행사조차도 미디어에서도 취급하지 않을 정도로 관심 밖의 대상이 되어버렸다.

내가 근무하는 대학에도 교직원 노동조합이 있어 학교법인 측과 단체교섭을 연간 수차례 가지며, 교직원들의 후생복지 향상, 교육과 근무환경 개선을 위한 협상을 하고 있다. 노조 가입률은 다른 민간기업보다는 매우 높아서 80% 이상을 차지하고 있지만, 이는 아마도 법학부를 중심으로 한 사회과학계열 대학이라는 특수성과 노동 삼권이 헌법에 규정된 권리임을 대부분의 교직원이 주지하고 있기에 가능한 현상이라 생각된다.

아무튼 국민의 권리인 '단결권'에 대한 지식이 이토록 희박하리라고는 생각지 못했기에 놀라지 않을 수 없었다. 더구나 해를 거듭할수록 이를 아는 사람의 숫자가 감소하고 있으니 심각한 상황인 것이다.

끝으로 위의 표현의 자유, 생존권, 단결권, 세 가지에 대하여 전부 올바르게 선택한 사람의 비율이 1973년에도 18%로 적었는데, 그 후에도 서서히 감소하여 1998년에는 11%로 감소했다. 그 후에도 10% 전후를 오가고 있으며 2018년의 결과는 8%로 권리에 대한 인식이 매우 낮은 상태가 이어지고 있다.

위와 같은 조사 결과를 놓고 볼 때, 일본인의 정치적 무관심과 무행동의 근본 원인 중의 하나로 자신들의 권리에 대한 지식의 부족을 들 수 있겠다. 헌법에도 규정되어 있는 국민의 권리인 표현의 자유와 생존권 그리고 단결권(노동 삼권)에 관하여 정확하고 바르게 인지하고 있는 사람의 비율이 10%도 안 될 정도로 낮다는 것은 대학 진학률이 60% 가까운 일본 교육이 잘못되어 왔음을 여실히 드러내고 있다.

민주주의 국가의 주권자로서 자신의 권리조차도 모르고 있으니 이를 행사할 수도 없는 노릇이다. 이에 자신의 의견조차도 자유롭게 드러내지 못하는 사회 분위기까지 겹치게 된다면 이는 민주시민사회의 '시민'을 양성하는 교육이 아니라, 결국 국가와 권력에 순종하는 '신민'을 양성하고 있는 셈이다. 현행 일본 교육에 많은 문제가 있음을 지적하지 않을 수 없다. 이런 교육의 문제에 대해서는 뒤에서 좀 더 상세히 다루도록 한다.

일본인의 정치의식 — 정치활동

이번에는 일본인의 정치의식을 살펴보는 세 가지 항목 중의 마지막인 '정치 활동'에 대하여 살펴보자. 조사에서는 다음과 같은 정치 활동을 제시하고 1년 동안 자신이 한 것이 있다면 복수로 응답하게 하였다.

> ① 데모에 참여했다 **데모**
>
> ② 서명운동에 협력했다 **서명**
>
> ③ 미디어에 투서했다 **투서**
>
> ④ 진정陳情이나 항의, 청원했다 **진정**
>
> ⑤ 헌금, 기부했다 **헌금**
>
> ⑥ 집회나 회합에 출석했다 **집회 출석**
>
> ⑦ 정당 단체의 일원으로 활동했다 **당원 활동**
>
> ⑧ 특별히 아무것도 하지 않았다 **없음**

결론부터 보자면, 위의 8개 항목에 대하여 1973년 처음 조사를 실시한 해에 비하여 모든 항목이 감소했다. 2018년에 제일 많았던 활동인 '서명'조차도 11%에 불과하며, 나머지 항목은 모두 10% 미만이다. 반면 '일 년간 아무것도 하지 않았다'는 점점 늘어 전체의 81%에 달한다. 이 수치만 보더라도 일본인이 정치 활동을 거의 하지 않고 있음을 여실히 드러내고 있다.

간혹 정치 활동의 비율이 증가한 시기가 있는데, 이때는 반핵 운동이나 소비세 등 증세에 반대하는 여론이 뜨거웠던 해이다. 이처럼 무언가 뜨거운 이슈가 있을 때는 소폭이긴 하지만 정치 활동에 참여하는 비율이 늘어나는 경우도 있었으나, 이러한 움직임도 90년대 이후부터는 보이지 않게 되었으며 전체적으로 비율이 점점 저하하고 있다.

그럼 8개 항목의 정치 활동 중 하나라도 참여한 경험이 있는 사람을 대상으로 연령대별로 분류를 해보면, 60대 후반 이상의 노인 연령층에서는 변화가 없으나 그보다 젊은 연령층에서는 전부 줄어들었다.

첫 조사인 1973년과 비교하여 보면 60대 후반에서 70대 초반까지가 제일 많으며 40대까지는 10%대로 활동이 거의 없다. 정치 활동에 적극 참여하는 한일 간 노년층의 취지와 목적은 다를 수 있지만, 정치 참여도에서는 한일 모두 노인들의 정치 참여가 적극적이라는 사실이 확인된다.

'지역'과 '직장' 그리고 '정치'의 장에서는 어떤가?

NHK 조사에서는 자신의 주변에서 무언가 문제가 발생하였을 때 이를 해결하기 위해 적극적으로 활동하는지 아님 타인에 의뢰하여 해결을 하려고 하는지, 또는 사태를 정관靜観 (가만히 지켜보기) 하는지에 대해 살펴보기 위해 '지역'과 '직장'그리고 '정치'의 세 구역을 설정하여 다음과 같은 선택지에서 하나를 고르게 하였다.

직장 항목은 새로 생긴 회사에 고용되어 노동 조건에 강한 불만이 생겼을 때의 대응에 관하여 물었다.

    1. 새로 생긴 회사에서 노동조건이 점차 좋아질 것이라 생각하여 한동안 사태를 지켜본다 (정관)

    2. 상사에게 부탁하여 모두의 노동조건이 좋아지게 편의를 부탁한다 (의뢰)

    3. 모두 함께 노동조합을 만들어 노동조건이 좋아지게 활동한다 (활동)

지역은 주민 생활을 위협하는 공해 문제가 발생한 경우의 대응에 관하여 물었다.

1. 크게 불화를 일으키지 않고 해결되는 것이 바람직하므로 한동안 지켜본다 (정관)
2. 이 지역의 유력자, 의원이나 관청에 부탁하여 해결하게 한다 (의뢰)
3. 모두 함께 주민운동을 일으켜 문제 해결을 위해 활동한다 (활동)

정치는 국민의 정치 활동의 모습으로 가장 바람직한 것이 무엇인가를 물었다.

1. 선거를 통하여 좋은 정치가를 뽑고 자신들의 대표로 활약하게 한다 (정관)
2. 문제가 생겼을 때는 지지하는 정치가를 이용하여 자신들의 의견이 정치에 반영되도록 한다 (의뢰)
3. 평소 지지하는 정당이나 단체를 지원하며 활동을 하면서 자신들의 의향을 실현한다 (활동)

이처럼 세 가지 경우를 설정하여 조사한 결과, 세 경우 모두 공통으로 **활동**이 감소하고 **의뢰**가 증가하고 있다. 또 **정관**은 정치에서 조금 감소하였지만 '직장'과 '지역'에서는 증가하고 있다. 그럼 세 항목을 좀 더 상세히 살펴보자.

우선 직장은 '정관'이 가장 많으며 45년간 37%에서 51%로 증가했다. 특기할 만한 사실은 1973년에는 '의뢰'보다 많았던 '모두 함께 노동조합을 만들어 노동조건이 좋아지게 활동한다'는 '활동'이 서서히 감소하여 32%에서 16%로 반감한 사실이다. 일본 노조 활동의 감소 현상을 나타내는 데이터라 하겠다. 앞에서도 보았듯이 단결권이 헌법에 규정된 권리임을 모르는 숫자가 압도적으로 많은 현실에선 당연한 일인지도 모르겠다.

다음은 지역에서 문제가 발생했을 때를 보면, 1973년에 가장 적었던 '정관'이 23%에서 38%로 늘어났다. '의뢰'도 약 10% 증가하여 현재 46%로 가장 많은 비율을 차지한다. 반면 '활동'은 1973년 36%였던 것이 점차 감소하여 2018년에는 13%로 절반 이상이 감소했다.

마지막 정치에서는 다른 두 경우와 비교하여 변화가 적은 편이다. '정관'이 1973년의 63%에서 2018년 60%로 소폭 줄기는 하였지만, 다른 '의뢰'와 '활동'에 비하여 압도적으로 많은 비율을 차지하고 있음에는 변함이 없다. 즉 일본인의 정치관은 자신이 직접 나서서 무언가를 해보려고 '활동'한다거나, 의원 같은 정치가를 이용하거나 아니면 관청에 직접 문제 해결을 부탁하는 '의뢰'의 비율이 극히 적다. '의뢰'가 45년 사이에 조금 증가하고 있는 것에 비해 '활동'은 오히려 감소(17%에서 13%)하고 있음을 알 수 있다. 위의 세 경우의 조사 결과를 토대로 보자면 일본인의 행동 양식은 어떤 문제를 해결하기 위해 타인과 협력하여 대처하는 것보다는 정당한 이유가 있더라도 다투거나 부딪치는 것을 꺼리며, 소위 '와和'(화합)를 중시하는 경향이 강하다는 사실을 새삼 확인할 수 있다.

조사 결과 45년간의 의식 변화를 통하여 알 수 있는 사실은 위의 세 가지 경우에서도 스스로 적극적으로 행동하는 사람이 점차 감소하고, 타인에게 의뢰하여 문제 해결을 도모하는 사람이나 한동안 사태를 정관하며 지켜보는 소극적인 사람들이 증가하고 있다는 사실이다. '와(和)'를 존중하는 사회가 일본의 특징이라는 사실은 이미 오래전부터 지적되어 왔지만, 이런 조사 결과를 보면 현대 일본인은 더욱 대립을 피하려고 하는 경향이 강해졌음을 알 수 있다. 이는 현대 산업사회의 특징의 하나인 '개인의 파편화'현상의 하나로도 생각된다. 즉 주변에 무언가 상담을 하거나 아님 서로 돕고 의지할 수 있는 삶의 질로서의 인간관계가 아닌 그저 사회라는 시스템 속에서 각자의 일은 스스로 알아서 챙기는 '각자도생'의 확대와 지극히 파편화된 '개인주의적'성향이 강해지고 있는 방증이라 생각된다.

무언가 활동을 하기 위해서는 타인과의 교감과 연대가 필수 불가결한데, 현대 사회는 이러한 밀착된 인간관계에서 점점 드라이한 관계로 변하고 있다. 주변에서 문제가 발생하여도 정작 자기 일이 아니면 오불관언의 태도를 취하며, 이를 해결하기 위해 무언가 행동을 취하기보다는 "그저 바라만 보고 있지"하는 '해바라기'가 되는 것이다.

동시에 정치에의 무관심 측면에서 본다면, 1990년대 이후 보이기 시작한 '생활 보수주의'를 생각할 수 있다. 90년대 이후 버블이 붕괴되면서 장기 불황을 겪게 되는 과정에서 일본인들은 생활의 개선이나 향상을 위한 개혁이나 변화보다는 지금의 생활 수준을 유지하고자 하는 것을 우선하게 되었다.

이런 생활 보수주의 의식은 결국 보수 정치를 지지하는 정치 성향으로 이어지고 있음이 자민당의 반영구 지배 현상으로 나타나고 있다. 이러한 의식은 직장이나 지역에서도 나타나고 있으며, 노동조합의 급격한 감소와 소극적 활동의 상태로 드러나고 있다. 그럼에도 불구하고 인터넷에 기생하며 한국 관련 기사만 뜨면 열 일 제쳐두고 악플을 주렁주렁 달면서 정신 승리에 취해 오르가슴을 만끽하고 있는 넷우익들의 적극적(?)인 혐한 행동은 어떻게 해석해야 할까?

오마카세お任せ 민주주의의 현장

앞선 '일본인의 정치 의식'편에서 살펴보았지만, 일본에 살면서 이들의 행동 양식이나 사고방식 또는 가치관이 이해가 안 될 때가 가끔 있는데, 그중에서도 정치에 관한 무관심과 무대응을 들 수 있다. 최근 많이 회자되는 말 중에 '오마카세 민주주의'가 있다.

일본식 요리 중 특히 초밥 같은 경우, 무얼 선택해서 먹을까 고민을 하게 되는 경우가 많다. 오늘 요리의 좋은 재료가 무엇인지도 잘 모르겠고, 좋아하는 생선이 있는데 이름은 잘 안 떠오르고 할 때면 메뉴 선정에 어려움을 느낄 것이다. 그럴 때 주방의 쉐프에게 일임하는 오마카세 코스를 주문하고, 음식이 나오는 대로 먹어주기만 하면 모처럼의 외식을 메뉴 선택의 고민 없이 편히 즐길 수 있을 것이다. 그런 의미에서 요리에서도 오마카세 코스가 유행하는 것 같다.

그런데 이게 요리 분야가 아닌 데모크라시의 영역에서 오마카세 민주주의가 이루어지게 되면 문제가 여간 심각한 것이 아니다. 주권자로서의 자각 없이 모든 걸 타인에게 맡긴 채, 자신은 당사자가 되려 하지 않는다. 결코 자신이 플레이어가 되려고 하지 않고, 그저 관객석에 앉아 편히 구경을 하며 선수가 실패를 하면 비난하고 조롱을 하며 야유를 날린다. 뒷담화를 일삼고 비난을 하다 또 다른 스테이지로 옮겨 관객석에서 관전하며 그와 같은 행동을 반복하게 된다. 이런 행태를 '오마카세 민주주의' 또는 '관객 민주주의'라고 한다.

일본에 살다 보면 일상 대화 속에 정치를 소재로 한 대화는 전무하다고 하여도 과언이 아니다. 내가 정치를 소재로 한 대화를 하는 경우는 십중팔구 재일 한국인 지인들을 만났을 때로 한정된다. 즉 일본인과는 일상 대화에서 정치가 소재가 되는 경우는 거의 없다.

그러니 행여 서로 지향하는 정치노선이나 이념이 다르다 해서 목소리를 높이고 핏대를 올리며 싸울 일도 전혀 없으며, 나랏일은 나라님이 하시는 것이고, 지역 안건은 지자체의 단체장이나 의원들이 알아서 해줄 것이고, 우리 커뮤니티의 문제는 자치회 회장이 알아서 처리해 줄 것이라 굳게 믿고, 서민은 자신의 일상에 충실하면 된다는 소위 오마카세 민주주의 현상이 팽배하고 있음을 지적하지 않을 수 없다.

이런 사고방식은 조직이나 집단에서도 그대로 드러난다. 회사에서도 학교에서도 커뮤니티에서도 상부 또는 상사가 내린 결정과 룰에 묵묵히 따르며 수행하는 것이 조직사회에 적응하는 지름길이고 모나지 않게 잘사는 방법이 된다. 비록 부조리하며 비논리적인 결정일지라도 그에 대한 이의제기를 하는 것은 상당한 용기와 각오가 필요하다.

2025년 들어 쌀값이 폭등하여 전년 대비 두세 배 이상 가격으로 인상이 되고, 더구나 쌀 공급량이 모자라 손쉽게 구하지도 못하는 쌀파동 사태가 발생했다. 한국에 여행을 갔다 오는 일본인들이 한국 슈퍼에서 쌀을 구입하여 갖고 온다는 뉴스까지 나오는 요즘이다.

그러나 일상을 살다 보면 "큰일이네""어떡하지"등 걱정 어린 대화는 주고받으면서도 근본적으로 정부의 정책미스로 인해 국민이 쓸데없는 고충을 강요받고 피해를 입고 있다는 사실에는 애써 외면하는 듯한 대화뿐이다. 즉 정치와 정부에 대한 불만이나 무엇을 요구해야 하는가에 관한 대화나 논의는 일상에서 필요하지 않은 사회가 이곳이다.

몇몇 학자들은 말한다. "일본은 먹고 사는 데 지장이 없고, 사회 시스템이 안정적으로 잘 돌아가고 있어서 굳이 정치적인 목소리를 내며 요구하지 않아도 되는 나라다. 그래서 정치에 무관심하고 반응이 없는 것이다."

일본은 선진국이며, 다른 나라보다도 안전하고 불편함을 그다지 느낄 수 없기에 사회 비용이 적은 사회라 주장한다. 일견 타당하고 그럴듯한 주장으로 보인다. 그러나 이는 궤변이다. 내가 보기에는 이는 일본 사회의 실상을 잘 못 이해하고 있으며, 다분히 선입견에 의해 일본 사회를 이해하고 판단하고 있음이 분명하다.

특히 한국에서 일본 전문가라 대우받으며 이곳저곳에서 목소리를 내며 영향력을 행사하는 사람들이 이와 같은 인식에 바탕을 둔 발언을 하는 경우를 목도한다. 아마도 연구를 위해 가끔 일본을 방문하여 머무르면서 느끼는 일본의 잘 정비된 인프라와 안정된 사회 시스템으로 인한 편안함, 안락함에 후한 평가를 하는 듯하다.

그러나 실제로 일본 사회에 기반을 두고 생활해 보면 다르다. 회사든 자영업이든, 일본 사회 구성원으로 일본인과 뒤섞여 노동을 하고, 수입으로 세금과 공공요금을 납부하며 자녀를 키우며 가정을 꾸려나가는 등 '방문자'가 아닌 '생활자'의 입장이 되어보면, 밖에서 보는 일본의 사회와 현실은 많은 괴리가 있음을 절감하게 될 것이다.

물론 직종에 따라 근무 환경이나 여건과 대우가 다를 수 있기에 모든 경우를 일반화할 수는 없다. 그러나 압도적 다수를 차지하는 샐러리맨 즉 노동자의 삶이 다소의 차이는 있을지언정, 과연 소문대로 선진국이라는 수준에 맞게 만족스럽고 안정적인지 의문이 든다. 이런 내용에 대해서는 뒤의 경제·산업 부분에서 좀 더 상세한 사례를 들어가며 소개하도록 하고, 여기서는 오마카세 민주주의의 대해 살펴보자.

내가 대학에서 담당하는 '지방자치론' 강의에서 매년 오마카세 민주주의의 문제점을 설명하고 학생들의 반응을 살펴본다. 강의 내용은 대략 다음과 같다.

국정 선거 및 운영 등 국가정책은 차치하더라도, 자신이 살고 있는 지역의 현안이나 공동문제 등에 젊은 사람들의 관심이 극히 저조하다 보니, 제대로 정치 참여가 이루어지지 않고 있는 현재와 같은 상황에서 일본의 변화를 기대하기 난망하다.

단적인 예로 지방자치단체의 장이나 의원을 뽑는 선거의 투표율을 보면 50%에 미치지 못하는 것이 일반적인데, 그중에서도 10대와 20대 초반 젊은이들의 투표율은 더욱 낮아 늘

20~30%에 머물고 있다. 그럼 여러분 같은 젊은이들이 왜 투표를 하지 않는지 각자의 입장에서 생각을 해보자.

아마도 젊은이들이 투표를 하지 않는 것은 정치에 관심이 없거나, 아님 정치와 나의 삶과의 관계에 대해 제대로 생각해 본 적이 없다 보니 투표를 통한 자신의 의사표시를 포기하는 것 아니겠는가?

대학생인 여러분은 태어나서 지금까지 한 번도 일본의 경기가 좋다는 말을 들어보지 못하고 오히려 '불황'이니 '디플레이션'이니 '잃어버린 30년'이니 하는 말들을 귀에 못이 박히도록 들어왔던 세대이다. 그런 의미에서는 다른 세대보다 불행한 세대라고 할 수 있겠다.

더구나 이미 심각할 정도로 '저출산 고령화'가 진행되었다.

지금은 대학생 신분이니 대부분 아르바이트 등으로 간접적인 사회생활을 경험하고 있을 것이다. 아마도 세금 관계나 사회보장비용 등에는 그다지 관심이 없을 수 있다. 그러나 여러분도 앞으로 2, 3년 후면 사회인이 되어 이 사회를 추동하는 기둥이 되어 갈 것이다.

저출산에 따른 인구감소는 계속 이어지고 있는데 반해 의료기술의 발달 등으로 평균수명은 크게 늘어나 고령자가 점차 늘어나고 있다. 이미 65세 이상 인구가 전체 인구의 30%에 육박하고 있으며, 여러분이 사회의 중추직 역할을 담당하게 될 20년 후쯤이면 약40% 가까운 비율로 증가할 것이다.

그러면 생산연령인구는 점차 감소하는 한편 노령인구는 증가하는 인구 불균형이 가속되어 갈 것이다. 당연히 노령인구가 증가하게 되면 국가는 사회보장제도 즉 연금이나 돌봄

제도 등을 통하여 고령자의 노후를 케어해야 하는데, 그건 전부 재정부담이 증가하는 것을 의미한다. 그러므로 여러분이 40대가 되는 시점이 되면 아마도 지금보다 더 많은 세부담과 사회보장비용 부담을 떠안게 될 것이다.

비교적 복지가 잘되어 있다고 하는 북유럽 국가들처럼 노인이 된 후 국가가 돌보아 준다는 보장과 확신이 있다면, 젊어서 많은 세금을 내더라도 장래를 위한 적금이라 생각하면 납득할 수도 있을 것이다. 그러나 지금 일본의 현실은 그렇지 않다. 노령화와 저출산의 동시 진행이라는 더블펀치를 맞고 있는 상태에서 장래의 20년 30년 또는 50년 후의 국가운영을 위한 설계와 비전이 제시되어 있지 않다.

이런 현실 상황을 제대로 파악하고 인식하여야 한다. 지금 이런 상태로 나가게 되면 앞으로 여러분 같은 젊은 세대가 짊어져야 할 부담은 우리 같은 기성세대보다 훨씬 더 클 것이다. 부담은 늘어나고 혜택은 어찌될지 모르는 불안을 해소하지 않고는 장래의 장밋빛 인생 설계나 행복을 꿈꾸기 힘들다.

더구나 일본은 헤이세이 들어 '잃어버린 30년'으로 회자되듯, 장기 불황으로 인한 경기 침체에 힘들었다. 지금 경기가 좋아지고 있다는 뉴스도 들리긴 하지만 아직 실감을 할 정도는 아닌 듯하다. 일본은 꽤 오래 힘든 시간을 지내왔으며 앞으로 얼마나 더 지속될지 예측할 수 없다.

그럼 다른 나라는 조금씩이라도 성장하고 30년 전에 비하면 임금도 GDP도 많이 높아졌는데, 왜 일본만 제자리 걸음을 하고 있는지 곰곰이 생각해 봐야 하지 않겠는가? 여러 요인이 있을 수 있겠지만, 우선은 정치가 제대로 역할을 하지 못하고 있기 때문이라 생각한다. 그것이 가장 큰 원인이라 생각한다. 정치가 제대로 기능하였다면 '잃어버린 30년'이 되도록 방치하지 않았을 것이다.

그런데 일본에서는 정치는 정치가가 하는 것이고, 자신은 정치가를 뽑는 선거에만 관여할 수 있다는 생각을 하는 주권자가 대부분인 것 같다. 그러나 대표를 선출하는 과정에 투표로 참여하는 것으로 주권자의 역할이 끝나는 것이 결코 아니다.

대표로 뽑은 정치가가 자신들의 의견이나 주장을 정치에 반영하여 우리 생활에 영향을 끼치는 법률이나 정책을 제대로 수행하고 있는가 끊임없이 모니터링을 해야 하고, 그렇지 않을 경우에는 자신들이 원하는 방향으로 정치가를 움직이게 해야 하는데, 일본에서는 그런 정치 참여와 행동이 꺼려지는 사회 분위기가 팽배하다. 더 최악인 것은 그 시작이라 할 수 있는 투표조차도 적극적으로 참여하지 않는다는 사실이다.

그런 정서와 함께 소위 말하는 오마카세 민주주의 현상이 눈에 띈다. 참으로 우려스러운 현상이다. 사회가 꾸준히 성장하고 평화와 안전이 담보되는 태평성대의 시절이라면 오마카세 민주주의도 나름 역할을 할 수 있을 것이다. 그러나 지금 일본의 상황이 태평성대인가?

정치가나 관료 집단에게 모든 권한을 양도하여 우리 삶의 질을 결정하는 정치적 판단과 결정을 맡긴 채 두 손을 끼고 수수방관해도 되는 상황인가 잘 생각해 보자. 만의 하나 오마카세 민주주의가 잘 작동하여 제대로 기능했다면 지금과 같은 '잃어버린 30년'이라는 성적표가 나왔겠는가?

세계는 격동하고 있는데 이런 시류에 뒤처지고 사회의 변화나 진보가 이루어지지 않는 환경 속에서, 개인의 성취감이나 향상심을 상실한 여러분 같은 젊은 세대를 잉태하고 있는 현실이다. 이 같은 답답한 폐색감閉塞感을 떨쳐내고, 보다 역동적이고 활력 있는 사회로 변화, 발전하기 위해서는 젊은 세대의 정치 학습과 참여 그리고 자각이 필수불가결하다.

아직까지는 자신의 정치 참여로 함께 만들고 가꾸어 가는 민주주의의 가치와 무게를 느낄 기회가 없었을 것이다. 우선은 자신의 지역사회와 커뮤니티에 대한 관심과 참여를 통한 학습과 체험이 보다 발전적인 민주사회를 만들어가는 전제가 된다는 자각을 갖고 지역사회를 돌아보도록 하자.

그리고 정치가나 관료에 모든 걸 일임하는 오마카세 민주주의라는 타성적이고 무비판적인 아비투스에서 벗어나야 한다. 결국 정치는 정치가가 하는 것이 아니라 주권자인 국민이 하는 것이다. 우리의 삶은 정치에 '무관심'할 수는 있을지 몰라도, 정치와 '무관계'로는 존재할 수 없다. 왜냐하면 결국 우리 삶의 질을 결정하는 것이 정치이기 때문이다.

기울어져 가는 나라의 국가공무원은 기피 직업?

1980년에 나오키상 수상 작가인 시로야마 사부로城山三郎의 《관료들의 여름官僚たちの夏》(新潮文庫)이라는 소설이 출간되었는데, 지금도 일본 정치와 행정을 공부하는 사람들의 필독서 역할을 한다.

내용은 일본이 패전 후, 전후 복구와 고도 경제성장을 국가 목표로 설정하고 돌진해 나가는 1960년대 당시 통상산업성(2001년 중앙성청 개혁 이후 현재는 경제산업성)을 무대로 펼치는 중앙정부 관료들의 활약상을 그린 작품이다. 이후 이 작품을 원제로 한 드라마와 영화 등이 제작되어 일본 정치 행정 시스템과 실태를 적나라하게 보여주는 좋은 콘텐츠가 되기도 하였다.

일본이 고도 경제성장을 이루던 시절, 즉 1960년대를 배경으로 활약하는 통산성(당시) 관료들의 열정과 애환이 녹아 있는 이 책을 통해 적어도 당시 관료들은 엘리트 의식에 기반한 '거만함'이나 '무례함'이 있었으나, 자신의 업무가 '국가와 국민을 위한'일이라는 '자부심'과 '소명 의식'이 있었음을 알 수 있다.

엘리트 관료로 '자긍심'과 '보람'을 느끼며, 일본의 경제대국화를 설계하고 이끌어간다는 자부심이 곳곳에 묻어난다. 일본 관료제의 역할에 대한 평가는 엇갈리기도 하지만, 결과적으로 이런 과정을 거쳐 일본은 '우수한 관료''관료국가'또는 '관료 천국'이라는 명예롭고도 불명예스러운 네이밍을 동시에 부여받게 된다. 결론적으로, 이를 인정하든 안 하든 패전국 일본의 복구와 고도 경제성장을 통한 신진국 진입에 관료제의 역할은 절대적이었다.

그러나 1980년대의 시쳇말로 잘나가던 일본이 1990년대 들어서부터 헤이세이의 장기 불황이라는 긴 터널 속에서 헤어나지 못하면서, 관료 세계에 대한 전에 없는 가열찬 비판이 정치권을 중심으로 펼쳐졌다. 게다가 이를 미디어가 부추기며 전 국민의 관료 이지메 운동이 확산되어 간다. 이는 각종 정치개혁을 비롯한 공무원 제도 개혁 등으로 이어지게 된다.

그중의 하나가 2014년에 성립한 '내각인사국'이라는 조직이다. 이는 중앙부처의 심의관*급 이상 약 600명에 달하는 간부 관료들의 인사를 과거에는 각 부처 내부의 논리에 의해 자주적으로 이루어지던 것을, 수상관저가 통괄하여 실시하는 것이 포인트다.

구체적으로는 수상과 관방(부)장관 그리고 부처 대신에 의한 간부 인사권 행사가 이루어지는데, 권력의 의향이 절대적으로 반영될 수밖에 없다. 물론 600명에 달하는 간부들의 인사를 전부 수상관저에서 처리할 수는 없는 일이며, 약 80%에 달하는 인사는 종전대로 각 부처 내부조율을 거쳐 제출된 인사안이 결재된다고 한다.

그러나 문제는 나머지 20% 정도의 인사를 통하여 권력과 정권에 비협조적인 인물은 '좌천'을 당하게 되고, 전문성과는 별도로 정권에 필요한 인사는 '발탁인사'라는 명목으로 기존의 관행과 룰을 깬 인사가 이루어진다. 이런 방식으로 정치에 의한 행정의 예속이 가속화된 것이 아베 장기 집권 기간 중의 특징이기도 하다.

---

* 심의관은 일본 행정기관의 관직의 하나로 높게는 차관급부터 국장급, 국차장급이 있으며, 관련사무를 통괄하는 직이다. 영어로는 Deputy Director-General 또는 Deputy Commissioner로 번역된다.

아베 정권기의 관료 길들이기

이 같은 상황들로 인해 좋은 의미에서의 정치와 행정 간 '긴장 관계'의 구도는 붕괴되고, 행정 관료들의 정권에 대한 '촌탁忖度'(손타쿠, 하급자가 미리 알아서 상급자에게 유리하고 이익이 되는 행위를 하는 것)가 횡행하게 된다. 아베 정권기에 발생한 각종 스캔들과 의혹들의 이면에는 이런 관료조직의 촌탁이 암암리에 기능하고 있었다.

아무튼 1990년대 이후 관료 세계에 대한 사회의 인식이 비판적으로 바뀌고, 관료들에 의해 발생하는 각종 불상사나 의혹들이 이런 비판 기조에 기름을 붓는 결과를 초래하게 된다. 이런 과정을 거치며 작금의 국가공무원, 그중에서도 간부 후보를 선별하는 '종합직'(한국의 행정고시)에 응시하는 도쿄대학 학생이 해마다 줄고 있다고 한다. 물론 도쿄대학 학생만이 우수한 관료가 된다는 건 아니지만, 전후 일본을 이끌어온 관료제는 압도적으로 도쿄대학 출신이 큰 영향력을 행사하고 있음을 부정할 수 없다.

이렇게 도쿄대학 학생들이 과거와 달리 공무원을 선택하지 않는 이유가 "일본은 이제 추락하는 나라일 뿐"이라 여겨서라고 하니, 지금 일본이 처한 환경과 시대 변화를 나타내는 상징적인 말로 다가온다. 이제 관료 즉 국가공무원 고위직이라는 직업이 일본을 대표하는 명문대 학생들의 선망의 대상에서 밀려나고 있는 것이다.

관료들의 겨울 도래

'관료들의 여름'이 지나고 이젠 '관료들의 겨울'을 맞고 있는 것 같다. 사실 이렇게 일본이 기울고 있을 때, 우수한 젊은 인재들이 국가공무원이 되어 국가와 사회를 위해 소매를 걷고 분발할 수 있는 환경과 시스템을 구축해야 하겠지만, 그것도 정치가 제대로 기능하고 있을 때에나 가능한 얘기이다. 한마디로 지금의 일본 정치에는 무얼 기대하기 어렵다.

조금 독하게 표현하자면, 좋은 명문가에서 태어나 고생도 모르고 도련님으로 곱게 자란 것도 모자라, 가업을 잇는 세습으로 거물 정치가로 자리를 꿰차고 앉아, 별로 똑똑하거나 우수하지 못한 지적 소유자들이 나라를 통치한다고 설치고 다니는 꼴이다. 가방모찌나 하면서 국회 질의 답변서나 밤을 새워가며 작성해야 하는 것이 관료의 역할이라면, 젊은 인재들이 떠나가는 건 당연지사다.

국가공무원을 기피하는 대학생

인사원의 보고에 의하면, 2024년도 봄과 가을에 뽑는 국가공무원 종합직 합격자가 2,420명으로 밝혀졌다. 이를 출신 대학별로 보면 도쿄대학東京大学이 345명으로 가장 많고, 교토대학京都大学이 179명으로 뒤를 잇고 있으며, 와세다대학早稲田大学이 119명으로 3위, 도호쿠대학東北大学이 90명으로 4위, 게이오대학慶応義塾大学이 88명으로 5위, 릿츠메이칸 대학立命館大学이 86명으로 6위, 오사카대학大阪大学이 72명으로 7위, 그 뒤로 홋카이도대학北海道大学이 70명 순으로 합격자를 배출했다.

위의 결과에서 보이듯이 각 대학 출신자들이 골고루 합격을 하고 있지만, 도쿄대학이 압도적으로 가장 많은 합격자를 배출하고 있음은 예나 지금이나 변함이 없다. 그러나 매년 도

교대학 출신의 합격자가 감소하고 있다. 취업활동을 통해 외국자본계 컨설턴팅 기업에 취직한 도쿄대 학생은 인터뷰에서 국가공무원을 선택하지 않은 이유를 다음과 같이 말한다.

"관료는 노동환경이 열악하고 급여도 좋지 않다. 관료는 정치가의 의향에 휘둘리게 되며 언론의 강렬한 비판에 직면하는 경우가 다반사다. 또 관료가 된 선배를 만나보니 피로에 찌든 모습을 보고 국가공무원의 길을 포기했다."*

아베 정권 때 재무성의 공문서 위조를 둘러싸고 직원이 자살한 것도 충격이었다고 한다. 잘못된 일인 줄 알면서도 상사의 명령을 어길 수 없고 조직의 자정작용이 작동하지 않는 불합리한 상황에 처해 있는 관료들을 보면서 생각을 접게 되었다고 한다.

거슬러 올라가 보면, 일본에서는 관료가 사회를 움직이는데 큰 역할을 해왔다. 명치유신 후의 부국강병과 식산 흥업, 패전 후의 복구와 고도 경제성장 등 국가운영의 방향을 이끈 관료들의 인재 공급처는 도쿄대학이었다.

전전 관료가 되기 위한 시험인 '고등문관시험 행정과'합격자는 전체의 6할 이상이 도쿄대학 출신이며 관료의 최고위직인 사무차관은 도쿄대학 출신자가 압도적으로 많았다. 그러나 시대가 변하여 국가공무원 종합직 합격자 중, 도쿄대학 출신자는 2015년도에 459명, 2020년도는 249명으로, 전체에 차지하는 비율은 26.6%에서 14.5%로 떨어졌다.

---

* 〈아사히 신문〉 2021년 6월 16일 자

또한 내각인사국의 보고에 의하면, 2019년도의 20대 종합직 공무원의 퇴직자 수는 86명으로, 6년 전의 4배 이상이 되었다. 장시간 노동에 의한 심신의 피폐와 보람이 없는 업무, 자신의 성장을 기대할 수 없는 불안감 등이 원인이라 한다.

이처럼 젊고 우수한 인재들이 국가공무원의 길을 포기하는 이유는 격무인데 비해, 업무 행태와 환경의 개선이 이루어지지 않고 있는 점이 꼽힌다. 일본의 전망이 불투명한 상태에서는 젊어서 열심히 돈을 벌어 불안한 장래를 대비하는 것이 바람직하다는 인식이 있는 듯하다.

과거 국가와 사회에 공헌하고 싶다는 공명심과 사명감으로 국가공무원을 선택하였던 젊은 인재들이 장기 침체에서 탈피하지 못하고 있는 일본의 현실을 반영하듯 공무원의 길을 외면하고 있는 것이다.

과거 정치가 기대에 미치지 못하고 국민적 신뢰를 잃어도 우수한 관료조직이 이를 커버하며 국가 운영을 지탱하고 유지하여 왔다고 가정해 보자. 근래 젊고 우수한 인재들의 국가공무원 이탈 현상이 가속화한다면 앞으로의 국가운영에 더욱 먹구름이 드리울 것이다.

정치도 여론도 공무원에게 비우호적이다

앞에서 국가공무원 종합직(한국의 행정고시에 해당)에 도쿄대학생의 지원이 매년 줄고 있다는 내용을 소개한 바 있다. 그런데 도쿄대학뿐만 아니라 전체적인 지원자 수가 하향곡선을 그리고 있는 일본 공무원, 특히 중앙정부 공무원의 실태에 대한 보고가 있어 눈길을 끈다. 과거 일본이 전후 복구와 고도 경제 성장 그리고 선진국 진입으로 위용을 떨치던 배경에는 우수한 관료 집단이 있었다는 점은 대부분이 인정하는 사실이다.

전국적인 관료 이지메 붐

그러나 1990년대 들어 버블경제가 붕괴하면서 시작된 장기 불황이 당시 관료 중의 관료라 불리며 그 위용을 자랑하던 대장성(현 재무성)의 방만한 재정 완화와 금융정책 등이 큰 원인이라는 비판의 목소리가 나왔다. '우수한 관료'라는 예찬은 온데간데없이, '관료 천국''관료 국가'라는 부정적인 딱지가 붙게 되며 미디어와 여론의 '관료 때리기'가 시작된다. 일본 사회는 일단 어떤 이슈가 한번 여론화되면 미디어를 중심으로 시시콜콜 물고 뜯으며 온갖 가십거리까지 연일 파헤친다. 관료 특유의 엘리트 의식에 대한 부정적 이미지에 더해, 그간 관례라는 명목으로 이루어지던 방만한 공금 운용을 비롯한 각종 부조리와 부정이 고구마 줄기 캐듯이 줄줄이 보도되고 세간의 이목이 집중된다.

관료 부조리의 압권 '노판샤부샤부'

아직도 기억에 선명한 터무니없는 관료 부조리의 하나가 1998년에 대대적으로 알려진 '노판샤부샤부'라는 접대 행태다. '노판샤부샤부'란 샤부샤부 레스토랑에서 서빙하는 여성이 속옷을 입지 않은 미니스커트 차림으로 접객을 하는 방식이라 한다. 실내 바닥이 거울로 되어 있었다는 말도 있는데,

그 진위는 알 길이 없다. 이런 업소는 일반음식점으로 신고돼 있어 당시 대장성 관료들이 영수증 발행이 '음식점'으로 처리 되는 점을 이용하여 애용했다고도 한다. 당시 이런 노판샤부 샤부에 이어 '노판킷사'라는 곳도 생겨났다. '킷사'는 '킷사텐 喫茶店'의 준말이다. 옛말로 하면 '다방'일 것이고, 지금으로 치 면 카페 정도라 할 수 있다.

이런 곳에서 관료들이 민간기업의 접대를 받기도 하고, 또 는 공금으로 자기들끼리 회식을 하기도 하여 문제가 되었다. 더욱 심각한 것은 하급 관청이 상급 관청의 관료를 접대하는 관관접대官官接待가 만연했다는 것이다. 국민의 세금을 갖고 관 료가 관료를 접대하며 향락을 즐겼다니 국민의 분노가 극에 달하게 된다.

관료 세계에 대한 미디어의 뭇매와 여론의 질타를 받으며 의연히 등장한 것이 정치권의 '관료 국가' '관료 주도'를 '정 치 주도'로 개혁한다는 슬로건이었다. 이를 정치권에서 대대 적으로 흘리고 미디어에서 연일 주워 보도하면서 상대적으로 관료 세계는 '국민의 적' 내지는 '세금 도둑'이라는 오명으로 덧칠되게 되었다.

정치의 '행정'에 대한 책임전가

그런데 생각해 보면 우스운 일이다. 무릇 관료 집단은 국 민의 대표로 선출된 것도 아니고, 공부 잘해서 아니 더 정확 히는 시험을 잘 봐서 공무원 시험에 합격한 사람들로 구성된 다. 헌법과 관련 법령을 통하여 공무원으로서 지켜야 할 규 율이 요구되지만, 국민의 대표는 아니다. 그런 공무원 조직을 본래의 국민을 위한 공조직으로 잘 관리해야 하는 건, 국민의 대표로 선출되어 권한을 위임받은 정치의 역할이다. 이제껏 그런 역할을 제대로 하지 못했던 정치권이 물 만난 물고기처럼 '정치 주도'라는 슬로건을 내걸고 대대적인 '관료 국가' 개혁에 메스를 들이대게 되는 것이다. 그 결과 수차례에 걸친 공무원법 개정을 통한 개선은 물론이고, 2001년의 중앙성청 개혁으로 정부 중앙부처를 통폐합하여 숫자를 대폭 줄였으며, 내각부의 기능을 한층 강화하게 된다. 이와 동시에 수상 관저의 기능도 점차 강화되었으며, 2014년의 내각인사국 창설에 이르러 이런 과거 관료 주도의 '정치-행정의 관계 변화'는 정점에 다다라 공무원 제도 개혁은 일단락된다.

**문제는 제도의 '개혁'이 아니라,
그를 운용하는 사람의 '자질'과 '능력'**

형식적으로나마 '관료 주도'에서 '정치 주도'로 바뀐 일본의 현 상황을 보면, 과연 어느 것이 정답인지 판단이 어렵다. 정치도 행정도 그를 담당하는 사람들은 자질도 능력도 뛰어난 사람들이 많을 것이지만, 개인의 소신이나 특성보다는 조직 논리가 우선시되는 조직문화에서 제대로 개개인의 능력을 발휘하기란 어려운 일일 것이다. 정치도 행정도 조직 논리가 작동하더라도, 그 지향점은 국민의 권익 보호를 최우선으로 하는 데 있어야 할 것이다. 하지만 지금의 일본 사회를 보면 어떠한가? 코로나19 팬데믹으로 민낯이 다 드러난 일본 정치와 행정의 부실한 시스템과 관행, 특히나 정치권의 책임은 크다 하지 않을 수 없다. 지금 정치권에서 스가 요시히데 전 수상과 다카이치 현 수상을 제외하고, 거물 정치가로 자리 잡고 차기 정권을 노리는 인사들 중에 세습의원이 아닌 자가 누가 있는지 생각해 보자.물론 세습 자체가 전부 잘못이라고는 하지 않겠지만, 국가공무원이 되어 국민과 국가를 위해 보람 있는 일을 하고 싶다는 청운의 꿈을 꾸어야 할 우수한 젊은이들이 적어도 지금의 정치를 보면 희망을 접을 것 같다. 게다가 1990년대 이후 불어닥친 관료조직에 대한 지나칠 정도의 이지메식 개혁의 결과, 이제 국가공무원은 매력적인 직업이 아니다. 근래의 지원자 수 감소가 이를 방증하는 것이 아니겠는가? 더구나 요즘처럼 일본의 국운이 기울어가는 시점에서는 오히려 젊고 유능하고 패기 넘치는 관료가 더 절실히 필요한 시기이지만, 안 될 때는 뒤로 자빠져도 코가 깨지는 법이라더니 갈수록 태산이고 첩첩산중이다.

일본의 코로나19 대책과 '친절한 금자씨' 버전

사회 심리학이나 재해 심리학 분야에서 널리 사용되고 있는 용어 중에 '정상성 바이어스Normalcy bias'라는 말이 있다. 이는 '자신에게 불리한 정보를 무시하거나 과소평가해 버리는 사람의 심리적 특성'을 나타낸다.

예를 들어 자연재해나 화재, 사고, 사건 등으로 인해 자신에게도 피해가 예상되는 상황에서도 그걸 정상적인 일상생활의 연장 선상으로 여기어 자신에게 불리한 정보를 무시하는 태도다. "나는 괜찮아" "아직 괜찮아" "이번에는 괜찮아"등

사태를 자신에게 유리하게 판단하고 과소평가하여 피신이나 대책이 늦어져 피해를 보는 원인이 된다.

한 예로 대지진 때, 해안가의 마을을 통째로 집어삼키는 거대한 쓰나미가 몰려오고 있다는 다급한 경보가 울리고 있음에도 피신을 하지 않고 태연한 모습으로 있다가 피해를 본 경우를 들 수 있다. 아직 마을을 통째로 집어삼키는 쓰나미를 경험하지 못한 사람에겐, 이번에도 지금까지 경험했던 그 정도의 쓰나미일 것이라는 생각과 함께 "괜찮을 거야"라는 방심이 있었을지도 모른다. 이런 심리가 작용하는 경우, 미처 피신하거나 대처하지 못하여 피해를 보는 경우가 발생하는데, 이런 경우의 심리적 특성을 '정상성 바이어스'라고 한다.

일본의 코로나19 확진자가 나날이 늘어나고 있을 때의 일이다. 이미 시중 감염이 만연하여 검사를 하면 할수록 감염자 규모는 확대되고 있었다. 그런데 도쿄의 경우, 확진자의 50~60%는 감염경로를 알 수 없었다고 한다. 코로나19에 대한 일본 정부와 사회의 대응은 한국과 비교하면 부족한 PCR 검사 수, 철저한 격리가 아닌 자가격리 등에서 보이듯이 완만한 대응이었다. 그러나 미국이나 유럽 국가들에 비교하면 확진자 숫자와 치사율은 압도적으로 낮아 세계적으로 보았을 때는 코로나 방역에 성공하고 있는 케이스에 들어간다.

적어도 숫자와 통계로 볼 때는 그렇게 평가된다. 일본 정부, 특히 아베 전 정권의 코로나 대응이 훌륭했기에 성공적(?)인 방역이 되었는가 하면 결코 그렇지 않음은 삼척동자도 아는 사실이다.

그런데도 코로나19를 다른 국가들에 비해 비교적 잘 방어

할 수 있었던 것은 국민들의 협조와 평소 위생 관념을 비롯한 생활 습관에 힘입은 바가 크다.

일본은 코로나 이전부터 마스크를 쓰는 것이 하나의 패션이자 트렌드였던 사회다. 마스크를 쓰고 손을 씻고 입가심을 자주 하는 일들은 코로나 이전부터도 일상 속에 정착된 패턴이고 습관이었다. 이렇듯 자발적 위생관리와 마스크 착용이 자연스러운 사회였기에 코로나19를 맞으며 별다른 저항이나 반감 없이 마스크 착용과 더욱더 철저한 위생관리가 가능했다. 그리고 사회적 거리 두기 등의 국민적 협조가 코로나19의 급격한 확산을 억제하는 데 큰 역할을 했다고 생각한다.

이런 이유로 일본 정부는 자칭 선진국이라 하면서도 선진국이라 부르기 민망할 정도의 미흡하고 시대에 뒤떨어진 아날로그식 보건 행정 시스템에도 불구하고 선방을 할 수 있었던 것이다. 2020년 봄과 여름의 코로나19 확산 위기를 잘 넘긴 일본 정부는 코로나19로 인한 경제적 손실을 만회하기 위한 회심의 카드를 꺼내 든다. 다름 아닌 고투 트래블과 고투 이트 캠페인이다.

여행업과 요식업의 회복을 위한 일본 정부의 대대적인 지원 정책으로 애초에는 확진자가 줄지 않고 있는 도쿄를 제외한 채 시작했지만, 거대 자금줄인 도쿄가 움직이지 않으면 경제 효과를 기대하기는 힘들었다.

나중에 도쿄도 가세하면서 본격적인 고투 트래블과 고투 이트 캠페인이 활성화되고 일본 전역은 코로나가 언제 있었냐는 식으로 변해갔다. 정부의 'with 코로나' 정책이 결코 잘못된 방향은 아니지만, 그렇다고 코로나19에 대한 철저한 방역과 대응책을 내놓은 것도 아니다. 어디까지나 선진국이라는 나라 국민의 높은 '민도'에 기대하는 정책이었다.

이런 식으로 부족하지만 결과적으로 선방하고 있던 코로나 대책이었기에 고투 캠페인을 하면서도 지금까지처럼 큰 탈 없이 진행되리라는 기대와 함께 자신에게 유리한 정보만을 취합하고 받아들이고 판단하는 정상성 바이어스가 깊게 자리 잡는다.

"우리 보고 PCR 검사가 부족하다느니 통계가 엉망이라느니 주먹구구식이라느니 하는 다양한 비판이 있으나, 결과적으로 일본은 코로나 대책에 선방하고 있으니 그걸로 결과가 좋으면 만사 오케이"라는 의식이 자리 잡는다. 정부 관계자도 사석에서는 이런 혼네(속마음)를 밝혔다.

가을이 되어 기온이 내려가기 시작하면서 한 달 이상 지속되어 온 고투 트래블 캠페인으로 유동인구가 급격히 늘어나게 되는 한편, 장기화되고 있는 코로나에 대한 국민의 인식에도 '해이함'이 퍼지게 된다. 전철이나 거리에서도 마스크를 하지 않은 사람이 눈에 띄게 되었고, 거리의 이자카야에는 코로나 따위는 무시한 채 언제나 북적거리며 흥청망청이었다.

장기간에 걸친 자숙과 행동 제약에 대한 반작용과도 같았다. 코로나19가 다시 급속도로 퍼져 나갔다. 이 글의 초안을 쓸 2020년 11월 20일 당시에도 감염 확진자의 절반 이상은 감염경로를 모른다고 했다. 아니 알 수가 없다. 철저하게 검사를 하고 역추적을 하여 검사와 격리를 하는 방식이 아니었기에 그렇다. 검사 자체도 손쉽게 받을 수 없고, 정부는 그저 중증 환자가 급증하는 것만 막으면 된다는 생각인 것 같았다.

보다 못해 자발적으로 사비를 들여 검사를 받는 사람이 늘고 있는 상황이었다.

더구나 당시의 확산에는 가정 내 감염이 가장 많은 것으로 드러난다. 초·중·고교는 지금까지 계속 정상 수업을 하고 있지만 감염 클러스터가 발생하지 않고 있다. 불가사의한 현상이다. 검사를 하지 않으니 감염자 파악이 안 되는 것일 테고, 무증상인 학생들이 가정 내에 감염의 원인을 제공하기도 했을 것이다. 그런 의미에서도 매일 학교에 다니고 있는 중3 막내가 있는 우리 집도 전전긍긍이었다. 또한 감염자가 확정되기 전까지는 밀접 접촉자나 감염자와 같은 경로에 있었는지 어떤지 정보도 전혀 없고 알 길이 없으니 속수무책이었다.

예전에 비해 확대되는 40대 이상 중장년층의 감염

매일 만원 전철에 몸을 꾸겨 넣고 출퇴근해야 하는 샐러리맨들의 심리적 스트레스와 고충을 금수저 세습 정치가들께서는 알기나 할까? 며칠 전 일본 의사회 회장이 기자회견에서, 고투 트래블로 인한 감염자 확산이 의심된다며 캠페인 재고를 촉구했다. 그러나 정부는 캠페인이 유발한 확진자 수가 극히 적다며 '에비덴스evidence'가 없는 상태에서 정책의 재고는 신중해야 한다며 고투 트래블 캠페인의 재고를 부정적으로 다루고 있다.

확진자 절반 이상의 감염경로가 확인이 안 되는 상태에서 무슨 증거를 찾는가 싶다. 그토록 에비덴스를 추구한다면 애초부터 철저한 검사와 감염 경로 파악에 최선을 다해 데이터를 수집하고 분석해야 하겠지만, 그 자체가 불가능한 상태에서 무슨 에비덴스 운운하고 있는지 대책이 없다. 정부 관계자는 '합리적 의심'이라는 개념을 아예 잊어버린 것 같다.

여기에서 다시 한번 정상성 바이어스 현상을 확인함과 동시에 경제학에서 말하는 매몰 비용에 대한 집착이, 잘못된 정책에도 수정이나 재고를 불가능하게 하고 있음을 알 수 있다.

그동안 일본 정부가 경제 회생에 퍼부은 예산이 효과를 보려면 좀 더 시간이 필요할지도 모른다. 그러니 이런 어중간한 상태에서 모처럼 경제적 효과가 나타나기 시작하고 있다고 하는 고투 트래블이나 고투 이트 캠페인을 접기란 여간 힘든 선택이 아닐 것이다.

또한 그동안 코로나 대책과 수습책으로 투자한 비용을 생각하면, 본전 생각이 나서 한번 벌여놓은 정책이나 계획을 쉽게 거두어들이기 어려울 것이다. 그러니 안 좋은 결과가 예상되는 상황에서도 쉽게 단념하거나 전환을 하지 못하고 주저하는 진퇴양난에 처할 수밖에 없다. 정치가 기능하지 못할수록 이런 현상은 두드러진다. 이런 생각의 기저에는 정책의 방향 전환은 결국 자신의 정책 실패로 귀결될 수 있다는 정치가와 관료의 책임론에 대한 부담도 크게 작용하고 있을 것이다.

마지막으로 일본 행정의 '친철한 금자씨' 버전에 실소를 금할 수 없다. 코로나 대책과 관련하여 일본이 세계에 널리 웃음을 제공한 해프닝이 다름 아닌 '아베노마스크'와 'This is a pen'이었을 것이다. 이번의 세 번째 확산기를 맞아 정부 전문가 분과회 좌장을 맡고 있는 오미 시게루尾身 茂가 얼마 전 국민들에게 요청한 '마스크 회식'이라는 것이 '아베노마스크'와

'This is a pen'에 버금가는 웃픈 해프닝이 될 것 같다.

이번 감염 확산 경로 중에 두드러진 것이 '가정 내 감염'과 '직장 내 감염'이다. 따라서 가정이나 직장에서 식사나 회식을 하면서 마스크를 벗어두지 말고, 한 쪽만 살짝 벗은 후, 한 숟가락 음식을 입에 넣은 후 다시 마스크를 착용한 후, 음식물을 꼭꼭 씹어 먹는 저작 활동을 한 후, 다시 마스크를 벗고 한 숟가락 음식을 먹은 후 다시 마스크를 쓰고 꼭꼭 씹으며… 이를 조용히 반복적으로 하라는 취지의 '마스크 회식'을 정부 전문가 분과회 좌장을 맡고 있는 사람이 직접 TV에서 시연을 하며 당부했다. 친절한 금자 씨의 일본 정부 버전이라 하겠다.

이에 대한 국민의 반응은 현실적이지 않다는 의견이 약 70%를 차지하고 있다는 여론 조사 결과가 나왔다. 현실적 비현실적 차원을 떠나 정부가 나서서 국민에게 '마스크 회식'의 저작법까지 친절히 몸소 시연하면서 안내하는 것을 보고 있노라니, 일본 정부는 국민을 유치원생 정도로 생각하는 게 아닌가 싶다.

또한 포퓰리즘 정치의 권위자인 고이케 유리코 도쿄 도지사는 어제 '다섯 가지의 소(코)'라는 신조어를 선보이는 신박한 기자회견을 하였다. 소(코)란 말 그대로 '작은' 또는 '적은'을 뜻하는 '小'를 일본어로 '코'라고 읽는데, 이 '코'를 붙인 다섯 가지 주의 사항의 철저를 요구하고 나선 것이다. 그 내용은 '소수 인원'과 '적은 시간(한 시간)' '작은 소리' '작은 접시' '알뜰살뜰을 뜻하는 코마메小忠実'의 다섯 가지다.

우선 4명 이상이 모이지 않도록 하는 '소수 인원'을 지킬 것과 회식이나 회합을 하더라도 가능한 한 시간 안에 끝낼 수 있는 '적은 시간', 그리고 모이더라도 큰소리를 내지 말고 비말이 적게끔 '작은 목소리'를 유지하라는 것과 회식을 하더라도 조금씩 덜어서 먹으라는 '작은 접시'. 그리고 마지막으로는 '코마메'라고 하는 일본어인데, 이는 '알뜰살뜰'이나 '바지런하다'는 의미로 해석이 가능한데, 즉 '바지런히 마스크하고 환기와 소독을 철저하게 하라'는 의미로 해석된다.

굳이 도쿄 도시자가 하명을 하지 않으셔도 일반 상식을 갖는 사람이라면 모두 그렇게 하고 있을 것이지만, 애써 다시 한번 기자회견에서 홍보용 보드를 만들어 흔들어 가면서 강조하는 걸 보면, 무언가 튀는 행동을 하지 않으면 일하는 것 같지 않다는 생각을 하고 있는 것 같기도 하고, 도쿄 도민을 가엾이 여겨 친절히 하나하나 가르쳐주고 일깨워 계몽하여 주시는 것 같아 감읍하게 된다.

일본의 정치와 행정은 '오카미お上'와 '시모 지모下々'라는 전 근대적 용어를 살펴봐야 그 뿌리와 근원을 알 수가 있는데, 이에 대해서는 뒤에서 정리를 해보기로 한다. 아무튼 하나하나 손을 잡고 이끌어주는 친절한 금자씨의 일본판 버전 행정 행태를 보고 있자니, 매달 원천징수로 소득세와 주민세, 특별 도민세를 내는 납세자로서 아까운 마음이 조금도 들지 않는다. 주민과 국민이 행정의 '주체'가 아닌 '객체'가 되었을 때 나타나는 한 단면을 보는 느낌이라 쓸쓸할 뿐이다.

그 후로도 일본의 코로나 대응은 점점 진퇴양난의 형국에 빠져들었다. 코로나19를 이겨낸 것은 역시 헌신적인 노력과 봉사를 아끼지 않고 있는 의료와 보건 관계자들 그리고 불편과 불만을 애써 인내하고 자숙하며 방역 행정에 협조하는 국민들의 노력과 희생의 결과일 뿐이다.

인명보다 매뉴얼이 중시되는 사회?

〈주니치신문〉의 2020년 12월 5일 기사에 의하면, 코로나에 걸린 대학 교수가 PCR 검사를 제대로 받지 못하고 인플루엔자 검사와 임시처방을 받고 지내다가 홀로 사망한 채 발견되었다고 한다. 사망 후 보건 당국에서 검사를 해보니 코로나19에 감염되어 있었다고 한다. 교수는 지병으로 천식을 앓고 있는 42세의 장래가 촉망되는 인재였다고 한다.

사망에 이르게 된 경위는, 지난달 16일부터 강한 권태감을 느껴 자택에서 요양을 했는데, 20일에 39도까지 오르는 고열 증상이 나타나 21일 병원을 찾았더니, 의사는 인플루엔자 검사를 실시하였고 결과는 음성이었다고 한다. 그리고 그날 본인이 현県의 코로나 수신상담센터에 전화를 하여 PCR 검사를 받고 싶다고 하자, "병원 의사의 판단이 없으면 검사를 받을 수 없다"는 대답이 돌아왔다고 한다.

그 후 일단 고열은 내려갔으나, 기침과 목의 통증이 있어 연휴 후인 24일에 다시 병원을 찾아 진찰을 받았다고 한다. 25일 아침 타지에서 홀로 지내고 있는 남편 걱정에 부인이 전화를 해도 아무런 응답이 없어 대학에 연락하여 직원이 교수가 살고 있는 집에 가보니 이미 사망해 있었다고 한다. 그 후 보건소에서 검사를 하니 코로나19 양성 반응이 나온 것이다. 코로나 팬데믹 시기의 독신자는 곁에서 케어해 주는 사람이 없어 더 치명적이었을 것 같아 안타깝다.

지난 5월에는 도쿄에서 20대의 젊은 스모선수가 PCR 검사를 제때 받지 못하고 있다가 사망한 일이 있었다. 그 후 비난 여론이 거세지자, 당시 아베 수상은 PCR 검사 수를 대폭 확대하고 누구든 쉽게 검사를 받을 수 있게 하겠노라고 공언했다. 그러나 해가 바뀌려는 시점에도 개선된 것이 없었다. 자가 증상이 있어 불안에 떨고 있는 사람이 PCR 검사를 받고 싶어도 고열 증상이 있어야 한다는 등, 의사의 진단이 있어야 한다는 등, 왜 그리도 절차와 규정을 까다롭게 해야 하며 대응은 또 왜 그렇게 늦는 것인가?

한번 정한 것은 좀처럼 바꾸지를 못하는 사회, 상황에 따른 유연한 사고와 대응이 어려운 사회이며 매뉴얼대로만 하면 된다는 매뉴얼 만능주의 폐단의 전형이다. 왜 일본 사회는 그토록 메뉴얼과 규정에 집착하고 구속되는가.

일본이 부흥하려면 퍼스트 팽귄을 키워라

일본 사회가 헤이세이 30년을 거치면서 버블 붕괴 후의 장기 불황에서 빠져나오지 못하고 정체하는 현상을 일본에 살면서 몸소 체험하고 있다. 그간 정치·행정 분야를 연구하는 입장에서 이런 일본의 정체 현상의 근본 원인이 무엇인가에 대한 테마를 중심으로 다양한 관점에서 나름대로 원인 파악과 분석에 시간을 들이며 천착해 왔다.

그중 최대 요인으로 '정치 기능'의 '지체' 내지는 '관성화'

가 너무 고착화되어 있는 것이라 판단한다. 정치 기능은 '정치의 역할'로도 치환할 수 있는데, 일본의 정치가 무능과 무책임으로 대변될 정도로 기능하지 못하니 그로 인한 사회변혁이나 제도 개혁 등도 당연히 다른 나라에 비해 뒤처지는 상황이다. 물론 이를 가능하게 하는 요인 중에는 유권자 즉 국민의 '정치적 무관심'과 '수동적'인 삶의 자세가 있다는 것도 지적하지 않을 수 없다.

나는 일본의 정치가 중에서도 기개와 의욕이 넘치며 능력과 지력 또한 출중한 인물이 전무하다고는 생각지 않는다. 성실하며 지성과 인성을 갖춘 정치가도 얼마든지 존재하며, 실제로 그런 사람들을 알고 있기도 하다. 그러나 특정 정당이 60년 이상에 걸쳐 장기 집권하는 특이한 정치 구조와 정치 지형 속에서 공고히 구조화된 사회 시스템은 새로운 도전과 변혁의 시도가 기존 질서와 구도에 대한 '부정'과 '파괴'라는 네거티브한 도발로 거부당하기 십상이다.

국정 레벨의 정치는 차치하고, 지방자치 현장에서는 기존의 질서와 관행을 뒤집어 엎고, 새로운 변혁을 시도하여 지역 경제와 주민 생활의 질을 높이는 곳이 있다. 저출산 고령화와 함께 인구 감소 시대로 들어선 상태에서도, 신주민의 유입으로 인구가 증가하며 세수도 확대되고 행정서비스도 보다 충실해지는 선순환을 이루는 지역이 출몰한다.

그중의 하나로 1995년 한신아와지 대지진으로 피해를 크게 입었던 지역의 하나인 효고현 아카시시兵庫県明石市를 들 수 있다. 인구 30만이 조금 넘는 중핵시中核市인 아카시 시장으로 2011년 5월부터 2023년 4월까지 3기 12년을 재임한 이즈미 후

사호泉 房穗가 펴낸 책이 화제를 모으고 있다. 그는 스스로를 '퍼스트 펭귄'의 심정으로 책을 집필했다고 밝힌다.

맞다. 이즈미 전 시장의 시정 운영과 변혁에 대한 호오와 평가는 갈릴 수 있겠으나, '정체'가 지속되는 일본 사회에 필요한 건 '퍼스트 펭귄'과 같은 과감한 도전과 시도 그리고 이를 격려하고 응원하는 자세와 용기다. 그깟 주변이나 조직의 혼탁한 공기空気(쿠우키)나 살피지 말고, 자신의 신념과 소신을 펼칠 수 있는 사회적 공기가 일본에는 절대적으로 필요하다 말하지 않을 수가 없다.

책의 서문*에 실린 이즈미 씨의 주장을 살펴보자.

'냉혹한 사회'에 복수를 맹세한 것이 초등학생 때였다. 이렇게 냉혹한 사회 속에서 살아갈 수는 없는 노릇이다. 이 지역 이 사회를 조금은 따듯하게 만들고 나서 죽어야 겠다. 어린 동심이지만 자신에게 그렇게 굳게 맹세했다. 이후 분노의 불꽃을 태우면서 살아온 것 같다.

주위의 누가 나쁘다고는 조금도 생각지 않았다. 친구도 선생님도 이웃 사람들도 누구도 나쁜 사람이 아니었다. 그렇지만 세상은 따듯하지 않았다. 부모는 열심히 일했지 만, 생활은 순탄치 않았다. 동생은 정말 착한 녀석인데 장 애가 있다는 사실만으로 왕따를 당했다.

누군가가 아니라 무언가가 잘못되어 있다. 세상이 무언가 잘못 돌아가고 있음에 틀림없다. 그런 잘못된 것을 어떻

---

* 이즈미 후사호泉房穗,《사회를 바꾸는 법社会の変え方》, 라이츠사ライツ社, 2023년.

게든 바꿔야겠다. 그러기 위해서는 똑똑해져야 한다, 강해져야 한다. 그리고 따듯해지고 싶다. 그렇게 바라면서 살아왔다.

'인간은 태어나면서 평등하다'고 하지만 그건 새빨간 거짓말이다. 세상은 태어나기 이전부터 너무 불공평하다. 그 불공평은 더욱 확대되고 있다. '노력하고 분발하면 보상이 이루어진다'고도 하지만, 그것 또한 거짓말이다. 실제로는 보상받지 못하는 노력이 훨씬 많다. 그렇지만 그게 싫으니까 적어도 평등한 기회가 주어지는 사회를 만들고자 했다. 그래서 적어도 자신만이라도 보상받지 못하는 노력을 사랑하는 정치가가 되려고 했다.

그로부터 50년의 세월이 지났고 나도 올해 아카시 시장 3기 12년의 임기 만료를 맞는다. 나름대로 열심히 해왔지만, 어차피 한 사람의 인간이 할 수 있는 일은 한정되어 있다. 자신의 적성과 능력의 문제도 있지만, 많은 의견과 평가가 있음을 잘 알고 있다.

그러나 '따듯한 사회는 아카시로부터'라는 염원으로 시장으로 임해온 12년간의 궤적은 조금이라도 참고가 되지 않을까 생각한다. 내가 계속 해온 말이 '따듯한 사회는 아카시로부터'인데 '아카시로부터'에는 두 가지 의미가 있다.

하나는 설령 국가가 하지 않더라도 또는 전국 지자체 어디에서도 하지 않더라고 우선 '아카시부터 시작한다'라는 의미이다. 모두 무리라고 생각하는 일이라도 소위 퍼스트 펭귄이 되어 처음으로 시도한다는 각오를 의미한다.

다른 하나는 '아카시로부터 퍼진다'라는 의미이다. 아카시에서 할 수 있는 건 전국 어디에서도 실현 가능하며 퍼져 나가야 하는 시책이라는 것이다. 그리고 원래는 국가의 기본적인 정책이어야 함을 두말할 나위 없다는 취지이다.

지금까지 3기 12년 동안 '아카시에서 시작한다'가 어느 정도 구체화된 것 같다. '아카시로부터 퍼진다'는 주변 지자체 등에서 방침 변경이 시작되고는 있지만, 전국적으로는 유감스럽게도 이제부터 실현해야 하는 단계이다.

이즈미 씨는 2025년 7월 20일 실시된 참의원 선거에서 효고현 선거구에 무소속으로 입후보하여 2위와 더블 스코어 차이를 내며 80만 표 이상을 획득하고 압도적으로 당선됐다. 이즈미 씨는 원래 2003년 중의원 선거에 민주당 후보로 입후보하여 선거구에서는 낙선하였지만 비례대표로 부활 당선한 경험이 있다. 2년 후의 총선에서 패배한 후, 지방정치로 자리를 옮겨 아카시 시장을 3기 12년 역임하며 실적을 쌓은 뒤 이번에 다시 국정 선거에 도전하여 당선됨으로써 국정 무대에 복귀하게 되었다.

일본 레전드 총리 아베 신조

2022년 7월 8일 금요일. 오전 11시 반을 넘어 슬슬 점심을 고민하는 시간. 일본 열도는 갑작스런 속보에 충격의 도가니에 빠진다. 아베 신조 전 총리가 관서지방 나라시奈良市에서 선거유세 중 괴한의 총격을 받아 쓰러져 병원으로 급히 후송되었는데 위독하다는 뉴스였다.

일본의 TV는 모든 정규방송을 중단하고 아베 피격 장면과 병원으로 후송되는 영상을 반복적으로 보여주면서 전 수상의 안부를 걱정하며 라이브 중계를 하게 된다. 그 과정에서 일본 경찰의 요인 경호가 생각보다 느슨하고 허점이 많다는 사실을 보도를 통해 알게 되었다.

아베 신조. 그는 근래 한국에서는 가장 유명한 일본 정치가 중 한 명일 것이다. 1885년 이토 히로부미를 초대 총리로 시작하여 현재 다카이치 사나에 제105대 총리에 이르는 일본 140년 헌정사에서 최장수 총리 재임 기록(통산 3188일)을 갖고 있는 것이 바로 아베 전 총리다. 한국에서는 비록 인기가 없는 일본 총리 중의 한 명이겠지만, 일본 헌정사에서는 역대 최장수 재임 기록을 달성하였다는 점에서 전설적 인물임에 틀림이 없다. 그런 사람이 백주 대낮에 선거 유세 중 괴한의 총탄에 쓰러진 것이다.

나는 2012년 12월 아베의 재집권 이후, 아베 정권에 대해서 비판적인 논조를 이어왔다. 개인적으로는 그의 정치노선이나 정치적 자질과 능력을 평가하지 않았으나 백주 대낮에 테러에 의한 요인 암살극이 벌어진 것에 적지 않은 놀라움과 당혹감을 느꼈다. 구급차와 헬기를 동원하여 병원으로 이송했지만 아베는 결국 오후 5시 3분에 사망하였다. 향년 67세였다. 전후 일본에서 수상을 지낸 사람이 총격으로 살해된 경우는 아베가 처음이었다. 그런 만큼 일본 열도를 충격에 빠뜨린 사건이었다.

아베는 2006년 9월에 당시 52세의 젊은 나이로 제90대 총리 자리에 올랐다. 이는 전후 최연소이며, 전후 세대 첫 총리라는 역사적인 기록이기도 했다. 그러나 정치력이 결여된 모습을 보이며 다음 해 7월에 벌어진 참의원 선거에서 패배하자, 사실상 정치적 책임을 지고 지병을 이유로 수상직에서 사퇴한 바 있다.

와신상담하며 고행의 시간을 거친 아베는 2012년 자민당 총재로 복귀한 후 2012년 12월의 해산 총선거에서 자민당의 압승을 이끌어냈다. 정권 복귀 후 아베는 금융완화, 재정 출동(적극 재정), 성장 전략이라는 세 가지 핵심 정책을 전개하는 소위 '아베노믹스'에 총력을 기울인다. 재임 중에는 2번에 걸친 소비세의 인상(2014년 5%→8%, 2019년 8%→10%로)을 실현했다.

외교적으로는 미국과의 관계 강화를 꾀하는 한편, 한국과는 대립각을 세웠다. 전후 최악의 한일관계라는 평가가 있을 정도로 강제 징용 문제, 해군 초계기 문제, 종군위안부 문제 등으로 한국과 빈번히 충돌을 이어간다. 2019년 8월에는 화이트리스트에서 한국을 제외하는 강수를 두어 많은 한국인들의 분노를 사고 노재팬 운동의 불씨를 지피기도 하였다. 또한 안보를 강조하는 정책을 중시하면서 2014년에는 집단적 자위권을 행사할 수 있는 헌법 해석을 변경하고, 이듬해에는 국회에서 안보 관련 법안을 통과시켰다.

아베가 최장수 총리 기록을 달성할 수 있었던 요인은 여러 가지가 있겠지만, 거듭되는 선거에서 한 번도 패배하지 않았다는 사실이 중요하다. 2007년 수상이 되어 치른 첫 선거에서 대패하여 정권에서 물러나야만 했던 쓰라린 아픔을 겪은 터라 재차 정권을 탈환한 이후에는 어찌 됐든 모든 선거에서 승리를 거머쥐었다. 아베는 그렇게 정치력과 기반을 강화하며 장기 집권 체제를 더욱 공고히 다져간다.

2014년과 2017년에는 중의원 해산 총선거, 2013년, 2016년, 2019년에는 각각 참의원 선거를 치르며 자민당을 승리로 이끌었다. 그러나 2020년 코로나 팬데믹 발생 이후 일본 정부의 중구난방식 대응과 무력한 방역 체제가 큰 비판을 받고 지지율이 급락하게 되자, 2020년 9월에 지병 재발을 이유로 사임하기에 이른다. 정권 탈환 후 이때까지 이어진 재임 기간만도 2822일에 달한다.

그러나 아베는 지병으로 사임한 것이 거짓말인 것처럼 자민당 내 최대 파벌인 아베파를 직접 이끌며 막후 정치의 실력자로 영향력을 유감없이 발휘한다. 아베가 사망한 날도 자신의 파벌 후보자들의 선거를 돕기 위해 전국 유세를 실시하던 중에 피살된 것이다. 코로나가 진정되고 사태가 일단락된 후, 아베의 3차 재집권이 점쳐지고 있던 가운데 갑작스런 총격으로 사망에 이른 상황이었다.

일본 헌정사 최장수 수상 재임 기록을 달성한 아베의 기록을 다시 살펴보면 지역구는 야마구치 4구로 중의원 당선 10회를 기록했다. 부친은 아베 신타로 전 외상(외무대신), 외조부는 기시 노부스케 전 수상으로 세습의원이다. 1993년 부친의 사망으로 지역구를 물려받아 첫 당선된 후 2022년 7월 사망하기까지 자민당의 가장 영향력 있는 거물 정치인으로 활약했다. 아베에 대한 호오는 차치하고 그가 세운 최장수 총리 기록은 아마도 당분간 깨지기 힘들 것이다.

총체적 난국의 일본 해부 – 정치·행정

지금까지 일본의 정체 이유에 대해 정치와 행정을 중심으로 여러 사례를 들어가며 살펴보았다. 앞에서 소개한 아베 전 수상의 장기 집권으로 인해 일본 사회는 어떻게 변화하였으며, 일본의 고질적인 병폐는 무엇인가를 총괄하며 정치·행정 분야를 마무리하고자 한다.

아베 장기 집권 이후 스가-기시다-이시바-다카이치로 이어지고 있는 자민당은 2025년 10월, 26년간 이어온 자민·공명당 협력의 역사에 종지부를 찍었다. 자민당은 그동안 연립정권을 함께 꾸려온 공명당의 이탈로 생긴 공백을 일본 '유신회'로 대체하면서 정권을 유지하고 있다. 이렇게 연립정권의 파트너가 바뀌고 아베가 피살된 후 아이콘의 상실로 잠시 기세가 꺾인 듯하던 우익의 목소리가, 다카이치 정권의 출범으로 서서히 수위를 높이고 있는 형국이다.

한국은 아베 정권과 각을 세우며 대립(?)했던 문재인 정권에 이어 친일적인 행보로 일본에서 크게 환영을 받았던 윤석열 정권이 들어섰다. 하지만 임기 중간에 탄핵을 당해 조기 대선으로 이재명 정권이 들어서는 역동적인 변화를 겪었다. 그동안 일본은 여전히 예전 그대로 그 얼굴들이 정치를 이끌고 있는데, 다카이치의 등극으로 보수 우익세력의 목소리가 점점 커지고 있는 형세라 하겠다.

나의 소견으로는 그간 드러나지 않고 있던 일본 정치와 행정의 무능력과 무력함의 실체가 여실히 드러난 계기가 다름 아닌 코로나 팬데믹이었다. 그 과정에서 강행 개최한 도쿄 올림픽 또한 큰 문제였다.

먹이사슬처럼 얽힌 기득권 카르텔

영국의 역사학자 액튼 경은 "권력은 부패하는 경향이 있으며, 절대 권력은 절대 부패한다Power tends to corrupt and absolute power corrupts absolutely"라는 격언을 남겨 후세에 널리 회자되고 있다. 작금의 일본 상황은 이 경구가 결코 틀리지 않았음을 증명하고 있다.

집권 자민당은 1955년에 결성되어 현재에 이르렀다. 1993년 호소카와 내각의 반자민 연립정권기와 2009년의 하토야마 유키오 전 수상이 이끌던 민주당에게 정권을 넘겨준 기간을 합쳐 약 5년 반 정도만 야당의 위치에 있었을 뿐이고, 인간으로 치면 환갑을 넘는 세월 동안 집권 여당으로 부동의 위치를 지켜왔다.

즉 자민당 장기 집권 체제가 전후 60년 이상 이어져 왔다는 얘기다. 한국이나 미국처럼 대통령제를 택하고 있는 나라에서는 대개 일정 기간을 주기로 보수와 진보 정권이 교체되는 것에 비해, 일본의 정치는 그야말로 격동이나 변화가 없는 고요한 호숫가의 잔잔한 물결처럼 흐르고 있다. 즉 동적이고 다이내믹한 요소보다는 정적이고 안정적인 성향이 짙은 것이 일본 정치의 특징이다.

나는 2018년에 쓴 《도쿄 30년, 일본 정치를 꿰뚫다》에서 자민당 장기 지배체제의 구조적인 문제 중 하나로 '정-관-업(재계)'으로 이루어진 '철의 삼각형'을 지적한 바가 있다. 이는 '철의 트라이앵글' 또는 '부패의 트라이앵글'이라고도 불린다.

철의 삼각형은 정치와 행정 그리고 기업과의 유착관계를 나타내는 말로서, 자민당 장기 집권에 따른 이 세 부문의 유착구조가 견고히 구축되고 기능하고 있음을 지적하는 용어다. 즉 일본 사회의 기득권 카르텔이 굳건히 형성되고 여전히 기능하고 있다는 사실을 주시해야 한다. 이해를 돕기 위해 덧붙이면 다음과 같은 그림이 된다.

정치가는 지지 표와 정치자금이 필요하다. 행정을 담당하는 공무원은 예산과 인사 그리고 관할 업무를 유지하기 위한 새로운 사업(정책)이 필요하다. 민간 기업(업계)는 비즈니스 찬스와 정부의 보조금 그리고 자신들의 비즈니스에 유리한 환경 조성이 필요하다.

이런 세 부문의 이해관계가 들어맞으면서 서로 돕고 도움을 받는 상부상조의 구조가 형성되고, 그런 과정을 통하여 굳건한 동맹 카르텔이 형성되기에 이른다. 이렇게 한번 맺어진 카르텔은 웬만해서는 와해되지 않는다. 이런 상황에서 신규 진입을 하기란 여간 어려운 일이 아니다. 이는 사회의 역동성이나 다이내믹한 변화를 저해하는 요인으로 작용한다.

자민당 소속 의원은 원내 각종 위원회에 소속되어 정책 결정 과정에 관여하게 되며, 특정 분야의 전문 지식과 경험을 쌓아간다. 따라서 당선 횟수가 늘어날수록 지위도 상승하며 특정 분야의 영향력 있는 정치가로 성장하게 된다. 이런 특정 분야의 전문성을 띠는 정치인을 '족의원族議員'이라 하는데, 예를 들면 농림수산의 '농림족', 후생노동의 '후생족' 국토교통의 '건설족' 등이 대표적이다.

현재 중의원·참의원에는 각 17개 상임위원회가 설치되어 있으며, 의원은 이 중 한 곳에는 소속되어야 한다. 자민당 내에서는 국토교통위원회와 농림수산위원회에 희망자가 쇄도하여 매우 경쟁률이 높다고 알려져 있다. 그만큼 이권과 조직표 획득에 유리한 위원회라 할 수 있다.

다만 고이즈미·아베의 장기 집권기를 거치면서 파벌정치가 쇠퇴하고, 수상관저의 영향력이 증가함에 따라 과거 파벌정치가 성행하던 시절에 비하면 정책 결정 과정에 관여하는 족의원과 자민당의 역할이 상대적으로 축소되기는 했다. 그러나 이들은 여전히 자민당 내에서는 일종의 기득권 세력으로 자리하며 일정한 영향력을 행사한다.

견고한 기득권 구도

중앙부처의 관료는 예산과 법안 성립을 통한 신규 사업(정책)을 전개하기 위해 족의원과 밀접한 유대 관계를 형성하게 된다. 이런 특정 분야에 사업을 전개하는 기업은 중앙부처의 각종 인허가권을 비롯한 관리·감독하에서 원활하게 비즈니스를 해나가기 위해, 정치인에게는 선거 때 이익단체로서의 지지 표를 모아주게 되고, 그 답례로 정치인으로 하여금 법안과 예산 편성의 권한을 이용하여 주무 관청이 기업에 편의를 제공하게끔 유도하는 역할을 기대하게 된다. 물론 평소에는 정치인의 정치자금을 모으기 위한 파티에 열심히 발품을 팔며 눈도장을 찍고 정치헌금을 하는 건 필수다.

관료 또한 인허가권과 보조금 등을 비롯한 주무 관청으로서의 권한을 십분 활용하여 민간 기업에 영향력을 끼칠 수 있으며, 업계와의 원만한 관계를 형성하고 유지함으로써 공직 퇴직 후의 재취업 포스트를 제공받게 된다. 이를 아마쿠다리 天下り라 부른다.

일본 관료제의 특징은, 정치를 서포트하는 본연의 임무와 함께 실질적으로 입법 과정에 음양으로 개입하면서 영향력을 발휘하는데, 이때 업계 이익을 대표하여 입법 과정에 영향력을 끼치는 로비스트의 역할까지 담당한다. 즉 관료는 행정서비스의 제공자임과 동시에 정책 결정 과정에 업계의 이익을 대변하며 영향력을 발휘하는 로비스트 집단이기도 하다. 이렇게 3자 간의 이해가 얽히게 되면 어느 특정한 쪽만이 이득을 보는 것이 아니고, 서로 도움을 주고받으면서 자신들의 이익을 챙기는 구조가 된다.

그런데 이런 메커니즘이 60년이나 지속되어 왔다고 상상해 보자. 그 견고함이 어느 정도일 것이며, 결속력 또한 얼마나 굳건할 것인가? 일본의 비즈니스에서 신규 참여자가 기존 시장을 파고들어 개척하는 일이 엄청나게 어려운 것은 이런 구조와 무관하지 않다.

2009년 민주당이 명실상부한 첫 정권교체를 이루어냈으나 3년 3개월의 단명 정권으로 막을 내렸다. 그 이유는 동일본 대지진이라는 가공할 자연재해와 후쿠시마 원전 사고라는 재앙이 겹친 탓도 크지만, 이런 관료 집단을 비롯한 기득권 카르텔의 저항에 제대로 대응하지 못하고, 이를 능숙히 처리하지 못한 데 있음을 잊어서는 안 된다.

올림픽 개최 강행 이면의 부조리 현상

도쿄 올림픽을 앞둔 어느 날, TBS-TV의 '보도특집'이라는 사회 고발 프로에서 방영한 내용이 충격적이었다. 다름 아닌 도쿄 올림픽 개최를 위한 준비 과정에서 드러난 상식적으로는 이해하기 힘든 실태가 드러났기 때문이다. 이번 올림픽 개최의 주최자인 일본 올림픽위원회JOC에서 근무하는 직원의 내부고발에 의해 밝혀진 내용인데, 올림픽위원회가 거대 광고 대리점과 맺은 계약 내용과 그 실태가 황당함을 넘어 어이가 없는 수준이었다.

예를 들어 조직위는 올림픽 게임이 열리는 경기장의 준비와 운영을 관리하는 업체와 계약을 맺어야 하는데, 현장을 담당하는 업체가 아닌 '광고 대리점'이라는 애매모호한 중간 단체와 계약을 맺는다. 덴츠電通, 하쿠호도博報堂, 파소나 그룹 등으로 대표되는 광고 대리점 또는 인재파견회사 등이 있는데, 현지에서는 이름만 들어도 다 아는 유명 기업들이다.

문제는 정부 사업이나 이번 올림픽위원회처럼 올림픽 관련 각종 이벤트에 발주자와 수주자가 직접 사업 계약을 체결하고 일을 진행하는 것이 아니라, 중간에 대형 광고 대리점이 끼어들어 발주자와 계약을 맺은 후, 이를 다시 현장 사업자에게 하청을 주는 형식으로 진행되고 있는 것이다. 이 과정에서 '나카누키中抜き'라는 '폭리'와 '부조리'가 발생하며, 전술한 기득권 카르텔이 다시 한번 위력을 발휘한다.

나카누키란 원래는 '중간 단계를 없앤다'는 의미로, 물류의 중간단계를 생략하고 생산자와 소비자를 직접 연결하여 중간 마진을 줄임으로써 생산자와 소비자가 이익을 보게 하는 것을 가리키는 말이었지만, 최근에는 이 용법이 오용(?)되어, 중간 '착취' 또는 '착복'과 같은 어감으로도 쓰인다.

복마전 기득권 카르텔과 중간 착취 구조

올림픽위원회가 계약한 광고 대리점과의 계약 내용을 보면, 일반 서민의 상식과는 너무도 다른 세계의 얘기처럼 느껴진다. 예를 들어, 배드민턴 경기가 열리는 경기장의 대회 준비를 맡는 디렉터에게는 일당이 35만 엔으로 책정되고, 대회 준비와 기간까지 합쳐 총 40일간의 비용으로 1,400만 엔이 명시되어 있다.

그 외에도 대회 운영계획 수립 업무를 담당하는 디렉터는 하루 25만 엔, 경기장 운영 업무를 담당하는 운영총괄은 하루 20만 엔에 53일간 계약되어 있다. 금액도 금액이지만 경우에 따라서는 한 사람이 두 가지 업무를 겸하는 경우도 있을 수 있다고 한다. 이 내용은 어디까지나 조직위와 광고 대리점 간의 계약 내용이다.

이 계약을 통해 수주를 받은 광고 대리점은 다시 실질적인 현장 업무를 맡는 업체와 도급을 주며 계약을 맺는다. 실제로 현장 업무를 담당하는 사람들이 수령하는 일당은 얼마가 될 것인가? 일반적인 시세를 생각해 보면 하루 수 만엔 전후가 되지 않을까 싶다.

올림픽 준비와 대회 운영을 담당하는 디렉터가 얼마나 고도의 전문성을 요하는 업무인지는 알 길이 없으나, 하루 일당으로 보기에는 일반 상식과 너무나도 동떨어진 금액이다. 이를 두고 국회에서도 야당 의원의 질의가 있었는데, 마루가와 타마요丸川珠代 올림픽대신은 인건비 외에도 제 경비가 포함된 것으로 이해한다는 식의 궁색한 답변으로 얼버무렸다.

물론 이도 관료가 써준 원고를 그대로 읽었을 뿐이다. 정치가 행정에 의해 움직이는 꼭두각시로 탈바꿈한 장면이자 정부가 이런 기득권 카르텔 구조를 공인해 주는 모양새였다. 또한 내부 고발을 한 직원 증언에 의하면, 올림픽위원회에서 이루어지고 있는 결정과정에 대해서는 직원들에게도 일절 알려지지 않고 있으며, 직원들은 윗선에서 결정된 사항과 업무 지시만을 수행하고 있다고 한다.

즉 고위 관계자들의 밀실 정치로 결정된 중요 사안이 상명하달식으로 전달되고 이를 현장 직원은 로봇처럼 묵묵히 수행하고 있는 상황이다. 이 사안을 기획 취재한 방송국에서는 관계 부처와 조직위에 위와 같은 고액 수당을 받는 계약 내용에 관해 취재를 요청하였다. 한데 올림픽위원회와 민간업자의 계약이므로 정부는 관여할 수 없다는 답변이 돌아왔으며 올림픽위원회는 모두 거절을 했다고 한다.

일본 사회를 좀먹는 병폐

정부는 올림픽위원회와 광고 대리점과의 계약이므로 관여를 할 수 없다고 변명을 하지만, 올림픽을 위해 들어가는 비용 중에서 예산 부족분은 일본 정부와 해당 지자체인 도쿄도에서 지원한다. 당연히 세금이 투입된다. 돈은 주지만 간섭은 하지 않는다는 전형적인 무책임의 논리다.

이는 얼핏 민주적인 것처럼 보이지만 실상은 일본 조직 사회에 뿌리 깊은 아무도 '책임지지 않는 전형적인 책임 회피 구조'이며, 국민의 세금이 여기저기서 밑빠진 독에 물 붓기처럼 새나가는 고질적인 병폐 구조라 지적하지 않을 수 없다.

또한 1990년대 이후 입에 침이 마르도록 외쳐온 개혁의 테마가 '정치 주도'였는데, 이런 부적절하고 부조리한 구조적 문제에 정치가 함구하며 감싸주는 결과를 빚어내고 있는 현실을 보면 '정치 주도'는 공허한 메아리로밖에는 들리지 않는다.

두 번째로는 조직의 의사결정이 일부 고위층에 독점되어 밀실 '담합'으로 이루어지고 있어 투명성과 조직 거버넌스 관점에서 문제가 많다. 주요 결정이 고위직에 의하여 이루어지는 건 수긍한다 할지라도, 조직 내의 거버넌스가 결여된 권위주의적 운영 방식은 시대의 흐름에도 역행한다.

이처럼 조직의 의사결정이 밀실에서 이루어지는 비밀주의 '담합'이 여전히 횡행하며 활개를 치고 있으며, 조직 내외의 복잡한 이해관계는 복마전과도 같다. 이는 비단 행정 분야에 한정된 얘기가 아니라, 민간 부문에도 정년퇴직한 고령자들이 여전히 특정 조직의 주요 포스트를 꿰어 차고 앉아 있는 경우가 많다. 이들의 공통점은 나날이 급변하는 세계 정세와 트렌드에 둔감하며, 과거 일본이 잘나가던 시절에 대한 짙은 향수를 갖고 있다는 것이다. 아직도 '일본 최고'를 외치며

'Japan as No.1'이란 몽환 속에 함몰되어 세상의 변화를 감지하지 못하고 과거의 방식과 관행에 집착한다.

일본이 잃어버린 20년 또는 30년으로 형용되는 장기 불황을 겪고 있는 이유 중의 하나는, 전술한 구태의연한 상명하달의 경직된 조직문화와 투명하지 못한 재무 처리 그리고 번거로운 절차로 신속하게 이루어지지 못하는 의사결정 체계에 있다. 외부 환경의 변화에 둔감하고, 시대에 맞지 않는 조직 논리가 우선시되는 환경과 느슨하고 방만한 재무관리 그리고 구태의연한 관행과 아날로그 방식이 개선되지 않는 구조 속에서 구성원들의 경쟁심과 창의적인 발상을 기대하기 힘들다.

그럼 어째서 위와 같은 비합리적인 방식이 여전히 통용되는 것일까. 여기에는 일본 사회의 폐쇄성과 불신이 저변에 깔려 있기 때문이다.

정부와 실제 업무 담당 업체가 직접 계약을 맺지 않고, 그 사이에 이런 대형 광고 대리점과 같은 중간 업체가 끼어들어 정부 또는 지자체와 일선 업체를 중개하는 역할을 하는 구조가 만연해 있다. 이런 방식을 선택하는 이유에 대해 '기업의 실적이 탄탄하므로' '오랜 경험과 실적을 통해 신뢰할 수 있으므로'라고 한다. 그러나 그 실적이라는 것도 알고 보면 서로 짬짜미로 만들어온 것이며, 신뢰할 수 있다는 것 역시 그러하다.

이러다 보니 능력이나 열정이 있어도 이런 기득권 체제 속에서 실적과 신뢰를 구축하지 못한 신생기업이나 약소·중소기업은 정부나 지자체와 같은 공적 기관과 직접 계약을 맺고 비즈니스를 하기 힘든 구조이다. 이렇게 국민의 세금으로 운용되는 대형 사업에 대형 광고 대리점과 같은 중간 업체가 끼어들어 조정하는 절차를 거치기에 당연히 업무 진척도 늦어질 뿐 아니라, 무엇보다도 공금이 적절하고 투명하게 운용되지 않고 있다는 의혹만 불거진다. 재주는 곰이 부리고 이익은 여우가 챙겨가는 구조이다.

비합리적인 구조 이면의 정치와 행정 그리고 기득권 업계와의 유착 관계를 의심하지 않을 수 없다. 이런 구조를 용인하고 활용하는 정부는 결과적으로 실적과 경험이 부족하다는 이유로 중소기업이나 일선 현장 기업에 대한 불신을 조장하고 있는 셈이다. 이런 구조는 동일본 대지진 이후의 재난복구 사업에서도 여실히 드러나고 있다. 정부는 도쿄에 본사를 두고 있는 제네콘이라 불리는 대형 건설회사와 계약을 맺어 발주를 하고, 제네콘은 다시 현지의 중소 건설업자나 자영업자에서 도급에 하도급을 주어 현장 업무를 맡기는 구조이다.

제네콘이라는 대형 건설업자들은 중간에 앉아서 수익을 챙기고 있고, 현장에서 구슬땀을 흘리며 실질적인 업무를 담당하는 업자는 중간 단체가 먹고 남은 떡고물에 만족해야 한다. 이러한 구조적 병폐가 개선되지 않는 한, 국민의 혈세가 비효율적이며 비합리적인 구조로 인해 낭비되는 일을 막을 길이 없다. 더욱 심각한 것은 이런 카르텔 구조로 중간에서 과거의 명성과 실적만으로 쉽게 부를 축적하게 되는 기득권 세력만 더욱 비대해지는 결과가 되어 사회의 부익부 빈익빈 현상이 심화된다는 것이다.

아베 정권의 유산

2020년 9월 16일, 갑작스러운 사임 촌극을 벌이며 수상직을 물러난 아베 신조 전 총리. 7년 8개월간의 집권은 일본 정치사에 획을 긋는 역사가 되었지만, 그동안의 일본이 어떠했는가를 되돌아보면 회의적일 수밖에 없다.

허울 좋은 아베노믹스는 대기업에겐 유리하게 작용한 측면도 있지만, 중소기업이나 서민들 실생활이 여전히 곤궁하기는 마찬가지고, 과거 아시아 유일의 선진국이라는 영화는 온데간데없고 '저임금'과 '저소득'에 허리띠를 졸라매며 만족해야 하는 실정이다. 아베 정권이 남긴 유산 가운데 무엇보다 심각한 것이 이제까지 전술한 기득권 카르텔의 고착화가 한층 심화되었다는 점이며, 관료조직과 사회 저변에 확대된 도덕적 해이를 꼽을 수 있다.

이런 아베의 장기 집권을 한층 냉정하고 엄격하게 평가하는 사람이 있다. 시라이 사토시白井聡라는 정치학자인데, 아베 정권에 대한 그의 평가를 소개한다*.

> (…)이런 정권이 성립하게 된 것, 그리고 하필이면 그게 일본 헌정 사상 최장수 정권이 되어버린 것, 이런 사실이 환기해 주는 것은 치욕과 슬픔 같은 감각이다. 이 정권이 계속 이어질 수 있었던 것은 선거에서 계속 이겼기 때문이다. 아베의 사의 표명 직전의 여론조사가 보여주는 지지율은 30%를 넘었으며, 이 숫자는 극단적으로 적은 것이 아니다. 이를 크게 밑도는 정권은 한 손으로는 셀 수 없을

---

* 시라이 사토시白井聡, 《주권자가 없는 나라主権者のいない国》, 고단사講談社, 2021년, 18~20쪽.

정도로 있었다. 요컨대, 많은 일본인이 아베 정권을 지지해 온 셈이다.

이런 사실이 내게는 견디기 어려운 고통이었다. 왜냐하면, 이런 지지자들이 나와 같은 일본인, 동포이기 때문이다. 이런 느낌은 다른 정권의 집정기에는 미처 느끼지 못했던 감정이다. 때때로 정권에 불만을 느끼고, "나는 지지하지 않는다"라고 느낄 때도, 그 지지자들에게 혐오감을 느끼는 일은 없었다. 그러나 이 7년 남짓한 시간에 맛본 감각은 전혀 다른 것이었다.

셀 수 없이 많은 이웃이 아베 정권을 지지하고 있다는 사실, 나로서는 단순히 정치적으로 지지할 수 없다는 것이 아니라, 나 자신의 가치관과 윤리를 기준으로 절대로 허용할 수 없는 것을, 많은 이웃이 지지하고 있다는 사실은 저온으로 화상을 입는 것처럼 서서히 드높아지는 불쾌감을 계속 안겨주었다. 이웃(적어도 30%)에게 경의를 갖고 살 수가 없다는 사실은 얼마나 불행한 일인가, 이런 일을 7년여 동안 나는 지겨울 정도로 뼈저리게 느꼈다.

'공정'과 '정의'의 파괴

아베 정권이 왜 허용될 수 없는가? 허용해서는 안 되는 권력인가? 이런저런 정책이 문제가 아니다. 정책이 때로 효과를 보지 못하는 것은 어쩔 수 없는 일이다.

물론 여러 곳에서 지적되어 온 것처럼, 아베 정권은 장기 안정 정권에도 불구하고 제대로 된 성과 하나 이루지 못하고 거의 모든 정책이 실패로 끝나버렸다.

그러나 진짜 문제는 이런 실정을 계속하고 있음에도 그걸 마치 성공하고 있는 것처럼 외관을 포장하고 꾸며대는 것이다. 거짓 위에 거짓을 덧칠하는 것이 이 정권의 본업이었으며, 그 결과 '공정'이나 '정의'와 같은 사회의 건전성을 유지하기 위해 불가결한 이념을 갈기갈기 파괴해 버린 것이 문제다. 따라서 이 정권의 존재 그 자체가 인간성에 대한 모욕이었다.

개혁이 목적이 되어서는 안 되는 이유 — 제도 운용의 중요성

과거 일본의 전후 복구와 부흥 그리고 선진국으로 도입하는 과정에서 일본의 관료는 중추적인 역할을 해왔으며, 이에 대한 평가 또한 높았다. 그러나 상대적으로 정치의 역할이 축소되었으며, '관료 국가'라는 불명예를 안겨주는 아이러니도 병존했다. 결국 1990년대 들어 버블이 붕괴하고, 장기 불황의 긴 터널 속으로 빠져들면서 정치권에서는 '정치 주도'를 슬로건으로 내걸며 개혁을 요구하는 목소리가 드높아졌다.

그런 시대의 요구에 부응하는 형태로 1994년의 중선거구제에서 소선거구제로 선거제도를 바꾼 것을 시작으로, 2000년의 지방분권 일괄법* 시행, 2001년의 '중앙성청(부처) 개혁'

---

* 정식으로는 '지방분권 추진을 도모하기 위한 관계 법률 정비 등에 관한 법률'로서 지방자치법을 중심으로 지방분권에 관한 법규 규정 개정에 관한 법률을 뜻한다. 이를 통상 '지방분권 일괄법'이라 부른다. 그러나 이 명칭은 독자법이 아니고 475개 법률에 관한 개정 또는 폐지가 규정되어 있다.

등이 이어진다. 중앙성청 개혁은 당시 1부 22성청이었던 중앙부처를 1부 12성청으로 통폐합·축소하면서 내각부의 기능을 강화하여 수상관저의 영향력을 확대하는 것이 골자다.

또한 과거 대신과 정무차관뿐이던 정치 임명직을 대신-부대신-정무관으로 확대하여 행정에 대한 정치권 주도의 역할 강화를 꾀했다. 이런 개혁 이후 고이즈미 정권 때는 수상관저 기능이 한층 강화되어 관저 정치가 힘을 발휘하게 된다. 그 후 고위직 국가공무원 인사를 수상관저에서 일괄 통제하며 관리하는 공무원 개혁이 결실을 이루어 2014년 '내각인사국'이 설치되었다.

이런 국가공무원 제도 개혁은 과거 하시모토 정권 때부터 논의·검토되어 왔는데, 아베 정권 때 비로소 완료되었다. 내각인사국은 관방부장관이 인사국장직을 맡아 중앙부처 심의관급 이상의 고위직 관료 약 600명의 인사를 총괄하게 된다. 그전까지는 각 부처별로 내부의 논리를 통한 인사가 이루어져 왔다. 최종 인사권자는 각 부처의 대신이지만, 이는 형식적인 날인 서명을 하는 것에 불과하고, 부처 내 관료들에 의한 연공서열과 내부 조직 원리가 작동한 인사가 이루어지는 것이 관행이었다.

관료조직에서 대신(장관)은 지나가는 '과객'이나 다름없었다. 그러나 이런 인사를 어느 날 아침부터는 수상관저에서 총괄 관리하게 되는데 그 기관이 다름 아닌 내각인사국이다. 이 개혁의 파급효과가 어떠했을지는 쉬이 상상이 된다. 출세 따위는 염두에 두지 않고 오로지 '모든 공무원은 (국민)전체의 봉사자'라는 헌법 정신을 금과옥조로 공무에 임하는 공무원

에게는 상관없겠지만, 입신출세를 꿈꾸는 간부 공무원에게는
자신의 처신이 어떠해야 하는지 불문가지다. 즉 출세를 지향
하는 고위 공무원은 촉각을 수상관저를 향해 세우게 된다.

이렇게 고위 공무원을 정치권에서 총괄 관리하는 것 자체
가 잘못되었다는 것이 아니다. 제도의 취지는 분명 합리적인
면이 있다. 문제는 이런 제도를 정치 권력이 인사권이라는 강
력한 카드를 쥐고, 자의적이며 독선적으로 '발탁 인사'와 '좌
천 인사'를 반복함으로써 행정을 정치에 예속시켰다는 것이
다. 결국 관료의 정치화를 유도하는 문제가 발생하게 된다.

폭주하는 정치와 이에 영합하는 행정

정치와 행정의 바람직한 관계는 오랜 시간 논쟁이 있어온
주제이며 명쾌한 결론을 내기 어렵지만, 공무원 조직의 효율적
인 운용이 정권의 성공과 실패를 좌우할 수 있는 중요한 과제
임은 틀림없다. 과거 2009년에 정권교체를 이루고 관료제의
대개혁을 예고했던 민주당은 결국 관료조직의 거센 저항에
부딪혀 개혁은커녕, 정권에서 물러나는 쓴맛을 봐야 했다.

관료조직을 적대시하고 얕잡아 본 것이 치명적이었다. 간
나오토 당시 수상은 관료를 지적하여 '도둑'이라고 공개로 비
난을 했는데, 이는 관료조직을 이끄는 행정부의 수장이자 일
국의 리더로서 아마추어리즘을 적나라하게 드러낸 어리석은
언행이었다. 정치와 행정은 적절한 긴장 관계를 유지하는 것
이 바람직하다. 정치가의 리더십과 행정 관료의 전문성이 결
합되어 나라와 국민을 위한 유익한 정책 수립과 시행이 있을
때 정권의 지지율도 높아지고 정권 운영도 안정된다.

190

정치가 일방적으로 관료조직의 복종을 강요하게 되면, 당연히 비정상적인 편법과 부조리가 고개를 쳐들게 되고, 정치와 행정의 관계는 비효율적으로 기능하게 되며 안정감을 잃는다. 관료는 정치에 대해 면종복배面從腹背의 태도를 취하며, 경우에 따라서는 정보 은폐, 보고 누락, 업무 태만 등의 저항을 하면서 관료조직의 권한을 최대한 활용하여 자신의 보신을 꾀하게 된다.

이러한 정치와 행정의 일그러진 관계에서 나타나는 현상이 다름 아닌 관료제의 정치에 대한 '손타쿠' 즉 촌탁 행위다. 촌탁의 사전적 의미는 '남의 마음을 미루어서 헤아림'이다. 이는 상급자의 구체적인 지시나 언질이 없더라도 하급자가 미리 알아서 상급자에게 유리하고 이익이 되는 행위를 하는 경우를 가리킨다.

일반 조직사회에서도 흔히 볼 수 있는 풍경이겠지만, 이런 행위가 공정과 공평을 모토로 하는 행정업무에 적용이 된다면, 문제가 다르다. 아베 장기 집권 기간 중 일본 사회에 유난히 많이 회자된 단어가 바로 손타쿠 즉 촌탁이었다. 아베 정권을 위기에 몰아넣은 각종 스캔들과 의혹의 이면에는 관료조직의 이런 촌탁 행위가 곳곳에서 드러났다. 모리토모 학원 부지 헐값 불하 문제를 시작으로 카케 학원加計学園 수의학부 창설을 둘러싼 특혜 의혹, '사쿠라를 보는 모임桜を見る会'에 부당하게 쓰인 공금과 공직선거법 위반 의혹 등등 아베 전 수상을 둘러싼 각종 의혹이 불거졌지만 본인은 모든 의혹을 부인하고 인정하지 않았다.

또한 이를 처리하는 과정에서 드러난 공문서 폐기와 위조 등 정상적인 국가의 행정조직이라면 일어날 수도, 일어나서도 안 되는 일들이 이어졌다. 앞에서도 언급한 '절대 권력은 절대 부패한다'는 격언을 떠올리지 않을 수 없다. 강력한 권한을 갖는 일국의 리더가 자신을 둘러싼 각종 의혹에 대해 요리조리 발뺌을 하며 법망을 빠져나갈 수 있었던 것도 이런 촌탁 행위가 있었기에 가능했다는 사실은 아이러니다.

국회에서 야당 의원의 추궁에도 비아냥거리는 듯한 태도로 일관하며 책임을 회피해 가는 리더의 모습을 보며 사회 구성원들은 어떤 생각을 하게 될까? 관료 집단과 정치가들이 뻔한 거짓말을 태연자약하게 늘어놓고 있는 모습을 보며 사회 전체의 도덕적 해이가 가속화되고 웬만한 부조리와 불합리에도 그를 허용하는 사회적 타락 현상을 부추긴 것이 아베 장기정권 최대의 유산이 되었다. 물론 자랑스러운 유산이 아닌 부負의 유산임은 두말할 필요가 없다.

자민당의 위기가 곧 정권교체로 이어진다?

그렇다고 해서 금방이라도 정권교체 같은 획기적인 역사가 쓰일 것이라는 기대는 금물이다. 왜냐하면 첫째로 자민당의 지지율이 하락하고 있는 것은 사실이지만, 이토록 아베-스가 정권이 코로나 대응에 무능하고 민심을 거스르면서까지 올림픽 강행을 고수하는 독선적인 정치 행보를 보이고 있음에도 30%대를 넘는 콘크리트 지지층이 있다는 사실을 잊어서는 안 된다.

최근 10년 사이 치러진 국정선거의 데이터를 보게 되면, 자민당은 중의원·참의원 선거를 통하여 통상 30%대의 지지율을 확보하여 선거에서 승리하고 있음을 간과할 수 없다. 아베 정권 기간 중에 치러진 중·참의원 선거의 결과를 보면, 모두 아베 자민당의 대승 내지는 승리로 귀결되었다. 각종 선거에서 자민당이 획득한 득표는 전 유권자를 기준으로 한 '절대 득표율'로 보면 중·참의원의 지역구 득표율은 20%대이고, 비례대표는 10%대에 머물고 있다.

좀 더 구체적인 절대 득표율을 보면 2013년 참의원 선거 21.8%, 2014년 중의원 선거 24.5%, 2016년 참의원 선거 21.8%, 2017년 중의원 선거 25.0%, 2019년 참의원 선거 18,9%를 기록하고 있다. 여기에 비례대표 절대 득표율을 보게 되면, 순서대로 17.7%, 17.0%, 18.9%, 17.5%, 16.7%로 전부 10%대를 나타내고 있음을 알 수 있다.

위의 절대 득표율에서 알 수 있듯이 결코 자민당이 국민의 절대적 지지에 힘입어 60년 이상 장기 집권하고 있는 것이 아니라는 사실이 확연히 드러난다. 지역구의 절대 득표율은 한결같이 20%대를 나타내고 있으며, 비례대표의 경우는 전부 10%대의 지지를 받았음에도 절대 1강 구도를 형성하고 있다는 사실을 눈여겨봐야 한다.

결국 자민당의 장기 집권 체제를 들여다보면, 유권자의 4분의 1 정도의 지지를 기반으로 형성되고 유지되고 있음이 드러난다. 이런 데이터에 기초하여 향후 선거를 예상해 본다면, 현재 자민당의 승리 기반인 30%대 지지율을 유지하고 있다는 점과 자민당의 콘크리트 지지층의 비율이 다소의 변동은 있지만, 부동의 30%대를 변함없이 유지하고 있다는 사실을 직시해야 한다.

즉 이번 선거도 유권자의 정치에 대한 무한한 관심 폭발이 급증하거나, 자민당 정권에 대한 실망이 분노로 이어져 우리도 '도저히 못 살겠다. 한번 갈아보자'라는 전 국민적 연대가 형성되어 투표율이 70%에 육박하는 기이한(?) 현상이 일어나지 않는 한, 자민당 승리의 구도는 변함이 없을 것이다.

두 번째로 제도적인 문제점을 지적하지 않을 수 없다. 일본의 하원에 해당하는 중의원의 경우, 1994년의 개혁으로 중선거구제에서 소선거구제 비례대표 병립제로 바뀌었다. 소선거구제를 채택한 이유로는 양당제를 정착시키고 안정적인 정권교체 등을 이루어내면서 민주주의를 한 단계 업그레이드하기 위함이었다.

그러나 선거제도 개혁 후, 30년 가까운 시간이 되었으나 정권교체가 일어난 것은 2009년 한 번뿐이며, 오히려 자민당 일당 지배체제를 더욱 공고히 하는 예기치 못한 결과를 가져왔다. 이는 소선거구제가 갖는 최대 과제인 사표死票가 대량으로 발생하고 그 사표는 아무런 정치적 가치를 갖지 못하는 제도적 모순에 기인한다. 이는 자민당이 득표율에 비해 과도하게 많은 의석을 차지하게 되는 결과를 낳고 있다.

예를 들어 소선거구제로 치러진 2005년의 중의원 선거에서 자민당의 득표율은 48%인데 의석수는 73%를 차지하였으며, 2009년의 민주당은 47% 득표율에 73%의 의석수, 2012년의 자민당은 43%의 득표율로 79%의 의석수를 차지했으며, 2014년의 자민당이 48% 득표율로 76%의 의석수를 차지했다. 이처럼 득표율과 의석수의 비율이 불일치하는 결과를 매번 만들어내고 있는 것이다. 따라서 여당인 자민당으로서는 입후보자가 과반수의 득표에 성공하지 못하더라도, 야권 상대 후보보다 1표라도 더 얻게 되면 당선이 되기에 선거 전략을 세우기도 수월한 이점이 있다.

세 번째로 야권 분열로 인한 어부지리 당선이 자민당을 구제하는 구도를 지적할 수 있다. 예를 들어 2017년 10월에 실시된 중의원 선거에서 자민당은 289선거구에서 2,672만 표를 획득하여 득표율은 48%였으나 의석수는 75%에 해당하는 218석을 차지했다.

이처럼 지역구 1석을 다투는 소선거구제에서는 제1당이 득표율에 비해 획득하는 의석수 비율이 커지는 경향이 있으며, 이런 제도적 특혜를 본 자민당이 대승을 거두었다. 야당이 분열하지 않고 연합을 하여 후보 단일화를 하였다면 선거 결과는 크게 달라졌을 것이다. 이번 선거에서 '야권 분열'지역구는 289개 선거구의 78%에 달하는 226개였다.

이 야권 분열 지역구의 결과는 여당 183승, 야당 43승으로 자민당이 압승을 거두었다. '야권 공조'로 맞붙은 57개 지역구에서는 여당 39승에, 야당 18승으로 야당이 선전하고 있음을 알 수 있다. 전술한 야권 분열 지역구에서 만일 야권의 연합이 이루어졌다는 가정하의 득표율을 보면, 자민당이 승리한 183개 지역구의 3할이 넘는 63개 지역구에서 야권이 승리하는 것으로 나타났다.

각종 여론조사를 보더라도 자민당 지지율은 언제나 30%대를 유지하고 있으나 제1야당인 입헌민주당을 비롯한 모든 야당은 지지율이 한 자릿수를 극복하지 못하고 있다. 절대적 우위의 자민당과 그 외 군소 야당들로 이루어진 정치지형에서 펼쳐지는 선거는 야권의 대동단결이 전제되지 않는 한, 애초부터 싸움이 되지 않는 형국이다. 지지하는 정당이 없다는 무당파가 40%대를 차지하는 가운데, 야권이 이런 무당파 유권자들의 표심을 끌어모으고 대동단결하지 않고서는 자민당을 이길 수가 없는 선거제도이며 정치지형인 점을 눈여겨보아야 한다.

마지막으로 유권자 즉 국민의 낮은 투표율과 정치에 대한 무관심을 지적하지 않을 수 없다. 아베 장기 집권하의 투표율을 보도록 하자. 우선 아베 자민당이 민주당으로부터 정권을 탈환한 2012년 중의원 선거는 59.32%의 투표율을, 2013년 자민당이 대승을 거둔 참의원 선거는 52.61%, 2014년 자민당이 압승한 중의원 선거는 52.66%, 자민당을 중심으로 개헌 세력이 3분의 2만큼의 의석을 확보한 2016년의 참의원 선거는 54.70%의 투표율을 기록했다. 참고로 이 선거부터 투표 연령이 20세에서 18세로 낮춰져 적용되었다.

자민당과 연립정권을 꾸린 공명당과 함께 의석수의 3분의 2를 넘는 대승을 거둔 2017년의 중의원 선거가 53.68%, 아베 정권 마지막 선거로 개헌을 위한 3분의 2 의석 확보에 실패한 2019년의 참의원 선거가 48.80%의 투표율을 기록했다. 참고로 이 투표율은 전후 두 번째로 낮은 투표율이었다. 이처럼 아베 장기 정권을 가능하게 한 각종 선거의 투표율을 보면, 거의가 50%를 조금 넘는 낮은 투표율을 보이고 있음을 알 수 있다.

혹자는 일본 국민의 생활이 사회적 이슈에 민감하지 않아도 될 정도로 안정적이고 불만이 없기에 투표율이 낮다고 하는 주장을 펼치기도 하지만, 과연 그럴까?

일본 유권자들의 투표율이 아베 장기 집권 기간을 거치며 낮아진 것이 사실이다. 실제로 전후 국정선거의 투표율은 쇼와 시대에는 중의원이 70%대 중반의 투표율을 보였으며, 헤이세이에 들어서는 모든 선거가 60%대의 투표율로 내려갔다.

이런 현상은 참의원 선거도 마찬가지였다. 쇼와 시대에는 70%와 60%대의 투표율을 보였으나, 헤이세이 시대로 접어들면서는 50%대 또는 그 이하의 저조한 투표율을 보이고 있다.

앞에서도 살펴본 대로 아베 집권 중에는 모리카케 학원 문제 등을 비롯한 자신을 포함한 측근과 주변의 스캔들이 끊이질 않았다. 그때마다 지지율이 요동 치곤했지만, 그럼에도 선거에서는 이긴다. 비록 압승은 아니더라도 패하지도 않는다. 이로 인해 야권이 얼마나 무능하며 무력한 세력인가를 새삼 국민들에게 각인시키는 결과를 만들어냈다.

일본 속담에 '이기면 관군이고 지면 적군勝てば官軍, 負ければ賊軍'이란 말이 있다. '무엇이든 강한 자 또는 최종적으로 이긴 자가 곧 정의'라는 의미이다. 실제 도리道理와는 관계없이 승패에서 이긴 자가 정의를 얻게 된다는 것이다. 흔히 스포츠에서 '게임에는 이겼는데 승부에서 졌다'고 하며 패배를 아쉬워하고 위로하는 소위 '졌잘싸'의 경우가 있는데, 정치의 세계에서 이런 허무한 감상주의는 통하지 않는다.

더구나 소선거구제에서 2등은 아무런 의미가 없다. 실제로 아베가 이끄는 자민당은 각종 대형 스캔들에도 불구하고 선거에서 연전연승함으로써 스캔들에 대한 '면죄부'를 얻어 기사회생함과 동시에 야권의 전력을 약화시켜, 유권자에게 무능하고 무력한 야당으로 각인시키는 효과를 보았다. 이는

정치적 무관심과 투표율 저하로 이어져 아베 정권은 일석삼
조의 효과를 보았지만, 결국 일본 민주주의의 퇴보로 이어지
게 된다.

아무튼 헤이세이 시대는 모두 잘 알고 있듯이, 일본 경제의
버블이 붕괴되고 잃어버린 20년 또는 30년이라 형용되는 장기
불황을 겪는 시기이기도 하다. 이런 경제적 배경과 사회적 변화
가 투표율에 영향을 끼친 것은 아닌가 싶다. 따라서 일본 국민
의 생활이 안정적이고 현실에 만족하기에 정치 참여가 소극적
이고 투표율이 낮다는 주장은 설득력이 없다.

한 가지 특기할 만한 점은 2009년 하토야마 유키오 대표
가 이끌던 민주당이 자민당에 압승을 거두며 명실상부한 첫
정권교체를 이뤄낸 선거의 투표율이 69.28%로 거의 70%에
육박하는 높은 수치를 보였다는 점이다. 그 이전 대부분의 국
정선거 투표율이 50%대에 머물고 있던 점을 감안하면, 2009
년의 정권교체는 높은 투표율과 함께 민주당에 대한 유권자
의 기대가 매우 컸음을 짐작할 수 있다.

유권자 아니 주권자로서 가장 기본적인 참정권 행사의 하
나인 투표율이 낮은 것이 앞서 소개한 것처럼 일본 국민의 생
활이 안정적이고 사회적 불만 요소가 적으며 만족감을 느끼
기에 정치적·사회적 이슈에 민감하지 않다는 주장에 동의하
지 않는다.

오히려 나는 일본 사회의 동력 상실과 주권자로서의 자각
이 부족한 것이 가장 큰 원인이라 생각한다. 여기에는 정치와
권력을 자신과 동일선상에 놓고 비판과 감시 그리고 협조와
지지를 하기보다는, 정치와 권력을 '타자화'하며 '계급화'로

받아들이는 사회적 아비투스와 오마카세 민주주의가 만연한 탓이 크다.

일본 근대화의 상징인 메이지 유신을 설계하고 주도하며 일본 개혁을 위해 동분서주한 사카모토 료마坂本龍馬는 누이에게 쓴 편지에 '일본을 지금 한번 세탁해야 한다'며 개혁 의지를 불태웠다고 한다. 만일 사카모토 료마가 지금 살아 있다면, "지금이야말로 일본을 다시 한번 세탁해야 한다"라고 대성일갈하고 있을 것 같다.

2025년 참의원 선거를 통해 본 일본 정치의 현재와 전망

선거 결과와 곤경에 처한 자민당 정치

한여름 폭염이 이어지는 2025년 7월 20일 일요일 일본에서는 참의원 선거가 치러졌다. 2024년 10월의 중의원 선거에서 패배하며 자민당과 공명당의 연립정권은 과반수 획득에 실패한다. 이후 2025년 6월에 실시된 도쿄도 의회 선거에서도 기존의 의석수를 잃는 패배를 한 이시바 자민당에게 이 참의원 선거는 정권의 사활이 걸린 중요한 선거였다.

그러나 결과는 자민당이 52석에서 13석을 잃은 39석을 얻는 데 그쳤고, 연립정권을 꾸리고 있는 공명당도 14석에서 6석을 잃은 8석에 그쳤다. 이로 인해 자민·공명 연립정권은 참의원의 과반수인 125석에서 3석이 모자라는 122석에 머무는 참패를 했다.

이는 2024년 10월의 중의원 선거에서의 대패와 2025년 6월

의 도쿄도 의회 선거의 패배에 이은 선거전 3연패라는 치명
적인 결과였다. 더불어 이시바 정권은 자민당 탄생 이래 처음
으로 중의원과 참의원 양원 모두에서 과반수를 차지하지 못
하는 절대 여소야대의 매우 불리한 입장의 정국을 맞이하게
되었다.

자민당이 근래 보기 드문 선거전 연패라는 기록과 함께 중·
참 양원에서 과반수 획득에 실패하게 된 원인은 무엇인가 살
펴보도록 하자.

우선은 자민당 내의 정치자금을 둘러싼 문제와 특정 종교
와의 유착 의혹에 대한 미온적인 대처로 정치 불신의 골을 깊
게 한 것이 하나의 원인이다. 이는 작년의 중의원 선거의 패
배에도 결정적인 영향을 끼친 요인이었는데, 그로부터 쇄신
을 하거나 크게 어필할 수 있는 개선이 이루어진 것이 없었다
는 점이 자민당 정치에 대한 불신의 골을 깊게 했다. 이는 비
단 이시바 정권만의 과오라기보다는 이전부터 누적되어 온
자민당 정치에 대한 불신과 실망이 중도층과 보수층의 이탈
을 가속화시킨 결과로 보여진다.

두 번째로는 소비자물가 상승과 함께 경기부양이 제대로
이루어지지 않고 있는 상태에서 쌀값 파동과 같은 정부의 정
책 미스로 국민의 생활고를 강요했다는 점에서 정부에 대한
평가는 당연히 최악의 상태였다. 이런 상황에서 획기적인 개
선책은 물론이고, 무언가 새로운 기대를 걸 만한 참신한 정책
이나 공약이 없었다는 것이 패배의 원인으로 보인다.

증세와 사회보장비 등의 증가로 국민의 부담은 커지는 가
운데, 자민당은 여전히 소비세 10% 유지를 내세우며 서민경

제의 부담을 경감하는 정책을 실현하지 못했다. 그러한 공약이 미비했음이 무엇보다 치명적인 실책이었다. 한 예로 2000년 무렵에는 35%였던 국민부담률이 현재는 46%까지 증가한 상태에서 이를 경감하는 조치가 이루어지지 않았다. 임금인상은커녕 소비자물가만 상승하는 상황에서 감세를 비롯한 서민경제의 부담을 경감할 수 있는 정책이나 공약이 미비했다는 점이 자민당의 결정적인 패인이었다.

세 번째로는 기성 정치에 대한 유권자들의 실망과 불신이 표심으로 드러난 선거였기 때문이다. 자민·공명당의 연립정권뿐만 아니라 (제1야당인 입헌민주당은 그나마 선전하여 의석수를 잃지 않고 유지했지만) 공산당 같은 기성정당도 똑같이 의석수를 잃게(7→3) 된 선거 결과를 보면 알 수 있다.

헤이세이 30년의 불황을 지나 레이와로 연호가 바뀌어 7년이 되어도 서민경제나 실생활은 좋아지거나 향상되었다는 느낌이 없다. 이런 지경까지 이르게 한 것은 다름 아닌 기존의 정치 탓이라는 국민적 불만이 기성정당에 대한 불신으로 이어진 선거였다.

극우세력의 약진

이렇게 자민·공명당, 입헌민주당, 공산당 등의 기성정당에 엄중한 심판이 내려진 반면, 이번 선거에서 보수와 극우정당의 약진이 두드러졌다. 자민당과는 달리 국민경제에 명확한 비전을 제시해 오고 있는 국민민주당은 기존의 4석에서 13석을 더한 17석을 확보하는 약진을 보였다. 또한 오사카를 중심으로 한 관서지역 정당이라는 한계를 갖고 있던 유신회도 1석을 늘린 7석으로 선방을 했다.

무엇보다도 가장 눈에 띄는 약진을 한 것은 극우적 발언과 정책을 내걸면서 선풍을 일으킨 참정당이었다. 참정당은 기존의 1석에서 13석을 늘리며 14석을 차지했다. 이는 국민민주당과 함께 13석의 의석을 늘린 것이지만, 국민민주당이 기존의 전체 9석에서 22석이 된 것에 비해, 참정당은 기존의 2석에서 전체 15석이 된 것으로 그 증가폭이 훨씬 큰 것과 함께, 참의원 의원입법 발의에 필요한 10석 이상(예산을 수반하는 법률안의 경우는 20인 이상의 찬성이 필요)을 차지하였다는 것이 큰 의미를 갖는다.

이번 선거는 지난 2022년의 참의원 선거보다 6.46%가 증가한 58.51%의 투표율을 기록했다. 참의원 선거의 투표율이 50%대 후반을 기록한 것은 민주당 정권하에서 실시된 2010년 선거 후 처음이다. 이번 선거에서 약진을 한 국민민주당과 참정당의 연령별 득표율을 보면, 10대에서는 각각 24%의 득표율을 기록하고 있으며, 20대에서는 국민민주당이 26%, 참정당이 24%의 득표율을 기록했다. 참고로 자민당은 10대 12%, 20대 11%에 머물고 있어, 두 정당의 절반에도 미치지 못하고 있다.

10대와 20대에서 국민민주당과 참정당이 가장 많은 득표를 하며 이를 바탕으로 의석수를 늘리는 데 크게 기여했음을 알 수 있다. 30대는 국민민주당이 18%, 참정당이 23%를 기록했으며, 40대는 국민민주당 13%, 참정당 19%의 득표율을 기록했다. 참고로 자민당은 30대 12%, 40대 16%로 두 정당에게 선두를 내주고 있지만, 50대의 득표율 20%를 시작으로

60대 27%, 70대 35%, 80세 이상 45%로 50대부터 가장 많은 득표율을 기록하고 있다. 연령대별 투표율로 보더라도 자민당의 실버 데모크라시* 의존도가 명확히 드러난다. 40대까지의 젊은 층에게는 자민당의 정치가 외면당하고 있음을 알 수 있다.

국민민주당과 참정당의 약진

이번 선거에서 가장 두드러진 약진을 한 국민민주당과 참정당이 강조한 주요 쟁점은, 첫 번째로 자민당 정치에 의한 경제의 실패였다. 두 정당은 유세에서 자민당의 경제정책의 실패를 크게 비난하면서, 정책 전환을 호소하며 선거전을 치렀다. 버블 붕괴 후 경제침체가 이어진 잃어버린 30년의 책임을 자민·공명 양당에게 물으며 경제정책의 전환을 역설한 것이다.

다마키 유이치로玉木雄一郎 국민민주당 대표는 유세 연설에서 "30년간 늘어나지 않는 파이를 쟁탈해 왔다. 이제부터는 파이를 크게 해야 한다"고 강조하면서 소득세 공제액을 늘려서 소득세를 감세하여 실질적인 '세후 수입을 늘려야 한다'고 강조했다. 또한 법인세 감세에 의한 투자 확대, 교육 국채발

---

* '실버 데모크라시silver democracy'는 저출산·고령화가 진행되는 가운데, 고령자 유권자가 다수를 점하여 정치에 영향력이 증가하는 현상을 뜻한다. 이는 고령자는 투표율이 높은 것에 비해 젊은 층의 낮은 투표율로 인해 정치가 고령자 우선의 정책을 펼치는 원인이 된다. 그로 인해 젊은 층이나 중년층의 의견이 정치에 반영되기 힘들며, 세대간 불공평이 확대된다. 또한 사회보장 비용의 증가 등으로 젊은 세대의 부담이 증가한다.

행을 통한 교육·과학기술 예산의 확충을 통하여 높은 경제성장을 이룰 수 있다는 점 등을 강조했다.

한편 참정당 가미야 소헤이神谷宗幣 대표도 자민·공명의 경제정책의 실패를 신랄하게 비판하면서, 감세정책과 적극재정의 필요성을 강조했다. 또한 두 당의 대표는 자민당에 의한 급부금 정책을 비판하면서 일시적인 급부금 정책이 아니라, 감세로 국민 부담을 덜어야 한다고 강조했다.

이런 선거 공약 등을 통하여 두 당은, 자민·공명 정부 여당에 의한 경제정책의 실패로 인한 일본의 장기 불황이 전혀 개선되고 있지 않음을 지적했다. 더불어 증세와 사회보장비의 증가 등에 소비자물가 급등으로 인한 서민경제의 불안과 부담을 줄이는 방향으로 정책 전환이 필요하다는 점을 강조하면서 지지를 끌어모았다.

두 번째로 두 정당은 투표의 필요성을 역설하며 지지를 모았다. 다마키 국민민주당 대표는 2024년의 중의원 선거에서 국민민주당이 의석수를 늘리고, 자민·공명의 정부 여당이 과반수 획득에 실패함으로써 국민민주당의 정책이 일부 실현될 수 있었다는 점을 강조하며, "정치를 바꿀 수 있는 것은 여러분들이다"라며 투표를 독려했다.

반면 참정당의 가미야 대표는 "투표율 80%를 목표로 한다"고 공언하며 "이번에는 속았다고 생각하고 무조건 투표를 해달라. 투표율이 80%가 되면 정치의 바람과 방향이 바뀐다"고 역설하며 투표를 독려했는데, 그 결과가 투표율 상승으로 나타난 것으로 생각된다.

극우 정당 참정당의 약진이 의미하는 것

이번 참의원 선거를 통하여 가장 약진을 한 것이 극우정당임을 노골적으로 드러내는 참정당이다. 참정당은 강령과 헌법 초안에서 '천황을 중심으로 하나로 통일된 평화로운 국가'를 주장하고 있으며, 국민주권이 아닌 국가주권을 주장하기도 한다. 즉 전전戰前의 일본으로의 회귀를 목표로 하는 이념의 정당으로 보인다.

이런 극우정당이 국회에서 의석수 한두 개쯤 차지하고 있는 정도라면 크게 걱정할 일도 없겠으나, 참정당은 2022년 참의원 선거에서 177만 표를 획득하여 비례대표 당선자를 낸 것을 시작으로, 2024년의 중의원 선거에서 비례대표로 3석을 획득하더니, 이번 참의원 선거에서 일약 13석을 늘리며 14석을 차지하게 된 것이다. 이로써 참의원 의원입법에 필요한 의석수를 차지함으로써 향후 세력 확대를 위한 확실한 발판을 확보했다고 할 수 있다.

참정당은 선택적 부부 별성에 강렬하게 반대를 하고 있으며 외국인 문제, 트럼프 대통령을 향한 평가 등에 대해서도 선거 기간 중 많은 주장을 쏟아냈다. 이번 선거에서 외국인 문제가 큰 쟁점이었는데, 국민민주당은 외국인 여행자에 대한 소비세 감세제도의 재고와 토지 취득에 대한 규제 강화 등을 공약에 집어넣고 있다.

이에 비해 '일본인 퍼스트'를 주장하는 참정당은 글로벌리즘의 결과, 외국자본과 외국인 노동자에게 과도하게 의존하게 되어 "이대로 가면 일본은 점점 가난해진다"며 일본인 중심의 경제와 사회변혁을 주장했다. 또한 '아메리카 퍼스트'를 주장하는 트럼프를 '글로벌리즘과 싸우고 있다'라며 높게 평가하며, 미국과 보조를 맞추면서 일본인 중심의 경제로 변혁할 찬스라 주장한다.

이런 주장을 펼치는 과정에서 일본에서 생활하는 외국인에 대한 '배제'와 '차별'이 자연스레 받아들여지게 되며, 일본이 가난해지고 있는 것이 외국인 탓이라는 마타도어가 꿈틀거리게 된다. 아무튼 이런 극단적인 극우정당이 이번 참의원 선거를 통하여 국정에 영향을 끼칠 수 있는 교두보를 확보한 것이 매우 신경 쓰인다.

이시바 정권의 단명 이유?

이시바 수상은 정권을 잡은 지 1년도 되지 않은 상태에서 치른 세 번의 선거에서 전부 패배하는 성적표를 받았다. 2024년 10월의 중의원 선거 패배로 과반수 획득 실패, 그리고 2025년 6월의 도쿄도 의회 선거에서의 패배에 이어, 7월의 참의원 선거에서 또다시 많은 의석수를 잃고 과반수 획득에 실패하였다.

1955년 자민당이 창당된 이래, 중의원과 참의원 양원에서 모두 자민당이 과반수 획득에 실패한 것도 초유의 일이다. 중의원이나 참의원 한쪽만 여소야대여도 국정 운영이 힘들어지는데, 중·참 양원에서 과반수를 확보하지 못한 상태에서 국정을 운영하기란 매우 어려움이 따르는 것은 명약관화하다.

야구로 말하면 삼진 쓰리아웃을 당한 이시바 총리가 계속해서 정권을 유지할 수 있을까 하는 것이 초미의 관심사가 될 수밖에 없었다. 7월 20일 투개표가 실시되고 선거결과가 자민당 참패로 나타나자마자 자민당 내에서는 이시바 퇴진의 목소리가 터져 나왔다. 가장 이시바 퇴진에 적극적인 것이 구 아베파의 의원들이고, 거기에 이시바 개인에 대한 르상티망이 많은 아소 다로 등이 적극적으로 이시바 퇴진을 요구했다. 구 아베파를 비롯한 보수 방류의 보수 본류에 대한 공격이고 권력투쟁이었다.

다만 자민당이 선거에서 3연패한 것은 이시바 개인의 책임이나 능력에 관한 문제가 아니다. 잃어버린 30년으로 회자되는 장기 불황에 허덕이는 상태에서, 아베의 카리스마와 선동으로 정권을 유지해 왔던 자민당이 그나마 아베 사망 후에는 지리멸렬하는 상태에 빠져 있으며, 스가-기시다-이시바로 이어지는 포스트 아베 정권에서 불황 극복을 위한 명확한 비전 제시나 효과적인 경제정책이 없었다는 점이 자민당 패배의 가장 큰 원인이었다. 그럼에도 불구하고 마치 이시바 개인의 능력 부족으로 선거에서 패배한 것처럼 몰고가는 책임 속인화가 당시에는 자민당 정권의 유지 그 자체도 위태롭게 할 것처럼 보였다.

직전 참의원 선거에서 나타난 결과를 보면, 비례의 득표 수는 국민민주당이 762만 표, 참정당이 742만 5,000표를 얻어 두 정당이 최대 야당인 입헌민주당의 739만 7,000표를 상회하고 있다. 반면 자민당은 약 1,208만으로 지난번 선거보다 545만 표가 감소하였다.

이렇듯 자민당에 대한 신뢰와 지지가 급속도로 빠지고 있는 당시 상황이 이시바 개인의 문제이고 책임일 수 없다. 연령별 득표율에서도 확인했지만, 50대 이후의 지지에 연명하고 있는 당시의 실버 데모크라시 체제하에서 자민당의 정권 유지는 갈수록 풍전등화인 듯했다. 다카이치가 부상하기 전까지는 말이다.

다카이치의 해산 도박: 신의 한 수인가

일본 정국이 크게 요동쳤다. 2026년 1월 23일 다카이치 일본 총리가 중의원 해산을 공식 선언한 것이다. 바로 한 달 전까지만 해도 해산 총선거는 없다고 못을 박았던 총리가 갑작스런 심경의 변화를 일으킨 건지, 아니면 최측근들과 비밀리에 계획해 왔던 걸 터트린 건지 분명하지 않지만 많은 중의원 의원과 유권자들은 "왜 지금?"이란 느낌이었다.

다카이치가 해산을 선언한 시점은 (다가오는 4월 1일부터 내년 3월 31일까지 다카이치 정부가 집행할) 예산안을 심의할 정기 국회가 개원하는 시기였다. 더구나 현재 중의원은 2024년 10월의 총선으로 시작된 4년 임기가 이제 1년 4개월밖에 되지 않은 시점이었기 때문이다. 또한 1월 중의원 해산과 2월 초 선거는 일본에서도 가장 추운 한겨울이라는 점에서도 누구나 쉽게 납득할 수 있는 명분이 없는 선거가 될 수밖에 없었다.

자민당의 구세주 다카이치

자민당은 2012년 12월 총선에서 당시 민주당에 빼앗겼던 정권을 탈환한 이후 아베 1강 체제로 7년 8개월에 걸친 장기 집권을 이어왔다. 그 후 스가-기시다-이시바로 정권이 이어졌으나, 아베 사망 이후 불거진 정치 비자금 문제와 통일교와의 유착 문제 등의 악재가 이어졌다. 거기에 엔저로 인한 소비자물가 상승에 따른 실질임금의 감소 등으로 서민 경제는 더욱 어려워진 상황이었다. 이에 대한 정부의 적절하고 효과적인 대책이 준비되지 않으며 자민당 체제는 지리멸렬해졌다. 최근 몇 년간 선거에서도 계속 패배를 하며 장기 집권체제의 붕괴가 다가오던 자민당에 구세주처럼 등장한 것이 국민적으로 인기가 높은 다카이치 사나에였다.

다카이치 내각은 정권 발족부터 높은 지지율을 유지하고 있다. 특히나 젊은 층의 지지율이 압도적이다. 기존의 자민당이 실버 데모크라시(노인들의 지지)에 의존하며 정권을 연명해온 것을 생각하면, 이토록 젊은 층의 압도적 지지를 받고 있는 현상은 매우 희귀한 양상이라 하지 않을 수 없다.

다카이치의 큰 도박

국가 1년 예산을 심의 의결하는 1월 정기 국회를 뒷전으로 미루고 총선거를 실시하는 것은 다카이치 본인에게도 정치생명을 건 도박이었다. 이는 자신의 높은 지지율을 바탕으로 국회 의석수의 불안정한 상태를 일거에 타파하고, 자민당 단독 과반수를 노리는 큰 모험이자 도박에 올인하는 것이었다. 물론 중의원 해산권은 수상의 전권사항(헌법 7조)이고, 이 권한을 잘 쓰면 안정적인 국정운영을 위한 기반을 구축할 수 있다. 반대로 잘못 쓰면, 오히려 역풍을 맞아 정권을 잃게 될 가능성도 있다. 양날의 검 같은 권한이 수상의 국회(중의원) 해산권이다.

　다카이치는 이런 해산 총선거를 선택했다. 그런데 이번 해산 총선거는 특별히 내세울 명분이 없었다. 다카이치는 해산 총선거를 결심하며 "일본의 수상으로 다카이치가 적합한지 아닌지를 심판받겠다"고 설명했다. 즉 자신은 자민당 국회의원과 당원에 의해 자민당 총재가 됐기 때문에 국회에서 수상으로 선출이 된 것이지 국민적 지지와 신임을 얻어 수상이 된 것이 아니니, 이번 기회를 통하여 국민적 지지와 신임을 얻은 명실상부한 일본의 리더로서 정통성을 확인하고자 한다는 말이다.

　이 말은 일견 그럴듯해 보이지만, 결국 앞에서도 지적한 바 있는 일본의 의원내각제가 갖고 있는 제도적 모순을 수상 자신이 인정하고 있는 셈이다. 지금까지 일본의 수상은 자민당 총재가 담당하는 것이 상례였는데, 자민당 총재는 자민당 국회의원과 전 국민의 1%도 안 되는 당원(약 100만 명)에 의해 뽑힌 선출직일 뿐이지, 국민의 대표로 뽑힌 공선직이 아니다. 이런 의원내각제의 근본적이고 제도적인 한계를 다카이치 수상이 해산 총선거를 결심한 이유를 말하여 스스로 밝힌 셈이다.

　이렇게 대의명분도 취약한데다, 다카이치 정권에 대한 책임 추궁을 피하려고 하는 회피용 해산 총선거라는 지적을 하지 않을 수 없다. 즉 대만 문제로 불거진 중국과의 관계 악화로 인한 중국의 보복이 시작되었고, 그에 따른 영향이 이제 서서히 드러나기 시작하는 시점에서 정기 국회가 시작되면 당연히 야당에 의한 거센 추궁이 있을 것이라는 사실은 불을 보듯 뻔했다. 또한 고물가 대책 등의 서민경제를 위한 대책이나 정책은 뒷전으로 한 채 선거전에 돌입해야 하는 것에 납득할 만한 설명도 있어야 한다. 그러나 과연 그게 가능할까?

다카이치에게는 자신에게 다가오는 통일교 스캔들이 커지는 것을 막고자 하는 속셈도 있다. 한국의 특검 수사 과정에서 밝혀진 통일교와 자민당 정치가와의 관련 파일 '일명 TM(True Mother/참어머님) 보고서'가 일본에 알려진 것이다. 그 안에 다카이치 총리의 이름이 30번 이상 등장하고 수많은 자민당 의원의 이름이 언급되고 있다고 전해졌다. 당연히 야당은 국회가 열리면 이 부분을 집요하게 추궁하고 맹공을 가할 것이다. 다카이치는 해산 총선거를 통해 이런 상황을 원천봉쇄하고자 하는 속셈도 갖고 있었다. 정리하자면 다카이치가 이번 해산 총선거를 하는 제대로 된 명분을 말하지 못하는 건 실제로는 다음과 같은 이유가 있기 때문으로 보인다.

1. 중국과의 대립으로 발생된 피해에 대한 책임 추궁 회피
2. 정치 비자금 문제를 일으킨 자민당 의원들을 재공천한 것에 대한 문제 회피
3. 다카이치 수상 자신의 통일교와의 연관 의혹 회피 등

선거 승리를 통하여 이런 악재의 불씨를 제거하자고 하는 의도가 보였다.

해산 전 현재의 국회 상황

중의원은 정원 465명인데 지역구 289명, 비례대표 176명으로 구분된다. 비례는 전국을 11개 블록으로 나누어 선거를 치른다. 유권자는 2장의 투표용지를 받아 지역구는 후보자의 이름을 기입하고, 비례표는 정당명을 기입하여 투표를 하는 형식이다. 해산 전의 의석수는 자민당 196석이고, 일본유신회가 34석으로 여당 230석이었다. 과반 의석(233) 중 3석이 모자란 상태에서 해산 총선거를 맞은 것이다. 다카이치 자민당은 말로는 일본유신회와 함께 과반수를 획득하는 것이 승패의 기준이라고 하지만, 속내는 다카이치 자민당의 단독 과반수임을 미루어 짐작할 수 있다.

중의원의 과반수는 233석인데 과반수를 차지해야 법안이나 예산안 등 통과가 수월하다. 그러나 국정을 보다 안정적으로 운영하기 위해서는 '안정 다수'라고 하는 243석이 필요하다. 안정 다수를 차지하게 되면 중의원 상임위원장을 독점할 수도 있으며, 위원도 과반수를 차지할 수 있게 된다. 거기에 좀 더 의석수를 늘려 261석을 차지하게 되면, '절대 안정 다수'라고 하여 국회 모든 상임위원장 독식은 물론이고, 상임위원회 위원도 자민당이 과반수 이상 차지하므로 국회 운영에도 거침이 없어진다. 그리고 대망의 310석을 차지하게 되면, 중의원 2/3를 차지하게 되므로 만일 참의원에서 부결이 되어도 중의원에서 재의결하여 통과시킬 수 있으며, 헌법 개정을 위한 발의 또한 찬성으로 통과시킬 수 있게 된다.

자민당의 역사적 승리를 어떻게 봐야 하나

자민당, 사상 최대 의석을 얻다

2026년 2월 8일, 중의원 해선 총선거가 치러졌다. 선거 날은 일요일이었다. 전날부터 전국적으로 많은 눈이 내렸기에 일본 대부분 지역이 투표에 지장이 있을 것이란 예상이 있었다. 그러나 예상과 달리, 투표율은 지난 2024년 10월 총선보다 2.41%p 오른 56.26%를 기록했다. "궂은 날씨에도 불구하고, 투표율이 올라갈 정도로 이번 총선에 일본 유권자의 관심이 높았나?" 싶겠지만 그건 아니다. 그보다는 본 투표에 앞서 열흘간 실시된 사전투표가 총 투표율을 끌어올린 덕분이다. 이번 총선에서 지역구 사전투표를 이용한 유권자는 2,701만 6,671명으로, 과거 최대였던 2017년 선거보다 563만 명이 늘었다. 이것이 전체 투표율을 향상시키는 데 큰 영향을 미쳤다.

그러나 투표율 상승보다도 이번 총선에서 가장 큰 이슈는 '다카이치 자민당의 압도적 승리'였다. 이건 단순히 압도적이라는 표현으로는 부족하다. '역사적 대승리'라고 해야 한다. 일본 언론에서는 자민당의 승리를 '지스베리 승리'라고 표현했다. '지스베리地滑り'라는 말은 집중호우로 인한 산사태나 토사 붕괴로 주위의 모든 것을 덮어버리는 상황을 가리키는 말이다. 이번 총선 결과는 다카이치 자민당이 모든 걸 다 덮어버릴 정도의 완벽한 대승리였다는 것이다.

사실상 1955년 자민당이 창당된 이래 가장 큰 승리다. 지금까지 자민당이 중의원에서 단독 300석을 차지한 것은

1986년 나카소네 정권 당시 300석을 차지한 게 유일하다. 그러나 당시는 중의원 정원 512명 중 300석이었고, 이번에는 정원 465명 중 316석이니, 그때보다도 훨씬 큰 승리라고 할 수 있다. 정원의 2/3에 해당하는 310석보다도 6석이나 더 얻은 결과다. 그것도 자민당 단독으로 말이다. 얼마나 큰 승리였으면 자민당의 비례대표 명부가 모자라 14석을 울며 겨자먹기로 다른 정당에 양보할 수밖에 없었다. 만일 이 의석까지 차지했다면 자민당 단독으로 330석을 차지했을 것이다. 이러니 '역사적 대승리'라고 표현하기에 전혀 부족함이 없는 결과다.

이 결과는 21세기 들어 장기 집권을 이룩했던 수상들의 선거 결과와 비교해 봐도 명확히 차이가 난다. 2005년 고이즈미 정권 : 정원 480석 중 296석(약 62% 의석), 2012년 아베 정권 : 정원 480석 중 294석(약 61% 의석), 2014년 아베 정권 : 정원 475석 중 291석(약 61% 의석), 2026년 다카이치 정권 : 465석 중 316석(약 68% 의석).

그렇다면 다른 정당들은 어떤 결과를 얻었는지 확인해 보자.

※ 총선 결과
자민당: 해산 전 198석에서 118석이 늘어나 316석을 획득.
일본유신회: 현재 자민당과 연립정권을 형성한 일본유신회는 해산 전보다 2석이 더 늘어난 36석을 획득.
국민민주당: 해산 전보다 1석이 늘어난 28석을 획득.
중도개혁연합: 해산 전 제1야당이었던 입헌민주당과 다카이치 정권 탄생 전까지 26년간 자민당과 연립 정권을

꾸려왔던 공명당이 합당하며 창당한 정당으로, 해산 전
보다 118석을 잃은 49석 획득. 해산 전보다 1/3 정도로
줄어든 규모.

참정당: 2025년 7월 참의원 선거에서 돌풍을 일으키며 약
진했던 참정당은 이번 중의원 선거에서도 약진했음. 해
산 전 2석에서 13석이 늘어난 15석을 획득.

팀 미래: 단일 쟁점 정당으로 신생 정당. 디지털 민주주의
와 기술혁신의 가치를 지향하는 정당. 첫 총선임에도 비
례대표에서 11석을 획득하여 국회에 입성하게 되었음.

공산당: 8석에서 4석 줄었음.

레이와 신센구미: 8석에서 1석으로 줄었음.

이번 선거를 요약하면, 이렇게 말할 수 있겠다.

1. 자민당 단독 2/3 획득이라는 역사적 대승리

2. 기존 제1야당의 몰락

3. 보수 세력의 현상 유지 (일본유신회와 국민민주당)

4. 극우정당 참정당의 약진

5. 21세기의 새로운 정치를 표방하고 나선 신생 정당 '팀
   미래'의 국회 입성

6. 기존의 진보 진영이라고 할 수 있는 공산당과 레이와
   신센구미의 패퇴

이는 곧 일본 사회의 보수화 또는 우경화 현상을 엿볼 수
있는 결과라 할 수 있다. 그렇다면 다카이치의 자민당은 어떻

게 이토록 큰 승리를 할 수 있었는지 살펴보자.

자민당의 대승 요인 세 가지

이번 선거에서 다카이치 자민당 승리의 요인은 크게 세 가지로 요약할 수 있다.

1. 다카이치 총리의 개인적 인기가 승리 요인이 되었다.
2. 입헌민주당과 공명당이 총선에 맞추어 신당을 창당하며 맞섰지만, 무능했고 선거 전략에 실패했다.
3. 구시대의 '이념' vs 디지털 시대의 '아이콘' 정치 구도 속에서 선거가 치러졌고, 다카이치가 디지털 시대의 '아이콘' 정치를 선점했다.

다카이치 총리의 개인적 인기가 승리 요인이 된 부분을 말하기 위해서는 '폐색감'이라는 말을 먼저 설명해야 할 것 같다. 현재 일본의 상황을 잘 표현하는 말로 '폐색감'이 있다. 한국에서는 잘 사용하지 않는 표현이지만, 일본에서는 '헤이소쿠칸閉塞感'이라 발음하며 자주 쓰인다. 현재의 답답한 현상이 해결되는 기미도 없고, 장래도 불투명한 상태에서 느끼는 답답함이나 압박감을 나타내는 말이다. 이는 물리적인 폐색감이 아닌 정신적·감정적인 답답함이나 희망이 없는 상황을 나타내는 말로써, 막다른 곳에 다다른 느낌이나 숨쉬기조차 힘든 답답한 상황을 나타낼 때 자주 사용하는 말이다.

다카이치는 헤이세이 30년간 이어진 일본의 장기 불황과 정체에 많은 일본인과 일본 사회가 느끼고 답답해하고 있던 '폐색감'에 한줄기 희망과 기대를 부여하는 아이콘으로 등장했다. 다카이치는 기존 남성 중심 사회인 일본 정치권에서 여성 최초로 자민당 총재가 되었으며, 일본 140년 헌정사 첫 여성 수상이 되었다. 또한 주로 세습의원들이 위세를 떨치는 일본 정치권에서 비세습 정치인으로서 수상이 되었다. 이 부분만 보더라도 일본 정치권에서 입지전적인 인물이다. 이런 이미지가 일본 국민에게 각인되었고, 호감을 이끌어냈다.

다카이치는 남초 사회인 일본 정치권에서 유리 천정을 깨트렸다는 상징성과 함께 많은 여성 유권자를 중심으로 존경과 응원의 대상이 되기에 충분했다. 거기에 더해 다카이치는 대학교수로 재직한 경력과 방송 캐스터로 활동한 전력이 있을 정도로 명쾌한 언변과 대중과의 소통에 탁월한 재능을 갖고 있는 정치인이다. 다카이치는 자신의 이런 캐릭터를 십분 활용했다. 그리하여 폐색감에 젖어 탈출구를 갈망하고 있는 일본 사회에 한줄기 희망과 기대를 안겨주는 발언을 이어가며 지지층을 결집했고, 기존 정치인과는 달리 주변국과의 관계도 대등하게 할 말은 한다는 식의 의연한 태도를 보임으로써 지지를 한층 더 끌어올렸다. 대만 문제를 둘러싼 중국과의 대응도 국내적으로는 지지층 결집과 호응을 이끌어내었다.

취임 후 이어진 미일 정상회담과 한일 정상회담 등을 통하여 국제무대에서도 의연하게 역할을 수행하고 있다는 인상을 심어줬다. 국제무대에서의 활약상이 일본 국민에게 그런 인상을 주기 충분했다. 이런 요소들이 결합되어 다카이치라는 개인 정치인에 대한 높은 지지율과 함께 다카이치 열풍이 일본을 휩쓸었다. 그 결과 다카이치 정권은 취임 후부터 지금까지 지속적으로 60~70%대의 지지율을 이어왔고, 다카이치는 이를 절호의 기회로 삼아 해산 총선거를 실시했다. 선거 결과는 그녀의 지지율이 그대로 표심으로 옮겨진 결과였다.

무력한 야당과 선거 전략의 실패

두 번째 승리 요인으로는 야당이 무력했고 선거 전략도 대실패였던 점을 들 수 있다. 선거 전 제1야당의 위치를 지켜왔던 입헌민주당은 공명당과의 합당으로 신당 '중도개혁연합'을 창당하여 다카이치 자민당에 맞섰다. 그러나 그 결과는 해산 전보다 118석이나 잃은 대참패였다. 중도개혁연합은 제1야당인 입헌민주당을 지지하는 리버럴 세력과 창가학회라는 조직의 지원을 받는 공명당이 힘을 합하며 반 자민당 세력을 결집하고, 조직력 높기로 유명한 공명당 지지층까지 추가로 결집하는 효과를 노렸다. 그렇게만 된다면 지역구와 비례대표에서 자민당과 맞설 수 있다는 계산이었다. 이 계산대로라면 지역구는 입헌민주당 출신 의원들로, 비례대표는 공명당 출신의 의원들로 주로 채워지며 시너지 효과를 누릴 것이었다. 그러나 그 예상과 기대는 너무도 크게 어긋난 결과로 막을 내렸다.

지역구는 289개의 선거구에서 불과 7석밖에 얻지 못했다. 중도개혁연합이 얻은 49석 중 대부분은 비례대표로 확보한 것이었다. 입헌민주당 출신의 의원들이 지역구에서 대거 낙선하였고, 공명당 출신은 전부 비례대표 상위권에 등록되어 당선된 결과였다.

과거 2009년 당시 아소 다로 정권의 자민당에 대승을 거두며 전후 처음으로 실질적인 정권교체를 이뤄냈던 구 민주당의 계보를 이어왔던 입헌민주당이 이번 총선을 통하여 그야말로 산산조각이 났다.

이번 선거 결과 중도개혁연합이 49석을 차지하면서 제1야당의 위치는 유지할 수 있으나, 해산 전 167석에 비하면 49석은 향후 국회에서 이전만큼의 존재감을 보여주고 역할을 하기 힘들다. 일본 정치에서 제1야당 단독으로 50석이 넘냐 아니냐는 꽤나 중요하다. 만일 다카이치 정권이 폭주하게 되면 이에 대한 제동을 걸 수 있는 수단으로서 야당은 내각불신임 의결 권한이 있다. 그런데 이 권한을 행사하려면 중의원 50명 이상의 동의를 얻어야 한다. 그래서 제1야당 단독 50석 이상이냐 아니냐가 상당한 의미를 갖는 것이다. 이런 야당이 앞으로 국회에서는 존재하지 않게 된다. 현 의석수를 놓고 보면 야당에 의한 정부 견제가 거의 불가능하게 된 형국이다.

야당의 무능은 아베 1강 체제에서도 줄곧 지적되어 온 사항이지만, 이번 선거를 통하여 그 무력함이 절정에 달하였음을 극명하게 보여주었다. 단순한 선거공학적 계산으로 1+1이 아닌 3이 되기를 기대하며 기세 좋게 두 정당이 신당을 만들며 의기투합했으나, 다카이치 자민당은 호락호락한 상대가 아니었다.

사실상 선거를 앞두고 급조된 중도개혁연합은 약 40%에 달하는 무당층 유권자는 물론이고 기존 지지자에게도 납득하고 호감을 가질 수 있는 비전이나 새로운 이미지를 전달하지 못했다. 종전의 방식을 그대로 답습하고 반복하는 낡은 수법으로 기존의 지지 모체인 노조나 창가학회 같은 조직 표에 기대어 다카이치 자민당을 상대했다가 분쇄됐다.

요즘 일본의 선거는 정책보다도 이미지 대결이 중시되는 경향이 강하다. 자민당은 다카이치라는 새로운 희망의 아이콘을 내세워 젊은 층을 중심으로 전 세대에 걸친 폭넓은 지지층을 확보하며 외연을 확대해 나갔다. 반면 중도개혁연합은 노년에 접어드는 두 대표가 기존의 올드 미디어에만 의존했고, 고리타분한 정책공약과 좌도 우도 아닌 중도라는 어중간한 이념을 강조하며 선거전에 임한 것이 큰 패착이었다.

이번 선거의 큰 특징의 하나는 기존의 아날로그 선거 방식이 디지털 방식으로 바뀌었으며, 그 효과를 극대화한 것이 다카이치였다는 점이다. 중도개혁연합이 구태의연하게 당의 강령 등을 PDF 문서로 발표하면서 정책 논쟁을 중시하고자 하였으나, 전반적으로 젊은 층을 중심으로 한 유권자에게는 '낡고 칙칙하다' '정부 발목만 잡는다'는 등의 네거티브한 이미지로 각인되는 역효과를 낳았다.

다카이치는 유튜브와 인스타그램, X, 쇼츠 영상 등을 활발하게 활용하여 무슨 사안이든 명쾌하고 분명하게 얘기하는 밝고 긍정적인 이미지 구축에 힘을 쏟았다. 그렇지 않아도 폐색감에 젖어 새로운 희망과 비전을 기대하고 있는 유권자에게 기존의 고리타분한 정치에서 탈피하지 못한 신당은 심판의 대상이었다.

소멸된 정책 논쟁과 급증하는 아이콘의 정치

세 번째 승리 요인은 이번 선거의 특징 중 하나이기도 한 정책 논쟁이 시들해졌다는 점이다. 예를 들어 거의 모든 야당이 소비세와 유류세 폐지 또는 감세를 주장하고 나서자 다카이치 자민당도 이에 질세라 똑같은 내용의 정책을 내세운다. 정책으로 여야의 구분이 힘들어졌다. 방위비 증강, 헌법 개정, 비핵화 3원칙, 안보법제, 원전 재가동, 스파이 방지법, 선택적 부부 별성제 등 여야가 첨예하게 대립하는 주요 정책이 있었다. 이에 대해서는 각 당의 대표가 두어 번 정도 TV에 출연해서 토론한 게 전부였다. 이런 사안들이 주요 정책 논쟁으로 점화되지 않았다.

또한 다카이치의 정치 수법이 매우 교묘했다. 다카이치는 "일본 열도를 강하고 풍요롭게"라는 슬로건을 내걸며 미래에 대한 희망과 긍정적인 연설을 쏟아냈는데 그 구체적인 실체는 보이지 않는다. 쉽게 말하면 뜬구름 잡는 것처럼 희망에 찬 말은 마구 쏟아내지만 그를 실현하기 위한 구체적인 계획에 대해서는 입을 다물기 일쑤다. 희망을 말하되 어떻게 어떤 방식으로 언제까지 무엇을 할 것인지 구체적인 내용은 늘 비어 있거나 빈약하다. "공약은 명확하고 분명하게 하되, 구체적인 내용은 밝히지 않는다"라는 선거 전략인 듯하다. 다카이치 정권 들어서 많은 공약들이 거론되고 있지만 그 구체적 실현이 어떻게 되는 것인지 대다수 유권자는 모른 채 투표에 임해야 했다.

이번 선거를 통해 두드러진 '사나카츠サナ活' 현상이란 것이 있다. '오시카츠押し活'에서 유래하여 만들어진 말이다. 오시카츠란 자신이 '밀고 싶은' '응원하고 싶은' 사람이나 캐릭터 등을 다양한 형태로 응원하며 즐기는 활동을 뜻하는데, 아이돌이나 애니메이션 캐릭터뿐만 아니라 철도나 건조물 등을 응원하는 것도 모두 포함된다. 이런 오시카츠에서 유래한 것이 사나카츠로, 사나는 다카이치 사나에의 애칭인 '사나'와 오시카츠의 '카츠'를 합성한 말이다. 즉 다카이치 사나에 수상의 애용품이나 패션을 따라 하기도 하고 정보를 공유하면서 응원하는 활동을 말하는데, 젊은 층은 물론이고 중장년층에서도 이런 활동이 보였다. 다카이치 수상이 애용하는 볼펜이 알려지자 곧바로 판매가 5배 이상 급등하기도 하고, 선거 유세 때마다 입고 다니던 흰색 다운재킷은 인터넷에서 금방 품절이 되었다.

이런 특정 정치가와 유권자의 관계를 파라 소셜 관계Parasocial Relationship라고 한다. 이는 실제로 만난 적 없는 미디어 속 인물, 예를 들어 유튜버, 연예인, 캐릭터, 가상 존재에게 실제 친구처럼 정서적 친밀감을 느끼는 일방적 관계 구조를 말한다. 일방적 관계지만 이런 사나카츠 활동을 통하여 젊은 층을 비롯한 많은 유권자들이 다카이치 총리에게 친근감과 동질감을 느꼈다. 다카이치의 유세 현장에는 긴 행렬이 이어지고 남녀노소 가릴 것 없이 많은 유권자들이 구름처럼 몰려들었다. 과거 고이즈미 수상의 국민적 인기가 고조되었을 때와 같은 현상이 재현되고 있는데, 그때에 비해 수상이 여성이라는 점이 부각되고 사나카츠 현상이 확대되어 열기가 더 뜨겁다.

이러한 사나카츠 현상을 두고 전문가들은 그동안 정치에 무관심하고 사회적 유대 관계가 희박하던 젊은 층이 정치에 관심을 가질 수 있고, 정치를 친근하게 느낄 수 있는 계기가 될 수 있다고 평가한다. 다카이치 수상 자신도 젊은 사람들이 정치에 관심을 갖는 계기가 된다면 기쁜 일이라며 언급했다. 이런 사나카츠 현상 외에도 다카이치는 SNS 등 디지털 선거 전략에서 (야당과 비교해) 압도적인 차이를 보이며 대승을 이끌어냈다. 유튜브와 인스타그램, 엑스 등 SNS의 활용은 물론이고 영상의 일부만 짧게 편집한 다카이치의 쇼츠가 무한정으로 제공되며 끊임없이 노출되었다.

다카이치는 거의 전부가 긍정적인 발언이나 밝은 모습의 영상뿐인 것에 비해, 야당의 중도개혁연합은 네거티브한 영상이 주를 이루었다. 디지털 선거전에서도 철저한 완패였다. 숙의나 논쟁을 통해서 해결책을 도출해 내는 정치 프로세스 등은 소외당하고, 인터넷 공간을 활용한 이미지 정치와 특정 정치인의 아이돌화가 진행되었던 선거 양상이었다. 디지털을 활용한 이미지 정치에서 야당은 다카이치에 KO패를 한 셈이다.

총선을 통해 드러난 문제점

2월 8일 실시된 해산 총선거에서는 다카이치 자민당이 압승했다는 것 외에도 짚어볼 만한 것이 있다. 우선 수상의 국회 해산권 문제이다. 수상은 헌법 제7조의 규정에 의거하여 중의원 해산 권한을 행사하지만 사실 수상의 권한이라는 규정은 존재하지 않는다. 모두 당연한 듯 생각하지만 명문화된 권한은 아니라는 것이다. 이에 따라 수상의 국회 해산권을 제한해야 한다는 의견이 다수 존재한다. 특히 다카이치 수상이 선언한 이번 해산 총선거는 명분도 약하고, 시기도 올해 정부 예산을 심의해야 하는 정기국회 개원에 맞춰져 있어 "왜 굳이 지금?"이라는 의문을 가질 수밖에 없는 선거였다.

결과적으로 자민당의 대승리로 끝났다 보니 아무도 이를 거론하지 않는 듯하지만, 수상의 국회 해산권은 명확한 논거가 없는 상태에서 권력이 자의적으로 남용하는 도구가 될 수 있다.

두 번째 문제점은 현행 중의원 선거 제도이다. 중의원 선거는 소선거구 지역구와 비례대표를 병립하는 '소선거구 비례대표 병립제' 방식이다. 지역구 289석, 비례대표 176석이다. 이번 총선에서 자민당의 지역구 상대 득표율은 49%였다. 그러나 지역구 의석 점유율은 86%나 되었다. 실제 득표율과 의석 점유율의 괴리가 너무 크다. 기시다 정권 때인 2021년 선거에서도 득표율은 이번과 같은 48%였으나, 의석 점유율은 65%였다.

그때보다 이번 선거에서 의석 점유율이 더 높아진 이유는, 11개 야당의 표 갈라 먹기 현상이 자민당의 득표율보다 훨씬 많은 의석을 차지할 수 있게 도와준 셈이 되었기 때문이다.

1994년 중선거구제에서 소선거구제로 바뀐 이후, 이런 어부지리의 혜택을 가장 많이 받고 있는 것이 다름 아닌 자민당이다. 지금과 같은 압도적 자민당 체제에 다수의 소수 야당이 난립하는 정치 구도 속에서는 앞으로도 자민당의 어부지리는 계속 이어질 전망이다. 이런 모순된 시스템으로

인해 자민당 외 야당은 아래와 같은 기이한 결과를 받아들
게 되었다.

중도개혁연합
> ↘ 득표율 : 21.63%

> ↘ 의석 점유율 : 2.42%

국민민주당
> ↘ 득표율 : 7.51%

> ↘ 의석 점유율 : 2.76%

참정당
> ↘ 득표율 : 6.95%

> ↘ 의석 점유율 : 0%

또한 이번 선거에서 지역구 당선자 외 후보자에게 투표한
사표가 2,735만 표로 전체 총 투표수의 48%에 달한다. 48%
만큼이나 민의가 제대로 반영되지 못한 것이다. 다카이치 자
민당이 2/3 이상의 의석을 차지했다 하여도 전 유권자의 2/3
이상이 지지하는 것이 결코 아니라는 점을 간과해서는 안 된
다. 상대 득표율과 의석 점유율의 괴리 현상과, 거의 절반에
가까운 사표 방지를 위한 제도 개선을 하지 않고는 올바른 민
의의 반영이라 하기 어렵다.

이번 총선을 통해 새로 드러나는 변화

이번 선거에서는 지지 형태의 변화와 앞에서도 지적한 바
있는 오마카세 민주주의의 형태인 관객 민주주의 현상을 확

인할 수 있었다. 과거와 같은 조직 표, 즉 노조나 이익단체, 종교단체 또는 지역 상공회나 후원회 등 전형적인 고정 표의 와해가 두드러진 선거였다. 이 단체는 무조건 이 정당을 찍는 다는 공식이 있었는데 그런 공식이 와해된 것이다. 자민당 지지층은 여전히 변함없이 강한 결속력이 드러난 선거였지만, 중도개혁연합의 경우는 과거와 같은 조직 표의 지지를 얻지 못했다. 조직의 고령화와 더불어 디지털 시대에는 역할이 과거보다 점차 축소되고 있음을 알 수 있다.

또한 특정 정치인을 지지하며 공감하는 팬덤 현상이 두드러졌다. 다카이치 개인에 대한 열정적인 팬덤 현상과 함께 디지털화에 따른 이미지 정치가 위력을 발휘했다. 이에 따라 실질적인 정책이나 정치가의 능력과 자질 검증보다는 가공된 이미지에 따라 투표권을 행사하는 경향이 보였다. 선거의 형태도 아날로그 방식에서 디지털 방식으로 바뀌어가고 있으며, 정치인을 실체가 없는 가상의 공간에서 아이돌화하는 현상이 나타났다. 다카이치 사나에라는 정치인에 대한 팬덤 현상이나 열기의 근저에는 오랜 장기 불황과 경기 침체에 따른 폐색감 해소와 기대가 깔려 있겠지만, 일본 사회의 공기에 따라 움직이는 집단주의와 쏠림 현상이 엿보였다. 정치가 책임이 따르는 선택이 아니라, 여론과 분위기에 의해 아이콘을 소비하는 행위가 되어가는 것 같다.

특히나 젊은 층의 정치 참여가 증가하였다고 하지만 여전히 전체 투표율에는 미치지 못하며 정치에 무관심하다는 결과를 드러냈다. 단지 다카이치 열풍에 편승하는 형식으로 정치에의 관심이 증가한 것이고, 다카이치를 지지하는 '사나카츠' 현상이 그 단면으로 읽힌다. 정치인에 대한 평가가 자질과 능력과 실적 등이 중심이 되기보다 인터넷 공간에서 가공된 이미지로 이루어지고 그것이 더 큰 성과를 내고 있음을 보여준 선거였다.

정치와 삶의 연관성에 관심을 보이지 않던 젊은 층이 사나카츠 열풍으로 정치에 관심을 갖고 정치와 관계를 이어가는 현상은 바람직한 과정이다. 하지만 내용보다는 형식이, 실제보다는 가공된 이미지가 우선시되고 영향을 끼치는 점에서 볼 때, 정치가 유권자의 자기결정에 대한 책임이 따르는 행위라기보다는 일종의 붐과 함께 소모품처럼 소비되는 느낌이다. 이런 현상은 과거와는 다른 새로운 형태의 데모크라시 시험이라고 볼 수 있다. 과연 그런 실험이 어떤 결과를 만들어내고, 어떻게 사회를 변혁시킬 수 있을지 앞으로 주목할 일이다.

4. 일본 국민이 바라는 제발 낙선했으면 하는 정치가 Top 10은?

2024년 10월 27일 실시된 해산 총선거를 앞두고 일본의 주간지 '주간여성'에서 40~60대 남녀 500명을 대상으로 '이번 선거에서 제발 낙선했으면 하는 정치가 Top 10'을 설문조사를 통해 선정했다. 그 순위와 이유를 간단히 살펴보도록 하자.

5위 다카이치 사나에高市早苗(63세, 자민당) 28표

- 국회에서의 태도가 불손하고, 극우 이념을 가진 매우 위험한 사람
- 변화가 필요한 이 시대에 역행하는 말만 한다.
- 자민당 총재 선거에서의 언동이 너무 보수적이다.
- 그녀는 이 순위에서 가장 높은 곳에 있어야 하며, 우리가 이 사람을 낙선시키지 않는다면 일본은 위험에 처하게 될 것
- 사상적으로 매우 위험한 인물. 8월 15일에 야스쿠니 신사에 참배하겠다고 공언을 하고 있으며, 예민한 관계에 있는 한국과 중국을 자극하는 사람이 총리가 되면 심각한 문제가 될 것이다. 또한 일본은 국제 사회에서 얼마나 이상한 위치에 있게 될 것인가.

4위는 오자와 이치로小沢一郎(82세, 입헌민주당) 31표

· 의혹도 많고 태도도 나쁘다.

· 이 당에서 저 당으로 옮겨 다니며 잘난 척하지만, 아내에게
버림받은 시점에서 그의 인간성을 알 수 있다.

· 이당에서 저당으로 옮겨 다니며 새로 창당하고 부수기를
반복하며 어딜 가도 킹메이커 행세를 한다. 그러나 당을 부
수고 좋은 정치를 하는 것이 아니라 자기 논리에 따라 부수
고 있다. 권력 구축에는 열심이지만 한 번도 성공한 적이
없다.

· 이제는 정계 최고참의 82세. 훌륭한 고령자이지만 이젠 영
향력이 없다.

3위는 스기타 미오杉田水脈(57세, 자민당) 37표

· 차별 문제 등 트러블이 너무 많다.

· 인간으로서 이상한 것도 정도가 있다. 내면, 인격, 국회의
원으로서 있을 수 없을 정도로 실격이다.

· 국회의원 이전에 인간으로 이미 끝났다.

· 그녀는 국회의원이 되어서는 안 되는 사람. 아이누와 조선
민족에 대해 차별적인 발언을 하기도 하고, 국회에서 남녀
차별은 없어지지 않는다고 장담하는 등 매우 차별적인 의
식을 갖고 있다.

2위는 고노 다로河野太郎 (61세, 자민당) 40표

· 기자회견에서 자신에게 불편한 질문에는 일절 대답하지 않

고 국민을 우습게 안다.

· 국회에서의 답변이나 기자 질문에 대한 대답을 들어봐도 논리적이지 않고 치졸하며 국회의원으로서의 지식도 능력도 없다.

· 그의 방식이 너무 강압적이다.

· 사람들이 그를 미워하는 것은 당연한 일이고, 그가 맘에 들지 않는 질문을 받게 되면 바로 다른 기자를 지명하고, 자기 맘에 들지 않는 질문을 받으면 불쾌한 티를 팍팍 내며 어린애 같다. 총리의 전용 비행기가 있으니 외무대신에게도 수백억 엔이나 하는 전용기를 준비하라고 했다는데 무슨 바보 같은 소리를 하는 건지?

1위를 발표하기 전에 6위 이하를 체크해 보자.

6위 간 나오토菅直人 21표 , 7위 하기우다 코이치萩生田紘— 20표, 8위 고이즈미 신지로小泉進次郎 18표, 9위 미하라 준코三原じゅん子 15표, 10위 에다노 유키오枝野幸男 10표 순이었다. 에다노는 항상 어중간한 포지셔닝인데 정치가로서는 치명적인 듯하다.

자 그러면 영광의 제1위는 과연 누구일까?

당당하게 1위를 차지한 정치가는 아소 다로(84세, 자민당) 150표. 2위 고노 다로와의 표 차이도 거의 4배에 가까운 압도적인 1위다.

아소를 싫어하는 이유를 보자면

· 뒤에서 조종하고 있는 것 같은 느낌이고 혐오감뿐이다.

- 오로지 권력을 갖고 싶을 뿐이고 거기에 매달리고 있는 것으로 밖에 안 보인다.
- 고령인데도 언제나 도노사마殿樣(오만한 귀족) 행세를 한다.
- 아무런 도움도 안 되는 자가 언제나 태도가 건방지고 잘난 척을 한다. 국민 따위는 안중에도 없다.
- 서민 감각과 너무 동떨어져 있다.

이런 의견에서 볼 수 있듯이 아소 다로에 대한 국민의 감정은 최악이다. 또한 정치가로서의 아소의 공적은 아무것도 없다는 것이 공적이라고도 야유받는다.

즉 정치인으로서는 매우 무능한 자인데, 사람을 끌어당기는 매력이 있는 것으로 널리 알려진다. 연회나 파티와 같은 자리에서 그의 주변 반경 1미터 이내에 앉는 사람은 금방 그의 왕팬이 될 정도로 주위를 자기 팬으로 만드는 능력만큼은 정계 최고라는 소문이다. 곰도 구르는 재주가 있다는 말이 결코 틀린 말은 아니라는 것을 아소 다로가 증명하고 있는 셈이다.

자 그러면 지난 선거에서 일본 국민이 낙선하길 바라는 10명 중 낙선한 사람은 과연 있었을까?

(정답은 다음 커피 브레이크 5에서)

제3부

경제·산업·사회 이야기

일본의 고민

장기간에 걸친 경기 침체에 따른 결과의 하나로 일본인의 소득은 다른 나라에 비해 상대적으로 감소하고 있으며, 한때 아시아 유일한 선진국이라는 자긍심 넘치던 시절은 종언을 고했다.

일본에서 월급쟁이를 하다 보면, 연봉이 경제가 성장하는 다른 나라에 비해 상대적으로 감소하고 있으며, 각종 증세의 압박으로 개인이 소비할 수 있는 가처분 소득은 좀처럼 늘지 않고 있음을 체감할 수 있다. 물가는 상대적으로 싸다 하지만 경기는 좀처럼 디플레이션에서 벗어나질 못하는 것 같다. 좀 심하게 표현하면 '빛 좋은 개살구' 상황이다.

그러나 일본인들은 아직도 일본이 아시아 최고의 선진국이며, 일본에 대한 동경으로 일본을 찾는 인바운드 관광객이 코로나 이전의 연간 약 4,000만 명까지 회복했다 믿고 싶어 한다. 근래 TV 방송에선 외국인을 출연시켜 '닛폰 스고이(대단하다)' 류의 국뽕 넘치는 프로를 양산하고 있으며, 인터넷에선 넷 우익 전사들이 국뽕을 조장하고 주변 아시아 국가에 대한 비방을 일삼는다. 일본의 현실에서 도피하며 직시하려 하지 않는 것이다.

다만, 이런 현상은 비단 일본만의 문제는 아니다. 한국도 고도성장을 이루던 시기와는 달리 이젠 저성장 국가로 자리 매김하고 있으며, 빈부격차와 고용문제, 세대간 갈등, 젠더 갭, 저출산·노령화, 지방 피폐와 지역 갈등 등등 산적한 문제는 일본과 비슷하거나 오히려 심각한 경우도 있다. 일본의 정체를 비웃을 것이 아니라, 이런 실패를 반면교사로 삼는 현명함이 필요하다.

일본인은 이미 부자가 아니다.

2012년부터 2년간 미시간 대학교에서 연구년을 보낼 때, 방학을 맞아 가족여행으로 뉴욕을 방문했다. 타임스퀘어와 브로드웨이 등을 구경하고 맨해튼의 마천루 빌딩의 전망대에서 뉴욕의 야경을 보기도 하며 즐거운 시간을 보냈다. 저녁 시간이 되어 무얼 먹을까 고민을 하다 우연히 길 건너편에 일본 라멘집이 있는 걸 발견하고 오랜만에 일본 라멘을 먹자고 여섯 식구가 즐거운 마음으로 발걸음을 옮겼다. 그러나 정작 라멘집 앞에서 우리는 얼어붙어 버렸다. 일본 그것도 물가가 제일 비싼 도쿄에서 살다 온 우리 가족을 얼어붙게 만든 건, 라멘 값이 도쿄에선 본 적도 없는 터무니없이 비싼 가격이었기 때문이다.

한 그릇에 약 2,000엔에서 3,000엔 가까이 했던 것으로 기억한다. 당시 도쿄의 라멘은 통상 7~800엔대가 평균이고, 유명 맛집으로 웨이팅 행렬이 발생하는 곳 정도가 되어야 1,000엔 정도가 되던 시절이었기 때문이다. 뉴욕이 물가가 비

236

싸다고는 하지만 도쿄도 결코 싼 편은 아닐 터인데, 왜 이토록 물가 차이가 나는 걸까 내심 이해하기 힘들었다. 뜨내기 관광객을 상대로 한 장사라서 가격을 터무니없이 비싸게 책정한 것은 아닌가 하는 의구심마저 들게 만들었다. 결국 우리 식구는 모처럼 그리운 일본 라멘 먹기를 포기하고 미국식 햄버거로 저녁을 해결해야만 했다.

그러나 후일 자료를 검색해 보니, 일본과 미국의 임금소득의 격차가 점점 벌어지고 있던 시절이었고, 그에 따라 물가도 변동하여 생긴 결과라는 사실을 알게 되었다. 즉 미국은 임금도 오르고 그에 따라 물가도 오르고 있었던 것에 비해 일본은 임금이 오르지 않으니 물가도 억제되고 있었던 상태였던 것이다. 단순한 1인당 GDP의 차이는 물론이지만, 실질적인 체감 소득의 기준이 되는 구매력지수Purchasing Power Parity, PPP 에서도 차이가 벌어지고 있었던 것이다.

도쿄도 이젠 물가가 올라 거의 라멘 한 그릇이 1,000엔대로 올랐다. 이미 2012년도에도 미국과 일본은 임금을 비롯 격차가 점차 벌어지고 있었지만, 도쿄에 살던 우리는 그걸 느끼지 못하고 있었을 뿐이다. 여전히 많은 일본 사람은 현실을 모르고 있는 듯하다. 물론 전락한 정도는 아니지만 다른 나라의 성장이나 변화의 속도에 비해 일본이 더디기에 선진국과는 점차 격차가 벌어지고 있다.

반면, 과거 일본의 자금과 기술 원조에 의존했던 개발도상국과의 격차는 각종 지표의 차이가 점점 좁혀지고 있으며 맹추격을 당하고 있다. 20세기에는 일본이 동남아시아 국가들에 ODA 등의 원조를 하거나 차관 등을 통해 지원을 해서 이들이 개발도상국가라는 이미지가 있었다. 21세기에는 이 나라들의 성장세가 가파르며 국민들의 생활수준도 빠르게 높아지고 있다. 과거 일본이 1950년대에서 1970년대의 약 20년에 걸쳐서 달성한 고도 경제성장을 불과 5년에서 10년 정도 만에 이루고 있다고 한다.

2024년에 일본을 찾은 인바운드 관광객의 분포를 보아도 한국, 중국, 대만, 홍콩 순이며 그 뒤를 태국, 필리핀, 말레이시아, 인도 등이 따르고 있다. 동남아 국가의 인바운드 비율이 전체 12%를 차지하고 있을 정도로 이들의 성장과 변화가 눈에 띈다.

해외 관광객 4,000만 명 시대 — 닛뽕 스고이!

최근 몇 년, "일본 음식이 맛있다" "일본의 전통문화가 스고이(대단하다)" "일본 여관의 오모테나시(향응)와 온천은 세계 최고다" 등등을 자랑하는 TV 프로가 인기다. 방송에서는 공항에서부터 각 지역의 관광지를 찾아다니며 일본을 찾은 외국인 관광객들에게 마이크와 카메라를 들이대며 일본의 칭찬을 취재하고 그걸 또 편집해서 방송으로 내보낸다.

소위 말하는 '닛뽕 스고이' 현상이다. 이런 방송을 보고 있노라면 세계 사람들이 일본의 매력에 심취하여 해마다 일본을 찾는 관광객이 급증하고 있구나 하고 생각하게 된다. 또한 이런 부류의 방송을 보는 일본인들은 가슴 가득 흐뭇함을 느낄지도 모르겠다.

그러나 냉정히 생각해 보면, 오히려 일본 경제가 쇠퇴한 방증일지도 모르겠다는 생각이 든다. 2024년 일본을 찾은 인바운드 관광객이 약 3,700만 명이며, 2025년에는 4,000만을 넘을 것이라 예상된다. 코로나 이전의 추세를 훨씬 넘어서 계속 증가할 전망이다.

인바운드 관광객의 소비액도 2024년이 약 8.1조 엔으로 코로나 이전인 2019년 대비 플러스 약 70%의 신장을 보이고 있으며 최고치를 경신했다. 이렇게 활황을 보이고 있는 인바운드의 증가로 인해 활력을 되찾고 있는 지방도시들도 있는 반면, 과도한 관광객의 집중으로 현지 주민들이 일상생활의 피해를 호소하는 오버투어리즘 현상도 급증하고 있다.

일본을 찾는 관광객의 2024년 국가별 분류를 보면 1위가 한국으로 881만 명, 2위 중국 698만 명, 3위 대만 604만 명의 순이다. 한국인 관광객이 급증한 이유로는 엔저와 일본 각지에의 접근성이 용이해진 지방노선 증편 등이 꼽힌다. 젊은이들을 중심으로 제이팝이나 애니메이션 등 일본 문화가 유행하고 있는 것도 일본 방문자 증가로 이어지고 있다고 한다. 이렇게 일본에 동경과 기대를 갖고 방일하는 사람도 많을 것이다. 그러나 다른 이유도 있다는 생각이 든다.

저렴해진 일본과 스태그플레이션

일본은 물가가 한국에 비하면 싸게 느껴지고 치안도 좋다. 인프라 등이 잘 정비되어 여행에 불편이 없는 데다, 비교적 가까운 거리인지라 부담 없이 다녀올 수 있다는 장점도 있다. 과거 내가 유학을 시작했던 1990년대에는 일본 여행이 쉽지 않은 시절이었으나 지금은 그런 장벽이 허물어졌다.

앞서 미국의 예로 살펴본 대로 한국도 헤이세이 30년의 기간을 통해 임금 상승과 물가 상승 등의 동반 성장이 있었다. 이에 비해 일본은 거의 제자리 걸음을 하고 있었기에, 한국의 젊은이들도 일본여행을 즐길 수 있을 정도로 여유로워졌다는 계산이 된다. 이는 일본이 저렴해졌다는 의미이기도 하다. 과거보다 소비자물가가 하락을 해서 싸진 것이 아니라, 다른 나라들이 토끼와 같은 속도로 성장을 하는 동안 일본은 거북이처럼 더디게 성장을 하다 보니 과거의 국가 간 격차가 점점 좁혀지거나 추월을 허용하게 되었다고 보는 것이 정확할 것이다.

일본에서 노동자로 사는 입장에서 보면, 임금 상승이 더디거나 거의 이루어지지 않다 보니 여유롭게 소비할 수 있는 가처분 소득이 당연히 적을 수밖에 없다. 임금이 오르지 않으니 소비도 진작이 되지 않고, 기업이 물건을 만들어도 팔리지 않아 수익 창출이 안 되고, 또 기업은 경영이 어려우니 설비투자나 임금인상이 어려워지고… 이런 사이클의 디플레이션이 계속되어 왔다.

그런 가운데 코로나19 팬데믹으로 경기 침체가 한층 악화된 상황 속에서 러시아-우크라이나 전쟁 발발을 계기로 일본 국내의 소비자물가가 가파르게 상승곡선을 그리게 된다. 패스트푸드는 물론 일반 음식값부터 원유 가격 상승과 엔저로 인한 원재료와 소재 관련 수입 물가 상승 등이 겹치면서 불경기 상황에서 소비자물가가 상승하게 되었다.

근래 2,3년 사이의 일본 소비자물가 상승폭은 전에 없이 가파르다. 아마 도쿄를 비롯한 대도시에서 살고 있는 사람들은 이런 소비자물가의 상승폭에 임금 상승이 따라가지 못하니 실질임금은 오히려 감소하는 현실에서 많은 고충을 느끼고 있을 것이다.

이런 상황에서 기시다 정권 당시 기업의 임금인상을 지속적으로 유도하는 정책을 쓰면서 임금 상승이 완만하게 이루어지게 되는데, 체력이 좋은 대기업을 포함한 우량기업에 한정되는 얘기일 수밖에 없으며 대부분의 중소기업 노동자는 임금인상의 혜택을 받지 못하는 상황이다.

따라서 현재의 일본 경기는 전반적으로 호황이 아니다. 임금이 오르지 않는 상태에서 물가가 상승하는 상황이 되면 당연히 서민들이 큰 타격을 받는다. 이런 상황으로 봤을 때 부유층을 제외한 서민들에게 힘겨운 일상이 되는 스태그플레이션 상태라 하겠다.

점점 가난해져 가는 일본 사회

녹록지 않은 선진국 샐러리맨의 생활

1990년대 이후 장기 불황에 빠진 일본 사회를 가리켜 '부자 나라, 가난한 국민 일본'이라며 비판을 한 동명의 책이 주목받은 적이 있다. 당시 늦깎이 대학원생 신분이었던 나는 정해진 직장이 있는 것이 아니고, 알바와 장학금 등으로 생계를 유지했기에 그 의미는 알고 있었지만, 나라가 부자인데 어찌 국민이 가난하다는 건가 하며 실제로 체감하지 못했다.

박사학위를 받고 일 년여의 구직활동 기간을 거친 후 2002년 월드컵 축구가 한일 공동으로 개최되던 해에 지금 근무하는 대학에 전임강사로 취직이 되었다. 그리고는 처음으로 정기

적인 월급을 받았다. 매달 인사과에서 보내오는 ‘급여명세서’
를 보면 흐뭇하기만 했다.

이십 수 년이 지났어도 전임강사 첫해에 받은 겨울 보너스
를 잊지 못한다. 7월에 지급되는 여름 보너스는 그해 4월부터
취업 시작이므로 실질적으로는 절반 정도의 금액에 불과했으
나, 12월에 지급되는 겨울 보너스는 전액이 지불되었기에 생
전 처음으로 100만 엔이 넘는 목돈을 보너스로 받고 하늘을
나는 기분이었다.

그러나 이런 감회도 2~3년이 지나면서 매우 빠른 속도로
퇴색해 갔다. 연공서열이 철저한 조직사회에서 당시 나 같은
30대의 바리바리 일을 하는 젊은 층이 받는 월급은 고액 연봉
의 선임들과는 차이가 컸고 회의감이 밀려왔기 때문이다.

말로는 세상을 움직일 듯한 기세로 큰소리를 치고, 마치
자신의 노력으로 조직을 먹여 살린 것처럼 무용담을 늘어놓
으면서도 실제로 업무 성과나 공헌 정도를 보면 거의 놀고먹
는 수준이라는 의심이 확신으로 바뀌었기 때문이다. 이는 철
저한 ‘연공서열주의’에 따른 승진과 임금 체계가 지켜지고,
실적이나 능력과는 무관하게 ‘종신고용’이라는 안전한 보호
막이 있는 조직에서는 당연한 현상이었다.

내가 아무리 노력하고 현저한 실적을 쌓는다고 하여도 이
미 정해져 있는 연공서열에 의한 승진과 승급의 벽이 확고부
동하여 어찌 할 수 없다는 현실을 자각하게 되면, 당연히 충
만했던 의욕과 열정도 사그라든다. 서서히 조직의 논리와 관
행에 안주하며 자신의 안위를 꾀하게 된다.

결정적인 것은 매달 월급에서만 징수를 하던 소득세 등

의 세금이 어느 날 갑자기 상여금 즉 보너스에도 적용되기 시작한 일이다. 월급으로 생활하는 봉급쟁이들에게는 청천벽력 같은 조치였지만, 이에 불만을 가지면서도 체념하며 납득해 버리는 주변의 무관심과 순종성에 무척 놀랐던 기억이 있다. 그 후로는 여름과 겨울 그리고 봄에 약간 지급되는 세 번의 보너스에도 철저하게 소득세와 사회보장비용이 원천징수된 후에 지급된다.

일본 TV 방송에서는 자신들은 선진국이며 세계 최고의 기술력과 선진 문화를 갖춘 살기 좋은 나라로 포장을 한다. 일종의 이런 국뽕을 조장하는 방송 프로가 90년대에 비해 눈에 띄게 많아졌다. 이는 반대로 생각하면, 실제로 샐러리맨이나 서민들의 삶이 갈수록 팍팍해지고 있다는 방증으로 볼 수 있다. 방송국에 근무하는 사람들은 일본 샐러리맨 중에서도 고액 연봉자들이고, 방송 출연으로 막대한 수입을 챙기는 일부 유명 연예인들이야 더 말할 것도 없지만, 일반 서민들과는 다른 세계에서 사는 사람들이다.

아무튼 결론은 일본 서민들 생활은 매우 빡빡하고 팍팍해지고 있다는 사실이다. 장기간에 걸친 디플레이션에서 탈피하지 못하고 있는 가장 큰 원인 중의 하나는, 서민들이 점점 가난해져 가고 있다는 점이다. 누구는 돈을 쓰고 싶지 않아서 안 쓰겠는가? 쓸 돈이 없는 것이다. 사는 게 팍팍하니 그럴 여유가 없는 것이다. 그냥저냥 하루하루 살아가는 것이고, 그나마 비정규직이 아니라 정규직이라는 사실에 자위하며 살아간다.

대학에서 실시하는 외국 대학과의 교환학생 프로그램이나

방학 기간 중 외국 대학을 방문하며 홈스테이를 하는 어학 연수 프로그램 등이 10여 년 전부터 학생들이 모이지 않아 자연 휴강이 이어진다. 대학에서 총 경비의 절반을 보조해 주어도 학생들이 모이지 않는다. 이는 현재 일본 젊은이들이 외국에 대한 관심이나 어학 공부에 대한 열의가 과거에 비해 현저히 줄어들었음을 나타내는 결과이기도 하지만, 보다 근본적으로는 그럴 만한 경제적 여유가 학부모에게도 학생에게도 없다는 점이다. 최소 50만 엔 이상의 목돈이 필요한 이런 교환학생이나 어학 연수 프로그램은 이제 명목뿐인 게 지금 일본 대학의 현실이다.

후생노동성의 발표에 따르면, 2022년도 정규직 노동자는 3,588만 명이고 비정규직은 2,101만 명이다. 비정규직은 2010년 이후 계속 증가했으며, 임원을 제외한 전체 고용노동자 중 비정규직의 비율은 36.9%로 전년에 비해 0.2% 증가했다.

이런 일본 사회의 격차를 아베-스가의 뒤를 이었던 기시다 정권은 나름 파악하고 있었던 듯하다. 그러니 기시다 수상은 집권 기간을 통해 대표적 정책 슬로건으로 '성장'보다는 '분배'에 방점을 찍고, '1억 총 중산층 부활'을 내걸었던 것이 아니겠는가? 원래 정치가 내거는 슬로건이라는 것은 현실이 그렇지 못하니까 앞으로 그렇게 되도록 할 터이니 지지를 해 달라는 호소의 메시지이다.

일본 샐러리맨의 월급은 얼마?

현재 일본의 샐러리맨은 노동의 대가로 급여를 얼마나 받고 있는지 살펴보자. 일본 후생노동성과 통계청 등에서 매년 조사를 하여 공표하고 있는 최신의 자료(2025년)를 토대로 살펴보도록 한다. 한국과 일본 근로자의 심플한 비교가 될 수 있을 터이다.

대기업과 중소기업의 차이는 물론이고, 산업계의 업종별 차이 또한 천태만상이므로 일률적으로 판단할 수는 없겠지만 어디까지나 참고용으로 사용하고자 한다. 먼저 일본에서 구분하고 있는 대기업과 중소기업 등의 기준은 어떻게 될까.

우선 대기업. 대기업은 말 그대로 자본금이 많고 종업원 수가 많은 기업을 대기업이라 한다. 중소기업에 대해서는 '중소기업기본법'이라는 법률이 있어 업종별로 정의가 되어 있지만, 이에 해당되지 않는 중소기업 외의 기업 중 자본금과 규모가 큰 기업을 대기업이라 분류할 수 있다. 일본의 대기업 수는 약 1만 2,000으로 알려져 있다. 중소기업청의 데이터를 보면 일본에는 400만 이상의 기업이 있는데, 이 가운데 대기업은 0.3% 정도이므로 결코 많은 숫자는 아니다.

일본 기업의 99% 이상은 중소기업으로 분류된다. 참고로 중견기업이란 말도 있는데, 일반적으로 자본금이 대략 1억 엔 이상에서 10억 엔 미만인 기업을 가리키는 경우가 많다.

중소기업처럼 대기업에 관한 정의가 있는 것은 아니지만, 후생노동성에서는 노동자 1,000명 이상을 대기업, 100~999명을 중기업, 10~99명을 소기업으로 구분하고 있다. 그럼 후생

노동성의 분류에 의거하여 일본 노동자들의 임금이 어느 정도인가 살펴보자.

후생노동성의 〈임금 구조 기본 통계조사〉(2024년)에 따르면, 근속연수 30년 이상, 나이 55~59세의 '과장' 평균 임금은 55만 4,000엔이다. 마찬가지로 근속 연수 30년 이상의 나이 55~59세 '부장'의 평균 임금은 66만 4,000엔이다. 여기에 상여금 즉 보너스가 가미되면 일 년의 평균 수입이 산출된다. 보너스는 회사와 업종별로 다양하므로 일률적인 금액을 산출하기 힘들지만, 앞의 과장의 경우 246만 1,000엔이고, 부장의 경우 304만 4,000엔이다.

이를 월급 12개월분과 상여금을 더하게 되면 연봉이 된다. 그러면 정년이 가까워진 근속 30년 이상의 과장의 경우 단순 계산으로 910만 9,000엔이 연봉이다. 마찬가지로 부장의 경우는 1,101만 2,000엔이 된다.

그럼 대졸자 신임 초봉은 얼마인가를 알아보자. 우선 남녀(2024년)와 기업의 종업원 수 구분 없이 보면 평균 23만 5,200엔이다. 이를 보다 상세히 분류하여 보면, 앞에서 살펴본 종업원 10~99명 소기업의 경우 21만 7,800엔이고, 100~999명 중기업은 22만 8,900엔, 그리고 1,000명 이상 대기업의 경우 24만 7,800엔이다.

이를 다시 남녀별로 구분해 보면 남자 평균은 23만 8,000엔이고, 여자는 23만 2,000엔이다. 물론 이는 종업원 수의 구분에 따라 다르며 산업별로도 다르므로 특정 업종에 대한 정확한 데이터가 될 수는 없지만, 일반적 평균치를 나타내는 최신 통계이므로 현재 일본 노동자의 임금이 어느 정도인가를 대략 확인할 수 있다.

아마도 일본의 월급이 생각보다 많지 않다는 느낌을 받을 것이다. 사실 일본의 임금은 헤이세이 30년 동안 인상폭이 좁아 30년 전과 비교하여도 그다지 큰 차이를 느끼지 못한다. 내가 유학을 시작했던 1990년대 대졸 초임이 대략 18~20만 엔이었는데, 30년이 지난 지금도 20만 엔을 조금 넘고 있을 뿐 큰 변동이 없음을 알 수 있다.

그래도 이 정도 급여를 받으면 그런대로 생활하는 데 지장은 없을 것이라 생각할 수도 있다. 그러나 문제는 앞에서 소개한 임금 상황은 세전 수입이라는 것이다. 평균 임금에서 소득세를 비롯 주민세와 사회보장비 등을 제외한 금액이 실수령액 즉 세후 수입이 된다. 게다가 별도로 고정자산세, 자동차세 등 각종 세금을 부담하여야 하므로 실제로 받는 급여를 갖고 생활하기에는 결코 넉넉하다 할 수 없는 것이 현실이다.

나는 아이 넷을 낳아 키우면서 의무교육 기간 중인 초등학교와 중학교는 수업료가 없어 그런대로 괜찮았으나, 사립 보육원과 유치원, 고등학교와 대학 교육을 시키면서 늘어나는 건 빚과 주름뿐이었다.

일본에서도 저출산 대책으로 정부와 지자체는 아동수당 지급을 비롯하여 유치원과 보육원의 월사금 감면 제도, 중학교 졸업까지 의료비 무료(도쿄의 경우) 등 각종 지원책을 강구하여 실시하고 있다. 그러나 국가가 정하는 일정한 소득을 초월하는 경우, 즉 고소득이라 분류되는 경우에는 이런 각종 혜택에서 거의 제외된다. 더구나 고소득일수록 세부담률도 증가하게 된다. 명목상 고소득이 되면 세금 부담액이 증가하게 되니 세금을 제외한 세후 실제 금액은 상대적으로 줄어들게 된다.

여기에 사회보험료의 부담은 계속 증가하고 있으며, 예전의 샐러리맨에 비해 압도적으로 실수령액은 감소하고 있다. 직장인의 월급에서 세금과 사회보험료가 미리 공제된다. 구체적으로는 소득세, 주민세, 건강보험, 후생 연금, 고용보험 등이다.

그 결과, 비록 연봉이 1,000만 엔 이어도 실수령 급여는 600~700만 엔까지 줄어든다. 월급이 올랐다 해도 세금과 사회보험료의 부담이 커지므로, 실수령액 금액은 거의 증가하지 않는다. 실제로 십수 년간 연금이나 보험료의 부담은 지속적으로 높아지고 있다. 2002년에서 2017년 사이에 연수입 500만 엔인 사람은 실수령액이 35만 엔, 연봉 700만 엔인 사람은 실수령액이 50만 엔이나 줄어들고 있다는 보고가 있다.

여담이지만 항간에는 "일본인은 검소하고 절약 생활을 하며, 식사도 소식을 한다"는 말이 있는데, 이 말이야말로 전형적인 스테레오 타입의 편견이 아닐까 싶다. 자신의 소득으로 일상생활을 하는 데 여유가 없으니 절약하며 검소하게 생활할 수밖에 없는 것이고, 먹는 것 또한 소식이라는 것도 동의하기 어렵다. 사람에 따라 다를 수 있지만, 리필이 가능한 뷔페식 같은 레스토랑에 가보면 일본인이 결코 소식을 하지 않는다는 것을 두 눈으로 똑똑히 확인할 수 있을 것이다.

자신의 여건과 환경이 그렇게 할 수밖에 없도록 맞추어지다 보니 그에 따르는 것일 뿐이라고 생각하는 것이 합리적이지 않을까? 자신의 수입에 맞추어 소비패턴이나 생활태도가 결정되는 것이라 해야 한다. 이 책의 앞에서도 밝혔지만 내가 유학을 시작했던 해, 즉 1990년대의 버블경기 때는 일본 사회가 흥청망청하며 사치와 향락의 절정에 달했던 시절이었다. 그 시절은 과도한 수입이 있었거나 그럴 전망이 있었던 시절이었다. 그런 환경이었을 때 일본 사회는 지금과 같은 검소와 절약이라는 단어와는 거리가 멀었다.

한편, 다자녀 가정과 같은 환경에의 고려가 거의 없이 일정액의 소득한도가 기계적으로 설정돼 있다. 이를 초과하여 각종 급부와 정책 지원에서 제외되게 되면 다자녀를 키우면서 부담해야 할 각종 비용을 오롯이 자가부담해야 한다. 고소득의 기준 자체도 의문이다. 소득에 따라 제한을 하는 이런 상한선 제도가 효과가 있을까 늘 의구심을 갖게 된다. 또한 상한선의 액수는 어떤 근거에 의해 산출이 되는지 그 또한 의문이다.

그러니 일본에서는 너무 열심히 일하지 말고 정부나 지자체에서 산정하는 연간 수입 한도액을 넘지 않는 수입만을 얻도록 적당히 맞추어 사는 것이 현명한 삶인지도 모를 일이다.

샐러리맨은 그냥 '봉'이다

매달 월급에서 원청징수되는 세금 및 사회보장비를 보면 소득세와 주민세를 비롯한 세금과 건강보험료, 개호보험료(요양보험), 가입자 보험료, 고용보험료 등 5개 항목에 이르는 사회보험료를 월급에서 만져보지도 못한 채 원천징수로 떼인다. 그럼 세금은 그것으로 다 해결되는가 하면 그게 아니다.

융자 받아 마련한 주택에 대한 고정 자산세·도시 계획세가 있고, 도쿄도와 23 특별 구민에게 부과되는 특별 구민세·도민세(보통징수)라는 것도 있다. 그리고 월급 외의 수입이 조금 있었기에 연말의 확정신고를 했더니 그에 따른 추가 징수 금액이 결코 만만치 않다. 월급 외 소득을 자진 신고를 했더니 세금을 더 내라고 마구 때린다.

그런데 이 세금의 명칭을 상세히 살펴보니 '소득세 및 부흥 특별 소득세'라고 한다. 3.11 대지진 후, 이에 대한 복구와 부흥 재원으로 충당하기 위해 생긴 세목으로 소득액의 2.1%를 징수한다. 재해 지역에서 복구 부흥사업을 수주한 대형 건설업자 제네콘들은 이 돈으로 비자금을 만들어 흥청망청 쓰고 있다.

코로나19로 아베 정부의 무능이 드러나기 전까지만 해도 한국 언론들도 아베노믹스가 성공적이라는 식의 보도를 많이 하였는데, 나는 일찍부터 아베노믹스가 뜬구름 잡는 소리라고 주장을 해왔다. 금융의 양적완화와 환율정책으로 기업엔 도움이 되었을지언정, 월급쟁이를 비롯한 개인 소득자는 아베 정권 기간에 야금야금 오른 세금과 사회보장비의 증가를 감수해야 했다. 반대로 종전의 눈곱만 하게 존재하던 소득 공제 등의 혜택은 삭감되거나 철폐되었다.

특히 고소득자로 구분되는 과세 소득액 900만 엔 이상 개인에게는 소득세율이 23%에서 33%로 껑충 뛰고, 각종 보조금·지원금 등도 소득 제한에 걸려 대상에서 제외된다. 그렇다. 나는 과세 소득액이 900만 엔을 상회하기에 각종 세금의 적용 비율 또한 높다. 그러나 이런 현상은 고소득자에게만 한정되지 않고 전체적으로 각종 세율이 아베 정권 기간에 야금야금 높아졌다.

즉 유리지갑의 월급쟁이들은 꼬박꼬박 세금과 사회보장비용을 원천징수 당한 후, 정작 손에 들어오는 월급 갖고 먹고는 사는데, 필요한 생필품 외에는 소비할 여력이 점점 줄어든 것이 아베 집권 기간 중에 체험한 실물경제다. 이렇듯 서민생활은 점점 팍팍해지고 있다. 소비자물가 상승 폭에 비해 증세와 사회보장비의 증가와 함께 임금인상이 따라가지를 못하는 상태가 이어지다 보니 실질임금은 계속 하락하는 결과가 된다.

재무성이 공표하는 국민부담률의 추이를 보면 일목요연하다. 1970년도의 세부담률 18.9%, 사회보장부담 5.4%를 더해 24.3%로 10만 엔의 수입이 있으면 세후 수입으로 7만 5,000엔이 남는다. 그러나 지금은 어떤가? 2025년도 시점으로 세부담은 26.7%가 되었고, 사회보장부담은 18.4%로 올랐다. 국민의 세금과 사회보장 비율을 나타내는 국민부담률은 45.1%로 올랐으며 이는 12년 연속 40%를 넘는 수치를 기록하고 있다. 더구나 기시다 정권 시기인 2022년도는 48.4%로 수입의 절반 정도밖에 남지 않는 비상사태가 발생하기도 하였다.

이러니 언제까지나 디플레이션에서 벗어나질 못하고 허덕이고 있는 것 아닌가? 가처분 소득이 늘지를 않고 있는데, 무슨 아베노믹스 성공 운운하는가. 그냥저냥 빠듯 빠듯하게 한

달 한 달 살아가는 수밖에 없는 게 현실이다. 일본 취업을 생각하는 젊은이들은 잘 생각해 보아야 할 부분이다.

아베 집권 7년 8개월의 성적표

아베 정권은 마치 아베노믹스에 의해 일본 경제가 되살아나고 있다는 듯이 호도하고 이를 국민들은 순진하게 믿었으니 아베 자민당을 계속 지지했으리라. 정작 자신의 손에 들어오는 수입은 그다지 변함이 없고 세금은 점점 늘어만 가고 있는데도 말이다.

코로나19 대책에서도 드러났듯이 이런 세금을 정체도 알 수 없는 유령회사 같은 곳에서 수수료로 떼어간다. 아베노마스크 같은 아무짝에도 쓸모없는 마스크 만드는 데 세금을 퍼붓고, 건설업자 제네콘들 배만 불려주고 있다. 정작 국민은 PCR 검사도 제대로 받지 못해 불안에 떨어야 하는데도 말이다. 이제부턴 재미도 없는 진부한 일본 정치와 행정 연구 따위는 집어치우고, 세금 폭탄을 피해 갈 방법을 정말 진지하게 연구해야겠다.

일본 업무 시스템의 한계

한국에서 대학을 다니는 작은딸의 장학금을 신청하던 때의 일이다. 주거래 은행의 잔고 증명서가 필요하다고 하여 그 정도면 간단히 끝나겠지 하며 출근하는 길에 은행에 들렀다. 현금 인출이 아니기에 창구 업무였는데, 이미 대기하고 있는

고객이 서너 명 줄을 서 있다. 순간 아차 싶었다. 여기가 일본
이라는 사실을 깨닫자 불안이 엄습했기 때문이다.

얼마나 기다려야 할까 조바심에 기다리니 내 차례가 되었
다. 잔고 증명서 발행 건으로 왔다고 하니, 우선 신청 서류부
터 작성하라고 안내를 한다. 그래 좋다, 신청 서류야 작성하
는 게 기본이니까… 문제는 그 다음부터 나의 분노 게이지를
서서히 끌어올리는데, 결국은 폭발하기 직전까지 갔으나 사
회적 체면이 있는 몸인지라 부글부글 용암 끓듯 끓어오르는
걸 겨우 참아냈다.

나 스스로 생각해도 대단한 인내력이었다. 은행에 발을 디
디고 끝내고 나오기까지 1시간 20분이 걸렸다. 그깟 잔고 증
명서 하나 떼는 데. 그나마 잔고 증명서를 당일 바로 발행해
주었으면 화라도 삭일 수 있지만, 우편으로 일주일에서 열흘
까지 소요되니 집에서 기다리라고 한다. 특정 날짜의 잔고 증
명서 한 장 발행하는 데 무슨 일주일에서 열흘까지 걸린다는
얘기인가 싶어 어처구니가 없다.

더구나 영문으로 발행을 해달라고 하니 이름 철자가 은행
에 등록이 되어 있지 않아 다시 새로 서류를 한 장 더 작성하
라고 한다. 무슨 서류 작성을 이리도 좋아하는지 결국 세 장
을 작성했다. 가만 생각해 보니 나의 직장도 마찬가지지만,
요즘 같은 디지털 시대에도 일본 사회의 종이 서류에 대한 무
한한 애정은 식을 줄 모른다. 어딜 가든 신청서는 반드시 종
이로 먼저 작성하여야 하고, 직장도 출근하면 우선 먼저 해야
하는 일이 도장 결재를 기다리는 종이 서류 더미를 처리하는
일이다.

거기에 각종 회의 자료와 보고서 등 모든 걸 지금도 종이 서류로 작성하고 제출한다. 자원 낭비도 심하지만 대부분 형식적인 보고를 위한 서류 작성인데 여기에 들어가는 시간 또한 무시할 수 없다. 일본 사회의 생산성 저하 요인의 하나는 바로 이런 구태의연한 종이 서류 작성 문화가 사라지지 않는 점이라는 것도 간과해서는 안 된다.

다시 그날의 일로 돌아와서, 마침 그때가 지금까지 그런대로 잘 사용하던 인터넷뱅킹이 온라인 카드시스템으로 바뀐다고 해서 집에서 온라인으로 신청을 했는데, 몇 번 에러가 나기만 하고 본인인증이 안되어 곤란하던 차였다. 은행 창구에 온 김에 해결 방안을 문의했다. 그랬더니 다시 암호를 변경하고 새로 신청을 해야 한다고 한다. 그래서 제1 암호를 다시 만들어야 했다. 그러면 오늘부터 다시 이용 가능하냐 물었더니, 이것 또한 일주일 이후에나 접속이 가능하다고 한다.

인터넷뱅킹을 이용하는 절차를 아날로그 업무로 진행하는 건가 왜 이렇게 시간이 걸리고 늦는 것인지, 복장 터지는 걸 억지로 참았다. 작년인가 한국의 은행에서 카드를 재발급 받을 때 경험한 빛의 속도 같은 일 처리가 너무 그리워지는 순간이었다. 결국 한여름 더위에 은행에 가서 한 시간 이상이나 앉았다 섰다가 서류 작성했다가 창구에 불려갔다가 다시 앉기를 반복하는 얼차려를 받다 보니 정신도 체력도 분노로 고갈되어 학교에 출근하는 것도 포기했다. 학생들 시험 채점과 성적 처리를 빨리 마무리해야 하는데 하루 미루기로 했다.

혹자는 말한다. 일본은 친절하고 질서 있는 나라라고. 맞다 친절하긴 한데 왠지 부담스럽고, 질서 있기는 한데 고리타분하고 답답하다. 그리고 제발 앉아 있는 고객 앞에서 무릎을 꿇고 주문을 받거나 접객하지 말기를 바란다. 지금 시대가 어느 시대인데 그런 봉건적 애티튜드로 접객을 하는 건지 이해할 수가 없다.

그냥 다소 태도가 불량해도 좋으니 일 처리나 빨리하는 방도를 강구해 주길 바란다. 그게 진정한 고객을 위한 일이다. 마음 넓기가 부처님 같기만 한 나도 이렇게 천불이 나는데, 성질 급한 사람은 아마 거의 다 뒷머리 잡고 쓰러졌을 것이다. 이런 시스템에서 30년 이상 살고 있지만 정말 적응하기 힘들다. 일본 조직의 서류에 대한 무한한 애착과 디지털 시대를 관리하는 아날로그 방식의 일 처리에는 두 손 두 발 다 들었다. You win!

일본은 '재해 대국', 따라서 사생관_{死生観}도 정치관도 다르다?

일본은 자연재해가 많은 나라이다. '재해 대국'이라는 말 그대로 각종 자연재해가 사시사철 끊이지 않는다. 가까이는 지진을 시작으로 여름 장마철의 집중호우, 폭염, 태풍 그리고 화산 폭발 등이 때와 장소를 가리지 않고 발생한다. 일본인의 사생관이나 인생관을 들여다보면, 이런 끊이지 않는 자연재해 속에서 녹아 스며든 아비투스가 자리하고 있음을 자주 느낀다. 예를 들어 '죽음'을 받아들이는 자세다.

한국에서는 소리를 내어 곡을 하며 슬픔을 표출하는 장례 풍경을 흔히 볼 수 있지만, 일본의 장례에서는 눈물을 흘리거나 곡을 하는 모습을 찾아볼 수 없다. 이는 일본인이 한국인에 비해 냉혈한이라 슬픔을 느끼지 못하는 것도 아닐 것이고, 감정 표현이 서툴러서도 아닐 것이다.

이에는 서로 다른 오랜 역사를 통해 사람들 사이에 자리한 '죽음'을 받아들이는 '사생관'의 차이에 기인한 것이 아닌가 하는 생각을 한다. 나는 이런 문화의 차이를 보면서 일본인의 '생과 사'에 대한 의식과 자연재해를 연관 지어 생각해 보곤 한다. 자연은 사계를 통하여 계절마다 각각 다른 아름다움을 제공하여 인간의 감성을 풍요롭게도 해주지만, 때로는 심술을 부려 인간계를 파괴하고 고통을 안겨주기도 하며 저항력을 키워주기도 한다.

일본의 경우는 전술한 대로 '재해 대국'이라 일본인 스스로 네이밍할 정도로 재해가 끊임없이 이어지는 나라이다. 그런 환경 속에서 연면히 삶을 이어오는 사람들에게는 인간계가 범접할 수 없는 자연계에 대한 경외는 물론이고, 그로 인해 발생하는 피해나 결과에 대해서는 '저항'이나 극복을 위한 몸부림보다는, 결과를 순순히 받아들이고 '순응'하는 가운데, '죽음'을 받아들이는 내면의 세계가 자리 잡게 된 것이 아닌가 생각한다. 각종 조사 자료를 보아도 일본인의 자연관은 자연은 지배하는 것이 아닌 공존하는 것으로 여기고 있음을 알 수 있다.

물론 이에는 신토神道와 같은 토속종교의 확대와 수용도 무관하지 않을 것이며, 이를 토대로 근대화하는 과정의 통치체계의 일환으로서 '천황제'와 접목된 '국가신도체제'와 연결이 된다. 이는 궁극적으로는 현재 일본인의 '정치관'과도 맥을 같이 한다는 생각이다.

시카타가나이仕方がない의 정치사회학

일본어에 '시카타가나이仕方がない'(이는 '시요가나이しょうがない' 또는 '쇼가나이しょうがない'라는 말과 동의어)란 말이 있다. 사전적 의미로는 첫째로 '할 수 없다, 어쩔 방도가 없다'는 의미가 있다. 둘째로 '좋지 않다''곤란하다'는 의미가 있으며, 셋째로 '참을 수 없다'는 의미로 쓰인다.

좀 더 구체적으로 분해해 보면 '시카타가나이'는 논리로는 설명이 안 되는 곤란이나 비극을 당했을 때나, 피할 수 없는 사태에 직면했을 때, 숙연히 그 상황을 받아들이며 하는 말이기도 하다. 한마디로 '체념' 또는 '단념'을 의미한다. 그 체념이 불가항력적인 자연재해나 천재지변일 때도 있으며, 인간 사회의 활동을 통하여 발생하는 현상 즉 이해대립이나 기대와는 다른 상반된 결과 등에 대해서도 이런 체념 어린 말을 사용하는 경우가 흔하다.

일종의 체념을 통한 자기만족 내지는 자기 위로를 하는 마술적인 관용어이기도 하다. 그러나 이 말을 사회학적·정치학적 관점에서 보면 색다른 흥미로운 사실을 발견하게 된다.

세간에서는 흔히 "정치는 누가 해도 마찬가지야""그X이 그X이다""다 똑같은 X들이다"라는 식으로 정치에 대해 매우 가혹한 평가를 내리는 사람이 있다. 그러나 과연 그럴까? 이는 단순히 정치에 식상하여 더는 기대를 할 수 없다는 생각에 체념하듯 내뱉은 대사일 수도 있고, 정말 무언가 악영향을 받아 지독한 정치 혐오증을 갖고 있는 사람일 수도 있다.

설령 앞에서 예를 든 것처럼 "정치는 누가 해도 마찬가지야"라고 한다면, 아마도 정치를 통한 사회의 변혁이나 발전은 기대하기 힘들 것이다. 그리고 이런 사람들은 '~하는 법이다'라는 표현도 즐겨 사용한다. 예를 들어 '~다 그런거야' '원래 정치는 다 그런 거야' 등의 쓰임이다. 일본어 표기로는 '~모노다~ものだ'(~몬다~もんだ)라는 표현이 즐겨 사용된다.

앞에서 소개한 이런 시카타가나이 또는 쇼가나이라든가 ~몬다 등등의 어법을 빈번히 구사하는 사람에게 현실 개혁이나 부조리한 상황을 타개하려고 하는 의지나 행동을 기대할 수 없다. 비록 권력이나 사회의 부조리 또는 불합리한 처사에 대해 분노를 하면서도 스스로 체념이나 단념을 드러내는 언어인 시카타가나이 또는 ~몬다(다 그런거지 뭐)라는 마술의 언어로 자기 최면을 걸게 되기 때문이다. 그런 의미에서도 나는 이런 부류의 언어 사용에 주의한다. 설령 무심코 내뱉는 말일지언정, 그 말이 내포하고 있는 정치적·사회적 함의를 경계하고 있기 때문이다.

권위에 약한 사회

내가 대학에서 법학부장(법정대학장)직을 수행하면서 느끼는 것 중의 하나가 일본 사회는 '권위'에 약한 사회라는 사실이다. 좋게 표현하면 권위를 존중하며 그 권위에 자발적 복종을 저어하지 않는다는 의미이다. 물론 이는 면종복배의 다른 표현일 수도 있고, 흔히 말하는 다테마에와 혼네를 적절하게 사용하는 처세술의 하나일 수도 있다. 내가 궁예처럼 타인의 속마음을 읽는 독심술을 터득하고 있는 것도 아니므로 사람의 속내를 알 수는 없으나 통상적으로 보면 그렇다는 말이다.

앞에서 일본인의 사생관을 살펴보면서 일본인은 자연과의 공존과 조화를 중시 여긴다고 소개하였다. 이는 자연은 인간에 의한 정복이나 지배의 대상이 아니라 자연의 힘과 질서에 우리 인간이 순응하며 따라야 한다는 내재적 함의가 자리하고 있음의 다른 표현이다.

일본 사회가 예로부터 평등이라는 횡적 질서와 신분 계급과 위계라는 종적 질서 체계에 의해 구성되고 유지되어 오면서 사회 구성원들의 사회적 성정이 형성되었는데, 그들에게 가장 경외롭고 두려운 존재는 자연이다. 그 자연을 지배하고 다스리는 신에 대한 두려움과 경외감을 나타내는 상징물이 전국 각지 어디서나 볼 수 있는 신사이고, 그 신사를 찾아 참배하며 가련한 인간인 자신의 안녕과 구원을 기원한다.

메이지 유신과 함께 강력한 중앙집권 체제의 국가 만들기에 착수한 유신의 지사들은 천황을 정점으로 하는 강력한 통치구조를 설계한다. 그때까지 약 260년간 이어오던 에도막부 체제하에 전국 각지를 다스리던 봉건 영주 즉 다이묘大名들을 굴복시키고 통치할 강력한 권위를 갖는, 인간계가 감히 범접할 수 없는 존재가 필요했다. 그래서 '세상에 인간의 모습을 하고 나타난 신'이라는 의미의 '아라히토가미現人神'로 천황의 권위를 재정립하기에 이른다.

그 현인신인 천황의 명을 받들어 천황을 대신하여 업무를 보는 관리官吏를 '오카미お上'라고 한다. 지금도 관료제를 비판

하거나 설명할 때 여전히 오카미라는 말이 사용되곤 한다. 물론 지금은 헌법에 '공무원'이라는 용어로 명기되어 있으며 이를 또한 '공복公僕, civil servant'이라고 표현하기도 하지만, 내재적 의식 속에는 아직도 오카미라는 의식이 완전히 소멸되어 사라진 것이 아닌 듯하다.

이런 관리의 명을 받들고 따르는 일반 민중을 옛날에는 '시모지모下々'라 구분하였다. 시모지모의 사전적 의미는 신분이 미천한 사람들, 하층계급, 관官에 속한 신분이 높은 사람에 대한 일반 사람들, 서민 등으로 풀이된다. 요즘 말로 말하면 일반 대중이 되겠다.

철저한 신분계급 사회가 유지되었던 일본의 봉건사회에서 오카미의 명은 곧 천황의 명이었으므로, 시모지모는 그 권위에 무조건 복종하고 굴복하여야 했으며 항명이나 반항은 언감생심이었다. 이런 전통적 사회질서와 권위주의 문화가 명치유신 후의 근대화 과정에서 더욱 강화되어 간다. 그런 역사와 전통 속에서 잉태되고 배양되어 온 관과 민의 관계가 전후 민주주의 국가로 탈바꿈했다고 해서 하루 아침에 사라질 수는 없을 것이다.

일본 사회가 정부 정책이나 지시에 매우 협조적이고 순응적으로 보이는 것은 이와 같은 역사와 전통적 질서 의식과 무관하지 않다는 것이 나의 생각이다. 이에 대한 분석은 뒤에서 좀 더 상세히 다루도록 하겠지만 앞에서 언급한 일본인의 자연에 대한 두려움과 경외심 그리고 그에 대한 순응과 복종을, 천황을 정점으로 하는 통치구조 속에서 잉태되고 배양된 사회적 아비투스와 연계해서 생각하게 된다.

물론 지금은 민주주의 국가로 탈바꿈하여 천황은 상징적인 존재에 불과하며, 관리 즉 공무원은 국민 '전체에 대한 봉사자'로 헌법에 규정되어 있다. 주권재민의 원칙에 의거한 민주주의 국가에서 오카미와 시모지모 같은 사어가 된 용어를 굳이 끄집어내어 대입시키는 것이 어색하고 무리한 논리 비약으로 보일 수도 있을 것이다. 그러나 전후 체제가 바뀌어 민주주의라는 외피로 갈아입었지만, 오랜 역사 속에 인간의 내면에 자리잡은 봉건적 가치관은 외피처럼 쉽게 갈아입을 수 있는 것이 아니라는 것이 나의 생각이다.

약자나 패자에게 더없이 가혹한 일본 사회와 대중[*]

얼마 전 야후 재팬에 눈이 꽂히는 기사가 있었다. 전 경제산업성 관료 출신으로 지금은 게이오대학원 교수로 있는 기시 히로유키岸 博幸라는 사람이 TV 방송에서, 에다노 대표(제1야당, 입헌민주당)가 요시무라 히로후미吉村 洋文 오사카부 지사를 비난한 것에 대해 "솔직히 말해 웃기고 있다"라며 분개했다는 내용의 기사다.

무슨 연유인가 자세히 내용을 확인해 보니 다음과 같다.

에다노 대표가 10일 국회 중의원 예산위원회에서 오사카

___

가 의료 붕괴에 처해 있는 상황을 비판하면서, 두 번째 긴
급사태 선언이 해제된 지난 3월 1일, 오사카부가 중증 환
자용 병상 확보 수를 30% 줄이라는 통보를 했다고 소개하
면서 "무책임한 지사가 있다"라고 요시무라 지사를 비난
했다고 한다. 이런 제1야당 대표의 비난에 대해 당연히 장
본인인 요시무라 오사카부 지사는 다음 날인 11일 "전제
가 잘못되었다"라며 반론을 펼쳤다.

그 내용인즉슨, "병상에는 '확보 병상'과 '운용 병상'이 있
다. 확보 병상은 코로나 치료를 위한 것으로 이것만은 꼭 확
보해 주십시오 하는 병상으로 병원과 합의해서 진행하고 있
다. 이에 대해 운용 병상은 확보 병상에 더해 감염자 수의 상
황을 봐가며 변동한다"라고 설명했다. "(3월 1일에) 확보 병상
을 줄인 것이 아니다. 마치 확보 병상을 줄인 것처럼 지적하
고 있는데, 그건 전혀 사실이 아니라는 점을 확실하게 지적하
고자 한다"라고 일갈했다.

이런 에다노 대표와 요시무라 지사의 공방을 전하면서 기
시 씨는 "솔직히 말해 웃기고 있네"라고 분노하며, "감염자,
사망자가 늘어난 것에 대한 책임은 정치에 있으므로, 지사가
책임을 져야 하는 부분은 있지만, 국회 토론 과정에서 야당
은 지사가 병상을 늘릴 수 있도록 확실한 제도를 만들어야 하
는데, 그에 대한 충분한 토론을 하지 않고 있다"라고 지적한
뒤, "자기들은 아무것도 하지 않으면서, 지사를 마치 상급자
시선으로 '잘못됐다'라고 하는 건 정치가로서 자격 미달이라
고 생각합니다"라며 분노를 표출했다고 한다.

야당, 최악의 존재감 ― 구 민주당의 과오와 사회적 응징

위의 내용이 사실이라는 가정하에 얘기를 하자면, 제1야당의 당수가 사실관계 확인도 제대로 하지 못하고 인신공격성 발언을 하여 화를 자초한 면이 있음을 알 수 있다.

야당은 무대포 같은 방식으로 정부나 상대 당을 공격함을 우선할 게 아니라, 정확한 팩트로 공격의 예봉을 들이대는 것과 더불어 적절한 대안 제시를 하며 수권 정당으로서의 존재감을 제고하는 노력을 게을리해서는 안 될 것이다.

여기까지의 내용이라면 늘 있었던 패턴일 뿐인데 문제는 이 기사에 달린 2,300개가 넘는 댓글로 엿볼 수 있는 우려스러운 일본 사회의 현상이다. 아직도 야당 불신이 전혀 해소되지 않고 있다는 점이다. 거의 모든 댓글이 스가 정권이나 정부 여당 자민당에 대한 성토가 아닌, 그 대척점에 있는 제1야당 대표와 입헌민주당에 대한 비난으로 도배되고 있다. 이를 보면 코로나 팬데믹과 올림픽 문제, 백신 접종 등으로 헛발질을 하고 있는 스가 정권과 자민당을 야당이 대신할 정권교체 절호의 찬스라는 기대나 희망과는 달리 현실은 매우 어두워 보인다.

물론 야후 재팬 같은 포털에 기생하며 댓글 놀이로 감정을 배설하는 자들은 대부분 중·고령층으로 네티즌의 1%에 불과하다는 연구 결과도 있다. 하지만 에다노 대표를 비난하는 댓글에 달린 '좋아요' 수가 최고는 4만 개를 넘고 댓글은 2,000건을 넘어가는 것을 보면 단순한 감정 배설로 치부하기에는 예사롭지가 않다.

약자와 패자에 가혹한 사회

과거 민주당이 정권교체에 성공하였지만 고작 3년 3개월밖에 국정 운영을 하지 못했는데, 이토록 10년이 넘도록 두고두고 까일 정도로 나라를 말아먹기라도 했다는 건가?

물론 동일본 대지진의 중구난방식 대응과 미일 관계 악화, 소비세 인상 등 악재가 겹친 것도 사실이다. 관료조직과의 불협화음과 어설픈 국정 운영으로 소란법썩만 떨고 성과는 내지 못하는 '태산명동서일필泰山鳴動鼠一匹'의 국정 운영이었다고 하더라도, 제대로 일해볼 시간이나 주고 비난을 하든지 해야 할 텐데, 자민당의 60년이 넘는 통치기간에 비하면 고작 3년 3개월의 집권 기간에 대한 평가치고는 너무 가혹하다는 것이 솔직한 느낌이다.

일본 사회 저변에 깔려 있는 '이기면 관군이 되고, 패하면 적군이 되는' 내지는 '이왕 붙으려면 강자 측에 붙어라. 즉 강자에는 저항하지 않고 밑으로 들어가 추종을 선택하는 것이 좋다長い物に巻かれろ'고 여기는 현상의 단면을 보는 것 같아 씁쓸하다. 패자, 약자에게는 포용과 자비보다 응징과 조롱을 가하는 일본 사회의 가혹함이 엿보인다.

비록 인터넷 여론에 불과하다 할지언정, 일찍이 토크빌이 《미국의 민주주의》에서 지적했듯 '민주주의'라는 미명하에 발현되는 '다수의 폭정'에 더하여, 강력해진 중앙 권력에 사람들이 쉽게 의존하고 종속되어 버리는 '민주적 전제專制'의 위험성에 포섭되어 버릴 가능성이 엿보여 우려된다.

아래에서 '좋아요' 수가 가장 많은 댓글을 몇 개 소개한다.

- 원래 자기들 맘에 들지 않는 당에서 하는 일이니 우선 반대를 하고 보자는 사람들은 이미 정치가가 아니다. 이 사람들에게 건설적인 의견이라는 걸 들어본 적이 없다. 대안을 보이고 토론을 해야 하는데 아마 불가능하겠지? 좋아요 44,564개

- 안 된다고 할 것 같으면, 건설적인 의견을 내놓아 주길 바란다. 그러니 야당으로 바꾸려고 하는 마음이 일어나지 않은 것을 느껴야 할 텐데… 27,658개

- 과거의 발언을 봐도 알 수 있지만, 그릇이 작다. 당 대표가 저런 사람이라도 괜찮다면 당원들은 안 봐도 비디오다. 자민당, 입헌민주당을 대체할 수 있는 희망을 품을 수 있는 야당이 빨리 나타나 주길 바란다. 22,590개

- 기시 씨의 말이 맞다. 자기들은 아무것도 하지 않는 주제에 결과만 놓고 실패였다고 할 것 같으면 일반 시민의 야지(조롱)와 똑같다. 잘못됐다고 생각한다면 토론하면 된다. 그게 당신들의 역할 아닌가? 15,210개

- 존재 의의가 없는 야당에게 일부러 시간을 쪼개어 코멘트를 하다니 기시 씨도 사람이 너무 좋다. 국민적으로는 입헌민주당 따위 존재하지 않는 거나 마찬가지인데… 12,667개

위와 같은 댓글의 향연을 보고 있노라면 아무래도 야당에 의한 정권교체는 요원한 것 같다. 그럼에도 흔히 정치는 살아 있는 생물이라고 하니 어떤 얼간망둥이(상황 변수)가 뛰쳐나와 어떻게 톡톡 튈지 모르니 마지막까지 뚜껑을 열어봐야

알 수 있을 것 같다.

일본 침체의 원인은 시민정치의 부재

일본의 원로 경제학자로 평소 일본 경제 침체의 주요 원인으로 아베노믹스의 실패와 정치의 부재를 신랄하게 비판해 온 노구치 유키오野口悠紀雄 히도츠바시대학一橋大学 명예교수가 있다. 노구치 교수는 일본 경제 침체에 대해 각종 국제기관의 자료를 토대로 서방 선진국과 비교 검토하며 일본의 정체 원인을 규명해 왔다.

그중에서도 특히 한국의 성장과 발전을 언급하면서, 실질구매력평가와 실질임금 등에서 한국이 일본을 추월하거나 추월하고 있다는 데이터를 사용하여 일본은 곧 아시아 선진국의 자리를 한국에 내주게 될지도 모른다고 주장한다. 노구치 교수가 평소 이런 지론을 모아 최근 책으로 출판하여 단숨에 읽어보았다. 《일본이 선진국에서 탈락하는 날》*이라는 제목의 책이다.

일본 경제의 침체 원인과 현실을 파악하는 데 도움을 주는 책이며 곳곳에서 한국에 대한 언급도 등장한다. 책을 읽으며 오히려 일본의 침체와 한국의 성장을 비교하며 언급하는 기술들이 역으로 반한 감정을 부추기는 결과가 되지 않을까 하

---

* 野口 悠紀雄, 《日本が先進国から脱落する日 "円安という麻薬"が日本を貧しくした!!》(プレジデント社, 2022년, 한국어판: 랩콘스튜디오, 2022년)

는 걱정이 들 정도였다.

　책의 결론 부분에 노구치 교수의 평소 지론이 축약되어 있는 부분이 있어 소개한다.

　※ 열화劣化 된 정치를 어떻게든 바꿀 수는 없는 노릇인가?

정책은 정치의 장에서 결정된다. 아무리 뛰어난 정책을 입안하여도 현실 정치에서 채택이 되지 않으면 무의미하다. 개혁을 해야만 하는 것이 분명한데도 정치가가 무능하면 실현할 수 없다. 일본 정치는 여야당 모두 기본적인 문제에 손을 대지 않는다. 일본 경제를 이렇게 쇠퇴시킨 원인은 어디에 있으며, 그것을 바꾸려면 어떻게 해야 하는가 라는 기본 문제가 검토되지 않는다.

또 '분배 정책이 중요'하다고 하면서 가장 기본적인 재분배 제도인 세제와 사회보장제도에 대해 그 기본을 개혁하기 위한 검토가 이루어지지 않는다. 이런 중요 문제를 방치하고 인기를 끌기 위한 정책이나 퍼주기 정책으로 시종일관한다. 2021년 10월에 실시된 총선거에서도 이런 문제를 뼈저리게 겪었다. 그러나 정치에 절망하고 있는 것만으로는 아무것도 이루어지지 않는다. 이런 상태를 어떻게 해서든 바꾸지 않는 한 일본의 재생은 있을 수 없다.

　※ 노동자의 입장에 선 정치세력이 나타나기를 갈망한다.

일본에는 노동자의 입장에 선 정치세력이 존재하지 않는다. 보수세력이 기업과 자산 보유자를 위한 정책에 치우치는 것은 어떤 의미로서는 어쩔 수 없다. 그러니 원래 노동자의 입장에 선 정치세력이 존재하여 그에 대항하지 않으면 안 된다.

그런데 일본의 진보정당은 그런 역할을 하지 못하고 있다. 2009년부터 12년까지 민주당 정권은 당시의 엔고를 바람직하지 않다고 판단하여 필사적으로 엔저로 이끌려고 했다. 즉 경제정책에 있어서 (자신들이) 서야 할 위치를 완전히 오판해 버렸던 것이다. 노동자의 입장에 선 정치세력이 존재하지 않는다는 것이 일본의 비극이라 하지 않을 수 없다. 그걸 바꾸기 위해 결국 국민 한 사람 한 사람이 현실을 정확하게 인식하는 수밖에 없다. (275~276쪽)

일본은 신용 사회인가?

과거 1990년대, 석·박사 과정에서 학구열을 불태우고 있던 시절, 이미 아이가 둘이 있던 가장이기도 했기에 알바와 학업을 병행해야만 했다. 그때 수입이 짭짤한 알바로 통역 일이 많았다. 한일 공무원 회담이나 세미나와 연수 같은 통역이 주였는데, 페이도 좋고 시간도 절약되는 고효율의 알바였다. 오히려 시급으로만 따지면 지금의 교수 시급보다도 벌이가 나은 알바였다.

노무현 정부 들어서기까지도 한국 중앙정부나 지자체에서 일본으로 공무원 연수를 오고는 했다. 나는 마침 일본의 정치 행정에 천착하고 있던 시기였기에 일본 행정 시스템의 비효율, 비능률적인 사례 등을 소개하며, 이제부턴 오히려 거꾸로 일본이 한국으로 연수를 가야 할 것 같은데 뭘 배울 게 있어서 여기까지 오셨느냐며 농담을 건네곤 했다. 그래도 가성비 좋은 수입원이었기에 즐거이 알바를 했던 바이다.

그 시절 일본을 방문하는 한국인이 궁금해하던 것 중의 하나가 일본 교통비와 공공요금이 비싸다는 점이었다. 전철이나 버스 요금은 물론이지만, 가스·전기·수도 요금 등도 그렇고, 고속도로비 등도 만만치 않게 비쌌다. 물론 지금도 여전히 비싸다. 기본적으로는 일본의 인건비가 비싸니까 그렇다고 생각하기 십상이다. 일부 맞는 얘기지만 지금은 최저 임금이 일본이나 한국이나 비슷비슷하다. 그러나 공공요금의 차이는 아직 크다. 이는 일본이 비싼 것인지, 아님 한국이 너무 싼 것인지 검토하는 게 향후 과제이기도 하다.

과거 일본 사회에는 '담합'이 만연했었다. 대형 건설회사로 이루어진 제네콘은 물론이고, 관료나 지자체 공무원들이 사전에 업자와 결탁하여 낙찰 정보를 유출하는 '관제 담합'도 빈번히 이루어지던 시기였다. 애초부터 효율적인 공공 건설 비용 책정이 아니라, 일부 관계자들의 지갑과 배를 불리는 데 국민의 혈세가 투입되는 구조이다 보니 초기비용이 부풀려진 상태에서 공공사업이 시작된다.

혹자는 일본 사회는 '신용 사회'라고 한다. 일정 부분 맞는다고 생각하지만, 국가나 지자체 업무와 관련이 깊은 공적 부분과 관련된 부문에서는 잘못된 생각이라 확신하고 있다. 신용 사회를 가장한 국민 등치는 가렴주구 구조가 여전히 기능하고 있다는 사실을 간과해서는 안 된다.

국민이 정치에 관심을 갖지 않고, 설사 권력의 비리나 부조리가 발각되어도 기껏 인터넷 댓글에서나 분노를 표출할 뿐, 정치적 저항권을 행사하지 못하는, 즉 분노하지 않는 사회에서는 개혁이 이루어지기가 요원하다. 왜냐하면 관료제나 공적 조직은 내부적으로 자정 기능을 상실했기 때문이다. 외부의 압력에 의한 개혁이 이루어지지 않으면 불가능한 구조로 고착화되어 있다.

수년 전 도쿄 올림픽 유치에 열을 올릴 때 이시하라 신타로石原慎太郎 전 도쿄 도지사와 아베 신조 수상(당시)이 대대적으로 선전하고 홍보한 것이 "가장 돈이 안 드는 올림픽"과 "콤팩트한 올림픽"이었다. 그러면서 당초 예상 경비로 7,300억 엔이라 홍보했었다. 그러나 세월이 지나 산출된 경비는 그 몇 배로 뛰어오른 3조 엔에 이른다고 한다. 왜 이렇게 되었을까?

애초부터 금액을 적게 산정하여 정말 돈이 안 드는 올림픽이 가능한 것처럼 꾸민 탓도 있겠지만, 구조적으로는 지금 일본에서 가장 잘나가는 기업군의 하나인 '광고 대리점'이나 '인재 파견' 같은 중계업을 하며 이익을 챙기는 기업들이 정부 사업에 사사건건 끼어들어 배를 불리고 있기 때문이다.

더구나 이런 기업의 대표나 오너는 여전히 정치권력과 밀접한 관계를 유지하고 있으며, 정권이 바뀌어도 자민당 내 총재가 바뀌는 것에 불과하기에 전혀 영향을 받지 않고 승승장구하며 사세를 키워가고 있다.

생각해 보자. 특정 정당이 60년 이상 집권하는 구조 속에서 구축되고 유지되어 온 이익 카르텔이라는 것이 얼마나 공고하게 굳어져 있을 것인가는 두말하면 잔소리다.

일본어 표현에 '濡れ手で粟'라는 말이 있다. 濡れ手는 '젖

은 손'을 뜻하는데, 젖은 손으로 좁쌀粟을 움켜쥐면 좁쌀이 많이 붙어 오는 것처럼 힘들이지 않고 많은 이익을 취하는 것 또는 아주 손쉽게 돈을 버는 경우를 가리키는 말이다.

지난 아베 정권 때 코로나 재난지원금의 지급을 이런 광고 대리점을 통하여 처리했던 일이나, 도쿄 올림픽 준비 과정에서도 이런 젖은 손으로 좁쌀을 움켜쥐는 기업들이 막대한 이득을 취했다는 건 공공연한 사실이다. 이런 구조적인 메커니즘을 이해한다면 일본 사회가 신용 사회라는 주장을 하는 데 주저하거나 조심스러워질 것이라 생각한다.

서민들이 슈퍼에서 장 보면서 또는 식당에서 밥을 먹고 나서 영수증을 챙기고, 택시를 타도 영수증을 주고받는 모습을 보며, 역시 일본은 신용 사회라고 감탄할 것이 아니다. 엄청난 세금을 쏟아붓는 공공사업이나 대형 프로젝트 중간에 끼어 중계업을 하면서 손쉽게 부를 축재하는 이들, 권력과 유착된 기득권 세력들의 견고한 구조와 실상을 먼저 파악하고 일본이 정말 신용 사회인지 판단하여도 늦지 않을 것이다.

신용 사회라는 일본의 현주소[*]

사례1. 일본 정부의 공문서 위조 재판 전면 수용

아베 정권을 위기에 몰아넣었던 모리토모 학원 부지 헐값 불하 문제를 둘러싸고 재무성 산하 긴키 재무국에서 공문

---

[*] 이 글은 2021년 12월 19일의 기록이다.

서를 개찬改竄(글의 뜻을 달리하기 위하여 글의 일부 구절이나 글자를 일부러 고침. 특히 악용할 목적의 경우를 말할 때가 많음)한 일이 있었다. 이에 관여했던 직원이 자살한 것을 두고 유족인 부인이 정부와 당시 상사를 대상으로 소송을 걸었다. 일본 정부는 '닌다쿠認諾'(인낙: 민사소송에서 피고가 원고의 청구 내용인 권리나 주장을 전면적으로 긍정함, 또는 그 진술)했다. 즉 원고의 주장을 전면 수용한다는 것이며, 이는 곧 정부기관에서 공문서 개찬이 있었음을 인정하는 것이다.

그러나 문제는 피고가 원고의 주장을 '인낙'함으로써 재판이 이것으로 종료된다는 사실이다. 원고 측 유족은 왜 남편이 자살해야만 했는가 그 인과관계나 원인 규명을 통해 책임자에게 책임을 묻고자 하는 의도가 있었을 것이다. 피고인 정부가 원고 측 주장을 전면 수용하는 인낙을 행함으로써 재판을 빨리 종결시키고자 하는 의도가 명백하게 드러났다. 즉 이 건으로 자꾸 뉴스를 만들어보아야 이로울 게 없다는 판단이 있었을 것이고, 그까짓 1억 엔 조금 넘는 배상금은 전액 지불한 뒤 사건을 마무리하려는 의도로밖에 보이지 않는다.

이로써 국가기관에서 공문서 위조라는 범법 행위를 저지른 행정 관료들과 이를 지시했거나 또는 암시했을지 모를 정치가 등에 대한 추궁은 불가능하게 되었다. 책임 회피와 대국민 설명을 하지 않는 작금의 일본 정치의 현주소가 이 건으로 여실히 드러나고 있다.

사례2. 여전히 골칫거리 아베노마스크

세계적 웃음거리를 선사했던 아베노마스크의 재고가 아직

8,200만 장이나 남아 있다고 한다. 또한 이를 보관 및 관리하는 비용으로 6억 엔이 소요되고 있다고 한다. 해서 이를 필요로 하는 지자체나 개인에게 무료로 배포하기로 결정을 하였다고 하는데, 달라는 사람이 아무도 없는가 보다. 하긴 애초부터 쓸 수 있게끔 만들어진 물건이 아님은 누가 봐도 명백한 사실이고, 그로 인해 얼마나 많은 혈세가 낭비되었으며 그 과정에서 앉아서 돈을 챙긴 업자는 또 어디에 숨어 있는 것인지. 아베노마스크를 제안했다는 아베 전 수상의 비서관은 그 후 민간 대기업의 고문으로 영전을 했다는 소문이다. 아무도 책임지지도 않고 책임을 묻지도 않는다.

사례3. 정부도 해먹는데 우리도 해먹자(민간업자)

일본 최대 여행업체의 하나인 HIS라는 회사와 관련된 자회사들이 고투 트래블 기간 중에 직원과 고객 리스트를 악용하여 가공의 약 1만 8,600박의 숙박 기록을 만들어 고투 트래블 보조금으로 손실을 때웠다는 폭로 보도가 나왔다. 이에 방송에서 담당자들과 인터뷰를 시도했지만 모두 도망치기 바쁘다. 나는 모른다. 회사에서 설명할 것이라며 도망치듯 달아나는 모습이 정치나 민간이나 도덕적 해이가 한층 심화되고 있음을 느낀다. 일본은 신용 사회라는 말과는 달리 신용하면 손해본다. 공문서도 위조되고 정부의 GDP 통계 수치도 이중으로 계산되는 등 사회 여기저기서 말기적 증상이 터져 나오는 것은 아닌지 심히 걱정된다.

은폐와 거짓이 일상화되면 결국[*]

〈요미우리 신문〉에 충격적(?)인 기사가 눈에 띄었다. 다름 아닌 지금 코로나 신규 확진자와 중증환자가 증가하여 병실이 만실이 되고, 치료조차 제대로 받지 못하고 자택에서 자가 치료하다 사망하는 사례가 발생하고 있다고 한다. 효고현 고베시에 있는 노인 요양 시설에서 지난 달부터 100명이 넘는 감염 클러스터가 발생하여, 이 중 10명 이상이 사망했음에도 시 당국은 이를 발표하지 않고 있었다고 한다. 신문사의 취재에 응한 시 담당자는 "클러스터를 조사하는 업무가 늦어졌다. 가까운 시일 내에 발표한다"고 변명하고 있다. 이 기사에 달린 댓글을 보면 더 가관이다.

- 여기저기 학교에서 감염자가 나오고 있는데, 교육위원회가 입을 막고 있다. 이건 아니지. 고베시도 감염자가 더 늘어날 것이다.
- 사실은 초등학교에서 코로나로 학급이 폐쇄되었는데, 이를 알고 있는 건 학부모와 관계자뿐으로 코로나 예방이 특별히 필요한 초등학교 근처의 고령자는 모르고 지내는 일이 발생하고 있다. 코로나 감염 상세정보를 전하는 것이 필요하지 않을 수도 있지만, 감염자 수뿐만 아니라 조금이라도 상세한 정보 발신을 해야 감염 예방 의식이 높아지지 않겠는가?

---

[*] 이 글은 2021년 5월 7일의 기록이다.

- 각지의 코로나 발생상황을 보고 있는데, '조사중'이란 항목이 많은 것은 본인이 공표를 희망하지 않은 탓인가? 한번 조사중이라고 표시되면 계속해서 조사중인 채로 있다. 이름과 주소는 가리는 게 당연하다고 해도 나이라든가 대략적인 시정촌 단위의 거주지명은 공표해야 하지 않는가?
- 효고의 어느 지자체 홈피에는 코로나 환자가 수 명밖에 기재되지 않고 있는데, 관할 지역 병원은 만실로 대응에 고생하고 있다. 주민들 사이에는 어디어디서 클러스터가 발생했다는 정보가 난무한데, 정작 공식적으로 발표된 것은 없다. 이런 북한 같은 대응으로 정말 괜찮은 거냐?

이런 댓글이 1,500개를 넘고 있다. 신용 사회라던 일본이 언제부터 이런 은폐와 거짓이 일상화되는 나라가 되었는지. 헤이세의의 불황과도 무관하지 않을 것이지만, 나의 판단으로는 아베 집권 약 8년간에 걸친 거짓과 은폐의 죄과가 크다 생각한다.

아베의 집권 기간 중 모리카케 학원 문제를 둘러싼 거짓은 물론이고, 정부의 통계 조작을 비롯한 공문서 위조 등 기간 내에 이뤄진 불법 행위는 수없이 많았으나, 이에 대한 사법 제재와 사회적 응징은 솜방망이 처벌과 꼬리 자르기식으로 유야무야되곤 했다. 이런 악폐가 이제 전국적으로 확산되고 있는 것이 아닌가 싶다.

국가 지도자나 고위 공무원이 모두 인격적으로 훌륭할 필요는 없겠지만, 정부가 발신하는 발표나 통계는 사실에 근거해야 하며 신뢰할 수 있는 것이어야 한다. 그러나 작금의 일본 정부나 지자체가 내놓는 정보를 신용하기에는 의심이 될 때가 많다.

일본 속담에 '냄새나는 건 뚜껑을 덮는다臭い物に蓋をする'는 말이 있는데, 세상에 냄새나지 않는 음식이 어디 있으며, 냄새나지 않는 사람 또한 어디 있겠는가? 요즘 일본에서는 뚜껑을 덮는 일들이 너무 잦아지고 있는 것 같다.

일본 건설업계의 구조적 부패

과거 일본은 '토건 국가'로 불릴 정도로 중앙·지방정부 가릴 것 없이 경기 부양책이란 명목으로 대형 토목사업으로 전 국토를 깎고, 파고, 막고, 메꾸며 새로이 짓고 부수기를 반복적으로 해왔다. 그 과정에 정부로부터 대형 공공사업을 발주받아 사업을 총괄하며, 다른 현지 기업이나 중소기업에 하청을 주고, 이는 또다시 2차 하청으로 이어지며 건설업계가 공생하고 자기 증식해 왔다.

이런 대형 공공사업의 원 도급자로 각종 토목과 건축 공사 전체를 발주자로부터 직접 도급을 맡아 공사 전체를 총괄하는 업자를 일본에서는 '제네콘'이라 한다. 제네콘은 영어 'general contractor'로 표기하며, 정식으론 '종합 공사업(자)' 또는 '종합 건설업(자)'라 한다.

이들 제네콘 중에서 2019년도 매출이 1조 엔이 넘는 대기업으로는 가지마 건설鹿島建設, 시미즈 건설淸水建設, 다이세이 건설大成建設, 오바야시 구미大林組, 다케나카 공무점竹中工務店 등이 있다. 일본 전국 어디서나 대형 프로젝트 공사현장이라면 흔히 볼 수 있는 회사이다.

이런 대형 건설업자들은 집권 자민당의 경기부양책인 대형 공공사업 추진과 맞물려 일본의 성장과 함께 동반성장하면서 지갑을 두둑이 채우고 사세를 넓혀 거대화했다. 이런 제네콘은 2009년 민주당 정권이 들어서면서 무익한 공공사업의 재고라는 공공사업 억제 정책으로 타격을 받기도 한다. 민주당 정권은 2011년 3월 11일에 발생한 동일본 대지진으로 인한 대응과 수습 과정에서 무능을 드러내고 결국 3년 3개월의 단명 정권으로 막을 내렸다.

자연재해가 많은 일본에선 그만큼 재해복구나 방재를 위한 토건 사업이 활발할 수밖에 없다. 3.11 대지진으로 인해 막대한 피해를 입고 초토화된 지역의 복구를 위해 아베 자민당은 부흥사업이라는 명목으로 약 30조 엔에 이르는 혈세를 퍼붓게 된다. 이는 민주당 정권으로 인해 의기소침해 있던 제네콘에겐 다시 한번 큰 찬스를 안겨주게 된다.

대형 제네콘과 하청업자와의 관계는 구조적으로 하늘과 땅만큼의 차이가 존재하며 전형적인 갑질과 부패의 온상이 되어왔다. 하청업자들은 원청 관계자들을 접대하기 위한 향응비 마련은 물론, 부풀린 공사대금으로 비자금을 조성하여 뇌물로 바치는 등의 갑질 횡포에 시달리며 하청공사를 수주하는 일이 여전하다*. 과거 일본이라는 나라는 신용 사회이

---

* 대형 제네콘에 의한 부흥머니와 관련된 부정과 비리에 대해서는 〈아사히 신문〉의 2021년 6월 29일 〈비뚤어진 부흥 머니歪んだ復興マネー〉 시리즈를 참고

며, 시민의식이 높은 나라라는 이미지가 있었다. 그러나 오늘날의 일본은 과거와 같은 그런 신용과 신뢰 사회라는 말이 무색할 정도로 부조리와 모순이 사회 곳곳에서 독버섯처럼 자생하고 있다.

우선 아베 정권을 보더라도 끊임없는 스캔들과 의혹, 공문서 및 통계 조작과 은폐 등 국가 신용도는 과거에 견줄 바가 아니다. 윗물이 맑아야 아랫물도 맑다는 진부한 말을 소환하지 않더라도 정권이 부패하면 사회도 따라서 당연히 부패가 만연하게 된다.

행정편의주의와 중간 착취 구조

기시다 정권 들어 처음으로 지급하는 재난 지원금의 지급 방식을 두고 갑론을박 소음이 끊이질 않는다. 기본적인 골격은 18세 이하의 자녀를 둔 세대에 각 10만 엔을 지원하는 방침인데, 5만 엔은 연내에 현금으로 지급하고 나머지 5만 엔은 내년 봄까지 쿠폰 형식으로 지급한다는 방침인 듯하다.

그런데 문제는 왜 현금과 쿠폰 형식으로 나누어 번거롭게 지급을 하느냐는 원초적인 의문이 드는 것이고, 더욱 가관인 것은 쿠폰 형식으로 지급할 때 드는 제반 비용이 엄청나다는 것이다. 원래 18세 이하의 아동수당 형식의 지급금에는 약 2조 엔의 예산이 사용된다고 한다.

그런데 이를 지급하는 방법을 두고 혼란을 초래하고 있다. 연내에 현금으로 지불하는 경우에는 인건비와 우송료 등을 포함해 약 260억 엔의 경비가 예상되는 것에 비해, 내년 봄에 쿠폰 형식으로 지불하는 경우에는 기존의 현금 지불 시에 드는 비용에 더해, 사업자에 대한 홍보비와 송금·환금 비용, 쿠폰 인쇄비, 우송비가 추가되어 얼추 967억 엔의 경비 소요가 예상된다고 한다.

군이 이렇게 엄청난 제반 경비를 써가면서 쿠폰 형식으로 지불해야 하는지 정부 당국은 명확한 이유를 설명해야 할 것이다. 일괄 현금 지급을 요구하는 지자체와 정부의 방침에 괴리가 있어 많은 지자체가 당혹스러워하고 있다고 전해진다. 이런 재난지원금의 지급도 따지고 보면 납세자인 국민에게 환원하는 것에 불과한 일이고, 제반 경비를 절감하며 신속하고 효율적인 지급이 이루어져야 하는데, 아무리 보아도 행정 편의주의에 입각한 설계라는 인상을 지울 수가 없다.

그 과정에 또 이런 정부 사업을 수탁하여 중간 마진을 챙기면서 업자에게 다시 하청을 주는 형식으로 앉아서 불로 수익을 챙기는 거대 광고 대리점 같은 기업이 관여하는지 어떤지 잘 살펴보아야 할 것이다.

5. 일본은 '건국 기념일'이 아니라 '건국 기념의 날'이라고 하는 이유

일본에서 2월 11일은 '건국 기념의 날'로 공휴일이다. 그러면 이 날이 일본이라는 나라를 건국한 날인가 보다 생각하게 된다. 그런데 가만히 보고 있자니 조금 이상하다.

그냥 명칭을 '건국 기념일'이라고 하면 될 터인데, 왜 '건국 기념의 날'이라고 하여 조사 '의'를 집어넣었는가 궁금해진다. 무슨 의미가 있는 것일까?

우선 건국 기념일과 관련한 외국의 사례를 보자. 미국의 경우는 영국 식민지에서 독립을 선언한 1776년 7월 4일을 '독립기념일'로 지정하여 대대적인 축하 행사를 하고 있다.

프랑스의 경우는 프랑스 혁명의 심벌이라 할 수 있는 바스티유 감옥 습격이 일어난 1789년 7월 14일에 유래하여 매년 7월 14일을 기념일로 제정하고 있다.

또한 중국은 건국 기념일 10월 1일을 국경절로 지정하여 대대적인 기념행사를 펼친다. 이는 1949년 10월 1일 모택동이 중화인민공화국 성립을 선언한 날로서 지금의 중국이 탄생한 날이 된다.

이렇게 건국 기념일은 나라마다 기원이 다른데, 일본의 경우는 일본이란 나라가 언제 세워졌는지 명확하지 않기에 신화에 따라 초대 천황이라고 하는 진무 천황神武天皇이 즉위했다는 날짜를 건국 기념의 날로 정하고 있다.

그러나 진무 천황이 즉위했다고 하는 건 어디까지나 신화 속의 이야기로서 《니혼쇼키日本書紀》와 《고지키古事記》에 의하면, 진무 천황은 기원전 660년 1월 1일에 즉위했다고 전해진다. 그러나 이는 어디까지나 신화에 의한 설이므로 역사적 사실이 아니다. 따라서 일본의 건국 기념일이라는 용어는 날짜가 정확하지 않기에, 이를 '건국 기념의 날'로 표현하게 된 것이라고 한다.

건국 기념의 날의 전신은 기원절紀元節

천황을 중심으로 한 중앙집권제 국가를 설계한 명치 신정부에 의해 진무 천황의 즉위일이라고 하는 날짜를 음력에서 양력으로 환산해 2월 11일을 '기원절'이라고 명명하며 축일로 정하게 된다. 이로써 일본에서는 매년 2월 11일이 일본이란 나라의 기원절로 불리며 기념해 왔다. 천황제 국가답게 일본에서는 이처럼 천황과 관련된 축일이 많다.

현재의 126대 천황인 나루히토德仁 천황의 탄생일인 2월 23일도 공휴일이고, 명치 천황의 생일인 11월 3일은 '문화의 날'로, 그리고 소화 천황의 생일인 4월 29일은 '소화의 날'로 축일이 되었다가 지금은 이름이 '미도리(녹색)의 날'로 바뀌었다.

그러나 지금은 퇴위하여 물러난 아키히토明仁 상황의 생일에 해당하는 12월 23일은 과거에는 축일이었으나, 이제는 천황이 아니므로 그냥 평일이 되었다. 항간에는 '헤이세이의 날'로 정하여 축일로 하자고 하는 여론도 있다는데, 이는 생전 퇴위를 한 아키히토 상황이 생존하는 가운데 이를 축일로 지정하게 되면, 새 천황의 생일과 병존하게 되어 국민에게 이중의 권위로 비칠 수 있다는 염려가 있어 보류되었다고 한다.

명치나 소화 천황의 생일을 축일로 한 것도 둘 다 사후의 일이므로 만일 '헤이세이의 날'이 지정이 된다고 하더라도 현재의 아키히토 상황의 사후에나 논의될 것으로 보인다.

'기원절'을 두려워한 점령군

아무튼 전전 일본에서는 매년 2월 11일을 기원절로 정하여 기념해 왔는데, 패전 후 일본의 점령 통치를 담당한 GHQ(General Headquarters, the Supreme Commander for the Allied Powers, 연합국군 최고사령관 총사령부)의 뜻에 따라 1948년 폐지되기에 이른다.

기원절은 전술한 대로 초대 천황이라고 하는 진무 천황의 즉위일을 기념하여 지정된 축일이다. 이런 기원절을 존속시키면 일본 국민이 천황을 섬기고 숭배하면서 전전과 같이 천황을 중심으로 똘똘 뭉쳐 전체주의가 부활할 수 있는 가능성으로 비춰졌다. 그 싹을 자르자는 것이었다.

그 후 연합군의 점령 통치가 종료되고 독립국가가 된 일본에서는 다시 기원절을 부활시켜야 한다는 여론과 천황을 정점으로 하는 전전과 같은 국가체제를 용인할 수 없다는 반대 여론 등이 부딪치면서 공론화되어 간다.

그런 가운데 원래 일본의 건국 날짜를 알지 못하는데 건국기념일을 제정하는 것 자체가 모순이라는 의견도 대두된다. 전반적으로는 어떤 형태로든 일본이란 나라의 성립에 대해 기념일을 제정하는 쪽으로 여론이 움직이게 된다.

일본이란 나라가 언제 성립이 되었는지 명확하지 않은 점, 진무 천황이라는 것이 실재한 인물이 아닌 신화 속의 가상 인물인 점 등을 고려하여 '건국 기념일'이 아닌, '건국 기념의 날'로 명명하여, 1966년 관련 법령(건국 기념의 날이 되는 날을 정하는 정령)이 제정되어 현재에 이른다.

따라서 2월 11일은 공휴일이지만, 정확한 명칭은 '건국 기념의 날'이 맞으며, '건국 기념일'이라 하면 틀리게 된다. 지금까지 무심코 '건국 기념일'이라고 말해왔던 사람들은 이제 정확하게 용어를 분별하여 사용하기를 권한다.

※ 커피 브레이크 4의 정답

앞의 커피 브레이크 4에서 '선거에서 낙선했으면 하는 정치가 Top 10'에 선정된 정치가 중에서 현재 현역 정치가가 아닌 사람은 네 사람이다. 한 사람은 6위로 선정된 간 나오토 전 수상(민주당)인데, 선거에서 낙선을 하여 정계에서 물러난 것이 아니라, 2024년 10월 9일 스스로 사퇴 회견을 하고 정계에서 은퇴했다.

실제로 선거에서 낙선한 사람은 세 명으로 먼저 3위로 선정된 스기타 미오다. 그녀는 24년 중의원 선거에서는 자민당 공천을 받지 못하여 출마를 못 했다가, 이번 2025년 7월 20일 실시된 참의원 선거에 자민당 비례대표로 출마했으나, 자민당이 대패하여 12석밖에 비례대표 의석을 차지하지 못하게 됨으로써 낙선했다. 그녀의 비례대표 순위는 21위였다.

그러나 2026년 2월 8일에 실시된 해산 총선거에서 다카이치 자민당이 역사적 압승을 하면서 그 여파로 낙선하게 된 정치인이 추가되었다. 3위였던 스기타 미오는 이번 선거에서도 오사카 지역의 지역구와 비례대표 양쪽 모두에 출사표를 던졌으나 낙선하였다. 4위였던 오자와 이치로도 지역구 20선에 도전했다가 실패하며 낙선을 했다. 10위였던 에다노 유키오 전 입헌민주당 대표도 이번 다카이치 해산 총선거의 역풍을 극복하지 못하고 낙선하여 의원직을 잃게 되었다. 따라서 2026년 2월 현재 국회의원직을 상실한 사람은 네 명이다.

일본은 성차별 국가?

내가 유학을 시작했던 1990년대 일하면서 알게 된 일본 중장년층과 대화를 하다 보면, 한국에 대한 스테레오 타입의 가치관이 생각보다 많음을 알 수 있다.

군사독재 정권, 대학생들의 데모, 경제성장, 한강의 기적, 서울 올림픽, 남존여비가 철저한 유교 국가 등등이 주 내용이었다. 그중 남존여비를 살펴보자면, 과거는 그랬을지 몰라도 지금은 한국과 일본의 젠더 갭의 문제는 역전되었음을 여러 데이터나 사회현상을 보아도 금방 알 수 있다. 물론 그렇다고 한국의 젠더 문제가 해결되었다는 의미는 아니다. 어디까지나 한일 간 두 나라를 단순 비교하였을 때의 이야기다.

일본은 다른 분야의 변화 속도도 늦은 편이지만, 젠더 문제를 다루는 속도는 더욱 느리다. 아니 거칠게 표현하면, 젠더 문제에 대한 개선 의지가 과연 있기나 한 건지 의문이 들 정도이다. 방송이나 잡지를 통하여 정치가나 유명인에 의한 성희롱이나 성폭력 등의 사건이 폭로될 때마나 한동안 야단법석을 떨지만, 열기가 식으면 또 언제 그랬냐는 식으로 사라지고 만다. 그러고는 같은 부류의 사건이나 스캔들이 또 이어진다.

예를 들어 2023년에 본격적으로 진상이 밝혀지면서 일본 사회를 충격으로 몰아넣은 쟈니 기타가와ジャニ─ 喜多川 성폭력 문제를 들 수 있다. 일본 최대 연예프로덕션의 유력자가 수십 년에 걸쳐 소속 동성 연예인들을 성적 가해한 사실이 백일하에 드러난 것이다.

이 사건은 이미 1970년대 이후부터 관계자들 사이에서는 공공연한 비밀이었으며, 잡지 등에 간헐적인 고발 기사가 나오기는 했지만, 일본 사회는 관심을 두지 않았다. 그랬던 것이 2023년 3월 영국의 BBC가 성적 가해 내용을 다룬 다큐멘터리를 방송하고 난 후, 실명으로 피해를 고발하는 피해자가 등장하면서 세상에 널리 드러나게 되었다. 그동안 TV를 비롯한 일본 미디어는 이런 공공연한 사실에 침묵하며 공범적 관계를 쌓아온 것이 비판의 도마 위에 오르게 된다.

최근에는 인기 남성 아이돌 그룹 스마프SMAP의 멤버이며, 방송가에서 사회자로 절정의 인기를 구가하던 나카이 마사히로中居 正広가 아나운서를 성폭행한 사건이 주간지에 의해 보도되면서 큰 소동이 일었다. 문제는 이런 남녀 연예인 간의 위력에 의한 불상사가 있었음을 방송국 관계자도 인지하고 있었으면서도 사건 당사자를 계속 방송 출연하게 하는 등, 컴플라이언스 측면에서 문제가 많다는 비판이 쇄도하자, 방송국이 공개 사과 기자회견을 하는 등 큰 소동으로 번진 끝에, 나카이는 2025년 1월 연예계 은퇴를 선언하고 방송에서 사라지게 되었다.

나도 생물학적·사회학적 남성으로서 여성보다 나은 환경에서 사회생활을 하고 있음을 부정하지 않는다. 즉 현재 사회가 남성중심주의로 설계되고 운용되고 있음을 부정하지 않는다. 따라서 사회의 주요 위치에서 결정을 내리고 여론을 형성할 수 있는 포지션에 있는 사람들, 특히 남성들이 이런 젠더 갭에 관한 문제의식을 갖고 있지 않으면 좀처럼 개선되거나 되더라도 그 속도가 느릴 수밖에 없다.

한편으로는 여성 스스로가 이런 사회가 불공정하고 불합리하다고 생각한다면 그에 대한 반대 의견이나 행동을 보여야 하는데, 일본 사회는 그런 면에서 부족하다고 생각한다.

나에게는 20대 딸이 둘 있다. 딸을 둔 아빠로서도 딸들에게는 늘 남성의 그늘로부터 독립할 수 있는 능력(사회적·경제적 능력)을 갖추어야 한다고 자주 얘기를 해왔다. 무엇보다도 내가 살고 있는 현 세태를 보면서 앞으로 살아갈 자식 세대의 세상은 좀 더 다른 모습으로 남녀가 성에 의해 차별을 받거나 불이익을 받아야 하는 모순이 없기를 바랐기 때문이다.

나의 두 딸은 대학을 모두 한국에서 다니고 졸업했다. 2018년이었던가? 큰딸이 입학한 서울의 모 여대 입학식에 함께 참석을 한 적이 있다. 입학식 행사에 앞서 강당에서 열린 선배들에 의한 신입생 정신교육(?) 같은 프로그램이 진행되고 있어 흥미를 갖고 보았다.

"여자이기 때문에 못하는 게 아니라 남자에게 의지하려고 하는 마음을 버려야 한다. 여자이기 때문이 아니라, 내 의지가 약해서 기존 질서와 구조에 흡수되어 편안함을 추구하려는 마음을 버려야 한다."

사회에서 활동하는 지명도 있는 선배의 이런 일갈에 가까운 훈시가 있었음을 기억한다. 나름 울림이 있는 연설이었다. 입학식 후 딸에게는 "서울에서 혼자 살면서 공부를 하는 게 힘들고 어려운 점이 많겠지만, 이제 성인이 되었으니 자신의 일은 자신이 고민하고 결정하면서 홀로서기를 해야 한다고 하며, 아무리 애써도 안되고 힘들 때는 다 접고 언제든 집으로 다시 돌아오라"고 하며 격려를 해주었다.

그 후 동생도 언니를 따라 같은 학교에 입학하였고 두 딸은 무사히 대학을 마치고 사회인이 되었다. 아직 결혼을 하고 가정을 꾸리고 살고 있지는 않지만, 앞으로 결혼도 하고 가정도 꾸리게 될 것이다. 두 딸은 아빠 세대와는 다른 환경에서 각자의 능력에 맞게 사회적 차별 없이 살아갔으면 하는 바람이다.

일본에는 시대에 역행하는 듯한 '죠시료쿠女子力'라는 말이 있다. 말 그대로 '여자력'으로 여자의 능력 또는 힘을 뜻하는 말이다. 일본 위키피디아를 보면, 구체적으로는 여성이 여성다운 태도나 용모를 중시하며, 여성이 갖춰야 할 감각과 능력을 생활이나 직업에서 활용하는 것을 말한다. 여성이 자신의 삶을 향상시키는 힘이나 여성 자신의 존재를 나타내는 힘이라고 한다.

이 용어는 2009년에 올해의 신조어·유행어 후보에 오르면서 주목을 받고 널리 퍼지게 되었는데, 방송에서 자주 듣게 된다. 실제로 내 주변에서 이 용어를 사용하는 경우는 보지 못했다. 아마도 나이 든 중장년 아재들인지라 사용할 일이 없을 뿐이겠지만.

결국 이 죠시료쿠라는 말을 통해 연상되는 이미지를 그려보자면, '눈치가 빠르다', '붙임성이 있고 싹싹하다', '상냥하고 착하다', '귀여운 걸 좋아한다', '화장을 예쁘게 잘한다', '패션 감각이 좋다', '피부가 깨끗하고 관리를 잘한다', '요리를 잘한다', '청소나 정리정돈을 잘한다', '가사일을 잘한다' 등등이 떠오르는데, 결국 이런 능력을 활용하여 이성의 관심을 받고 인기를 얻게 되는 걸 의미하는 것이다.

예를 들어 직장의 회식 자리에서 메인 요리 전에 샐러드가 나왔을 때, 재빠르게 큰 젓가락과 앞접시를 사용하여 샐러드를 나누어 옆의 남성들에게 분배해 주는 여성을 보고, 남자들이 "오~ 죠시료쿠!"라 감탄을 하며 엄지 척하는 장면을 연상하면 쉽게 이미지가 그려질 것이다.

이런 용어가 위화감도 없이 여성들의 입을 통하여 회자되고 받아들여지는 사회에서 젠더 갭에 대한 기존의 인습이나 제도를 개혁하기란 쉽지 않아 보인다. 일본 사회의 젠더 갭에 대한 개혁 의지나 실천이 미약해 보이는 것은, 위와 같은 현상을 당연하다는 듯이 받아들이는 사회 풍조가 여전하기 때문이다. 사회적으로 볼 때, 남성과 여성의 역할 분담이라는 차원에서 여전히 남자는 바깥일, 여자는 집안일이라는 고전적인 사고 체계가 뿌리 깊은 탓일 게다.

아무튼 예전에 내가 1990년대 일본의 중장년층에게 많이 들었던 '남존여비'의 사회가 이젠 한국이 아닌 일본에 더 어울리는 현실이 되었다. 물론 한국도 세계에 비하면 뒤처지고 있는 것도 사실이지만, 그래도 일본에 비하면 한 발 앞서고 있는 듯하다.

일본 조직사회 기능 부전의 이유 1
― 회의 만능주의와 책임 분산 구조

장시간 회의에 기진맥진

아베 수상의 '긴급사태 선언'이 임박했다는 뉴스가 돌자 그에 따른 대응을 논의하기 위해 긴급히 '위기 대책 본부 회의'가 개최된다. 그런데 회의는 의제에 관한 핵심과 중점을 논하기보다는 지엽적인 문제와 사례를 반복하여 검토하는 데 많은 시간을 허비한다. 이는 치열하게 생존경쟁하는 비즈니스 세계가 아닌 비교적 완만한 경영으로도 존립할 수 있는 대학 조직의 특성이 드러나는 사례라 하겠다. 그러나 이런 현상은 민간기업은 차치하고 내가 겪어본 공무원 조직에서도 대동소이하다.

이런 회의 형태의 의사결정 시스템은 여전히 많은 일본 조직에서 보이는 특징이다. 학교는 물론 관공서, 은행이 대표적인 경우라 생각한다. 무얼 하더라도 매뉴얼에 따라 번잡한 서류 작성과 반드시 찍어야 하는 도장들. 21세기 정보화 시대를 사는 지금도 여전히 일본에선 인감도장과 막도장이 필수품이다. 지금도 초등학교 졸업할 때 학교에서 도장을 새겨 졸업선물로 주기도 한다.

일본 조직사회가 기능부전을 일으키는 요인에는 몇 가지 공통점이 있다. 우선, 첫째로 책임 소재의 불분명이 가져오는 혼란과 지체를 들 수 있다. 가령 톱 다운의 원맨 체제의 경우라면 위에서 하달된 지시 사항을 수행하기 위해 관련 부서가 일사불란하게 움직이는 것에 비해, 책임 소재가 애매모호한 경우는 뒤탈이 생기지 않게 하기 위해 모두가 책임을 분산하여 걸머지는 형태를 띤다. 책임을 모두에게 분산하여 나누어 갖는 형태를 띠지만 최종적으로는 모두가 책임이라는 일련탁생—蓮托生의 로직으로 연결된다.

비생산적인 장시간 회의

세부적인 사항 하나하나를 두고도 꼼꼼하게 검토를 하게

되며, 각종 시뮬레이션을 돌려가며 어떤 상황이 발생했을 경우의 대응책과 그런 일의 발생을 억제하기 위한 회피책을 모색하게 된다. 그러므로 자연히 사안의 본질을 가다듬기보다는 지엽적인 사안의 검토와 논의에 무한정의 시간이 투자된다. 당연 회의 시간이 길어질 수밖에 없다.

흔히 돌다리도 두드려보고 건넌다는 말이 있는데, 일본 조직은 돌다리를 들었다 놓기를 반복하고 강력한 다이슨 몬스터 진공청소기로 깨끗이 미세먼지까지 제거한 후에야 비로소 발걸음을 떼는 식이다. 당연히 시간이 걸린다. 그러나 이런 과정이 단점만 있는 것은 아니다.

시작부터 다양한 시뮬레이션을 통한 검토와 보완을 반복하고 체크하므로 의사결정이 늦는 것이 큰 단점이긴 하지만, 한번 결정된 사안에 대해서는 일사천리로 일이 진행될 수 있으며, 그 과정에 부실 공사라든가 적당주의가 자리하기 힘들다.

따라서 완제품이나 완성된 사안은 거의 퍼펙트에 가깝게 보이고 느껴져야 한다. 다만 주의가 필요한 것은 퍼펙트를 보장한다는 말이 아니라, 그렇게 보이게끔 연출이 된다는 의미이다. 또한 한번 이루어진 결정 사항은 그 후 금과옥조가 되어 '전례 답습 주의'에 의해 조직의 새로운 전통으로 켜켜이 쌓여가게 된다.

두 번째로 어느 한쪽의 일방적인 주장이나 견해는 금기시된다. 만일 기발한 짜파구리 아이디어라 할지라도 이는 너구리와 짜파게티를 섞어 끓이는 과정을 통하여 모두의 합의로 이루어진 만장일치의 형태로 승화된다. 즉 짜파구리는 너구리와 짜파게티의 화합으로 완성된 것이지, 너구리나 짜파게티 어느 한쪽의 맛이 결정적이 될 수가 없다는 의미이다.

연대 책임의 미학?

가령 어느 사안에 대하여 기발한 착상으로 인한 아이디어가 나오더라도 '그거 좋네, 엑설런트!'라며 바로 결정되는 것이 아니다. 앞에서도 서술한 대로 이런 경우에도 또다시 각종 시뮬레이션 검증이라는 지난한 과정을 거쳐야 한다. 그 과정에서 애초의 아이디어는 날카로운 조각칼로 깎이고 다듬어지게 되며, 종국에는 그에 관계되는 모든 구성원 또는 부서의 작품으로 승화된다.

일본의 조직을 보면 보통 과課 단위의 규모가 기본이 된다. 또한 같은 공간의 오피스에는 이런 과가 몇 개씩 들어가 있는 경우도 흔하다. 이런 일본의 조직 형태를 오베야주의大部屋主義라 부른다.

오베야주의는 과 단위로 일을 하며 구성원은 팀워크를 최고선으로 여기는 업무 방식이다. 혼자 튀거나 처지지도 않는 것이 특징이며 업무 성과에 대한 평가는 팀원 전체에 대한 평가가 된다. 만일 구성원 하나가 부재중이더라도 다른 팀원이 그 일을 커버할 수 있는 특징이 있다.

직장인들은 알 것이다. 장기간 해외 출장을 가게 될 때 혹시라도 내가 없는 동안 업무에 지장이 생기면 어쩌나 하고 걱정을 하지만, 출장 끝나고 복귀해 보면 아무 일도 없었다는 듯이 회사는 평소처럼 잘 굴러가고 있다는 것을. 그렇다면 바로 위의 경우에 해당된다. 이런 조직은 개인의 능력보다는 팀플레이가 우선시되기에 고과 평가 등의 논공행상이 어렵다. 그런 모순을 극복하는 것이 '연공서열주의'이다.

비록 자신의 노력과 결실이 바로 인정받고 평가되지 못하더라도, 서열에 따라 순차적으로 승진을 하고 호봉과 연봉도 그에 맞추어 상승하므로, 처음에는 다소 불만이 있었다 하더라도 그런 조직의 관행에 적응하면서 오히려 안정감을 느끼게 된다. 따라서 이런 조직 형태는 개인의 능력이나 노력을 이끌어내기보다는 팀에 동조하고 화합하는 방향으로 유도하게 되므로 조직의 능률에 한계가 있다.

특별히 잘하지도 못하지만 그렇다고 못하지도 않는 존재가 되며, 그런 포지셔닝이 무난한 조직 생활을 보장한다. 특별히 튀는 존재가 되어봐야 별 메리트가 없다. 또한 이런 조직은 팀 단위의 업무 수행 형태를 띠므로 책임 소재가 불분명하며 창의적인 업무 수행이 어렵다는 단점이 있다.

이런 조직은 의사결정 시 만장일치를 최고의 가치로 여긴다. 이는 일본 사회 특유의 와和를 중시하는 에토스와 결을 같이한다. 어떤 사안을 두고 대립하는 의견과 그러한 부서가 있으면 시간을 들여 서로의 의견과 이해를 조절하며 다듬어간다. 이런 과정을 흔히 네마와시根回し(사전 조정) 또는 스리아와세摺り合わせ(의견 조율)라 표현한다.

서로가 가진 정보나 주장을 내고 스리아와세라는 조율 과정을 거치면서 협상을 한다. 우리가 이걸 양보하는 대신 무얼 얻을 것인가가 관심사가 되며 이런 과정을 이해관계가 얽혀 있는 당사자나 부서와 하나하나 조율 과정을 거치는데, 이를 통상적으로 네마와시라 한다. 당연히 타인 또는 타부서와 상충되는 주장이나 이해를 잘 조정하며 정리할 수 있는 사람이

업무능력이 뛰어난 사람으로 높은 평가를 받게 되며 출세하
게 되는 것이 상식이다.

마지막은 만장일치로 마무리

또한 이런 스리아와세와 네마와시와 같은 지난한 과정을
거치게 되면, 궁극적으로는 반대나 이의 제기가 없는 만장일
치로 마무리된다. 모두가 해피해야 된다. 누이 좋고 매부 좋
고, 도랑 치고 가재까지 잡는 것이다. 그러나 사안의 입안부
터 시작하여 보스의 최종 결재를 받기까지 품의 과정은 당연
히 많은 시간과 노력이 필요하다. 결재를 받는 과정에 많은
신경을 써야 하니 도장 하나하나에 얽힌 애환사가 끊이질 않
는다.

일본에서 흔히 볼 수 있는 의식 중의 하나로 마츠리, 연회,
망년회, 신년회, 결혼식 피로연 등의 모임이나 행사를 마무리
할 때 행하는 '잇뽕지메―本締め' 또는 '삼봉지메三本締め'라는 독
특한 박수 문화가 있다. 이는 주최측이 행사를 마무리하면서
참석해 준 하객에게 감사하는 의미가 있다고 하는데, 이 의식
은 단순한 박수가 아니라 단결력과 감사를 표하는 중요한 의
식이다.

사회자의 지시에 따라 참석자는 모두 손바닥을 벌리고 '짝
짝짝 짝짝짝 짝짝짝짝~' 같은 리듬으로 서로 맞추어 박수를
친다. 마지막에 다함께 박수를 '짝' 치며 마무리를 하는데,
'잇뽕지메'라는 것은 일본어로 '하나로 묶는다'는 의미를 함
의하고 있다. 단체 활동이나 모임을 마무리하며 모든 사람이
한마음 한뜻이 되어 마무리를 하는 중요한 의식이다.

일본 조직사회 기능부전의 이유 2
― '공평'과 '평등'의 도그마에 빠진 요코나라비橫並び 사회

이런 만장일치와 함께 사회 속에 깊게 스며들어 있는 아비투스의 하나로 '요코나라비' 의식을 들 수 있다.

'요코나라비'란 원래 옆으로 나란히 줄선다는 뜻으로 '차등을 두지 않고 동등하게 취급하는'것을 의미한다. 즉 누구나가 '공평' '평등'해야 한다는 기본 전제하에 성립되는 개념이다. 이런 개념이 일본 사회의 의사결정에도 알게 모르게 작용한다.

평등과 공평은 본래 이해관계가 복잡하게 얽혀 있는 현대 사회에서 사회질서나 조직 규율을 유지하기 위해서도 바람직한 원리이며 기준이 될 수 있다. 그러나 이런 공평과 평등을 방패로 삼아 다분히 자의적이고 억지스러운 요코나라비 개념이 개입하게 되면 얘기가 복잡하게 꼬이고 본말이 전도하는 경우가 발생한다.

예를 들어 학교에서 성적 우수자 학생에겐 장학금을 지급하여 학업 성취에 대한 포상과 격려를 하는 것이 일반적이다. 이를 다른 경우에 대입시켜 학교 운동부의 경우를 들어보자. 학교에 축구, 야구, 배구, 골프, 육상 등 많은 스포츠 특기자들이 있다. 이들은 학업과 운동을 병행하며 각종 대회에 출전하여 자신과 학교의 명예를 걸고 승부를 펼친다. 거기에는 당연히 전국적인 레벨에 달하는 우수한 성적을 거두는 학생과 단체가 있는 반면, 지역 예선조차도 한번 통과하지 못하지만 그래도 희망을 품고 비지땀을 흘리는 학생과 단체도 있다.

그런데 코로나 사태로 인해 정부는 긴급사태를 발령하여 스포츠 대회도 금지하라는 '요청'을 한다. 그러면 단지 정부와 지자체의 자숙 요청임에도 불구하고, 학교나 지역사회의 대응을 과장해서 표현하면 과거 군사독재 시절 한국의 계엄령 같은 분위기로 받아들이는 것 같다.

당연히 정부에서 원하는 수준 이상의 엄격한 자제와 대응 방안이 자발적으로 논의된다. 나는 이런 점이 매우 의문인데 동료들에게는 당연히 그리해야 한다는 암묵적 합의가 형성된다. 이건 아무리 좋게 보아도 준법정신이나 성숙한 시민의식과는 결이 달라 보인다. 위화감을 느낄 정도다.

한국에서 1980년대 당시 정부에 대한 불신과 권력에 대한 저항을 당연시하던 젊은 시절을 보낸 나의 사회적 성정이 이곳 사람들과 다른 탓일 수도 있다. 그렇지만 주위의 이런 알아서 기는 분위기는 30년을 함께 하면서도 아직도 적응이 안 된다. 일본 정부의 행정 관료들만이 아베 정권에 손타쿠(촌탁)하는 게 아니라, 마치 사회가 권력과 정부에 촌탁 하는 것 같은 현상이 전개된다.

다시 돌아와, 당시의 하수상한 분위기에서 전국 규모의 대회에 매년 단골로 출전하여 학교 발전과 홍보에 크게 기여해 온 육상부가 가을 예선을 앞두고 연습을 쉴 수가 없는지라 학교 그라운드에서 트레이닝을 하겠다고 신청했다. 긴급사태 선언으로 학교 시설이 셧아웃된 상황이었다. 학생도 외부인사도 일절 출입 금지 상태였다.

학교로선 입장이 곤란해졌다. 그러나 자숙은 어디까지나 요청 단계이고, 육상은 과격한 몸싸움을 동반하는 격투기 종목 운동도 아니다. 주로 혼자 트랙을 뛰는 건데 한 달간 일절 연습을 못 하게 하는 건 너무 가혹하니 가을 예선을 생각해 특별히 허가하자고 제안을 했다.

그러자 그때부터 특유의 '요코나라비' 논리를 앞세운 의견이 봇물 터지듯 나왔다. 사실 내심 놀랐다. 주요 의견은 "육상부를 허용하면 축구, 야구 등 다른 운동부의 신청이 이어지면 어떻게 하느냐. 공평성에 어긋나지 않느냐" "자숙 기간에 인적이 드문 한적한 그라운드라고 해도 트랙을 달리며 연습하는 학생들을 보고, 산책하던 주민들이 컴플레인을 걸어오면 어떡하냐"의 두 가지였다.

다른 운동부 운운은 앞서 얘기한 평등과 공평을 방패로 한 요코나라비 로직이고, 인근 주민의 컴플레인 운운은 일본 사회의 '공기의 지배'를 단적으로 나타내는 경우다.

물론 국민이나 주민을 대상으로 하는 국가정책이라면 기본적으로 이런 요코나라비라는 다테마에는 결코 잘못된 생각이 아니며, 오히려 권장되고 실행되어야 할 이상적 덕목이 될 수도 있다. 그러나 생존경쟁이란 룰이 작용하는 무대에서 평등과 공평이란 개념은 이상적일지는 몰라도 현실적이지 않다. 무엇이든 공평이라는 가치가 우선이 되면 모두가 함께하는 안도감을 얻을 수 있을지 몰라도 더는 성장이나 발전을 기대하기 어렵다.

평등과 공평이라는 개념이 요코나라비와 접목되어 '둔갑'이라는 화학반응을 일으키게 되면 모두가 평등해야 하니까, 모두 같아야 한다는 당위를 만들어낸다. 모두가 같은 생각이고 같은 행동이어야지 나 혼자만 튀어도 안 되고 뒤처져도 안

된다는 도그마가 똬리를 틀고 들어앉는다. 일본 사회의 집단주의를 만들어 내는 요소이다. '모난 돌이 정 맞는다出る杭は打たれる'의 일본 버전이라 하겠다.

전전의 일본을 되돌아보면 패전이 임박해 왔음을 직감적으로 알면서도, 국민들은 대본영의 새빨간 거짓말을 믿고(믿는 척하고?) 따르는 행동을 서슴지 않았다. 선택의 여지가 없었을까. 있었다면 과연 반정부 집단행동이 가능했을까? 여러 상상을 해보지만, 일본 국민은 결국 일억옥쇄1億玉砕(부서져 옥이 된다는 뜻으로, 명예나 충절을 위하여 깨끗이 죽음을 이르는 말)를 선택했다. 결국 국토는 초토화되고 패전을 맞아야 했다.

전후는 또 어떠하였는가? 천황, 군부, 관료에게만 전쟁 책임이 있는 것이 아니라, 그를 용인하고 추종한 국민에게도 모두 같은 책임이 있다는 일억총참회1億総懺悔는 그 저의를 떠나 일본 국민 모두에게 똑같이 책임을 묻는다. 이는 단지 70여 년 전에 있었던 역사의 해프닝에 불과한가?

모두가 평등하고 공평해야 한다는 이런 요코나라비 의식은 그 후에도 호송 선단 방식護送船団方式이라는 일본 특유의 국가 경영 방식으로 금융 및 산업정책 무대에서 1990년대 초까지 경제성장을 견인하며 기능하여 왔음을 상기할 필요가 있다. 이러한 의식은 전전, 전후를 거치고 고도성장 과정을 통하여 형태는 바뀌었을지 모르나, 아직도 이 사회의 저변에 가치관으로서 뿌리 깊게 자리하고 있다.

298

일본 조직사회 기능부전의 이유 3
― 종적 사회와 '쿠우키空気'(공기)의 지배 구조

이번에는 요코나라비 의식과 쌍두마차인, '다테縱(종적) 사회' 특유의 위계질서 속에서 생성되고 기능하는 '쿠우키'(공기)에 대해 알아보고자 한다. 아베와 아소 다로의 공통점은 일본 사회에서 손꼽히는 금수저(특히 아소) 집안의 도련님이라는 것이다. 흔한 말로 손에 물 한 번 기름 한 번 묻혀보지 않고 자란 사람들이다. 이 둘이 2020년 일본의 수상과 부수상이었다. 이들이 가끔 미디어와 사바세계의 조롱 대상이 되는 이유 중의 하나가 일반 서민들과 동떨어진 감각의 소유자라는 점, 바꿔 말하면 사회의 공기를 읽지 못하는 즉 교감이 부족한 정치인이라는 점 때문이다.

그중에서도 아소 다로 부수상은 과거 2008년 수상 재임 시에는 더블 KY라 불렸는데, KY란 '공기를 읽지 못한다空気を読めない'는 일본어의 알파벳 이니셜을 딴 것이다. 다른 하나는, '한자를 못 읽는다漢字を読めない'의 이니셜이 KY라서 공기를 읽지 못하는 것과 한자를 잘 못 읽는 두 가지 현상을 갖춘 사람이라는 의미에서 더블 KY란 비아냥을 들었던 것이다.

그럼에도 두 사람은 일본 정계 최고의 포지션에 오르고 게다가 헌정사 최장수 총리와 부총리의 기록을 동시에 경신했다는 점에 주목해 보도록 하자. 두 사람이 거물 정치가로 크게 된 가장 결정적인 요인은 금수저로 태어난 것과 선대가 갈고 닦아 놓은 기반(지역구 및 후원회와 인적 네트워크 등)을 승계하여 정계 입문함으로써 승승장구할 수 있었다는 특별한 환경이 있었다. 물론 정계에 입문하여 최고의 포지션인 수상에 올라 최장수 총리와 부총리의 자리를 굳건히 유지할 수 있는 것을 출신 배경으로만 설명할 수는 없다. 그러나 아베 총리와 아소 부총리가 일본의 소위 성골 출신이라는 태생적 특혜가 당시의 포지션을 가능하게 했음도 부정할 수 없다.

앞에서 살펴본 요코나라비를 평등 의식에 기반을 둔 '횡적인 관계'를 결정짓는 요소라 한다면, 과거 사농공상으로 대표되던 신분 위계질서에 의해 결정지어지는 '다테 사회縱社会'(종적인 계급 질서) 또한 일본 사회의 특징을 결정하는 중요한 한 축이 된다. 요코(횡)의 형식적 평등에 기반한 질서와, 다테(종)의 물리적 위계에 의한 질서가 합쳐져 일본적 사고 의식과 그에 기반한 질서 의식을 지배하고 있다는 것이 나의 생각이다. 그럼 다테 사회라는 것이 무엇인지 일본의 역사를 통하여 들여다보자.

일본은 헤이안시대(8~12세기 말) 무렵부터 1868년 명치유신으로 근대화하기까지 오랜 시간을 무사가 지배해 온 사회이다. 조선 왕조 500년이 선비 지배 사회였다고 한다면 일본은 무사 지배 사회였다.

단적으로 표현하면, 유교를 통치 이데올로기로 삼고 유교의 덕목을 최고선으로 여기며 고리타분한 서책을 끼고 사는 선비가 지배층을 이루는 사회가 조선이었다면, 평상시에도 칼을 차고 무장한 무사와 관리가 주군에의 절대적 충성을 신조로 하며 민중을 지배하던 사회가 일본이라 할 수 있다. 본디 사무라이는 '주군을 옆에서 지키는 사람'이란 의미이며, 죽음으로써 주군에의 충의를 나타내는 집단이다. 한국에서는

'양반은 추위도 곁불은 안 쐰다'고 하지만 사무라이도 마찬가지다. 일본 속담에도 '武士は食わねど高楊枝'라는 말이 있는데, 직역하면 무사는 먹은 게 없어도 이쑤시개를 하며 배부른 듯 허풍을 떤다는 의미쯤 되겠다.

사무라이는 주군에의 충의와 명예를 최고의 덕목으로 삼는 집단이다. 선비와 무사가 각각 사회의 지배층으로 자리 잡은 사회에서 지배자와 피지배자의 관계 형태와 그로 인해 형성되는 사회적 성정이 같을 수가 없음은 쉬이 상상이 된다. 에도시대 사무라이에겐 성姓을 갖고 칼을 찰 수 있는 '묘지타이토苗字帶刀'라는 권한과 함께 '기리스테고멘切り捨て御免' 또는 '부레이우치無礼討ち'라는 특권이 인정되었다. '기리스테고멘'이란 말 그대로 '베어 죽여서 미안'이란 의미이며, '부레이우치'란 '무례함을 베어 처벌한다'는 의미이다. 사무라이에게 주어진 민중의 생사여탈권 즉 007 살인 면허와 같은 것이다. 하지만 실제로는 그 실행의 판정이 매우 엄격하여 사무라이도 목숨을 걸고 무례함을 증명하여야 할 정도로 지극히 제한적인 권한이었다. 그러나 이는 어디까지나 다테마에이고, 실제로는 사무라이의 명예를 유지하는 정당방위로 기능하여 싸움 중에 발생한 '기리스테고멘'도 사무라이에게 모욕을 안기는 무례를 범한 자이기에 그를 벌한다는 '부레이우치'로 처리되곤 하였다는 기록이 남아 있다. 다테마에와 혼네를 교묘히 적용하며 다테縱 사회의 위계질서를 유지하는 기제로 작용했다고 볼 수 있는 사례이다. 그러면 피지배 계층인 농민은 어떠했는가?

에도시대에는 '고닌구미五人組'라는 최하급 행정조직이 편성되어 주민 상호 부조와 연대책임 그리고 상호 감시 기능을 담당했다. 여담이지만 북한이 '5호 담당제'라는 주민 상호 감시 체제를 만들 때에도 이런 고닌구미라는 제도를 참고로 했음은 쉬이 짐작하고도 남는다. 농민을 일본어로는 '햐쿠쇼百姓'라 하는데, 이 농민도 급과 격이 다른 신분의 차가 엄연히 존재한다. 단순히 자작농과 소작농 같은 차이가 아닌, 농민 사이에도 종적인 관계 즉 다테의 위계적 신분이 엄존한다. 촌락공동체에는 대략 혼뱌큐쇼本百姓, 미즈노미뱌큐쇼水吞百姓, 나고名子 등으로 분류되어 농민이라도 같은 농민이 아닌 엄격한 차등이 적용되었다.

이렇듯 종적인 신분 사회구조가 민중의 사회적 성정의 형성에 어떤 영향을 미치고 작용하였는가를 상상해 보자. 어떤 사회에 전체적으로 공유되며 일상생활에 영향을 끼치는 규범이나 가치판단의 기준과 같은 잣대가 있다면, 그것이 그 사회를 지배하는 '공기'(쿠우키)라 할 수 있다. 즉 쿠우키는 오랜 역사를 통하여 인간 사회의 일상을 지배하는 기제로 자리하고 형성되어 왔다.

시대가 바뀌면서 형태와 내용은 바뀌겠지만, 사람들의 DNA 속에는 '공기'를 읽고 그에 맞추어 삶을 영위하는 처세술이 자연스레 자리하게 된다. 또한 일본은 섬나라 특유의 폐쇄성과 오랜 쇄국정책 그리고 전국시대를 거치면서 자신의 안전한 삶을 영위하기 위한 처세술을 익혀나가며 다테마에와 혼네를 적절히 구분하여 사용하는 지혜를 익혀 나간다. 지금도 일본어에서 말하는 '오쿠니お国'는 나라와 나라를 뜻하는 의미뿐만 아니라, 출신지 또는 고향을 뜻하는 말로 널리 쓰인다. 번藩과 번 사이도 자유로이 왕래할 수 없었던 시절, 농번기에는

농업에 종사하며 농한기에는 병졸로 동원되어 전장에 임해야 했던 민초들은 고난과 생과 사의 사선을 넘나드는 곡예 같은 삶을 이어갈 수밖에 없는 환경에 놓여 있었다. 당연히 그 때그때의 상황을 예의 주시하여 판단을 내려야 한다. 그때 필요한 것이 '공기'를 읽는 능력이다. 지금 이 시공간을 지배하는 공기가 무엇인가를 파악하고 대처를 해야 한다. 공기는 또한 대세이고 집단 의지이기도 하다. 대세가 무엇인지를 파악하게 되면 서슴없이 그 대열에 합류하여야 하고, 이는 곧 집단 의지로 표출된다. 따라서 공기를 읽지 못하는 자는 그 사회의 낙오자이며 패배자로 낙인 찍힌다. 당연히 따돌림을 당하고 외면당한다. 사회적 이지메 또는 집단 이지메를 감수하여야 한다.

군이 먼 역사를 되돌아갈 필요도 없다. 태평양전쟁 중의 일본이 에도시대의 고닌구미를 변형시킨 '도나리구미隣組*'라는 말단 주민 조직을 통해 주민 감시와 연대책임을 묻는 구조를 만들었다. 국민을 통제하고 관의 지시에 비협조적이거나 반항하는 자는 '비국민' 또는 '불온분자'로 낙인 찍어 사회적 제재를 가하던 사례를 보면, 이런 사회적 성정은 결코 과거 역사 속의 것이 아니라 지금 현재에도 면면히 내려오고 있는 의식구조의 하나라고 말할 수 있다.

혹자는 말한다. 일본이 명치유신을 통하여 아시아에서 가

---

* 제2차 세계대전하의 일본에서 각 촌락에 결성된 관官 주도의 조직이다. 대정익찬회의 말단조직인 초나이카이町内会 내부에 형성되어 전쟁 총동원 체제를 구체화했다.

장 빨리 근대화를 이루며 대국으로 성장할 수 있었고, 서구 민주주의를 가장 먼저 도입하고 정착시킨 나라가 아니었던가? 일본 보수우익의 생각도 이와 같다. 더구나 아시아 최초로 근대 헌법체계를 갖추었다느니 하면서 말이다. 그러나 명치유신은 어디까지나 지배 계층이 바뀐 것에 불과하며, 민중이 물리적인 종적 지배구조를 타파하고 새로운 질서체계를 세운 혁명이 아니다.

오랜 봉건적 위계질서의 형태는 바뀌었을지 모르나 그 원형과 뿌리는 온존한 채, 아니 오히려 더 강화된 채 문명이라는 그럴듯한 허울에 가려져 그대로 기능하고 있었음은 전전의 침략전쟁과 패전의 역사에서도 엿볼 수 있다. 이러한 횡적인 요코나라비와 종적인 다테 사회의 질서유지를 위한 기제들이 융합하여 시공간을 지배하는 공기를 형성하고, 이는 대세를 형성하여 이윽고 집단 의지로 발현된다. 엄격한 신분 사회였던 일본은 당연히 무사는 물론이고 관리에 대한 복종 또한 절대적이다. 명치유신 이후 천황의 명을 받들어 업무를 처리하는 관리는 오카미お上가 되고, 오카미의 지시를 받들어 따르는 신민을 시모지모下々(개돼지)라 불렀다. 엄격한 신분제 구조 속에서 내려지는 상명하달과 철저한 집단주의 속에서 배양된 대세의 공기를 거역한다는 것은 곧 죽음을 뜻한다.

물론 신체적 죽음은 면할지 몰라도 사회적 죽음을 감수할 각오가 없으면 공기 즉 대세에 저항하며 거스르는 용기를 내기란 여간 어려운 것이 아니다. 이런 사회 분위기는 현대에도 크고 작은 사회와 조직의 요소요소에서 머리를 내밀기도 하고, 때로는 암묵적인 묵인을 통하여 계승되고 있다는 것이 나의 생각이다. 연공서열로 인해 자동으로 승진과 승급을 하는 구조 속에서는 창의적이고 역동적인 조직 활성화는 기대하기 힘들다. 또한 젊은 사람들의 근로 의욕이나 향상심을 제어하는 역기능을 발휘하는 경우도 종종 있다. 또한 연공서열로 고위직에 오른 무능한 상사가 자신의 능력을 과신하여 막무가내식으로 조직의 의사결정을 일방적으로 내릴 때는 암울하다. 능력이 있어 직위가 오르는 게 아니라, 직위가 능력이 되어버리는 경우는 정말 최악이다. 이런 조직에서는 자리가 사람을 만드는 경우도 간혹 있을지 모르겠으나, 대부분은 직위 고하에 따른 일방적 지시와 무조건적인 순종 그리고 그 결과에 대해 모두 함께 책임을 지는 연대책임이라는 최악의 결과를 잉태하기 십상이다.

일본 조직사회 기능부전의 이유 4
― 모난 돌이 정 맞는 동조압력同調圧力 사회

2020년 5월 25일 당시 아베 수상이 긴급사태 해제를 선언했다. 이로써 4월 7일 긴급사태 발령 후 약 7주간의 자숙과 인내를 요하는 사회적 구속에서 해방을 맞는 듯했다. 비록 긴급사태 선언이 강제력은 없다고 하지만, 행정과 시민사회는 자숙을 금과옥조로 여기며 불요불급의 외출을 자제하는 등 사회 전체가 중앙과 지방정부의 방침에 협조하는 모습을 보였으며 그리할 수밖에 없었다. 왜냐하면 행위의 적부適否 내지는 옳고 그름을 떠나 타인과 다른 행동이 좀처럼 용납되지 않는 쿠우키(공기)가 작용했기 때문이다.

코로나19에 대한 아베 정권의 미온적이고 부실한 정책이 언론과 시민사회의 맹렬한 비판에 노출되면서도, 통계적으로 코로나는 점차 진정화되는 추세를 보였기에 선언의 해제로 이어졌다. 물론 일본의 저조한 PCR 검사 수를 비롯하여 일본 정부가 그동안 보여준 코로나 방역대책에는 국내외를 불문하고 의문과 비판의 목소리가 많은 것이 사실이다.

그러나 일본 정부와 각 지자체가 발표하는 통계에 의하면 일본의 코로나 대책은 '뜻하지 않은' 성공을 이끌어내고 있는 것으로도 읽힌다. 이를 두고 최근에는 외신의 '기이한 성공' 운운하는 보도가 일본에 역수입되어 일본 언론이 앞을 다투어 이를 보도한다.

그 과정에서 일본인의 특이한 DNA 내지는 BCG 접종과의 인과 관계, 일본어의 발음상의 특징 등을 다룬 보도도 있다. 한편으론 일본인의 개인 위생과 생활 습관 등이 크게 기여했다는 분석도 많이 눈에 띈다.

일본에는 이전부터 스기(삼나무) 나무로 인한 화분증이라는 꽃가루 알레르기가 만연한 탓도 있겠으나, 마스크를 유난히 애용하는 사회여서 사시사철 일종의 패션 역할을 할 정도로 마스크가 일상생활에서도 정착돼 있다. 거기에 유난스러울 정도로 청결에 민감한 사람들이 많은 사회가 일본이다. 약국에서 판매되는 위생용품은 물론 가정용의 일반 물품까지도 일본 내에서는 '항균'이라는 말이 들어가지 않으면 물건이 팔리지 않는다는 도그마가 존재할 정도로 위생에 관한 관념이 매우 높은 아니 예민한 사회다.

이런 사회현상에 대한 판단은 차치하지만, 이러한 일상적 위생 관념과 사회 풍조가 이번 코로나 사태의 극복에 일정한 역할을 하고 있음은 분명해 보인다.

'동조압력'이 생성되고, 그에 따르지 않으면 안 되는 사회현상

이런 긍정적인 요소와는 별도로 내가 주목하고자 하는 부분은 이번 코로나 사태를 겪으면서 다시 한번 새삼 확인하게 되는 일본 사회의 특이한 현상이다.

그중의 하나로 '동조압력'을 들 수 있다.

동조압력Peer pressure이란, 집단 속에서 일어나는 심리적인 압력으로, 소수 의견을 가진 사람에 대해 다수 의견에 맞추도록 암묵리에 압력을 가하는 것을 뜻한다. 조직 생활을 하다 보면 회의중에 다수파와는 다른 의견을 말할 수 없는 분위기가 되거나, 많은 사람이 잔업을 하고 있으면 잔업을 거절할 수 없는 경우가 있다. 동조압력이란 다른 다수파와 같은 행동을 취할 것이 기대되는 상황하에서 발생하는 것이다. 일반적으로는 네거티브한 문맥에서 사용되지만, 적당한 동조압력은 '협조'라고도 할 수 있으며 업무효율을 높이는 등 장점도 있다(〈데지타루 다이지센〉 참고).

요코(횡)의 형식적 평등에 기반한 질서와, 다테(종)의 물리적 위계에 의한 질서가 합쳐져 일본적 사고 의식과 그에 기반한 질서 의식을 지배하고 있다는 것이 나의 생각이다. 이런 사회구조 속에서 이번 코로나와 같은 국난 급의 재난을 겪다 보니 또다시 요코나라비와 비슷한 기제인 동조압력이 횡행하는 모습을 볼 수 있다.

이는 구체적으로는 남들이 다 이렇게 하는데 나 혼자만 다른 행동을 할 수 없다는 자발적인 자제와 자숙을 비롯하여 반강제적·타의적으로 함께 동의하고 행동해야 하는 동조압력으로 나타난다. 여기에 따르지 않는 자는 이지메와 당신 때문에 모두 민폐를 겪고 있다는 사회적 비난과 압력을 받게 된다.

예를 들어 도쿄를 비롯한 도심 지역이 확진자가 많다 보니 다른 현과의 경계를 넘어 이동하는 차량이나 사람들에 대해 현지 주민들이 벌이는 이지메와 같은 현상이 나타나는 이유도 이에 근거한다. 지역의 관문이 되는 길목에 서서 타지역 차량의 숫자를 확인하며 체크하는 지역 주민의 모습을 보면 일종의 광기를 느낀다. 또한 다른 지역 차량 넘버를 발견하면 차량을 파손하거나 욕설과 비난을 퍼붓는 등의 이해하기 힘든 행동들이 표출된다.

코로나 팬데믹과 함께 정부와 지자체가 마스크 착용이나 외출과 회식 등의 자숙을 요청함에 따라 자신의 행동뿐만 아니라 타인의 행동까지도 과도한 흥미를 갖고 간섭하는 사람들이 나타난다. 자숙은 어디까지나 자발적인 의지로 실시되는 것임에도 불구하고, 타인을 밀고하거나 나쁜 소문을 내서 영업을 방해하는 등의 행위가 이곳저곳에서 보인다. 이런 현상을 두고 전전의 도나리구미와 같은 주민 상호감시 체제가 부활했다는 목소리가 있었다. 이런 행동들을 하는 사람을 가르켜 '자숙경찰' 또는 '코로나 자경단'이라 부르기도 했다.

오죽하면 해당 지역 출신임을 나타내는 스티커를 차량에 붙이고 다녀야 하는 사태까지 발생했겠는가. 이런 동조압력

현상은 공적인 영역이나 조직사회에서 의사결정을 할 때에도 위력을 발휘한다. 내가 근무하는 학교도 매주에 한 번씩 위기 대책 회의를 하며 향후 학교의 운영 방침 관련한 결정을 하곤 했다.

이런 회의 때 필요한 자료가 다른 학교의 대책과 결정 내용을 나타내는 자료다. 다른 학교에서는 이렇게 대응하기로 결정하였다는 참고 자료가 중요하다. 왜냐면 다른 조직에서 실시하고 있는 정도의 범위 내에서 결정하는 것이 여러모로 무난하기 때문이다.

무난하다 함은 후일 동종 부류의 조직과 다른 결정을 했을 때의 평가와 책임 문제에서 자유로워지는 해방구를 확보하기 위함이다. 그러니 이런 자료를 바탕으로 하여 이후 우리의 나아갈 길을 결정하는 것이 일반적이며, 결과적으로는 일본 사회의 동류의 조직들은 거의가 대동소이한 결정을 내리고 실시하기에 이른다. 처음부터 의도적인 상부나 윗선의 명령이나 지시가 없어도 자연스레 동조압력 기제가 작용하여 모두가 보조를 맞추는 결과를 만들어낸다.

'만에 하나'에 대한 과도한 집착

회의를 하다 보면 반복적으로 듣게 되는 용어가 있다. 다름 아닌 '만에 하나'이다. 일본어로는 '万が一'(망가이치)라고 하는데 이 말을 수도 없이 듣게 된다. 말 그대로 극히 드문 경우를 나타내는 말인데, 왜 이다지도 일어날지 아닐지 불투명한 경우에 집착을 보일까 싶을 때가 한두 번이 아니다.

일본 사회에서 무엇보다 조심스럽고 두려워하는 것 중의

하나가 여타 조직과 다른 결정을 내리고 그 결과가 다른 조직의 그것과 다르게 나타난 경우다. 그에 대한 사회적 설명이 필요하기 때문이다.

따라서 그런 모험적인 결단을 할 당위성도 필요성도 느끼질 못하게 된다. 그런 사회적 질책과 비난이라는 리스크를 감수하면서까지 여타 조직과 다른 결정을 내려야 하는 장점이 없다는 의미이다.

물론 민간 기업의 경우는 다를 수 있다. 촌각을 다투는 시간 경쟁 속에서 신속하고 일사불란한 의사결정과 지휘체계가 필요하기 때문이다. 그러나 적어도 '공공성'이 요구되는 분야에서는 아직도 이런 관습적인 행태가 뿌리 깊게 남아 있다. 그러므로 극도로 발생할 가능성이 낮은 확률이더라도 '만에 하나'를 상정하여 이런저런 다양한 시뮬레이션을 돌려보며 검토하고 토론하게 된다.

물론 이는 유비무환으로 철저한 준비 의식과 과정이라는 긍정적인 평가도 가능하지만 유감스럽게도 매우 소모적이며 비현실적인 경우가 많아 보인다. 말 그대로 일어날 가능성이 극히 적은 사안에 이토록 시간과 노력을 투자하는 것이 과연 효율적이며 경제적인가 하는 문제는 물론이고, 그 뒤를 캐보면 결국은 정말 만에 하나의 사태가 발생하였을 때 자신에서 돌아올 사회적 지탄과 비난에서 벗어나고자 하는 심리적 기제가 강하게 자리하고 있음을 알 수 있다.

만에 하나를 너무 따지다 보면 많은 시간이 필요해지고 당연히 회의는 지루하게 장기전으로 돌입하게 된다. 회의 중의 멤버들을 보게 되면 생각에 잠긴 듯 매우 고심에 찬 듯한 표정을 지으며 지긋이 눈을 감고 있지만, 대부분은 자기 부서 또는 자기 담당의 사안이 아니면 오불관언의 태도를 취하고 있을 뿐이거나, 아님 잠깐 잠깐 눈을 붙이며 휴식을 취하는 것에 불과하다.

돌다리를 너무 두드리기만 하다 보니 냇물이 말라 버린다

앞서 얘기한 만에 하나에 과도한 집착을 보이는 것과 함께 사안에 접근하는 방식이 매우 신중한 것도 있다. 신중해서 나쁠 것이야 없지만 이것도 정도가 지나치면 비효율의 극치에 달하며 병적인 집착으로까지 이어지게 된다. 지나친 신중함은 또한 책임감에서 벗어나겠다는 책임 회피라는 속마음의 다른 표현이기도 하다.

한국식이 '돌다리도 일단 건너면서 두드리는' 스타일이라고 한다면, 일본식의 그것은 '건너기 전에 너무 돌다리를 두드리다가 냇물이 다 말라버리는' 스타일이다. 어느 쪽이 좋고 나쁘고는 일률적으로 판단할 수 없다. 사안의 경중에 따라 다를 수도 있고, 나라 또는 조직 문화와 관습 등이 어우러져 나타나는 행태일 것이므로 장단점은 있을지언정 좋고 나쁨의 판단 대상은 아니라고 생각한다.

다만 이런 의사결정 풍조와 관행이 21세기의 제4차 산업 시대라는 현실과 접목하면 효율성에 있어서 차이가 날 수밖에 없으리라 생각한다. 아직도 일본의 다양한 조직들에는 전후 경제성장을 견인해 온 1980년대식 마인드에서 벗어나지 못한 원로들이 최종 의사결정기구에 노구를 이끌고 똬리를 틀고 앉아 있다는 현실이 안타까울 따름이다.

최장수 국가라는 명예는 그냥 명예로 만족해야 한다. 아직도 나는 현역으로 이 사회 또는 이 조직을 책임지고 이끌 수 있다고 착각하고 있는 후기 고령자(75세 이상)들이 하루빨리 은퇴하지 않는 한, 이런 구조적이며 비효율적인 사회적 지체와 소모적 의사결정 양태는 바뀌기 힘들 것이다.

일본 조직사회 기능부전의 이유 5
―'예정조화' 논리의 지배와 형식주의의 만연

'예정조화설豫定調和說'이란 개념이 있다. 예정조화란 영어로 preestablished harmony라고 하는데, pre-establish-ed는 '미리 설계(준비)된'이란 의미이다. 원래 예정조화는 독일의 철학자 라이프니츠Gottfried W. Leibniz가 제창한 개념이다.

그 의미를 살펴보면 우리가 살고 있는 이 우주를 볼 때 서로 독립된 우주를 구성하고 있는 모든 존재의 기본을 모나드 monad라고 한다. 우주가 통일된 질서를 유지하는 것은 신이 이 모나드를 전체로 조화시켜 서로 상호작용을 하게 미리 정해놓았기 때문이다.

쉽게 말하면 이 세상에서 일어나고 있는 모든 현상은 신이 미리 정해놓은 것이며, 하나 하나의 단위(모나드)는 독립해 있어도 전체로서 조화되도록 계획되어 있다는 의미이다. 따라서 모든 일은 신의 의지에 의해 미리 조화롭게 정해져 있는 결론에 이른다는 개념을 나타내는 말로 쓰인다. 참고로 반대의 의미를 갖는 말로는 '청천벽력'이나 '아닌 밤중에 홍두깨'

또는 '예상외' '상상을 초월한' '서프라이즈' '파격적' 같은 말들이 있다.

좀 더 구체적으로 살펴보면, 예정조화란 대부분 사람들이 예상한 대로 일이 진척되어(도중에 불규칙적인 사태가 발행하더라도 결국은 애초에 예상했던 대로 궤도수정이 되어) 의외성이 없는 당초 예상대로의 결말에 도달하는 모습을 말한다.

일상 생활에서 이런 예정조화라는 용어를 사용하는 경우를 들어보자면 소설, 영화, 연극 등이 예상할 수 있는 흐름에 따라 결론도 예상대로 되는 경우에 "예정조화라 재미 없다"는 식으로 네거티브하게 쓰인다. 따라서 예상외나 대반전과 같은 전개가 이루어질 때 사람들은 흥분하고 관심을 갖게 되는지도 모르겠다. 그런 의미에서도 예정조화라는 말은 일상에서도 긍정적 표현이라기 보다는 부정적인 뉘앙스로 쓰이는 경우가 많다.

비즈니스의 경우 신선함이 결여된 전개를 보일 때 쓰인다. 회의나 프로젝트의 진행, 사내 인사이동 등에 있어서 언제나 매너리즘에 빠진 전개이거나 누구나가 쉽게 예상할 수 있는 범위 내에서 결론이 이루어질 때, 이런 현상을 비판하며 예정조화대로 되었다는 식으로 말하기도 한다.

또한 이와는 반대로 예정대로 일이 진척되면 안도감을 얻을 수 있다. 예를 들어 회사의 정례 미팅이 예정대로 진행되어 순조롭게 종료되고, 별다른 이론이나 트러블이 발생하지 않고 프로젝트가 진척되어 가는 경우에는 이런 예정조화상황이 환영받을 것이다. 이렇게 순조롭게 일이 진행되는 것을 효율적이라 판단하는 경우에는, 조직은 준비와 계획이 잘되었기에 순조롭게 업무가 진척되고 있다는 증거로 평가를 받을 수도 있을 것이다. 다만 그런 일들이 상습화되면 매너리즘에 빠지기 쉽고, 새로움과 참신함이 결여된 조직이 되어 업무 효과가 저하될 수도 있을 것이다.

즉 예정조화를 중시하는 조직 운영이 되면 항상 안정된 흐름이나 무난한 결과를 추구하는 경향을 드러낸다. 예를 들어 장시간 회의를 하며 지엽적인 안건을 토론하고 검토하여도 결국 결론은 누구나가 예상할 수 있는 범위 내의 결말로 마무리된다.

이런 경우 각각의 구성원은 제대로 일을 하였다는 만족감을 얻을 수 있을지 모르지만, 굳이 시간을 들여 회의를 해야 할 당위성도 없을 뿐 아니라 조직의 관점에서 보아도 비능률과 생산성 저하로 인한 손해만이 있을 뿐이다. 이렇게 매너리즘에 빠진 정형적인 회의나 미팅이 많은 것이 일본 조직사회의 특징이 아닐까 싶다.

형식주의가 중시되는 저생산적 조직운영

결국 이렇게 예정조화에 집착하는 것은 민주적인 프로세스를 거친 의사결정이 이루어졌다는 '형식주의'를 갖추기 위함이다. 또한 앞에서도 살펴본 것처럼 압도적 다수를 차지하는 주장에 반론이나 이의제기를 하기 어려운 공기가 지배하는 이런 형식적인 회의에서 건설적이고 비판적인 제안이나 의견이 개진되기를 기대하는 것도 어렵다. 내가 일본 조직 생활을 하며 느끼는 점 중의 하나는, 이런 형식적인 절차에 집착을 하는 조직의 로직이 강하다는 점이다. 경우에 따라서는 회의 자체가 목적화되는 경우도 있다.

가령 본회의가 일주일 후에 예정되어 있는 경우, 그를 위한 준비과정으로 일주일 전에 회의 멤버가 모여 다음 주에 논의할 회의 의제를 놓고 사전 미팅을 갖는 경우가 있다. 동일 멤버가 모여 동일한 의제를 갖고 왜 사전 미팅을 해야 하는가? 이런 형태야말로 예정조화에 의거한, 회의 자체가 목적인 전형적인 예가 아니겠는가? 비효율의 극치이며 저생산성의 근본 원인이라 지적하지 않을 수 없다.

회의를 하는 과정도 형식주의에 얽매인 나머지 불필요한 요식 행위가 많으며, 공용어인 일본어 자체도 회의나 미팅 진행에는 문제가 있는 언어라는 걸 종종 느낀다. 최대한 정중한 어법을 구사하기 위해 화자는 '～させていただきます'(하게 해주심을 받겠습니다)와 같은 겸양어를 자주 사용하는데, 이런 단어가 계속해서 반복적으로 사용되는 경우가 많다. 좀 더 간단명료한 어법을 구사할 수는 없는 것인지, 듣고 있다 보면 내심 청자가 안절부절하는 경우가 있다. 30년이 넘어도 잘 적응이 안 되는 부분이다.

아울러 디지털 시대에도 종이 서류와 구태의연한 형식주의에서 벗어나지 못하는 업무 형태가 여전히 이어진다. 회의를 위한 준비로 들여야 하는 담당자의 업무 시간과 한 번뿐인 회의를 위해 소모해야 하는 수많은 종이 서류 등이 낭비될 뿐이다. 조직 전체적인 관점에서 보자면, 경비가 낭비되고 업무 효율성이 떨어지는 것이다.

이런 아날로그 환경이 노동생산성을 저하시키는 요인임은 두말할 필요도 없다. 여전히 도장 문화와 종이 서류에 집착하는 문화가 뿌리 깊은 현실을 실감하게 된다. 결재 형식을 보더라도 이런 아날로그 방식은 디지털보다 시간이 지연되고, 거기에 팩스나 우편까지 이용하게 되면 더욱 시간이 지체될 수밖에 없다.

게다가 업무의 속인화 현상까지 겹치게 되면 설상가상이다. 업무의 속인화란 특정 담당자 외에는 업무를 소화할 수 없어서 담당자가 부재 중이면 업무가 정지되어 버리거나 이직에 의해 업무 속행이 불가능한 경우를 말한다. 결재 절차의 경우도 이런 속인화 현상이 발생하곤 한다. 반드시 도장을 받아야 하는 업무 형태를 고집하다 보니 결재 담당자 또는 고위 결재권자가 부재할 경우 결재 절차는 멈추게 되고 당연히 의사결정은 지체될 수밖에 없다.

일본 조직사회의 저생산성 문제를 두고 지적과 비판은 다양하다. 시간과 품이 많이 드는 결재를 위한 품의서 등의 종이 서류가 너무도 많은 현실과 비효율적이고 복잡한 절차에 골머리를 앓는 사람들도 많을 것이다. 열심히 일하는데도 그 노력을 보상 받지 못하는 상황에 불만이 쌓이게 되고, 의욕이 감소하는 사람도 있을 것이다. 그러나 이런 업무 형태나 조직의 관행 등에 관해 수동적인 태도를 취하는 사람이 많을수록 개선을 위한 적극적 행동이 발생하기 어려워진다.

상관인 관리직에서 잘 알아서 처리해 줄 것을 바라거나 타인에 맡기는 오마카세 경향이 많이 눈에 띈다. 나아가 변화를 두려워하는 나머지 '지금 상태로도 그런대로 괜찮다'라고 애써 만족하려고 하는 사람이 많은 경우, 이런 저생산성 문제를 극복하기보다는 현상유지하며 안주하게 된다. 이처럼 직장에

서의 여러 문제가 방치된 채로 많은 이들이 마음속으로는 불
만을 갖고 있으면서도 종전대로 비효율적인 형태의 업무를
이어가게 된다.

이렇게 조직의 업무 형태에 문제가 많음을 느끼면서도 개
선을 위한 의견을 내지 않으며, 현상을 그대로 유지하는 것을
사회심리학에서는 '집합적(다원적) 무지'라고 부른다. 이는 조
직 구성원 개개인은 속으로 '개선해야 한다'고 생각하면서도
주위에서 아무도 얘기하지 않는 걸 보고 '다른 사람도 현실에
만족하고 있구나'라고 여기며 자신의 의견을 드러내지 않는
것이 원인이라고 한다. 이렇게 조직 내 구성원들의 촌탁이나
주저하는 경향이 만연하게 되면 결국 아무런 변화도 일어나
지 않고 문제는 그대로 방치된다. 이런 현상들이 일본 조직사
회 저생산성의 개선을 가로막고 있는 것이다.

일본의 검찰 조직은 한국과 다른가?

2025년 6월 4일 한국에서는 이재명 정권이 출범했다. 이
대통령의 대선 공약 중 하나가 검찰개혁이다. 검찰개혁은 한
국 사회에서 이미 오래전부터 갑론을박이 끊이지 않은 화두
다. 향후 어떤 개혁이 이루어질지 모두의 이목이 집중되고 있
다. 여기서는 한국에 잘 알려지지 않은 일본의 검찰을 이야기
해 보려 한다.

몇 해 전 읽은 《일본형 조직의 병리(폐)를 생각한다日本型組織
の病を考える》(가도카와, 2018년)라는 책이 있다. 저자 무라키 아츠

코村木厚子는 여성이고 일본 국가공무원의 최고 정점인 사무차관(후생노동성)을 지낸 경력의 소유자이다.

여성의 사회적 지위가 선진국 중에서도 상대적으로 낮은 일본이라 주목할 만하다. 게다가 저자는 국장으로 근무하던 2009년 오사카지검 특수부에 체포되었으나 검찰에 의한 부당한 '원죄'에 맞서 1년 3개월에 걸친 처절한 투쟁 끝에 무죄 판결을 받았다. 그 후 복직하여 종국에는 사무차관을 역임하고 정년퇴직을 하는 우여곡절을 겪었다.

책의 전반부에는 검찰에 의한 체포와 증거 은멸, 취조 과정, 재판의 공방 등이 소개되어 흥미롭다. 다만 책을 보고 난 후 느낀 점 하나는 한국이나 일본이나 검찰이 거대 권력기관이라서인지 민주적인 제어가 어렵다는 문제점이 있다는 것이다. 검찰의 자의적, 선택적 권한 행사로 무고한 희생자를 만들어낼 수 있으며, 민주 시민사회의 '법에 의한 지배' 원리가 심하게 훼손되고 있는 현실이다.

일본의 검찰은 절대적인 권력을 갖고 있다. 우선 기소권을 독점하고 있다. 물론 검찰의 재량으로 불기소할 수도 있다. 법무성은 표면적으로는 법무차관이 행정의 최고직인데, 실제로는 직위나 보수도 검사총장(한국의 검찰총장)과 복수의 검찰 간부보다 낮다. 또한 대부분의 관료들과는 달리 검사장 이상의 임명은 천황의 인증이 필요하다. 일본 검찰이 기소를 하면 99%의 확률로 유죄가 된다고 하니, 이 얼마나 유능하고 대단한 조직인가 싶다.

이하 책에서 소개된 검찰의 현주소를 엿볼 수 있는 대목들을 골라 소개해 본다.

- 검찰의 주장을 부인하면 보석이 좀처럼 인정되지 않는 것을 '인질 사법'이라 부른다.

일본 검찰의 인질 사법은 카를로스 곤 전 닛산 CEO의 사례를 보면 이해가 쉽다. 곤 전 회장은 체포된 후 두 번에 걸쳐 재체포되었다. 결과적으로 정식으로 기소되기 전에 이미 53일간 구류되어 취조를 받았다. 그 후 가석방된 틈을 타 007 영화를 방불케 하는 도피극으로 해외 탈출에 성공하여 일본 사법 당국을 세계의 웃음거리로 만들었다.

- 체포 후 본인의 결백을 계속 주장했지만 무시되고 들어주질 않는다. 반대로 애매한 기억을 추궁당하게 되고 재체포와 구류 연장을 넌지시 암시한다.

이런저런 추궁을 당하다 보면 혼란스러워지고 자신의 기억에 대해서도 자신을 잃게 된다. 결국 잠도 제대로 못 자고 정신적으로도 육체적으로도 한계에 달하면서 검사가 원하는 대로 하지 않으면 집에도 갈 수 없다고 생각하게 된다. 자신과 싸움에서 패배하게 되면서 위증을 하게 된다.

- '피의자 노트'는 취조 중의 자백 강요나 이익 유도를 막기 위해 구류 중인 피의자에게 변호사가 노트를 건네주어 검사의 언동 등을 상세히 기록하는 노트인데 이게 재판에서 유용하게 쓰일 수 있다.

아래는 저자가 체포 수감된 후 검찰의 취조를 받으며 당시 상황을 상세히 기록해 놓은 피의자 노트의 내용이다. 후일 재판에서 큰 도움이 되었다고 한다.

- 구치소에는 시계가 없고 캘린더만으로 시간을 체크한다.
- 검사에 의한 증거 개찬改竄(자구字句, 즉 문구를 고침. 특히, 악용할 목적의 경우를 말할 때가 많음)을 통하여 새삼 조서의 무서움과 밀실 취조의 위험성 그리고 객관 증거의 중요성을 절감한다.
- 사건을 뒤돌아보며 무엇보다 통감하는 것은, 검찰은 좀처럼 궤도 수정이 안 되는 조직이라는 점이다.
- 검찰은 실패가 용서되지 않는다. 잘못도 용서되지 않는다. 따라서 무리한 수사를 하면서 잘못을 알게 되어도 되돌아갈 수가 없다. 그런 조직의 소위 '병리'를 알게 되어도 조직 안에서는 바꿀 수가 없다.
- '잘못된 것'을 궤도 수정할 수 없는 조직에는 공통점이 있다. 우선 권력과 권한이 있다. 비밀 정보나 개인 정보를 취급하지만 정보공개가 거의 이루어지지 않으므로 외부에서 체크하기 힘들다. 재무성, 방위성, 검찰, 경찰 등이 전형적이다. 매스컴이나 교사나 의사 등 '선생님'이라 불리는 직종도 위험하다.
- 검찰이 그 전형이다. 정의의 사도로 세간의 기대가 크기에 실패나 잘못은 있을 수 없다. 기소를 했으면 반드시 유죄를 만들어내야 한다. 따라서 무리를 거듭한다. '수사와 취조는 항상 법과 절차에 따라 정상적으로 이루어

지고 있다'라는 형식에 얽매여 나중에 잘못되었음을 알아도 되돌릴 수가 없다. 그리곤 조직이 한통속이 되어 은폐하고 감싼다. 실패를 인정하지 않으려 하니 교훈으로 공유되지 않고 똑같은 불상사가 반복된다.

· 조서에 의존하는 수사와 재판은 정말 무섭다. 왜냐면 조서는 검사의 구상대로 꾸며질 가능성이 있기 때문이다. 올바르고 정상적인 조서를 담보하기 위해서는 녹음, 녹화 등에 의한 취조의 가시화가 필요하다.

· 증거는 정확하게 공개하여 변호사가 전부 확인할 수 있는 시스템이 아니면 객관 증거가 묻혀버릴 수도 있다. 압색을 하여 증거를 압수할 수 있는 건 경찰과 검찰뿐이며, 무슨 증거가 있는지 알고 있는 것도 경찰과 검찰뿐이다. 검찰의 스토리에 맞지 않는 '소극 증거'는 법정에 나오기 어려우며, 그럼 결국은 진술조서로만 재판이 진행될 수 있다.

· 검찰이 무리한 스토리나 조서를 만들어도 사실과 다른 조서에 사인 안 하면 되지 않느냐고 할지도 모른다. 그러나 취조의 프로인 경찰이나 검찰과 대치할 때, 취조받는 아마추어는 교묘한 유도나 구류가 장기화되지는 않을까 하는 공포로부터 사실과 다른 조서에 사인할 확률이 매우 높다…

결국 저자의 원죄에 대한 재판에서 무죄 판결이 나자 주임 검사는 증거 은멸 용의로 체포되었으며, 주임 검사의 상사였던 전 특수부장과 특수부부장이 범인 은피 용의로 체포되었다.

수사를 담당했던 주임 검사는 1년 6월의 실형 판결을 받았고, 급기야는 최고 책임자인 검사총장이 이례적인 사죄 회견을 한 후, 그해 말에는 책임을 지고 사임하기에 이른다. 검찰의 비대화와 자정 능력 상실을 경계해야 한다는 교훈을 준다.

무너진 제조업 왕국 일본

고가 시게아키古賀茂明라는 일본 경제산업성 관료 출신의 인물이 있다. 퇴직 후 재야에서 저널리스트로 활동하며 아베 정권 때는 반아베 활동을 적극적으로 전개했던 인물이다.

야후 재팬에 그의 책을 요약 정리한 기사가 소개되었다. 댓글을 살펴보니 "너도 경산성 출신이면서, 경산성만 까면서 돈벌이를 한다" "너도 경산성 관료였으면, 일본 제조업 몰락에 책임이 있지 않느냐"는 식의 비난 댓글이 홍수를 이룬다.

맞는 말이기도 하다. 다만 일본 네티즌(아니 정확히는 넷 우익이겠지만)의 비난도 일본 제조업의 쇠락은 부정할 수 없는 엄연한 현실임을 전제로 한 것으로 비친다.

아베 정권 7년 8개월 동안의 실책이 한두 가지가 아니지만 한국과 관련한 분야에서 특히 두드러지는 것이 경제산업성 출신 관료들이 아베의 대한국 정책에 매우 큰 영향을 끼쳤다는 사실이다.

그중에서도 아베 전 총리의 총애를 받으며 실질적인 권력을 휘두른 인물로 이마이 다카야今井尚哉전 총리 비서관 겸 보좌관을 들 수 있다. 이마이는 2006년의 제1차 아베 내각 때,

경제산업성에서 내각 관방으로 출향出向하여 아베 수상의 비서관이 된 이후 총애를 받았으며, 아베 실각 후 제2차 아베 정권이 시작된 2012년에 또다시 비서관으로 복귀하여 보좌관까지 겸하며 실질적인 관저 정치의 실세로 군림한 인물로 알려진다.

이마이는 아베 정권이 끝나자 관저를 떠나, 미쯔비시 중공업 고문으로 유유히 아마쿠다리(낙하산식 인사)해서 느긋하게 인생 노후를 맞이하고 있는 듯했다. 그러나 다카이치 정권에서 다시 관저로 돌아와 핵심 브레인으로 활약 중이다. 아무튼 이 책에서 고가 씨는 아베 실정의 큰 요인으로 무능한 경산성 출신 관료들에게 휘둘린 점을 신랄하게 지적하고 있다. 이런 아베 관저 정치의 권력구조 속에서 졸속적으로 2019년의 대한국 무역 제재를 하는 화이트리스트 제외 조치가 있었음을 엿볼 수 있다. 책의 내용을 살펴보자.

※ '히노마루日の丸' 산업의 쇠락이 현저[*]

1990년경까지 일본 제조업은 '나는 새도 떨어트릴 정도의 기세'라는 말이 딱 들어맞았었다. 일본 황금기 산업이라면 역시 전자산업이다. 텔레비전, 백색 가전(주: 냉장고, 세탁기, 밥솥, 전자레인지 등의 가전)과 흑색 가전(주로 음향이나 영상 같은 취미, 오락 분야에 사용되는 제품), 액정패널, PC, 휴대

---

[*] 古賀 茂明 <シャープは外資に, パナソニックも壊滅的…中韓に抜かれた日本製造業の'悲惨な現実'…知らないのは日本人だけ> 2021년 7월 17일. https://gendai.media/articles/-/84918google_vignette

전화, 반도체, 태양광 패널 등 '일본제' 기기는 '고성능으로 망가지지 않으며, 가격도 적절한' 삼박자를 갖춘 우등생이었다.

소니로 말할 것 같으면, 선진적인 전자제품의 대명사로 세계에 통용되었다. 텔레비전의 핵심 부분인 액정패널은 90년대까지만 해도 상위 10사 중 4사에서 5사는 일본 기업이었다. 톱 순위 지정석에는 샤프가 군림하며, 액정의 샤프라고도 불렸다.

지금 해외에서 일본 텔레비전을 사는 사람은 거의 없다. 덧붙여 냉장고, 세탁기, 에어컨, 청소기 같은 소위 백색 가전도 마찬가지다. 현대 일본인의 감각으로는 그런 제품들은 이젠 레트로한 것인데 문제 삼을 필요 없지 않느냐는 목소리도 있을 것이다. 다만 최근에는 일본의 가전 메이커도 고부가가치 노선으로 전환하고, 그 나름대로 경영 자원을 투입하여 중국 시장 등에 참전하고 있다.

종합 가전 메이커로서는 중국의 하이센스 등이 첨단 제품을 생산하지만, 최근 한국의 LG는 한 걸음 앞서가는 최고급 노선으로 단숨에 입지를 굳혔다. 보급형 제품은 물론 'Signature'는 차원이 다르다.

디자인은 일본 제품이 발끝에도 못 미치며, 진보한 정도도 장난이 아니다. 일본 메이커가 만들지 못하는 걸 만들어 팔고 있다. 두루마리식의 유기 EL 텔레비전은 그 전형적인 예로 가격이 900만 엔이다. 일본 기업에선 한숨밖에 안 나올 것이다. 컴퓨터도 세계에서 팔리는 일본 제품은 거의 없다. 일본 기업의 컴퓨터 부문은 거의 모두 해외 기업에 인수되었다. 그래도 브랜드명은 유지하며 판매하고 있으니, 이를 눈치채지 못하는 일본인이 많을 뿐이다.

※ '반도체' 분야에서도 완패

(…) 2020년 후반부터 반도체가 부족하기 시작했다. 그 영향은 특히 자동차 산업에 심각하다.

21세기가 되자 세계 자동차 기업 중 반도체 부족으로 생산을 멈춰야 하는 곳도 속출했다. 옛날 같으면 전 세계 고객이 일본의 반도체 기업에게 굽실거리러 왔을 것이다. 그런데 지금 톱 자동차 브랜드가 향하는 곳은 타이완의 거대 반도체 수탁생산 기업 TSMC다.

팹리스와 파운드리 양쪽을 모두 합쳐도 일본 기업은 베스트 10에서 자취를 감췄다. 파운드리를 제외하여도 도시바 계열의 키옥시아 1사밖에 남아 있지 않다.

이렇게 얘기를 하면 반도체 최종 제품에서는 졌지만, 반도체 제조 장치나 소재부품에서는 일본이 강하기에 세계 반도체 메이커도 일본 없이는 살 수 없다고 반론을 하는 사람이 있다.

그런 생각을 가진 경제산업성은 2019년 여름 징용공 문제에 대한 화풀이로 갑자기 한국에 반도체 등에 사용하는 재료 수출제한을 단행했다. 한국 경제의 뼈대인 삼성 등을 따끔하게 혼내면 한국이 도게자(주: 무릎을 꿇고 용서를 비는 것)할 것이라고 생각했던 것이다. 그러나 한국 측은 다른 나라 제품으로 대체하거나 자국 제품으로 전환하는 움직임을 보이며 결국 끄떡도 하지 않았다. 경제산업성의 체면은 땅에 떨어졌다.

(…) 일본도 반도체의 세계 경쟁 구도 속에서 뭔가 하면서 따라가고 싶은 심정이지만, 지금까지 연전연패의 경제산업성이 그 사령탑을 유지하는 한 큰 기대는 하지 않는 것이 좋다.

고가 시게아키古賀 茂明 전 경제산업성 개혁파 관료

일본이 한국에 뒤진다니 말도 안 된다

경제학 전공의 대학교수가 '왜 일본은 한국보다 가난해졌는가?'라는 충격적(?)인 기고를 하였다. 이 기사가 야후재팬에 소개되자마자 단숨에 700개가 넘는 댓글이 달리며 뜨거운 논쟁을 불러일으켰다.

1990년대 이후 일본이 정체하고 있는 동안, 아시아 국가 즉 싱가포르, 홍콩, 대만, 한국 등이 꾸준히 성장을 이룩하며 국민 생활 수준을 높여왔다는 것이다. 이에 비해 일본은 제자리걸음을 하고 있는데 그 이유가 일본인은 이미 '선진국'이라는 오만한 자존심에서 헤어 나오지 못한 탓이라고 대놓고 저격을 했다.

다른 나라의 좋은 점을 배우려 하지도 않고, 알려고 하지도 않는, 작금의 일본 사회의 안일한 세태를 신랄하게 꼬집는 팩트 폭격의 기사라는 생각이 든다. 아니나 다를까. 넷 우익을 중심으로 한 국뽕주의자들은 한국 따위와 비교하는 것 자체가 불쾌하며, 비교 자체가 의미가 없다는 식의 '정신 승리'에 취한 댓글을 달고 많은 '좋아요'가 붙는다.

반면에 해외를 나가보면 실제로 일본의 위상이 많이 추락해 있음을 절감한다며, 이 기사의 주장대로 일본의 자각이 필요하다고 주장하는 댓글들도 많이 보인다. 그래도 현실을 직시하고 있는 사람들이 많이 있는 것 같아 다행이기도 하다. 가장 많은 '좋아요'를 받은 댓글 하나를 소개한다.

"아무래도 관료 출신의 대학교수 같은데, 이거 참 아둔한 발상이므로 내가 한마디 해야겠다. 이미 인프라가 정비되어 있고, 물자가 풍부하게 있으면, 생활은 좋을 수밖에 없다. 옛날에는 뛰어난 사람이 고액 연봉을 받았지만, 지금은 옛날에는 들어가지 않던 저소득층이 카운트되었을 뿐이다.

나라 전체의 저축을 보면, 당연한 결과. 경쟁이 늘어나면 디플레이션이 되는 법인데, 전혀 논리적인 설명이 되지 않고 있다. 이런 인물이 경제 기획청에 근무하고 있었으니, 이런 세상이 되었다고 먼저 반성해야지, 이런 곳에 투고나 하여 일본이 어쩌고저쩌고 운운할 입장이 아니라 생각한다. 한국보다 위냐 아래냐고 한다면 완전히 위다. 경제 규모가 다르다."

나는 이 댓글의 의미가 잘 이해되지 않는데, 많은 '좋아요'가 달린 것 보면 일본인들의 평균적 경제학 실력이 좋은 것인가 하는 생각이 한순간 스쳤으나, 아무래도 그건 아닌 것 같고, 아마도 추측건대, 마지막 문단의 한국보다 위냐 아래냐의 내용에 "완전히 위다"라는 말에 찬동하여 좋아요를 누른 듯하다.

6. 점령군과 일본어의 위기

일본은 패전 후 사실상 미군의 점령통치를 받으며 다양한 분야의 변화를 꾀하게 되는데, 이때 일본어도 위기를 맞게 된다. 어쩌면 지금의 일본어가 전혀 다른 언어로 바뀌었을지도 모르는 상황을 맞게 된다.

일본어가 쉽다고요?

흔히 한국인에게 배우기 쉬운 외국어로 일본어가 첫 번째로 꼽힌다. 그 이유는 언어의 구조 즉 주어, 조사, 서술어 등의 어순이 같은 점과 한자어의 발음이 비슷한 것들이 있음에 기인하는 것 같다(예를 들어, 한국어의 '무리無理'는 일본어로도 '무리むり'라고 읽는다).

그러나 일본어를 일상생활의 회화 정도로만 쓴다면 그다지 어려움을 느끼지 못할지 몰라도, 미묘한 어감에 따라 해석이 달라지는 비즈니스나 외교 분야 또는 전문적인 학술 분야의 언어로서의 일본어를 구사하려면 고도의 일본어 능력이 요구된다.

언어는 '존재의 집'이라 했던가?

언어는 그 자체로 의사소통의 수단이지만, 언어에는 그 사회의 문화와 구성원의 사고 및 가치 체계 등이 역사적으로 응축되

어 있어 미묘한 어감이나 해석을 잘못하면 전혀 다른 의미로 전
달될 수도 있다. 일본어는 그런 의미에서 복잡하고 까다로운 체
계의 언어다.

특히나 애를 먹는 것이, 직설적 표현보다는 에둘러 완곡한
표현을 즐겨하는 일본어 특유의 구조와 흔히 혼네와 다테마에
라고 특정되는 일본인의 사고양식 속에서 구사되는 언어를 분
간하기란 여간 어려운 일이 아니다.

외국인이 일본어를 배우면서 어려움을 겪는 것이 한자다. 일
본어는 기본적으로 세 개의 체계로 구성된다. 우선은 히라가나
와 가타카나 그리고 한자. 이 모든 것을 정확히 구분하여 사용
할 수 있어야 진정한 일본어의 고수라고 할 수 있다. 주로 히라
가나를 많이 쓰지만 한자와 함께 사용되는 빈도가 높기에 기본
적인 한자를 공부하지 않으면 안 된다.

일본어의 한자는 넘사벽?

현재 중국에서 사용되는 한자가 약 8만 5,000자. 그리고 일
본에서 사용되는 한자가 대략 5만 자 정도라 한다. 이 중에 일
본에서 기본적으로 익혀야 하는 한자는 '상용한자'로 2,136자
(2010년 개정)이다. 의무교육 기간인 초, 중학교 과정에서 가르
치는 한자도 이에 준한다. 상용한자라는 개념은 현대적인 개념
이다.

과거 일본에서는 국가가 정한 한자로 '표준한자'라는 것이
있었다. 제2차 세계대전 당시의 1942년, 그동안 구분없이 쓰여
오던 한자 중 2,528자를 표준한자로 정해 이를 중심으로 사용하
도록 권장한다.

그 후에 1945년 일본이 전쟁에서 패하고 연합국, 실질적으로는 미군정의 통치를 받게 되는데, 그 과정에서 통치자들은 일본의 파시즘적인 교육체제의 해체를 우선 과제로 선정한다. 일본이라는 나라가 천황을 중심으로 한 전체주의 국가로 형성된 요인에는 교육의 영향이 크다는 판단이 있었을 것이다.

일반 민중이 개인의 존엄보다는 전체국가의 부품으로 취급되는 무지렁이가 아닌, 서구식의 과학적 사고방식을 갖추게 하는 교육이 필요하다고 판단한다. 따라서 히라가나와 가타카나 그리고 어려운 한자까지 섞어서 사용하는 극히 어려운(?) 기존의 일본어 체계에서 한자를 폐기하고, 발음 또한 26자의 영어 알파벳 발음으로 단순하게 바꿔서 민중이 익히기 쉽게 하라고 권고한다. 일본어와 한자가 대위기를 맞은 셈이다.

한자의 용도폐기 위기속에서 탄생한 당용当用한자

이에 대해 일본 정부는 지금까지 사용해 온 일본어에서 한자를 없애면 당장 큰 혼란을 초래할 수 있다며 저항한다. 그 과정에서 고안해 낸 것이 미국의 권유대로 알파벳으로 바꾸더라도 지금 당장은 어려우니 시간을 들여 개정하는 것이 좋다. 그러니 우선적으로 당분간 사용하는 한자를 정해서 사용하다 점차 한자를 줄여나가도록 하자고 응수하여 만들어낸 것이 '당용한자当用漢字'다.

그래서 1946년에 제정된 것이 1,850자로 구성된 당용한자다. 이때 정해진 당용한자는 점령이 끝난 후에도 한동안 바뀌지 않고 사용되다가, 1981년에 이르러 일상적으로 사용하는 한자를 정한다는 의미로 '상용한자'로 바뀌며, 그 수도 1,945자로 늘어나게 된다.

그 후 신문이나 TV 등에서 사용하는 한자어는 이를 중심으로 사용하게 되며 상용한자에 속해 있지 않은 한자어를 사용할 때는 한자의 읽는 방법을 알려주는 '루비'를 달아주는 것이 일반화된다. 그 후 2010년에 이르러 29년 만에 시대변화에 따른 새로운 한자가 추가되며 개정되어, 현재는 상용한자로 2,136자가 사용되고 있다.

일단 일본어를 구사하려면 위의 상용한자는 기본적으로 알아야 한다. 단지 한자를 음으로만 읽는 한국과 달리, 일본어의 구조는 '음독'과 '훈독'으로 나뉘기에 이 두 가지 방법을 다 익혀야 한다. 음독 또한 가차음 등이 섞여 있어 한 자의 漢字라도 경우에 따라서는 여러가지로 분류해서 다르게 읽어야 하는 어려움이 있다.

일본어를 잘하는 외국인들도 제일 먼저 일본어의 어려움에 고충을 토로하는 것이 이런 한자를 구분해서 읽어야 하는 부분이다. 부끄러운 얘기지만 나도 자신이 없는 경우에는 얼버무려 지레짐작으로 읽는 경우가 있다.

마지막으로 한자는 기본적으로 중국과 한국을 통해 들어온 문자지만, 일본에서 자체적으로 만들어 쓰고 있는 한자도 많은데, 그 수는 약 1,500자 정도라고 한다. 이를 국자国字라고 한다. 가령 아래와 같은 한자가 일본에서 만들어져 사용되고 있는 국자다.

鰯　峠　畑　働　辻　凧　込　躾　欅　搾　匂　俣　枠　萩

위의 한자를 전부 읽을 줄 아는 독자는 일본어의 달인이라
자평해도 좋다.

정답은 '커피 브레이크 7'에서

일본 미디어의 지나친 한국 사랑?

일본에 살면서 가장 변화가 큰 분야로 느껴지는 것이 미디어다. 그중에서도 TV 방송의 저급화가 눈에 띈다. 일본의 미디어 환경은 과거의 신문과 TV, 라디오 등에 의존하던 형태에서 유튜브나 인터넷 방송, SNS 등의 급속한 보급으로 기존의 미디어 질서가 크게 바뀌고 있다. 그중에서도 TV에 대한 의존도가 매우 빠른 속도로 변하고 있다. 우선 나도 이제는 거의 TV를 보지 않고, 유튜브나 인터넷 등을 통하여 정보를 수집하고 뉴스를 접한다.

그래서인가? 일본 TV 방송, 특히 공영방송인 NHK를 제외한 민영방송의 저급화는 매우 심각한 수준에까지 달했다고 할 수 있다. 과거 유학 초기인 1990년대에는 일본어를 빨리 습득하고자 하는 목적으로 TV 시청을 매우 즐겼고, 학업과 알바에 쫓기면서도 시간을 쪼개어 찾아보곤 했다.

당시 명확하게 내용을 이해하지 못할지언정, TV 방송 뉴스나 시사프로 등은 정부나 권력에 대해서도 쓴소리를 마다하지 않는 유명 캐스터가 진행을 하고 있었고, 시청자들의 사랑을 받았던 것으로 기억한다. 또한 문화 콘텐츠도 수위에 구애받지 않고 적극적인 표현을 추구했다.

주말이면 첨예한 시사 문제를 테마로 정하고 밤새도록 논객들이 모여 백가쟁명 토론하는 심야 프로도 있었다. 일본어와 시사 공부에 많은 도움이 되었기에 녹화를 해가면서까지 시청하는 유익한 프로그램이었다. 그러나 언제부터인지 시사와 교양프로가 하나둘 줄어들기 시작하더니, 어느

순간부터는 개그맨이나 연예인들이 희희낙낙 말장난이나 하고 억지스런 몸개그로 웃음을 쥐어짜는 일명 오와라이お笑い와 먹방 등의 오락 프로가 늘어나기 시작한다.

아마도 장기화되는 불경기에 웃고 즐길 수 있는 오락 프로를 많이 제공하고자 하는 방송국의 의도가 있었던 것은 아닌가 하는 합리적 의심마저 갖게 된다. 그러다 아베 집권기에는 자민당과 총무대신(당시 다카이치) 등이 방송에 대한 공정보도 운운하는 압력을 행사하더니, 서서히 정부나 권력에 비판적인 스탠스를 취하던 뉴스와 시사프로 담당자가 중도하차하고 교체되는 일이 발생한다. 뉴스 캐스터와 고정 평론가의 교체와 하차에 정치권의 압력이 행사되었는지 그 진위는 알 길이 없으나, 분명한 건 미디어가 정권의 눈치를 보고 있다는 느낌을 지울 수 없다는 것이다.

이런 시기와 맞물리듯 한국에 관한 보도량도 늘어나게 되는데, 대부분이 부정적인 내용으로 채워지게 된다. 아베 정권과 문재인 정권 때의 일본 민영방송 프로는 반한 또는 혐한을 노골적으로 부추기지는 않더라도, 누가 보아도 한국과 한국 사회에 대한 부정적인 내용으로 채워진다.

한 예로 조국 전 법무부 장관과 윤석열 검찰총장(당시)의 권력투쟁 과정에서 수면 위로 떠오른 조국 전 장관 가족의 혐의에 대한 내용을 민영방송은 앞다투어 보도하기 시작하는데, 이게 한마디로 가관이다.

일본 방송은 도쿄의 경우, 공영방송인 NHK TV를 제외하고도 5개 지상파 TV 방송을 시청할 수 있다. 이런 민영방송은 거의 24시간 체제로 방송을 하다 보니 많은 컨텐츠가 필요하다. 그 많은 시간을 방송해야 하니 다양한 컨텐츠를 준비해야 하는 것은 물론이고, 시청률 확보를 위해 치열한 경쟁을 해야 한다.

대부분의 민방은 아침 출근시간이 끝나가는 시간부터 오후 5시 저녁 뉴스가 시작되기까지의 낮시간을 와이드쇼와 같은 오락이나 정보 제공 프로그램을 편성하여 방송하는데, 주로 정치와 사회, 사건 및 사고, 연예인 가십, 드라마 등을 집중적으로 시간을 들여 다루곤 한다.

앞에서 언급한 조국 전 장관과 가족에 대한 한국 검찰의 수사가 진행되고 이런저런 혐의가 보도되기 시작하자 일본 민방이 달라붙기 시작한다. 정말 거의 한 달 정도는 아침마다 그리고 점심 이후 한가한 낮 시간을 이용하여 얼마나 상세히 보도를 하던지, 많은 일본인이 한국의 조국 법무부 장관 이름과 '양파남'이라는 별명까지 외울 정도가 된다. 이처럼 일본 TV의 한국 사랑이 짝사랑 수준을 넘어 스토커 레벨에까지 달하게 된다.

실제로 수업 중 학생들에게 직접 물어서 확인을 해봤다. 한국의 법무부 장관이 누군지 아느냐는 질문에 많은 학생이 알고 있다고 대답을 한다. 그런데 그럼 지금 일본의 법무대신은 누구냐고 물었더니 모두가 꿀먹은 벙어리가 된다. 이게 말이 되는 현상이라 생각하는가? 정상적인 나라인가 싶을 정도로 어이가 없고 분노가 치밀었다.

더구나 이런 와이드쇼에 출연하는 평론가 중 한국 전문가라는 인사들을 보면 더욱 가관이다. 모두가 혐한이나 반한 사상으로 무장한 인사들만 골라서 앉혀 놓고 방송을 하니 좋은 소리 나올 여지가 애초부터 전무하다.

일본에서 최악의 한일관계였다고 하는 문재인 정권 때의 일본 TV 방송에서는 한국 때리기가 극에 달했었다. 그러다 윤석열 정권으로 바뀌어 일본에 우호적인 스탠스를 취하자, 일본 방송에서 한국에 관한 비판적 보도가 급격히 줄어들기 시작한다. 윤석열 김건희 부부의 의혹 등이 한국에서 연일 뉴스가 되어도, 과거 문재인 정권 때 그렇게도 시시콜콜 미주알 고주알 분석과 평가를 하며 방송을 하던 와이드쇼도 입을 다무는 기이한 현상이 발생한다.

모처럼 일본에 우호적인 정권이 들어섰는데, 이런 윤 정권에 부담과 마이너스가 되는 보도는 가급적 삼가한다는 공통된 인식 내지는 교감이 있었던 것 같다. 아무튼 일본 TV 방송 그중에서도 와이드쇼 같은 방송은 일본 미디어의 질적 저하를 그대로 보여준다.

정권에 알아서 기는 일본 미디어

최근에 읽은 책 중에《아베 정권에 바짝 엎드린 일본 미디어 安倍政権にひれ伏す日本のメディア》(후타바사双葉社, 2016년)가 있다. 영어 원제는 'Taming the Watchdogs: Political Pressure and Media Self-Censorship in Abe's Japan'이다.

그동안 나는 SNS 등을 통해 일본 미디어 특히 TV 방송의 저질화를 비판해 왔는데, 이 책을 읽으며 나만의 편협한 시각이 아니었음을 확인할 수 있었다. 저자는 미국인 저널리스트로 〈월 스트리트 저널〉과 〈뉴욕 타임스〉 도쿄 지국장을 지냈다. 일본 생활도 20년이 넘고, 무엇보다 일본 미디어를 보는 감각과 시선이 나와 맥을 같이 하는 부분이 많았다.

이 책은 아베 정권의 위세가 한창이던 2016년에 발행되고, 당시 아베 정권의 미디어 컨트롤Political Pressure과 그에 바짝 엎드린 일본 미디어의 한심한 '자기검열'또는 '자주 규제Self-Censorship'를 신랄하게 비판하고 있는데, 아베 정권이 끝난 지금은 이런 미디어의 행태가 개선되었는가?

그중의 대표적인 예가 아베 정권 들어 가열차진 한국 때리기와 깎아내리기식의 '혐한' 보도인데 변함이 없다. 다만 요즘은 일본의 코로나19 확산으로 제 코가 석 자니 그럴 여유가 없어 드물어진 것 같아 보이지만, 코로나가 안정이 되면 또다시 이전 같은 행태가 반복될 것 같은 불길한 예감이 든다.

일본 내에서도 언론인들 중에는 이런 한심한 작태를 비판하고 스스로 한국 때리기 즉 혐한을 부추기는 언론의 보도를 그만두자며 호소한 일이 있다. 2019년 9월의 일인데, 과연 이런 자성과 호소가 효과가 있었다면 그 후 일본 언론의 혐한 방송이나 기사는 사라졌어야 하지만 현실은 그렇지 않으니 문제다.

'혐한'을 선동하는 보도를 멈춰야 한다

앞에서도 일본 TV 방송의 수준 낮은 한국 관련 보도를 소개하였는데, 2019년 8월 27일 저녁 시간에 방영된 TV 방송에서 한 패널이 "한국 여성이 일본에 오면 폭행해야 한다"고 발언하여 물의를 일으켰다. 후일, 이 발언에 대해 담당 프로 아나운서가 사과를 했다. 또한 9월 3일 발매한 〈주간 포스트〉 특집호에 선 '한국 따위 필요 없다'라는 기사를 내, 이에 항의하는 목소리가 이어지자 편집부가 사죄하기도 했다.

신문 노조 연합의 미나미 아키라南彰 중앙집행위원장은 "보도기관 중에는 한일 대립을 선동하려는 시류에 저항하며, 윤리관과 책임감을 갖고 보도하려고 노력하는 사람들이 있습니다. 신문 노련은 그러한 동료들을 전력을 다해 응원합니다"라고 트윗했다. 신문 노조 연합은 특정 국가와 특정 민족을 폄훼하고 비방하는 보도를 자제할 것을 촉구하는 성명서를 내기도 했다.*

일본 TV 방송의 혐한 헤이트 스피치

일본 TV 방송계에 독보적인 위상을 가진 이케가미 아키라池上彰란 방송인이 있다. NHK 출신의 경력을 살려 지금은 왕성한 저술 활동은 물론, 특집 방송의 게스트 및 진행자로 각광을 받고 있다. 보통 이런 사람을 가리켜 세간에선 박학다식하다 평하지만, 나는 동의하지 않는다. 여기저기 다니며 부지런히 귀동냥한 덕분에 다양한 분야에 대해 아는 건 많은 듯싶지만, 사유의 깊이를 느끼지 못하기 때문이다.

2020년 2월 2일 일요일 저녁 8시부터 두 시간에 걸쳐 이

---

* 新聞労連（日本新聞労働組合連合）'嫌韓'〈あおり報道はやめよう〉2019년 9월 7일.

케가미가 진행하는 후지 TV '이케가미 아키라 스페셜—한국
반일주의의 행방'이란 타이틀의 특집방송이 있었다. 일요일
저녁 시간은 말 그대로 골든타임. 방송은 후지산케이 그룹의
후지 TV이니 보지 않아도 무슨 의도와 내용일지는 불문가지.
해서 예약 녹화만 하고 실제로 보지 않았다.

그러나 과연 이번에는 어떤 소재와 논리를 들고 나와 한국
과 한국 사회를 매도할까 무척 궁금해져 호기심을 억누를 수가
없다. 그래서 '일본 미디어와 한일관계'라는 거창한 테마를 천
착하는 연구자의 자세로 두 시간 동안 끓어오르는 부아를 제어
해 가며 구도자의 심정으로 녹화한 방송을 검토했다.

우선 방송 진행 메인은 이케가미. 그리고 그 옆에 보조 진
행을 맡은 여자 아나운서. 게스트는 장년 가수와 젊은 아이돌
가수 남녀 1명씩 그리고 코미디언 한 명과 베테랑 여성 뉴스
캐스터 이렇게 5명으로 구성되었다.

이들은 방송 꼭지마다 소개되는 한국의 어마어마한(?) 실
태에 믿을 수 없다는 표정을 지으며 한 마디씩 추임새를 넣는
역할을 한다. 한국 정세에 밝지 않은 시청자들의 공감을 이끌
어내는 중요한 역할을 이들이 담당하는 셈이다.

첫 오프닝 꼭지가 문재인 대통령의 "우리는 충분히 일본
을 이겨낼 수 있습니다"란 대국민 성명 장면으로 시작된다.
그러면서 전후 최악의 한일 관계라는 자막과 함께 그 원인을
문 대통령 집권에서 찾는다. 의도적이다.

아베 집권 기간 동안의 책임은 전혀 언급이 없다. 일방적
이다. 이어서 한국 역대 대통령들이 '반일'노선을 채택하며
지지율을 관리해 왔다는 밑도 끝도 없는 뻔한 스토리를 전개

해 간다. 여기에는 한국의 보수 · 진보 구분 없이 하나가 되어
일방적인 반일 노선만이 존재할 뿐이다.

사회자 이케가미와 아나운서가 한국에 긴급취재를 다녀왔
다고 한다. 작년 무역 보복 조치 이후 전개된 한국의 일본 보
이콧 운동으로 인한 일본 관광지(대마도와 규슈 지방) 등의 큰
타격이 있었음을 소개한 후, 갑자기 한국 경제가 지금 '과거
50년 중 최악'이라는 소개를 한다. 이유는 문 대통령의 경제
정책 실패로 인하여 그렇다며 최저임금 인상을 소개한다. 아
무리 문 대통령이 미워도 그렇지 과거 50년 중 최악이라니 나
가도 너무 나갔다.

도쿄 올림픽을 둘러싼 한국의 후쿠시마 방사능 문제와 욱
일기 계양에 대한 반대를 소개하며, 남의 잔치에 재 뿌리는
못된 자들로 분위기 방향을 잡아간다. 그러다 강제 징용 문제
로 바뀌면서 지금까지의 전개와 대법원의 판결에 이르는 과정
을 소개한다. 물론 1965년의 한일협정에 대한 상세한(?) 점검
도 빼놓지 않는 철저함을 보인다. 당연히 게스트들은 놀랐다
는 듯 한 마디씩 추임새를 넣는다.

　　"이런 식의 막무가내가 통하게 되면… 세상이…."
　　"이래서야 어디 법치국가라 할 수 있겠는가…."

이케가미는 이에 만족한 듯한 표정을 머금고 고개를 끄떡
여 주며 '음, 너희들 아주 잘하고 있다'는 격려의 시그널을 보
낸다. 그러고는 한국과 일본의 차이를 비교 설명한다.

일본은 '순(준)법順法'의 나라인데 비해, 한국은 '정의'를 중

시하는 나라다. 1980년대 민주화 운동에 성공한 사례가 '준법'보다 '정의'를 중시하는 사회적 합의를 이끌어냈다. 즉 역대(독재) 정권하에서 만들어진 법이나 국가 간 합의 등은 민주화 이후 '정의'에 의해 개정하거나 뒤집어도 된다고 여긴다.

민주화 운동의 성공 체험

그러면서 한국에는 법이나 헌법 위에 '국민정서법'이 존재한다는 식으로 마무리한다. 이 부분은 자기들도 조심스러웠는지, "그렇다고 한다"라는 전언식으로 처리하는 영민함도 보인다.

한국 고등학생의 영상을 소개하며, 한국 학교에서 역사 교육이란 미명하에 반일 교육이 얼마나 철저하게 이루어지고 있는지 소개된다.

이를 본 아이돌 가수 왈 "이러면 아까 말한 정의는 도대체 어디에 있는 건가요?"라며 무지를 한껏 어필하는 코멘트. 나아가 코미디언이라는 작자는 "반일 교육이야말로 한국의 근간을 이루고 있다"라는 정말 코미디 같은 발언을 해준다.

압권은 이런 보도가 한국 내에서 이루어지지 않는 이유로 "무슨 힘이 작동하고 있는 걸까요?"란 아이돌의 질문에, 이케가미가 기다렸다는 듯이 "동조압력"과 "공기를 읽는" 언론 때문이라고 답한다.

그래 맞다 그거. 바로 너희들처럼 정권에 동조하고 알아서 기면서 공기를 읽는 언론의 참모습… 잠시 일본 언론의 고해성사를 듣고 있는 줄 착각했다. 그러나 그 대상이 한국이었다.

후반부에는 한국의 과거 일본 문화 통제에 관한 소개가 있은 후, 현재 한국에서 일고 있는 일본 소설과 애니메이션 등의 인기를 소개한다. 이렇게 퀄리티 좋은 일본 작품과 제품은 아무리 사회적 제재가 있어도 팔리게 된다며, 메이드 인 재팬 넘버원 식의 은근히 국뽕을 강조하는 시간이 이어진다.

그러나 뭐니 뭐니 해도 이번 방송의 백미는 이영훈의 '반일 종족주의'였다.

후반부 가장 많은 시간을 들여 이영훈과의 인터뷰를 상세히 전하면서, 한국 사회의 반일 정서와 반일 교육에 대한 소개가 이어진다. 거짓으로 점철된 반일 교육 현장이라며 용산역 앞에 설치된 강제징용 노동자상을 찾아가기도 하고, 이승만 학당을 찾아 강연하는 모습을 소개하기도 한다. 그 후 이케가미와 이영훈의 대담이 이루어진다.

이영훈의 발언 중에 임팩트가 강했던 것은

"한국의 역사는 거짓으로 만들어진 기억이 많습니다."

"한국인이기 위해서는 반일 감정에 충실한 인간이어야 한다."

등이다.

무엇보다도 압권이었던 것은 용산역의 징용공 동상 앞에서 일본의 아나운서가

"이런 조작된 역사에 의한 동상 따위를 만드는 것, 좀 심한 말 같지만, 간코쿠와 하즈카시쿠 나이데스까(한국은 창피하지 않습니까)?"

라는 질문에 이영훈이 유창한(?) 일본어로

"하즈카시이데스네(네. 쪽팔립니다)."

라며 대답하는 장면이다. 아나운서의 당돌한 질문에도 놀랐지만, 그에 대한 이영훈의 고해성사와 같은 대답이 많은 일

본 시청자들의 심금을 울렸을 것이라 확신한다.

니혼 고쿠민노 미나상(일본 국민 여러분) 다들 보았지요? 라는 암묵의 메시지를 전달하는 장면이었다. 아마 일본에 사는 한국인들이 보면 이건 또 다른 형태의 헤이트 스피치라고 느낄 것이다. 거리에서 우익들이 몰려다니며 "한국인 물러가라" "조선인 죽어라"를 외치는 것만이 헤이트 스피치가 아니다.

휴일 저녁 황금시간대에 두 시간 동안 일방적인 한국 비방과 깎아내리기에 열을 올리며, 편향적인 정보 전달로 시청자를 세뇌하려는 이런 언론들의 행태가 전파를 이용한 헤이트 스피치다.

한국이 일방적으로 피해자이고, 뭐든 옳다는 것이 아니다. 한국 정부와 한국 사회도 한일 관계에 있어 다양한 문제를 안고 있으며, 그 또한 부정할 수 없다. 그러나 이렇듯 편파적 관점에서 악의적으로 전달하는 방송은 그 자체가 언론 폭력이며 간악奸惡하다. 이는 일본 언론들이 타국(북한, 중국 등)을 비판할 때 입에 자주 올리는 '이미지 조작印象操作'과 다름없다.

방송을 마무리하며 이케가미는 향후 한일 관계 개선을 위한 포장된 엔딩 멘트를 남기지만, 이는 단지 일방적 한국 비방 방송이라는 비난의 '면피'를 위한 고식적인 보험 멘트에 불과하다.

국가 간의 관계는 상대방이 있는 것인데, 피아의 입장은 고사하고 이런 일방적이고 편파적인 프로그램을 기획하고 방영하는 한, 일본은 정체에서 벗어나지 못하고 스스로 고립을 재촉하는 결과를 낳게 되지 않을까 염려스럽다. 제 눈의 들보는 보지 못하고, 남의 티끌만 들여다보려고 하는 옹졸한 편파 방송이라 하지 않을 수 없다.

이렇게 아베 정권의 미디어 컨트롤이 절정에 달하고, 그에 바짝 엎드린 일본 미디어의 자기검열 또는 자주 규제가 이어지면서, TV 방송은 정권에 촌탁이라도 하듯 앞다투어 한국 때리기에 혈안이 되어 있었다. 이는 일본 정부가 명확한 형태로 미디어에 압력을 행사하는 사례는 보이지 않지만, '기자클럽제도' '신문의 불공정거래를 금한 특수 지정제도' '전파 사용권' 등의 권한과 시스템 속에서, 일본 사회 특유의 '예정조화설' 신앙으로 신문이나 TV 방송국 측이 당국이나 정부에 촌탁하여 자기검열의 정도를 높이고 있는 것으로 생각할 수 있다.

객관적인 사실 보도를 외면한 채 특정 국가와 민족에 대한 편협한 시각이 담긴 평가와 배타적인 언사를 통해 굴절된 내셔널리즘을 부추기며, 상대적 우월감에 빠져 희열을 느끼는 못난 군상들의 모습이다.

그러면 아베 장기 정권이 막을 내리고 스가-기시다로 이어지는 권력 이동이 있었으니 이젠 개선되었느냐 하면, 여전히 TV 방송의 한국 관련 보도는 '시청률'이 확보된다고 하니, 민영방송이 이를 가만 놔둘 리가 없지 않겠는가? 또한 뭐든 처음 시작이 어렵지 한번 시작하게 되면 제동이 걸리지 않는 것이 이 사회의 특성이기도 하다.

헤이트 스피치는 신오쿠보新大久保나 가와사키川崎 그리고 츠루하시鶴橋 같은 한국인이 많이 모여 사는 곳에서만 이루어지는 게 아니다. 백주 대낮과 저녁 황금시간대를 이용한 지상파 방송으로도 이루어진다. 그 효과는 이루 말할 수 없을 것이다.

이런 허접한 일본 방송에서는 언제나 한국 경제가 최악이라고 떠들어대는데, 왜 한국은 폭망하지 않고 점점 발전해 가는지, 그에 대한 변명이나 후속 보도는 일절 이루어지지 않는다. 일본에서 행복한 일상을 보내고자 한다면, 일본 TV의 한국에 관한 방송은 보지 않는 것이 최선이다.

한국은 일본을 대신할 선진국이 될 수 있는가?

최근 일본에서도 여러 분야에서 한국에 추월을 당하고 있으며, 실질적으로 임금이나 노동생산성 등에서 이미 한국에 뒤처지고 있다는 보고나 기사가 점점 눈에 띄고 있다. 물론 여전히 한국 사회와 한국을 못마땅하게 여기며 비난과 저주에 가까운 망국론을 펼치는 우익 논객들의 기도문 또한 여전히 성업 중이다.

이렇게 한국을 두고 극단적인 의견으로 갈리는 현상을 보고 있노라면, 그동안 아시아를 대표하는 유일한 선진국으로 높은 자긍심을 갖고 있던 일본 사회에 주는 파장이 적지 않음을 알 수 있다. 동시에 한국의 성장과 일본의 정체라는 사실 그리고 그를 둘러싼 현상에 대한 부정과 긍정을 통하여 분발을 촉구하는 듯하다.

그런 가운데 한국의 성장에 주목하면서 일본의 정체를 날카롭게 지적하는 원로 경제학자로, 앞에서도 소개한 노구치 유키오 히도츠바시 대학교 명예교수가 있다. 노구치 교수의 이런 주장은 이미 한국 사회에도 널리 알려져 있다. 선진국 클럽이라는 소위 G7에 아시아의 대표 자격으로 고정 멤버 자리를 지켜온 일본을 밀어내고 한국이 들어서게 될지도 모른다는 주장을 펼친다.

이미 한국은 여러 수치나 지표상으로 보면 선진국 대열에 합류했음을 알 수 있다. 그러나 수치나 지표가 선진국이라고 해도, 국제 사회에서 선진국으로 인정받고 영향력을 행세하기 위해서는 더욱 꾸준한 노력과 국제 사회에 공헌이 필요하며, 그런 과정을 앞으로도 안정적으로 유지해 나갈 필요가 있을 것이다.

그런 의미에서도 한국 대통령의 위치는 과거와는 달리 매우 무거운 자리라 하겠다. 국내의 산적한 각종 현안이나 과제의 해결은 물론이지만, 한국의 위상과 국격을 한층 업그레이드하면서 명실상부한 선진국으로서 부동의 위치를 확고하게 다져나가야 하기 때문이다.

이제 대한민국의 대통령은 한국 사회만을 대표하는 자리가 아니라 국제 사회에서도 일정한 역할과 공헌을 해야 하는 중책이 되어가고 있다. 한국이 일본을 밀어내고 G7에 합류하는 것은 냉정히 생각하면 현실적이라 하기 어렵지만, 점차 회원국을 확대 개편하게 되면 멤버가 될 가능성이 없다고는 할 수 없으며, BRICS 등과의 연계 강화 등을 통한 통로를 모색하여 국제 사회에서의 활약을 도모할 필요가 있다.

포스트 아베와 코로나 이후의 한일 관계는, 정치와는 별도로 민간 교류와 협력이 더욱 활발하게 이루어질 것으로 기대하며, 노구치 교수의 글에서 일본의 위기감이 점차 현실이 되고 있음을 감지할 수 있다.

계속 하락하는 국제 경쟁력

근래 "일본이 다시 비상하고 있다"라는 부류의 헤드라인이 눈에 띄기 시작한다. 아마도 버블 시기 이상으로 치솟고 있는 닛케이 주가지수와 일본 정부가 의욕적으로 반도체 산업을 비롯한 전략 산업 육성 등을 추진하는 모습이 대대적으로 보도되면서 기대와 희망을 담은 표현으로 여겨진다. 거의 30년간 움직이지 않던 임금도 오르고 있다는 보도와 함께 희망적인 뉴스가 전달되지만, 실제로 일본에서 벌어 생활하는 사람의 입장에서 보았을 때는 아직 희망을 체감할 수 없는 '강 건너 불구경' 현상임을 지적하지 않을 수 없다. 평소 한국 경제의 성장과 일본 경제의 추락 현상에 대해 가감 없이 비평을 해 온 노구치 유키오 교수의 글이 〈도요 케이자이東洋経済〉 온라인(2024년7월7일)에 실려 야후 재팬에 소개되자, 순식간에 1,000개 이상의 댓글이 달리며 일본 누리꾼들의 갑론을박으로 뜨겁게 달아오르고 있다. 일본 누리꾼들의 반응은 압도적으로 기사 내용에 긍정하며 자신의 경험담을 털어놓은 댓글이 많다. 그중에 가장 많은 호응을 받고 있는 댓글 몇 개를 살펴보자. "국제 경쟁을 하는 기업에서 일을 해보면 안다. 중국과 한국이나 구미의 생산 시스템으로 일신되어 자동화·저코스트화가 진행되는 가운데 일본에서는 제안을 하여도 각하되고, 기존의 쇼와 시스템에서의 개선이 강요된다. 매우 뒤처진 뒤에야 정신을 차리고 도입을 꾀하지만, 그래도 여전히 사내 고위층의 저항이 거세어 도입에 몇 년이나 걸린다. 해외공장에 생산 시스템을 배우기 위해 파견되지만, 애초에 투자액이 다를 뿐만 아니라 거의 자동화되어 있어 공부는커녕 아무런 도움이 되질 않는다. 그러니 대규모 투자가 필요하다고 강조해도 한 귀로 듣고 한 귀로 흘려버린다. 그리고 처음에는 의욕이 넘치던 젊은 사원도 점차 의욕을 잃게 되며, 뜻이 있는 사람은 전직을 하게 되고, 그런 뜻이 없는 사람은 기생하여 살아갈 것을 결심한다. 애초에 변화를 싫어하는 국민성이기에 국가가 무얼 하여도, 좋은 제도를 만들어도 바꿀 수 없다."

"수도(도쿄)의 지표도 세계 20위 정도로 하락하였는데, 세금만 올려 대다수 국민이 고통스럽게 되니 저출산 고령화가 가속화하고 기술이 쇠퇴한다. 물류 등 인프라도 후퇴되었으니 오히려 순위가 내려가지 않는 게 이상할 것이다. 지금 일본은 본격적으로 성실히 일하는 인간이 손해를 보는 형태로 변해가고 있다."

"미국에서 20년 독일에서 3년 산 경험이 있다. 그리고 올해 오랜만에 재회한 독일 친구와 자기 나라의 부진한 경제 상황이 화제가 되었을 때, 이런 말을 들었다. "과거의 성공체험은 변혁의 최대 적이다"라고. 독일의 상황도 일본과 매우 흡사하기에 잘 알 수 있다. 앞서서 성공을 맛본 자는 그 방식을 바꾸는 것이 매우 어렵다. 그것뿐만 아니라 쓸데없는 프라이드가 방해가 된다. 나라로 말하자면 그 최고의 사례가 아르헨

티나이려나? 그리고 일본인만큼 프라이드가 높은 민족도 세계에서 드물 것이다. 일본인은 전쟁으로 폐허가 된 후, 큰 발전을 한 그 강렬한 성공 체험에서 이제 변하기 힘들 것인가? 특히 한국이나 중국 등 일본 주변 국가가 뒤쫓아 온 상황에 아직까지 이들을 하대하는 일본인이 많은 것을 보고 있노라면 정말 아르헨티나와 똑같다. 왠지 슬퍼진다."

일본의 세계 경쟁력

그러면 일본이 처한 상황이 어떠한지를 최신의 데이터를 사용하여 살펴보자.

스위스의 국제경영개발연구소IMD가 2025년 6월에 발표한 2025년 세계 경쟁력 순위를 살펴보자. 이 랭킹은 세계 69개국 지역을 대상으로 각국 지역의 경쟁력에 관해 경제 퍼포먼스, 정부의 효율성, 비지니스 효율성, 인프라 등 4개 분야의 20개 항목 341개 세부 지표로 순위를 매긴다.

일본은 전년도 조사보다 종합 순위에서 3단계가 오른 35위를 나타냈다. 일본이 오랜만에 순위를 끌어올리게 된 주요 원인은 고용과 과학 인프라, 건강·환경 항목에서 10위 이내에 들었기 때문이다. 국제경제(작년5위→16위), 교육(작년 31위→36위) 분야에서는 오히려 순위가 떨어졌다.

한국은 전년보다 7단계 하락하여 종합순위 27위를 기록하여 일본보다는 앞서고 있지만, 순위가 27위라는 것보다 놀라운 사실은 일 년 사이에 순위가 7단계나 하락한 원인이 무엇이며 대한민국에서 무슨 일이 있었던 것일까 하는 점이다. 아시아 국가로는 싱가포르가 2위, 홍콩이 3위, 대만 6위, 중국

16위, 말레이시아 23위를 기록하여 한국보다 앞서고 있다. 한국과 일본 사이에는 30위 태국이 있으며 일본의 뒤에는 인도네시아, 필리핀, 몽골로 이어진다. 일본의 현주소를 알 수 있는 순위에 놀라지 않을 수 없을 것이다.

그러나 정작 놀라운 사실은 이 랭킹이 시작된 1989년부터 1992년까지 일본은 세계1위였다. 그야말로 버블의 전성기가 지나고 부터는 일본의 순위는 미끄럼틀에서 미끄러지듯 매년 줄줄 내려가는 수모를 감수해야 했다. 올해 들어 오랜만에 3단계 순위를 끌어올리는 성과를 내면서 회복 추세로 들어가고 있음이 확인되지만, 이런 추이가 이어질지에 관해서는 향후 수 년간의 추이를 지켜볼 필요가 있다.

그럼 일본의 평가가 왜 이렇게도 낮은 것인가? 이를 알기 위해서는 어떠한 요인·지표에 대해 평가가 이루어지고 있는지를 알 필요가 있다. IMD의 World Competitiveness Booklet 2025에 따르면, 항목별 일본 순위는 '경제 퍼포먼스'에서 23위(한국 11위), '인프라'에서 19위(한국 21위)로 비교적 상위에 있다. 문제는 '정부 효율성'에서 38위(한국 31위), '비즈니스 효율성'에서 51위(한국 44위)로 평가가 낮다는 것이다. 특히 '비즈니스 효율성'의 세부 지표 '매니지먼트 관행Management Practice'이 65위로 매우 평가가 낮다. 매니지먼트 관행은 '변화하는 시장 조건에 회사가 매우 민감하게 반응하는가?' 등 14개 항목을 평가한다. 일본의 경쟁력이 낮다고 보는 것이다. 또한 '정부의 효율성'에서는 공공재정Public Finance이 54위로 하위권에 위치하고 있다.

디지털 경쟁력 순위에서 30위

또한 스위스 국제경영개발연구소IMD는 세계디지털 경쟁력 랭킹 2025를 발표했는데 세계 64개국 지역 중 스위스가 1위다. 그 뒤를 미국(2위), 싱가폴(3위), 홍콩(4위)이 뒤따르고 있다. 일본은 전년보다 1단계 상승한 30위를 기록하고 있으며, 한국은 전년도보다 무려 9단계 하락한 15위였다. 일본의 정체도 엿볼 수 있지만, 한국의 2023~2024년도 정체와 추락이 생각보다 큰 폭으로 나타나고 있음에 새삼 놀라게 된다. 일본은 2023년의 32위에서 조금씩이지만 랭킹을 올리고 있는데 반해 한국은 급락하고 있어 심히 걱정스러운 부분이다.

디지털 경쟁력은 세 가지 요인으로 평가된다. '지식'(전년 31→23위), '기술'(26→27위), '미래 준비'(38→39위)다. 그중에서도 일본의 평점이 특히 낮게 나타난 요인은 '지식' 중의 '인력'(63위)으로 거의 최하위에 머물고 있다. '기술' 중에는 '규제 프레임워크'(43위), '미래 준비' 중에는 '비즈니스 기민성'(60위)이 거의 최하위 점수를 받고 있다.

뒤에서 살펴보겠지만 일본의 교육 수준은 세계에서도 상위 그룹에 위치하고 있다 평가하면서도 정작 '지식' 분야의 '인력'의 평가가 거의 최하위 수준에 머물고 있다는 점은 아이러니다. 교육과 사회 시스템의 무엇이 문제인지에 대해서는 뒤의 교육편에서 좀 더 상세히 다루고자 한다.

앞에서 살펴본 랭킹에서 일본이 특히 평가를 받지 못하고 있는 분야를 들여다보면 현재 일본의 정체 요인이 간접적으로 파악이 된다. 정부의 규제 프레임워크가 강하게 작용하며 비즈니스의 기민성에 있어서는 거의 최하위의 성적이다. 자민당 장기 집권에 따른 기존 사회의 기득권 카르텔이 굳건히 형성되어 있고 이는 혁신이나 신규 진입과 같은 이노베이션의 장애가 되고 있다는 것이다. 또한 비즈니스의 기민성 측면에서 최하위의 점수를 받고 있다는 점에서 앞서 살펴본 일본 조직사회의 기능부전의 요인들이 복잡하게 얽혀 사회의 발전을 저해하고 있음을 알 수 있다.

일본의 국뽕 박살내기

《세계에서 바보 취급되는 일본인世界でバカにされる日本人》(와니북스ワニブックス, 2018년)이라는 제목에 이끌려 구입한 책이 도착해 지체 없이 펼쳐보니, 첫 페이지부터 강렬하게 일본의 국뽕을 분쇄한다. 저자는 외국인이 아닌 일본인. 유엔과 국제기관에서 근무하면서 외국 생활이 길다 보니 객관적으로 일본을 들여다보는 것 같다. 요즘 일본의 자화자찬이 눈에 넘치는 것을 간과할 수 없어 필봉을 휘두르기로 하였나 보다.

이 책은 일본인과 논쟁을 해야 하는 경우에 하나씩 소재로 쓰면 유용할 것 같은 아이템이 넘친다. 물론 정확한 데이터와 논증을 거친 내용이라기보다는, 저자 자신의 감성과 지식에 의존하고 있다는 한계는 있으나, 평소 일본 국뽕을 눈꼴사납게 여기는 사람에겐 최적의 책일 수 있다.

이 책의 도입부를 소개해 본다.

요즘 수년 일본에서는 '닛뽕 스고이!(일본 대단하다!)'라고 칭찬하는 텔레비전 프로와 잡지 기사가 대유행하고 있다. 서점에 가보면 '일본이 얼마나 대단한가'를 과시한 서적이 사방에 널려 있다. 이런 일본 예찬을 강조한 텔레비전이나 잡지 기사, 서적에서 칭찬하는 '스고이 닛뽕'에서는 다음과 같은 내용들이 끊임없이 거론되고 있다.

- 전 세계 사람들이 일본인을 존경하고 있다!
- 세계에서 일본을 모르는 사람이 없다!
- 일본 화장실은 세계에서도 제일 하이테크!
- 일본 전철은 세계에서 제일 시간이 정확하다!
- 일본 여관의 오모테나시(향응)는 세계 제일!
- 일본의 거리는 세계에서 제일 청결!
- 일본의 먹거리, 요리는 세계에서도 최고 레벨!
- 일본의 치안이 좋은 건 세계에서도 발군이다!
- 일본의 교육 레벨은 세계 톱 레벨!
- 일본 장인이 만드는 나사의 정확성은 세계 제일!

이러한 '닛뽕 스고이' 콘텐츠 중에는 물론 진실도 포함되어 있지만, 아무래도 상관없는 소재를 과장되게 강조한 가짜 뉴스나 수위가 아슬아슬한 것이 적지 않다. 특히 미국이나 이탈리아, 영국에서 일하면서 유엔 전문 기관과 다국적 기업에서 근무한 적이 있는 몸으로서 꽤 '미심쩍은' 소재가 많다고 생각한다.

일본인은 일본이 세계의 선진국으로 전 세계 사람들이 일본을 동경하고, 존경하며, 본받으려고 한다고 착각하고 있는 것 같은데, 사실은 그렇게 생각하고 있는 건 거의 일본인 뿐이다. 실제로 일본은 세계 속의 수많은 국가중의 하나에 불과하고 굳이 이야기한다면 마이너 국가에 가깝다. (…)

일본은 1970년대부터 1980년대의 고도성장기를 일찌감치 지나버렸으며, 경제 규모는 세계 상위권에 들어가 있어도 지금 그 기세는 흔적도 없으며, 내리막길을 걷고 있는 기울어가는 선진국의 하나에 불과하다. (…)

자국이 직면하고 있는 문제조차 해결하지 못하면서 국내에서는 '닛뽕 스고이' 콘텐츠를 소비해 대고 있는 일본인은 전 세계에서 멍청한 국민이라고 빠가 취급 받고 있으며, 약자를 제대로 보호하지도 못하고, 적절한 저출산 대책조차도 실행하지 못하는 왕빠가라 야유받는 입장이다.

대략 이와 같은 내용으로 자화자찬이 차고 넘치고 있는 일본의 현상을 비판하고 있는 책이다. 사실 위에 열거된 사항중 동의할 수 있는 점과 그렇지 않은 부분도 있지만, 그중에서도 '일본 전철은 세계에서 제일 시간이 정확하다!'라는 주장은 도쿄에서 한 달 정도만 살면서 아침 저녁 러시아워 시간에 맞추어 출퇴근을 해보면 얼마나 황당무계한 말인지 실감할 것이다.

도쿄를 중심으로 한 수도권의 전철과 지하철은 바둑판처럼 세밀하게 연결되어 있어 매우 편리하다. 가장 많은 사람들이 이용하는 대중교통이지만 관리와 운영에 문제점이 많다. 아침 출근시간에도 툭하면 인신사고人身事故 등으로 예고 없이 지연과 연착이 빈번히 발생한다. 무더운 한여름에 비지땀을 흘리며 플랫폼에서 연착 전철을 기다리다 전철이 도착하여 겨우 차량에 몸을 구겨 넣으면, 에어컨은 작동을 하는지 어떤지 구분이 되지 않을 정도로 미약한 냉방에 짜증은 폭발 일보 직전까지 상승한다.

이도저도 친환경 정책에 따른 절전 조치인 듯하지만 견디기 힘들다. 도쿄의 교통비, 그중에서도 전철과 지하철 요금은 결코 싼 편이 아니지만, 아직도 스크린도어가 설치되지 않아 위험한 플랫폼이 많으며, 역 구내 시설과 장비도 오래되고 낙후된 것이 많다. 차량 냉방시설은 약한 온도 설정으로 운행을 하는 것이 대부분이다. 그래도 워낙 이런 환경에 익숙해져 있는 이용객들은 불만을 드러내는 일이 거의 없을 터이니 문제가 되지 않을 수 있다.

이렇게 대부분 민영화되어 있는 도쿄의 지하철과 전철은 결코 쾌적한 교통수단이라고는 할 수 없으며, 운행시간 또한 종종 지연과 연착이 반복된다. 회사가 다른 전철과 지하철의 환승 요금이나 시스템도 복잡하고 이용에 불편을 느낄 때가 많다. 다만 고속철인 신칸센은 승차감도 쾌적하고 차량도 깨끗이 관리되고 있으며, 도착 시간을 정확히 맞추어주는 편이라서 높은 점수를 줄 수 있다. 그러나 도쿄의 전철과 지하철은 그렇지 않다. 단순히 비교하면 서울의 지하철이 훨씬 더 쾌적하고 안전하며 운행 시간 등도 정확하다.

앞에서 유일하게 이의 없이 동의할 수 있는 건 '일본 화장실은 세계에서도 제일 하이테크!'라는 항목이다. 앞에서 일본 사회가 청결과 항균에 집착하는 경향이 있음을 소개한 바 있

지만, 화장실만큼은 내가 다녀본 일본 외의 어떤 나라와 비교
하여도 일본의 화장실이 제일 청결하고 하이테크인 건 분명
한 사실이다. 공간이 좁다는 점이 유일한 마이너스이기는 하
지만, 여긴 일본이니까 '시카타가나이(어쩔 수 없다)'라 혼잣말
을 중얼거리며 납득하게 된다.

그럼 계속해서 해외 근무와 거주 경험이 풍부한 일본인이
자국의 '닛뽕 스고이' 현상에 각성을 촉구하며 경종을 울리는
내용의 한 챕터를 요약하여 소개하도록 한다.

※ 일본 정치를 걱정하는 외국인

지금 해외 사람들이 일본 하면 처음 나오는 말이 무얼까.
'일본 괜찮아?'가 태반이다. 요컨대 '일본 정치 정말 괜
찮아?'란 의미다. 이것은 지금 내가 살고 있는 영국뿐만
아니라 이탈리아, 미국, 프랑스에서도 들었던 얘기다. 최
근 20년 정도 일본 정치는 정치학, 행정학, 경제학의 상식
에서 크게 벗어나는 일이 일어나고 있어 외국 사람들이
걱정하는 것이다.

예를 들면, 경기를 자극해야 하는데 우리나라에선 무슨
연유인지 구매행동을 억제하는 소비세를 인상하려고 한
다. 저출산으로 인구가 늘지 않고 국력이 저하된다고 야
단법석을 떨면서도 그 근본 원인을 수치로 탐구하지도 않
고 효과적인 정책을 제대로 실시하지 못하고 있다. 대학
원 석사 레벨의 통계학이나 경제정책을 배운 사람이라면
저출산의 원인은 장시간 노동이나 출산 연령에 있는 사람
들의 실질임금이 줄어들고 있는 사실, 비정규직 고용 증

가로 고용의 불안정을 안고 있기 때문이라는 것 정도는 안다.

그러나 일본의 정치가도 관료도 이 근본 원인을 제대로 검증하지 않고 증세라는 한 치 앞만 내다보는 정책으로 속이고 있는 상태이다. 신생아가 태어나지 않는다는 것은 장래 노동자와 소비자가 될 사람이 줄고, 나라 전체가 가난하게 되는 걸 의미하지만, 그 누구도 근원을 해결할 액션을 취하지 않는다.

노동 인구가 줄고 고령자가 폭발적으로 증가하여 국가 부채도 계속 늘고 있는데, 일본 국민은 정부나 지자체가 계속해서 짓고 있는 새로운 공공시설이나 도로를 보아도 아무런 의문도 갖지 않는다.

※ 정치에 무관심하면서도 화장실 변기 기능은 자랑하는 일본인

이런 쓸데없는 건물이나 도로에 드는 비용은 빚으로 충당하는 것이 명백하고 앞으로 20년 정도 지나면 아마 보수 관리도 못할 것이다. 하지만 일본이 놓인 현실과 장래를 객관적으로 보고 정치 문제를 진지하게 생각하려는 사람은 그다지 많지 않다.

세금이나 사회보장비도 매년 증가하여 월급의 세후 수입이 줄어가고 있지만, 그걸 상세히 계산하고 의문을 품는 사람도 적은 것이 아닌가? 요시노야의 규동이 10엔 인상한 뉴스에는 난리 법석을 떨면서 자신의 소득세와 사회보장비 문제가 되면 이상하게도 무관심해진다.

외국인의 입장에서 보면 자신의 세금이나 국가 장래에 너무나도 무감각한 일본인은 낙관적인 사람들이란 걸 넘어서 "단순한 빠가"로 비친다. 그런데 그런 빠가 일본인들은 외국인에게 '우리나라의 온수 세정 기능이 붙은 변기는 스고이요(대단해)'라며 허접한 것이나 자랑하고 있는 것이 현실이다(36~38쪽).

일본 스고이(대단하다)의 배경

올해는 헤이세이에서 레이와로 연호가 바뀌어 7년째다. 나는 헤이세이 2년(1990년)에 일본 유학 생활을 시작하였으니, 헤이세이 30년을 고스란히 경험했다. 20대 중반에 시작한 유학 생활이었지만, 당시는 한국과 일본의 경제력 등 차이를 크게 느끼었기에 무엇이든 일본에 대해 알려고 노력했으며, 살인적 물가를 자랑하는 도쿄의 유학 생활에 알바도 열심히 하면서 학업을 병행했었다. 당시 내가 안 해본 알바로는 파칭코와 가부키초 클럽 정도이고, 새벽 인력시장부터 고액의 동시통역에 이르기까지 파란만장한 유학생 시절을 보냈다. 그 과정에서 당연히 많은 일본인과 함께 일을 하면서 다양한 경험과 배움이 있었는데, 늘 머리속에는 정답을 알 수 없는 궁금증이 똬리를 틀고 들어 앉아 있었다. 일반적으로 한국인과 일본인을 놓고 보면, 신체적으로나 정신적으로 그리고 지적인 면에서도 한국인이 일본인에 뒤진다고는 결코 생각할 수가 없는데 어째서 일본은 우리와 달리 일치감치 선진국이 되었을까. 과거 우리 선조들은 왜 이들에게 강점 지배를 받는 굴욕을 당해야 했으며, 일본은 어떻게 한국을 지배할 정도의 힘을 축적할 수 있었는가 하는 점이 늘 의문이었다. 그 해답을 찾는 것이 내게 주어진 숙제였다. 물론 그 해답을 아직 명확히 찾지 못하였지만 이제 어느 정도는 꼬여 있던 실타래가 한 올 한 올 풀려가는 느낌이다. 되돌아보니 30년이 넘는 일본 생활 동안 전반기에는 대부분 일본에 대한 지적 호기심을 채우는 시간으로 보냈으나, 후반기부터는 일본 사회의 모순과 문제점에 천착을 하는 시간이 많아졌다. 그런 관계로 나의 일본 관련 글에는 일본 사회에 대한 비판적인 내용이 주를 이루고 있다.

그렇다고 이는 일본을 혐오하거나 적대적으로 생각해서 그런 것이 아니며, 오히려 일본 사회에 대한 애정 어린 비판이다. 일본이 내 삶의 터전이 되어 있고, 가족은 물론이고 친교가 있는 지인들 대부분이 일본을 거점으로 생활하고 있는데, 무슨 이유로 일본 망해라를 외치겠는가? 앞으로도 애정을 담아 일본 사회의 모순과 문제점을 계속 파헤치고 문제 제기를 하려고 한다.

잃어버린 30년이라 회자되는 헤이세이를 정리해 보자면 일본으로서는 받아들이기 힘들고 인정하기 어려운 갈등과 방황의 시간이었다고 할 수 있다. 1980년대까지만 하더라도 곧 미국을 추월할 정도로 기세가 드높았던 일본이 90년대 들어 버블이 붕괴되면서 천국에서 추락하는 쓰라린 경험을 하게 되었으니 말이다. 비록 지옥까지의 추락은 아니지만, 버블 붕괴 후의 뒷수습과 궤도수정 과정에서 정치가 제대로 역할을 하지 못하며 지지부진하면서 경제는 답보 상태를 유지하는 답답한 시간이 이어졌다.

그러는 사이에 중국에게 추월을 허용하더니 한국, 대만 같은 과거 한 수 아니 두 수는 아래로 보던 나라들에게도 추격을 허용하고, 추월당하는 쓰라림을 맛보게 된다. 이런 상황이 일본인에게는 자존심에 큰 상처가 나는 일이었을 것이다. 그런 시기와 맞물리면서 혐한이니 헤이트 스피치니 하는 한국 때리기가 성행하고, TV에서도 한국을 일방적으로 비방하는 프로가 늘어나게 된다. 물론 이와는 반대로 한국을 호의적으로 보도하는 방송도 늘어나기 시작한다. 드라마는 물론이고 한국 아티스트들이 일본의 안방을 차지하며 활약하는 모습을 쉽게 볼 수 있게 되었다. 역설적이지만 이 시기가 되어서야 비로서 일본이 한국을 대하는 자세에 진정성(?)이 묻어나게 된다.

1980년대까지 고속도로를 질주하듯 잘나가던 일본이 헤이세이 30년을 거치며 비포장도로로 진입해 속도에 제동이 걸리고 주춤하면서 제자리걸음을 하고 있다. 항간에 회자되는 읽어버린 30년이니 하는 표현이 상징하듯, 과거 지구촌 구석구석을 누비던 일본 비즈니스맨의 기개와 활력을 이제는 찾아보기 힘든 세상이 되었다.

아날로그 시대의 지존이었던 일본이 급격한 디지털 시대로의 변화와 글로벌리즘의 확대에 주춤하며 뒤처지게 된다. 그럼에도 여전히 구태의연한 규칙과 관습, 매뉴얼을 절대화하는 매뉴얼 신봉주의, 능력과 반비례하는 연공서열주의 등은 지금도 일본 조직사회에서 흔히 볼 수 있는 풍경이다. 결론이 나지 않는 회의를 장시간에 걸쳐 수도 없이 반복하면서 초창기 야심 차던 변화에의 열정과 의욕도 자연히 조직 논리에 파묻히게 되고, 어느덧 자신도 그런 구태의연한 조직 속에서 평안함을 느끼게 된다.

과거 말레이시아의 마하티르 수상이 Look east 정책을 추진하면서 일본을 롤 모델로 빈번히 언급하였지만, 헤이세이 30년이 지나면서 과거 일본의 찬란했던 모습은 자취를 감추었다. 또한 같은 무렵 출판된 미국인 학자의 《1등 국가 일본》을 통해 세계의 주목을 받았던 일본 모델은 이제 신통력을 잃어버렸다.

경제 정체에 더해 최근에는 고베제강소나 도시바, 도요타자동차 등 일본을 대표하는 기업들의 부정 사례가 연이어 발각되고 있다. 헤이세이에 들어서 일본의 자화상이 크게 흔들렸다. GDP를 중국에 추월당한 2010년의 〈아사히 신문〉 여론조사에서는 일본의 현실을 등산에 비유하며, '숨이 차서 뒷사람에게 추월당해 가는' 것 같다고 대답한 사람이 62%에 달한다.

이렇게 숨 고르기하며 잃어버린 자신감을 채우기 위해 부상한 것이 '일본의 긍지(자랑)'였다. '쿨재팬Cool Japan'이라는 말을 시작으로 일본 문화를 칭찬하고, 외국의 일본에 대한 평가를 강조하는 책이나 TV프로가 계속 늘어나기 시작했다. 소위 말하는 '닛뽕 스고이' 현상이다. 이런 일본인의 경향은 이 책의 '일본인의 정치 의식'에서 참고로 했던 NHK자료에도 잘 드러나고 있다.

'일본에 대한 자신감'을 조사한 결과를 보자. 1. 일본은 일류 국가다, 2. 일본인은 다른 국민과 비교하여 매우 뛰어난 소질을 갖고 있다(뛰어난 소질), 3. 지금도 일본은 외국에서 배워야 한다, 라는 질문에 대한 답을 보면 놀라게 된다. 이 세 질문에 대해 1983년을 피크로 88년, 98년에 모두 감소세였는데, 2008년에는 반대로 모두 증가세로 바뀌며 일본에 대한 자신감이 늘어난다.

2013년에는 '뛰어난 소질'(68%)과 '일본은 일류 국가다'(54%)가 더욱 증가한다. 이렇게 일본은 일류 국가라는 자긍심이 절반이 넘고, 일본인의 뛰어난 소질을 자화자찬하는 비율은 약 70%에 달하고 있다. 그러나 반대로 '외국에서 배워야 한다'는 20%도 안 되는 매우 낮은 비율을 차지하고 있음을 알 수 있다.

헤이세이 30년의 불황과 어려움을 경험하며 이제는 오히려 타국에서 배우고 받아들이려는 겸허한 자세가 필요할 터인데, 자신감 상실을 이런 국뽕적인 '닛뽕 스고이' 논리로 보상받으려 하는 것 같다. 한창 잘나갈 때의 교만과 허세가 헤이세이의 잃어버린 30년을 잉태하는 원인이 되었다는 반성과 자각이 없이는 포스트 헤이세이 역시 전망이 밝다고 할 수 없다. 보고 싶은 것만 보는 것이 아닌 스스로의 모습을 객관화하는 과정이 필요하다. 섬나라 특유의 폐쇄성과 우물 안 개구리식의 세계관이 다시 활보하는 시대가 전개되고 있다.

일본에서는 여전히 '일본 특별론'이나 특별한 '일본인론' 같은 부류의 서적이 많다. 여전히 일본인 특유의 근면이 강조되고, 규율과 사소한 룰이라도 성실히 지키는 모범시민, 사회와 조직의 와和를 최고선으로 여기는 도그마에서 빠져나오지 못한다. 지금도 변함없이 장시간에 걸친 회의를 통하여 문제 해결을 도모하는 프로세스에 집착하는 나머지, 유연하고 신속한 대응과 해결책을 만들어내지 못할 뿐 아니라 생산성 저하로 연결된다.

21세기 4차 산업시대에 돌입해 있는 이 시점에도 아날로그 방식의 향수에서 벗어나지 못하고 있는 쇼와의 주역들이 아직도 조직의 최고 결정기구를 차지하고 있는 현실을 마주하게 되면 암울하기까지 하다.

7. 일본 역사의 거목
3인을 통해 배우는 처세술

일본의 위인전에 빠짐없이 등장하는 세 인물이 있다. 한국에도 잘 알려져 있는 오다 노부나가織田信長와 도요토미 히데요시豊臣秀吉 그리고 도쿠가와 이에야스德川家康가 그 주인공이다.

흔히 오다는 춘추 전국시대의 일본을 평정하여 통일의 기반을 이루어낸 용장으로, 그 뒤를 이은 도요토미는 하찮은 신분에서 일본 열도의 최고 통치자까지 오른 입지전적인 인물로서 철저한 전략과 지략을 갖춘 지장으로, 마지막으로 도쿠가와는 어려서부터 인질로 잡혀 있는 등의 온갖 고초를 견디며 때를 기다린 끝에 결국 최종적으로 일본 열도의 통일을 완성하여 약 260여 년간에 이르는 에도 막부 시대를 이끌어낸 덕장으로, 각각 칭송되고 있다.

위 세 인물에 대한 평가는 관점에 따라 다양하지만, 이들에 관한 서적의 판매 상황이 마치 시대의 흐름을 반영이라도 하듯 변화가 있다고 한다.

예를 들어 경기가 좋아 버블이 한창 기세를 띠고 있을 때는 공격적이고 진취적인 오다가 많이 읽혔으며, 그 후 거품이 빠지면서 불경기가 시작되고 구조조정 등의 찬바람이 불어닥칠 때는 처세술에 능통한 도요토미가 많이 읽혔다고 한다.

불황으로 인한 경기 침체가 장기화되면서부터는 유소년 시

절부터의 기구한 운명을 극복하고 천하를 손에 넣은 도쿠가와
에 대한 재평가가 이루어지며 관련 서적도 상대적으로 많이 읽
히고 있다 한다.

이 세 사람의 성격이나 철학을 나타내는 유명한 노래가 있다.

호도도키스(두견새)라는 새를 두고

오다는 "울지 않는 새는 죽여버려라"

도요토미는 "울지 않는 새는 울게 만들어라"

도쿠가와는 "울지 않는 새는 울 때까지 기다려라"

고 한다. 오다는 불같은 성격의 소유자로 새로운 전술과 무
기를 활용하여 전국시대를 평정한 카리스마 넘치는 인물이며,
도요토미는 철저한 계산에 의한 전략과 지략으로 입신출세를
이룬 처세술의 달인이라고 할 수 있다.

앞의 두 사람에 비해 도쿠가와에 대한 평가는 다소 특징이
부족해 보이기도 하지만 결국 일본 열도의 천하통일을 완성한
최후의 승리자는 도쿠가와임에 평가의 무게가 실린다.

작금의 일본은 잃어버린 30년이라는 말이 상징하듯이 출구
가 보이지 않는 장기적인 경기 침체와 이를 해결할 만한 정치
력의 부재가 이야기되는 상황이다. 이 시대가 요구하는 리더는
어떤 유형일까를 생각할 때 아마도 강력한 카리스마와 추진력
그리고 창조성이 뛰어난 것으로 회자되는 오다 노부나가와 같
은 리더십을 갖춘 지도자의 출현이 간절히 기다려지지 않을까
싶다.

커피 브레이크 6의 '점령군과 일본어의 위기'에서 일본의 국

자 한자를 몇 개 제시한 바가 있다. 읽는 법은 아래와 같다.

鰯(いわし)　峠(とうげ)　畑(はたけ)　働(はたらく)　辻(つじ)

凧(たこ)　込(こむ)　躾(しつけ)　襷(たすき)　搾(しぼる)

匂(におう)　俣(また)　枠(わく)　萩(はぎ)

교육, 문화·예술, 역사 이야기

재외국민 자녀 교육의 고민거리

나는 자녀가 넷이다. 재일 한국인으로 사 남매를 낳아 키우며 가장 걱정했던 것이 교육 문제였다. 부모는 둘 다 한국인이지만 일본에서 태어나 자라는 아이들에게는 일본어가 제1언어가 될 수밖에 없는 환경이다. 비록 일본에 살고는 있지만 뿌리는 한국이고 국적 역시 한국인데 한국어를 구사하지 못하는 것만큼은 피하고 싶었다.

앞으로 어디서 살든지 간에 한국인으로 살아갈 운명이라면 당연히 한국어를 구사함에 있어 불편함이 있어서는 안 된다는 생각이었다. 아이들이 어려서부터 한글을 가르치고 온라인 교육 등을 통하여 한글 읽기 쓰기를 시켰다.

아이들마다 개성도 다르고 가정에서 모국어를 교육시키는 것도 결코 쉽지 않았다. 여러 환경적 한계에 봉착하면서도 간단한 읽기 쓰기를 비롯하여 말하기와 듣기 등은 일정 수준까지 구사할 수 있게 되었다.

그러나 본격적으로 일본 아이들과 함께 공교육을 받게 되면서부터는 한국어를 따로 학습할 수 있는 시간도 기회도 제한될 수밖에 없었다. 유치원과 소학교(초등학교), 중학교를 일본 공립학교로 진학하면서 일본 아이들처럼 성장하게 된다. 이는 단지 언어체계가 일본어로 되는 것만을 의미하는 것이 아니라, 사고 체계나 행동 양식 등도 일본화된다는 것을 의미하기도 한다.

이런 환경이 180도 바뀌는 기회가 찾아온다. 2012년 4월부터 2년간 미국으로 연구년을 떠나게 된 것이다. 네 아이를 전부 데리고 여섯 식구가 미국으로 가기로 했다. 그때가 큰아이는 중학교를 졸업하는 해였고, 둘째는 중학교 1학년, 셋째는 소학교 4학년, 막내는 유치원을 마치는 해였다. 미국행을 결정하고 아이들에게 통보를 하니 걱정스러운 표정으로 미국에 가기 싫다고 한다. 친구들과 헤어지는 것도 싫고, 영어도 못하는데 미국에 가면 고생만 하고 힘들 것 같다고 아이들의 얼굴이 수심이 가득했다. 그랬던 아이들이 미국 미시간에서 2년간의 생활을 끝내고 다시 일본으로 돌아갈 준비를 하라고 했더니, 이번에는 일본으로 돌아가고 싶지 않다고 사정을 한다.

아빠 혼자 일본으로 돌아가서 기러기 아빠를 하라는 말까지 나오기도 했다. 우여곡절 끝에 결국 모두 함께 다시 도쿄로 2년 반 만에 돌아오게 되었다. 그때 아이들이 다시 일본으로 돌아가기 싫다고 했던 이유는 너무 교칙이 엄하고 관리가 심해 자유롭지 못하다는 것이 가장 컸다. 반 친구들끼리 편을 가르고 이지메를 하는 환경에 다시 적응해야 할 것을 생각하니 우울해진다는 것이었다.

부모가 느끼지 못하는 아이들만의 세계에서도 다양한 문제가 있음을 새삼 알 수 있었다. 미국에서 도쿄로 돌아온 후에는 아이들을 한국 학교로 전학시켜서 한국어는 물론 한국 사회에 대해서도 공부할 수 있는 기회를 만들어주었다. 일본의 가정 교육이나 학교 교육이 '남에게 민폐를 끼치지 마라'고 하는 걸 최우선으로 가르치고 있어, 어릴 때부터 준법정신과 공동체 의식이 싹튼다고 일본식 교육 방식을 칭찬하는 소리를 한국에서 많이 듣는다. 과연 그럴까?

나 역시 일본 교육의 긍정적인 면으로 그런 점이 있음을 부정하지 않는다. 이는 사회 공동체의 일원으로 살아가는 데 꼭 필요한 교육이고, 당연히 좋게 평가할 수 있는 부분이다. 그에 반해 아이들의 자유로운 발상과 행동을 인위적으로 제어하고 억제하는 기제가 많은 것이 일본 학교 교육의 단점이다. 쉽게 말해 개성과 창의력을 살리고 키워주는 교육이라기보다는 집단과 공동생활에 최적화된 사회인을 만들어내는 교육의 비중이 더 크다는 것이 문제다.

나는 한국에서 교육을 받고 자랐지만, 일본과 미국의 교육 현장을 관찰하고 체험하는 귀중한 경험을 하였다. 세 나라 모두 교육 방식이 같지 않고 장단점이 있으니 특정 국가의 교육이 최고라는 식의 평가는 못하지만, 적어도 가장 오랜 시간을 통해 접해온 일본 교육의 문제점에 대해서는 논할 수 있다 생각한다.

란도세루의 사회학

일본의 학제는 한국과 똑같은 6, 3, 3, 4로 이어진다. 유치원부터 소학교, 중학교, 고등학교, 대학교로 이어지는 학제이며, 굳이 한국과 다른 점을 찾으라면 신학기가 4월 1일부터 시작한다는 점이다. 한국이 3월에 시작하니 한 달 정도 한국이 빠른 것이 다른 정도이다. 일본의 모든 학교가 4월부터 시작되는 것은 정부의 회계연도와 깊은 관계가 있다. 일본의 회계연도는 매년 4월 1일부터 익년 3월 31일까지이다.

아이 넷을 일본 학교에 보내면서 가장 신경 쓴 것은 학교마다 꼼꼼하게 정해져 있는 교칙과 룰을 아이들에게 잘 숙지하게 하여 괜한 트러블을 만들지 않는 것이었다. 교칙은 학교마다 다를 수 있지만 학교를 둘러싼 사회적 전통의 한 예를 들면, 일본의 거의 모든 초등학생들이 사용하는 '란도세루'라는 가방이 있다.

이는 에도 막부 말기 서양식 군대 제도를 도입하면서 장병들의 휴대품을 수납하기 위해 도입한 백팩이다. 한국 군대에서 사용하는 '군장' 같은 장비로, 네덜란드어의 '란셀'이 일본식으로 와전되어 '란도세루'로 불리고 있다.

일본에서는 형형색색의 란도세루를 메고 학년별로 색깔이 다른 모자를 쓴 아동들이 나란히 줄을 서서 등교하는 모습을 전국 어디서나 흔하게 볼 수 있다. 초등 1, 2학년 같은 저학년 아동의 이런 모습을 보면 귀엽고 사랑스럽기까지 한데, 문제는 고학년이 될 수록 아이들이 눈에 띄게 성장하여 체형이 쑥쑥 커지는데, 이 란도세루는 성장을 하지 못한다는 난점이 있다.

이게 왜 문제가 되는가 하면 저학년 시절에는 란도세루를 메고 다니는 모습이 딱 어울리는 연령인데, 고학년으로 올라

갈수록 체격과 란도세루의 비율이 아무리 좋게 보아도 부자연스럽고 언밸런스가 되어간다는 점이다. 그래도 모두 그려려니 하며 참고 소학교 졸업 때까지 소중히 사용하는 듯하다. 우리집 아이들도 고학년이 될수록 란도세루가 몸에 맞지 않아 불편하다고 불만을 늘어놓고는 했지만 졸업 때까지 어쩔 수 없이 사용했다. 주목할 점은 고학년이 되어 란도세루가 불편하고 기능성이 떨어져도 참고 '인내'하는 것이다. 일본의 학교 교육을 관통하고 있는 키워드가 이 '인내'다.

또한 이런 전통이 상업주의화되어 란도세루 가방 하나에 적어도 2,3만엔은 보통이고, 고가의 제품은 10만 엔 또는 그 이상이 넘어가는 것들도 즐비하다. 항간에는 할아버지나 할머니가 손주 입학기념으로 사주는 게 전통이라고 하는 소리도 있지만, 가격도 가격이고 기능성이나 효율성에서 가성비가 떨어진다.

그런데 학교마다 차이는 있을 수 있지만, 이 란도세루라는 가방도 반드시 갖춰야 하는 건 아니다. 나도 처음에는 모두가 당연하다는 듯이 아이의 소학교 입학식에 맞추어 란도세루를 구입하니 당연히 그래야 하는 줄 알았다. 그러나 미국을 다녀온 후 막내를 일본 소학교 3학년에 전학을 시키면서 문제가 생겼다.

미국에서 초등 2학년 과정까지 마치고 일본으로 돌아온 아이를 공립 소학교 3학년에 입학을 시켰는데, 막내가 모두가 다 짊어지고 다니는 란도세루가 싫다고 하는 것이다. 미국에서 하던 것처럼 자기가 좋아하는 캐릭터가 있는 백팩을 사용하겠다는 것이다. 아이의 요구를 듣고 고민을 했다.

조화와 통일을 추구하는 일본 사회에서 모두가 란도세루를 사용하는데 혼자서만 백팩을 사용하게 되면 분명 눈에 띄게 될 것이고, 다른 아이들의 시선을 강탈할 뿐 아니라 잘못하면 이지메로까지 이어지는 게 아닌가 걱정까지 하게 되었던 것이다.

이런 사정을 아이에게 설명을 하여도 자기 고집을 꺾지 않는다. 할 수 없이 고민 끝에 학교 선생님에게 문의를 했다. "우리 아이가 란도세루가 아닌 백팩을 가방으로 사용하겠다고 하는데 문제가 없겠느냐"며 조심스레 문의해 보니, 특별히 교칙에 란도세루가 아니면 안 된다는 규정이 없으니 "문제없다"고 답하면서, 다른 아이들이 전부 란도세루를 이용하는 데, 혼자만 백팩을 사용하면 자신들과 다르다는 것에 대해 아이들이 서로 이해하고 지낼 수 있을지는 모르겠다며 말끝을 흐린다.

결국 막내는 자신의 의지대로 란도세루가 아닌 미국에서 사용하던 백팩을 메고 등교를 하기 시작했고, 아니나 다를까 다른 친구들이 "너는 왜 란도세루를 안 하느냐?"고 매일 질문 공세를 했다고 한다. 그럴 때마다 막내는 "이게 아메리칸 스타일이다"라며 기죽지 않고 자신의 의지를 관철시켜 나가며 학교를 다녔다.

돌이켜보면 아무 문제도 없을 일이지만, 눈에 띄거나 튀는 언행을 꺼리는 문화가 자리잡고 있는 이곳에서는 남들과 같이 맞추지 않는다는 것 자체가 꽤 큰 용기와 결단이 필요한 일인 것이다. 아마도 어릴 때 미국에서 2년 반 동안 공립학교를 다니면서 조화와 일체감을 중시하는 일본과는 다르게 다양한 인종의 아이들과 어울려 공부하며 생활한 것에 기인한 것이리라. 다양성이나 개인의 의사 표현 등을 별 고민 없이 자연스럽게 받아들인 덕분이 아닌가 생각하게 되었다.

교칙이 너무 엄해서 일본 학교 가기 싫어요

네 아이와 함께 2년간 미국에서 생활하다 다시 일본으로 돌아오게 되었을 때, 그냥 미국에서 살면 안 되느냐며 아이들이 공통적으로 얘기하던 것이, 일본 학교는 (미국과 비교해서) 교칙이 너무 까다롭고 자유가 제한되어 숨이 막힌다는 거였다. 아이들의 말이니 다소 과장도 있었을 것이지만 일본의 교육 현장에 몸 담고 있는 나 자신도 평소 느끼고 있는 불합리한 점이기도 했다.

최근 일본 사회에서도 초, 중, 고교의 초등교육 현장에는 너무 엄한 교칙이 학생들의 자유를 억압하고 있으며, 시대에 맞지 않는 낡은 교칙이 많다며 개선이 필요하다는 여론이 일기도 했다. 대표적인 사례로 자주 등장하는 것이 두발에 관한 규정과 지도이다. 실제로 나도 이 두발에 관련된 황당한 교칙을 경험했다. 미국에서 돌아온 작은 딸이 일본 중학교 1학년에 편입학을 하여 다니게 되었는데, 미국에 있을 때는 학생들의 복장이 자유였기에 딸들은 이때다 싶었는지 머리카락 칼러링을 했었다. 일본에서는 언감생심이다.

그러다 다시 일본으로 돌아오게 되었으니 이제 검은색으로 머리 색깔을 되돌려야만 했다. 다시 검은색으로 염색을 해도 색깔이 완전히 검은색으로는 되지 않고 옅은 갈색을 띠고 있었는데, 학교에서 선생님한테 자주 지적과 주의를 받는다고 집에 와서 울상이 되곤 했다. "원래 이런 색깔로 태어났다고 하라"고 말을 해주고는 잊고 지냈는데, 어느 날 학교 담임 선생님한테서 전화가 왔다.

"따님의 머리카락 색깔이 옅은 갈색인데, 학교 교칙으로는 검은색이어야 됩니다. 다른 학생들과 공평하게 대하기 위해서도 검은색으로 염색을 해야 하는데, OO는 원래 자기 머리색깔이 그렇다고 합니다. 부모님께 생머리 색깔 확인을 위해 전화를 드렸습니다"라고 한다. 순간 어이가 없어 당황했으나, 나는

"원래 우리 집안이 옛날에 서양의 피가 좀 섞였는지 머리색이 옅은 갈색 집안입니다. 아이 할머니도 저도 그렇고 딸아이도 물론 그렇습니다. 그게 원래 생머리 색깔이 맞습니다"라며 확인을 해주었다. 그랬더니 담임 선생님 왈 "그러면 잘 알겠습니다. 부모님께서 직접 확인을 해주시었으니 이제 문제될 것 없습니다. 그럼 앞으로 지금 머리 색깔로 다녀도 괜찮은 것으로 결정하도록 하겠습니다"라고 하며 전화 통화를 마쳤다.

이처럼 엄격한 학교 교칙 중에 가장 유명한 것이 두발지도인 것 같다. 실제로 2017년에는 타고난 머리 색깔이 갈색인 고등학생이 "교사로부터 검정 머리로 염색을 강요받아 정신적 고통을 받고 등교 거부 학생이 됐다"라며 소송을 일으키는 일이 발생했다. 이 재판을 계기로 매스컴에서도 두발에 얽힌 불합리한 교칙들이 화제가 되었다.

이 재판에서 학생의 손해배상 요구를 일부 인정하는 판결이 2021년 5월에 나왔다. 이렇게 두발 지도를 둘러싼 트러블은 이전에도 재판으로 이어진 케이스가 있었다. 1985년에는 구마모토 지방법원이 남학생에게 빡빡머리를 강요한 교칙이 위헌이 아니라는 판결을 했으며, 1996년에는 최고재판소가 파마를 금지한 교칙이 '사회 통념상 불합리하다 할 수 없다'라는 판결을 내린 적이 있다.

문부과학성에 의하면 이러한 '교칙'은 법령에 의거한 규칙이 아니라, '아동·학생이 건전한 학교생활을 영위하고, 보다 잘 성장·발달해 가기 위해 각 학교의 책임과 판단하에 정해진 일정한 규칙'이라고 정의하고 있다. 앞에서 소개한 재판을 계기로 교칙이 너무 엄하지 않는가 라는 의문이 일기도 했으며, 두발 형태 등을 엄격하게 정한 소위 '블랙 교칙'을 둘러싼 논의의 발단이 되었다.

한 NPO 법인이 2018년에 전국의 15세~50대 남녀 2,000명을 대상으로 실시한 설문조사에서는 '블랙 교칙'이 중학교 때 있었다고 답한 사람이 약 66%, 교교 시절은 약 50%였다. 10대 응답자 중 16%가 중학교 때 '속옷 색깔도 정해져 있었다'고 답했다. 또한 '남자 선생님이 속옷 체크를 했다'라고 하는 여성의 목소리도 있었다*고 한다.

아울러 머리 색깔이 검은색이 아니거나, 직모가 아닌 학생들에게 '생머리 증명서' 제출을 요구하는 학교도 있다고 한다.

---

* 2021년 2월 16일자 〈니혼게이자이 신문〉

이런 시대착오적인 엄격한 교칙에 대한 재고의 움직임도 전개되고 있다. 세계화가 진행되면서 외국인 유학생뿐만 아니라 국제결혼의 비율도 증가함에 따라 머리색이나 피부색이 다양한 학생들이 늘어나고 있다. 이런 구태의연한 교칙과 교육의 효과와의 상관관계를 재검토할 필요가 있다 생각된다.

인내를 강요하는 사회

일본에서 생활하면서 가장 많이 쓰는 말이 몇 가지 있다. 사람마다 다를 수 있지만, 나의 경우는 아무 때나 가볍게 인사 정도를 나타내는 '도모どうも'가 제일 많은 것 같고, 다음은 '도조どうぞ！' "스미마셍すみません" "아리가토ありがとう' 정도일 것이다.

반면에, 의식적으로 쓰지 않으려고 하는 말도 몇 가지가 있다. '시카타가나이仕方がない" "쇼가나이しょうがない" "도데모 이이どうでも良い' 등 체념이나, 정작 본인은 납득하지 않으면서도 상황 논리나 주위의 분위기에 굴하여 받아들이는 경우에 많이 쓰는 말들이다. 학교에서도 가정에서도 거의 쓰지 않으며, 학생과 자녀에게도 이런 말들이 함의하는 부정적인 면에 대해 설명을 하며 가능한 한 쓰지 않도록 권유한다.

나는 일본의 제도권 교육 현장에서 벌어지는 일과 문제점을 이전부터 주의 깊게 살펴보고 있다. 아이 넷을 키우면서 유치원, 소학교, 중학교 과정까지 일본 학교를 다니게 했던 경험을 통해, 싫든 좋든 학교 교육 현장과 그 실체를 마주할 기회가 많았기 때문이다.

또한 사립대학에서 20년 이상 학생들을 가르치며 많은 경험을 하게 된다. 그동안 접해온 대학생을 기준으로 본다면 일본의 학생들은 정해진 규율을 잘 지키며 대개 근면 성실하다. 따라서 과제를 주거나 임무를 맡기면 완성도의 우열은 차치하더라도 대부분 목표를 달성한다. 이는 장래에 사회에 나가 회사나 어떤 조직의 구성원이 되었을 때 즉시 조직의 논리와 규율에 적응하여 전력으로 활용될 수 있음을 뜻한다.

반면에 일본 젊은이들의 특징 중 하나가 '자신을 드러내지 않는다'는 것이다. 이는 수업 중에 질의응답이 거의 이루어지지 않는 것을 비롯하여, 단체의 룰이나 상황에 납득이 되지 않아도 순응하고 따르는 경우가 많은 현상으로 알 수 있다. 자신의 솔직한 감정을 좀처럼 드러내지 않아 활기가 없으며 젊은이 특유의 생동감이나 도전 정신은 느끼기 힘들다.

이런 현상은 비단 어제오늘의 일이 아니겠지만 나는 이런 모습이 지금 일본이 처한 환경과 아귀가 맞다고 생각한다. 지금 일본의 사회현상에 대해 그 병리적 요인으로 '가만我慢'(참고 견디는 것을 나타내는 말로 '참음'이나 '자제'로 해석이 가능)을 강요하는 교육과 사회 분위기를 간과할 수 없다.

일본은 자연재해가 많은 '재해 대국'이라고도 불린다. 예를 들어 1995년의 한신·아와지 대지진, 지하철 사린 사건, 2011년의 동일본 대지진 등이 있다. 거듭되는 재해와 곤란에 직면하여도, 그에 굴하지 않고 딛고 일어서 번영을 구축해 온 것은 일본 사회의 회복력이 높았기 때문이라 할 수 있다.

갑작스러운 재해로 인해 소중한 가족을 잃고, 살던 집이 파괴되고 생활 공간을 한순간에 잃어버린 이재민이 되어도 정부나 지자체의 대응과 수습을 기다리며, 사적인 감정을 드러내거나 혼란을 야기시키는 행동을 삼간다. 그리고 질서 정연하게 사태를 수습해 나간다. 이재민이 서로 "간밧테(힘내, 기운 내라)" 하고 격려와 위로를 나누며 위기를 함께 극복해 나가는 모습을 볼 수 있다.

서구 국가처럼 혼란을 틈타 방화와 약탈 행위가 일어나 불안과 공포에 떨어야 하는 일이 적어도 일본에서는 뉴스가 되는 일이 없다. 재해 참사 속에서도 조용히 사태를 수습하며 질서를 유지하는 일본인들의 모습은 세계의 뉴스가 되고 여기에 칭찬 릴레이가 이어진다. 하지만 역사를 되돌아보면, 불과 100년 전인 1923년 관동대지진 때의 조선인 학살 같은 잔학한 만행을 저지른 것도 바로 이들 일본인이라는 엄연한 역사적 사실도 망각해서는 안 된다.

아무튼 이와 같은 일본 칭찬으로 유명한 것이 2011년 3월 11일 동일본 대지진이 발생했을 때 〈뉴욕 타임스〉가 게재한 'Sympathy for Japan, and Admiration'이라는 칼럼*이다. 이 칼럼은 1995년의 한신 대지진 때, 일본 지국장이었던 니콜라스 크리스토프Nicholas Kristof가 취재할 때 느낀 점을 회상하여 쓴 기사다.

일본에서 미증유의 재해가 일어났을 때, 다른 나라에서는 당연하게 일어나는 약탈 행위가 거의 발생하지 않았던 것을 소개하며, 거기에는 일본인의 가만이라는 강한 인내심과 시

---

* https://archive.nytimes.com/kristof.blogs.nytimes.com/2011/03/11/sympathy-for-japan-and-admiration/

카타가나이라는 예상외의 사태에 직면했을 때의 냉정한 '결의'가 있다고 지적한다. 시카타가나이에 대해 내가 앞에서 '체념'과 '단념'의 정서로 표현한 것에 비해, 이 칼럼은 이를 냉정한 '결의'로 긍정 평가하고 있다.

일본 정부가 재해 발생 이후 구조 활동 등 제대로 대응을 하지 못하여 불필요하게 목숨을 잃은 사람들도 있지만 일본인들이 끈기와 금욕주의 그리고 질서 정연한 모습으로 극복해 나가는 모습이 인상 깊었다고 칼럼은 전한다. 기자는 일본에 사는 동안 일본의 질서 정연함과 예의 바름에 깊은 인상을 받았으며, 일본인의 공동 목표 의식은 일본 사회구조의 일부이며, 특히 자연재해나 위기 상황에서 두드러지게 나타난다고 칭찬한다.

또한 일본인의 끈기와 금욕주의 그리고 질서 정연함을 강조하며 정부나 사회에 불평하지 않는 집단 회복력이 일본인의 정신에 깊이 뿌리내리고 있음을 지적하고 있다. 기자는 아들을 일본에서 학교에 보낸 적이 있는데, 한겨울에도 어린아이들이 반바지 차림으로 학교에 가야 했던 모습을 잊지 못한다고 하며, 이것이 인격 형성에 도움이 되는 것이 아닌가 하는 감상마저 드러낸다.

사실 나도 일본에 처음 왔을 때 유치원과 초등학생들 복장을 보니 한겨울에도 아이들은 반바지만을 입고 어른들은 코트니 패딩으로 몸을 감싸고 있는 모습을 보고 적잖이 놀랐다. 왜 이 추운데 아이들에게 반바지를 입히고 맨살을 다 드러내게 하는지 궁금했는데, 어릴 때부터 추위에도 잘 참고 적응하는 인내력을 심어주고 건강한 아이로 키우기 위한 것 같다.

기사에서는 전반적으로 일본인의 재해를 맞는 질서 정연한 모습과 불평불만을 토로하지 않고 참고 견디는 모습이 인상적이었나 보다. 그리고 일본이 제2차 세계대전에서 회복하고 1990년경 거품 경제 붕괴 이후 "잃어버린 10년"을 견뎌낼 수 있도록 한 것이 바로 이런 '가만'이라는 참고 견디는 모습이라 한다.

일본인들이 좀 더 정치나 정부 당국에 불평불만을 제기한다면 정치인들이 더 적극적으로 반응을 할 터이니 좀 더 나은 생활이나 환경이 될 수 있음을 덧붙이고 있다. 일본인의 이런 침착하고 질서 정연한 모습이 서구권 사람들에게는 신선한 충격과 뉴스로서의 가치가 충분히 있을 것이다. 그러나 당사자 혹은 내부의 시선으로 볼 때는 느낌과 실태가 많이 다르다.

꿈을 꾸지 않는 일본의 젊은이

대학에서 젊은 학생들과 함께하는 시간이 많은 나는 기회 있을 때마다 학생들과 개인 면담을 비롯하여 많은 대화 시간을 갖는다. 학습 능력이나 성과 여부는 차치하고 대부분의 학생들이 성실하고 착한 편이다. 이른바 과제를 내어주면 성실히 수행하려고 하며 수업에도 쉬지 않고 참여를 한다.

그러나 어떤 주제를 놓고 자신의 의견이나 감상을 말해보라고 하면 대부분 몇 마디 이어지지 않고 끝나버리기 일쑤다. 즉 토론이 이루어지지 않는다. 이는 관련 주제에 관한 전문 지식이 부족함도 한몫 하겠지만, 무엇보다도 남들 앞에서 자신의 의견을 드러내는 것에 매우 서툴다. 토론 대신 리포트나 감상문으로 같은 내용을 글로 써보라고 하면 대부분 주제에 걸맞은 의견을 적어 제출하는 것을 볼 때, 지식이나 정보가 부족해서 토론이 안 되는 것만은 아니기 때문이다.

초, 중, 고교 교육과정을 거치면서 어떤 주제에 관한 문제 제기를 비롯하여 자신의 의견을 정리하여 발표하거나 토론하는 교육을 충분히 받지 않은 것이다. 거기에 자신을 잘 드러내지 않는 사회적 아비투스까지 장착하게 되면, 이런 수업을 진행하는 것이 매우 고역이 된다.

일본재단이 2024년 2월 하순부터 3월 상순에 걸쳐 일본, 한국, 미국, 영국, 중국, 인도의 6개국 17~19세 남녀 각 1,000명을 대상으로 한 '나라와 사회에 대한 의식' 조사 결과가 흥미롭다. 우선 자국의 장래를 묻는 질문에 '좋아진다'고 답한 비율이 중국 85.0%, 인도 78.3%, 한국 41.4%, 미국 26.3%, 영국 24.6%, 일본 15.3% 순으로 나타났는데, 일본이 최하위다.

일본은 자신과 사회 공동체와의 관계를 묻는 다음과 같은 질문에 대해서도 '나라와 사회에 도움이 되는 것을 하고 싶다' 64.3%, '자신은 책임 있는 사회의 일원이라 생각한다' 61.1%, '자원봉사 활동에 참가하고 싶다' 60.4%, '자선활동을 위한 기부를 하고 싶다' 58.4%, '자신은 어른이라 생각한다' 49.6%, '자신의 행동으로 나라와 사회를 바꿀 수 있다 생각한다' 45.8%로 나타났는데, 이는 모든 항목에서 6개국 중 최하위를 기록하고 있다.

주목할 만한 것은 '장래의 꿈을 갖고 있는가?'라는 질문이다. 젊은이가 꿈을 갖는 건 국적, 인종, 종교, 사회구조를 떠나 문명사회에 공통되는 보편적 현상일 것이다. 실제로 조사한 6개국에서 한국의 73.5%를 제외한 4개국은 82~88%라는 높은 수준을 보였다. 그러나 일본은 차이가 큰 60.1%다. 즉 일본의 17~19세의 4할 정도는 '장래 꿈이 없'는 상태이다.

이는 흔히 중장년들이 한탄하는 '요즘 젊은이들 패기가 없다'라는 부류의 이야기가 아니다. 젊은이들에게는 죄가 없다. 왜냐하면 이는 오히려 어려서부터 자기가 좋아하는 것, 하고 싶은 걸 '즐겁게 해봐라'며 적극 권장하는 것이 아니라 '하지 말라' '해서는 안 된다'라며 참고 인내하는 '교육'을 받아온 결과에 지나지 않기 때문이다.

일본의 안내판을 보면 '금지'를 전면에 내세우는 간판이 일반적이다. 예를 들어 출입금지를 의미하는 간판은 '立入禁止'라고 표현한다. 영어의 'staff only'와 같은 의미이지만 전달되는 어감은 사뭇 다르다. 이처럼 '~하지마라' '~금지'라는 식의 부정적 언어를 통하여 자제를 강요하는 표어가 유난히 많은 사회가 일본 사회가 아닌가 하는 생각이 든다.

청소년의 의식을 보여주는 흥미로운 데이터는 더 있다. 청소년과 젊은이의 현상을 조사한 내각부의 '우리나라와 여러 나라 젊은이의 의식에 관한 조사'(2023년)다. 이 조사는 일본, 미국, 독일, 프랑스, 스웨덴의 5개국 13~29세 남녀 1,000명을 샘플로 하여 2023년 11월부터 12월 사이에 조사한 통계이다.

이 조사에서 '나는 자신에게 만족하고 있다'라는 질문에 '그렇게 생각한다'와 '어느 쪽이냐고 하면 그렇다고 할 수 있다'가 일본의 경우 각각 16.9%와 40.5%로 나타나며 둘을 합하여 57.4%로 나타났다. 이에 비해 다른 나라는 전부 70%를 넘고 있다. 이어서 '자신에겐 장점이 있다'라는 질문에 일본인은 65.5%가 긍정적으로 답변하고 있으며, 다른 나라는 스웨덴의 73.1% 외에는 전부 80%를 넘고 있다.

조사의 결과로 알 수 있는 건 일본의 청소년과 젊은이가 다른 나라와 비교하여 자기자신에 대한 만족감이 낮으며, 자신의 장점에 긍정적이지 못한 부분이 있음을 알 수 있다. 일본인의 희망이나 자신감은 타국에 비해 상대적으로 낮은 경우가 대부분이다.

이러한 경향은 어른뿐만 아니라 청소년의 관점에서도 이미 확인되고 있다. 차세대를 책임질 청소년들이 자신에 대한 만족감이나 장점을 인정하기 어려운 사회환경에 놓여 있음을 미루어 짐작할 수 있다. 그들이 받아온 교육에 적지 않은 영향을 받았음도 짐작할 수 있다.

일본 학교 교육의 현실과 과제

일본 학교 교육의 현실과 평가

나는 어린 시절부터 '교육은 국가의 백년대계' 운운하는 말을 접하며 성장해 왔다. 그만큼 한 국가를 이루고 유지하며 융성하기 위해서는 구성원들의 교육이 매우 중요한 역할을 한다는 의미일 것이다. 일본의 교육은 교육기본법의 목표와 취지에 따라 '교육의 기회균등'을 모토로 이루어지고 있다. 이는 교육기본법 제4조의 '모든 국민은 평등하게 그 능력에 맞는 교육을 받을 기회를 부여받아야 하며 인종·신조·성별·사회적 신분, 경제적 지위 또는 출신에 의해 교육상 차별받지 않는다'는 규정에 의거하는 것이다.

2025년에 문부과학대신의 자문에 중앙교육심의회가 답신한 자료에 따르면, 일본의 교육에 대한 스스로의 평가를 엿볼 수 있다. 심의회는 '일본의 학교 교육의 현실'이라는 부문에서 아래와 같이 답신하고 있다.*

일본의 학교 교육은 명치5년(1872)의 학제 발포 이후 150년을 넘는 역사를 갖고 있다. 전후는 헌법 및 교육기본법(1943년) 이념하에 학교 교육법(1947년)을 비롯한 다양한 법률에 의해 교육 기회의 균등과 교육 수준의 유지·향상의 기반이 되는 제도가 구축되고, 전국적으로 일정 수준의 교육을 보장해 왔다.

또한 이런 제도를 기반으로 교사가 학습지도뿐 아니라 학생 지도 면에서도 주요한 역할을 담당하고, 어린이들의 상황을 종합적으로 파악하여 지도를 하는 '일본형 학교 교육'의 지·덕·체에 걸친 전인적인 교육을 제공하고 있는 것이 국제적으로도 높게 평가받아 왔다.

2023년 12월에 결과가 공표된 국제적인 학력조사인 PISA2022에서도 일본은 수학적 리터러시, 독해력 및 과학

적 리터러시의 세 분야 전체에서 세계 톱레벨의 결과를 얻었다.

이상과 같은 답신의 내용으로 볼 때, 일본형 학교 교육의 성과로 '국제적으로 톱클래스의 학력'을 유지하고 있으며, 교육의 공평성도 안정적으로 유지되고 있다고 하겠다. 그러나 이런 평가에도 불구하고 현행 일본의 학교교육이 안고 있는 문제점 및 과제도 다양하게 나타난다.

일본 학교 교육의 과제

현재 일본의 학교 교육이 안고 있는 문제에 흥미로운 조사를 한 데이터가 있어 이를 활용하여 살펴보기로 한다.[*]

조사에서 '전후 일본 교육의 문제점'을 물은 질문에 대한 답변의 순위를 보면 1위 교사의 과로, 2위 이지메의 심각화, 3위 IT교육의 뒤처짐, 4위 영어 교육의 뒤처짐, 5위 유도리 교육, 6위 금융 교육의 뒤처짐, 7위 교육의 획일화에 의한 개성의 부정과 보호자의 과보호, 9위 주입식 교육, 보호자의 학교 의존, 실제 사회와의 괴리, 12위 도덕 교육의 미흡, 13위 학력 격차, 14위 수험 전쟁의 과열과 일본 전통문화나 가치관을 전달하는 교육 기회 부족, 16위 역사 교육 편향, 과잉된 반일 교육, 17위 다문화 교육의 뒤처짐 등의 순으로 나타나고 있다.

---

* 이 조사는 (주)드림플래닝에서 2024년 6월 24~25일 인터넷을 통한 '일본의 사회문제에 흥미·관심을 갖고 있는 사람'을 대상으로 실시한 설문조사 결과이다. https://uruhome.net/educational-issues/(최종방문:2025년 7월 13일)

비록 모수가 적고 복수 응답이라는 한계는 있으나, 작금의 일본 교육의 문제점을 잘 반영하고 있는 결과가 아닐까.

우선 1위를 차지한 '교사의 과로'에 대한 코멘트를 몇 개 살펴보자. "학교에서 교사의 책임이 너무 커지고 있다. 체벌과 프라이버시, 경쟁의 배제, 평등 등 너무 신경질적으로 되어 이상해지고 있다" "교사에게 너무나 많은 걸 강요하고 있어 교사도 학생도 여유가 없어진 것이 아닐까?" "교사에 대한 대우가 좋지 않으니 좋은 인재가 모이지 않는 것 같다"는 등의 의견이 이어지고 있다.

소학교와 중학교 등 초등교육을 담당하는 교원의 확보가 어려워지고 있으며, 대학생들 사이에서 교원 자격을 취득하기 위한 이수자가 소수에 불과하다. 교원에게 부여된 업무가 과중하기로 정평이 나 있는 것이 초등교육 현장임을 감안할 때, 이런 근무환경이나 처우 개선 같은 것이 우선 이루어지지 않는 한, 교원 확보는 앞으로도 전망이 불투명할 것 같다.

실제로 내가 근무하는 대학에서도 중, 고교의 교원 자격증 취득을 위한 커리큘럼이 준비되어 있지만, 이를 수강하고 자격증을 획득하는 학생은 매년 손가락으로 꼽을 정도밖에 되지 않는다. 그 이유는 현실적으로 교사직이 피하고 싶은 '블랙 직업군'에 속해 있기 때문이다.

2022년에 문부과학성이 실시한 '교원 근무 실태조사'에 의하면 2016년에 비해 근무시간은 감소하고 있지만 평일 하루당 근무시간은 약 10~11시간으로 여전히 길며 장시간 노동 문제가 있다. 또한 토·일요일도 30분에서 2시간 정도의 근무가 발생하고 있다고 한다. 이런 현상은 소학교보다 중학교 교원의 경우가 더 심한데, 그 이유는 부활동 지도에 있는 듯하다. 실제로 일본 각 학교에서는 부활동을 적극적으로 도입하여 지도하고 있는데, 토·일요일의 주말은 물론이고, 방학 중에도 부활동 지도가 이루어지는 것이 일반적이다.

이런 근무 형태가 과거에 비해 점차 개선되어 줄어들고 있다고는 하지만 여전히 지속되고 있다. 획기적인 개선이 어렵더라도 교사의 정신 건강 문제가 발생할 가능성도 있으며, 문제 해결을 위해 근무시간의 적정화와 업무 효율화를 시급히 추진할 필요가 있을 것이다.

다음으로 2위를 차지한 '심각한 이지메' 문제에 대한 코멘트를 살펴보자.

"이지메를 은폐하는 체질이 교육에 대한 불신을 초래하고 있다" "이지메에 대한 학교와 교육위원회의 대응이 잘못되었다. 나도 소학교 때 매우 심한 이지메를 당했는데, 선생님에게 상담조차 할 수 없었다. 학교 측이 어린이의 SOS를 캐치해서 아동에게 최적의 해결책을 제안하는 것이 무엇보다 중요하다" "이지메와 자살이 많은 건, 개인을 인정하지 않고 심신이 성장하지 못한 증거다. 마음의 교육이 필요하다" 등등의 의견이 이어지고 있다.

문부과학성이 2023년도에 발표한 조사에 의하면 소, 중, 고교 및 특별지원 학교의 이지메 인지 건수가 68만 1,948건에 달한다. 이 수치는 전년도에 비해 10.8% 증가한 수치라고 한다. 이는 코로나 시기에는 잠시 감소 경향에 있었으나, 코로나 사태가 해소된 후에는 다시 이지메 문제가 증가하고 있다는 보고이다. 이지메 문제는 조기 발견과 조기 대응이 최대 과제로 언제나 언급되고 있지만, 좀처럼 개선이 되고 있는 것 같지 않다.

3위의 'IT 교육의 뒤처짐'에 대한 의견을 살펴보자. "IT알 레르기가 심한 나라이다""IT가 세계에 뒤처지고 있으니 IT 기술자 육성에 힘을 기울여야 한다""IT 교육은 타국에 비해 상당이 뒤처지고 있다는 생각이 든다""IT 교육이나 금융 교 육을 받지 못한 우리 같은 사람을 늘려서는 안 된다" 등의 의 견이 이어진다. 누구나가 IT 교육이 타국에 비해 뒤처지고 있 음을 느끼고 있으며 교육의 필요성도 절감하고 있는 것이다. 소학교와 중학교 등 어려서부터 IT 교육을 함으로써 시대의 변화에 뒤처지지 않는 인재를 키워내야 한다는 점에는 누구 나 동의할 것이다.

이런 위기감 속에 정부도 전국 소·중학교의 1인 1대의 학 습용 단말과 고속 네트워크 환경의 정비를 추진하고 있다. 이 러한 ICT(정보통신기술) 보급과 확대를 비롯한 ICT 교육을 담 당할 전문 지식을 겸비한 교원의 확보가 우선이다. 그러나 작 금의 이공계 기피 현상과 맞물려 과거에 비해 이과나 ICT 같 은 교육을 담당할 교원이 점점 감소하여 제대로 교육이 이루 어지지 않고 있다는 점은 공공연한 사실이다.

4위의 '영어 교육'에 대한 의견을 살펴보자. "역시 영어는 압도적으로 뒤처지고 있다""일본 학교에서 받는 영어 학습은 커뮤니케이션을 하기 위한 학습 방법이 아니어서 글로벌 사회 에 대응하기 위해서는 좀 더 영어를 구사할 수 있는 기회를 만 들어야 한다""세계 무대에서 싸울 수가 없다""인터넷이 간단 히 이용할 수 있게 되어 글로벌 기업이 일본에도 많이 진출해 있으며, 그런 기업과 경쟁해야만 하는 상황에서 영어를 활용할 수 없게 되면 정보에서조차 뒤처지게 된다"등의 의견이 이어진다.

글로벌 시대를 살면서 세계 공용어가 된 영어에 필요성을 느끼고 있으며, 기존 학교의 영어 교육이 실제로 커뮤니케이션에 도움이 되지 않는 것을 개선하여야 한다는 점 등에서는 대략 일치하는 견해를 갖고 있는 듯하다. 그러나 실상은 좀 더 심각하다.

정부가 2018년에 조사한 '우리나라와 여러 외국 젊은이들의 의식조사'의 결과를 보면, 같은 조사 대상국인 한국, 미국, 영국, 프랑스, 독일, 스웨덴을 포함한 7개국 중 '장래 외국 유학을 하고 싶다고 생각하는가?'에 대해 '하고 싶지 않다'고 답한 비율이 53.2%로 절반을 넘고 있다. 이는 대상국 7개국 중 가장 높은 수치이다.

또한 '당신은 장래 외국에서 살고 싶다고 생각합니까?'라는 질문에 대해서는 '장래에도 계속 자국에서 살고 싶다'는 대답이 7개국 중 가장 높은 42.7%를 나타내고 있으며, '일정 기간(1년 이상) 외국에 살고 싶다'는 비율은 15.4%를 기록하고 있는데, 이것도 7개국 중 가장 낮은 수치를 기록하고 있다.

문부과학성이 OECD와 세계 각국의 장기 유학자(유학 년수가 1년 이상) 수를 조사한 자료를 보면, 일본인의 해외 유학생 수는 2004년에 8만 2,945명으로 피크를 맞이한 이후 감소경향에 있으며, 2022년의 일본인 해외유학자 수는 4만 8,991명으로, 21년의 4만 1,612명보다는 증가했으나 피크 시에 비하면, 약 절반가량 감소하였음을 알 수 있다. 이런 조사의 결과를 종합하여 볼때, 일본의 젊은이들의 해외에 대한 흥미가 희박해지고 국내에 안주하는 '내향화'가 진행되고 있는 것으로 생각된다.

실제로 십수 년전부터 대학에서 실시하고 있는 방학을 이용한 외국 대학 어학연수나 외국 견학 프로그램 과목에 학생들이 모이지 않아 자연 휴강이 이어지다 결국 프로그램 자체가 폐강이 되어버렸다. 학생들에게 교환학생 프로그램이나 어학연수의 메리트를 설명하며 권유를 하여도 반응이 미지근하다.

그래서 학생들에게 선뜻 나서지 않는 이유를 물어보면, 첫째로 자신의 어학 특히 영어에 자신이 없어 관심을 두지 않는다는 것이 가장 크고, 다음으로는 익숙하지 않은 외국 생활에서 겪게 될 리스크와 스트레스를 사서 경험하고 싶지 않다고 한다. 이처럼 점점 일본의 젊은이들이 글로벌 시대에 맞는 '국제화'가 되는 것이 아니라, 반대로 국내에 안주하는 '내향화'되는 경향이 보인다. 이에는 앞에서도 얘기한 바 있듯이, 장기간에 걸친 경기 침체와 실질임금의 감소 등으로 인한 경제적인 이유도 한몫하고 있을 것이라 추론할 수 있다.

일본 외무성이 발표한 2024년 일 년간의 여권 통계를 보면, 공용여권을 제외한 일반여권 발행 수는 370만 111권으로 전년에 비해 8.8% 증가했다고 한다. 일본 총인구 1억 2,345만 명(2025년 2월 시점)에서 차지하는 여권 보유율은 16.8%로 다른 선진국과 비교하면 낮은 수준이라 할 수 있다.

일본 젊은이들의 세계에 대한 관심과 유학 등의 비중이 과거에 비해 줄고 있음은 일본 사회가 말 그대로 먹고 살만한 환경에 있음이라고 평가할 수도 있겠지만, 일본 사회 내의 글로벌리즘이나 세계화에 대한 인식과 평가의 부족도 한몫하고 있다. 즉 해외 유학이나 경험이 있다고 해도 일본에서의 사회적 평가나 가치가 상대적으로 낮다고 한다면, 굳이 여러 리스크를 감내하면서까지 해외로 나갈 이유가 없게 되는 것이다. 그러나 점차 글로벌화와 세계의 변화와 추이에 뒤처지고 있는 일본이 지금 필요한 것이 무엇인가를 생각해 본다면, 이런 현상은 우려스럽다 말하지 않을 수 없다. 스스로 갈라파고스화를 자초해서는 안 된다.

지금까지 예로 든 문제점 외에도 현재 일본의 학교 교육이 안고 있는 과제를 추가하자면, '가정이나 지역에서 해야 할 일을 학교와 교사가 담당하는 것으로 인한 교원의 부담 증가' '어린이들의 다양화' '학습 의욕의 저하' '저출산·고령화와 인구 감소에 의한 학교 교육의 유지' '빈부에 의한 자녀교육의 격차' 등 다양한 문제가 산재해 있다.

방황하는 대학생이 늘어가는 교육 현장

〈아사히 신문〉에서 2025년 6월 27일부터 4회에 걸쳐 '늘어나는 멘탈 부조不調 대학생의 지금'이라는 테마로 연재 기사를 편성한 걸 보면서 내가 요즘 대학에서 느끼며 겪고 있는 학생들의 고민과 갈등이 오버랩된다. 주 내용은 코로나 이전보다 정신 건강에 문제를 안고 있는 대학생들이 늘고 있다는 취지의 기사이다.* 기사에 의하면 전국 대학교에 설문조사를 한 결과, 회답을 한 345개 학교의 75%가 '코로나 이전(2019년)보다 정신 건강에 문제를 안고 있는 학생이 늘고 있다'고 답했다고 한다.

학생들의 상담 내용은 주로 '취직관계'(250교), '학업/연구'(249교), '동기부여가 되지 않는다/목표가 없다'(221교) 등으로 이어진다. 그 외에는 '인간관계' '친구관계' '합리적 배려' '젠더' '학비 등의 경제적 문제'로 이어진다.

대학생들의 고민을 상담하는 전문가에 의하면, 코로나 시기에 사춘기를 보낸 현역 대학생들에게 코로나가 수습된 후에 이런저런 정신적인 문제들이 표면화되고 있다.

코로나로 중·고교 시절 대면 활동이 감소했던 것과 SNS 등의 발달로 어려서부터 의사를 직접 전달하는 기회가 적어진 점 등으로 인해 코로나 이후 대면 수업으로 돌아온 대학 생활에 적응하지 못하고 있는 경향이 있다고 한다. 아울러 발달장애 등을 이유로 지원이 필요한 학생의 증가도 요인의 하나라고 한다.

또한 디지털 세대라서 겪게 되는 사정도 있다. 예를 들어 모르는 것이 있으면 인터넷에서 검색하면 되고, 친구와 연락도 SNS에서 간단하게 짧은 단어와 이모티콘으로 끝낼 수 있다. 이렇듯 무엇이든 순식간에 해결되고 충족되는 것이 당연한 것으로 생각하는 세대인 만큼, 불안이나 갈등 상황을 극복

---

* 이하의 내용은 〈아사히 신문〉 2025년 6월 27일부터 30일까지의 총 4회 연재 기사 '増えるメンタル不調・大学生のいま'를 참고하였다.

하는 경험이 거의 없다.

전문가에 의하면, 과거에는 학생 스스로가 자신의 문제를 놓고 성찰하면서 깊이 고민하는 프로세스가 있었다. 그러나 지금 세대의 학생들은 스스로 문제 해결의 프로세스를 구축해 가는 것이 어렵다. 그러다 보니 상담원이 "스스로 생각해 봐라"라고 하는 대응을 하면, "무시당했다""아무것도 해주지 않는다"는 식으로 받아들이게 된다. 이처럼 타인과의 관계 형성이 서툰 학생이 많아지는 것을 보며 가족이나 친구 외의 사람들과 접하고 지내는 경험이 필요함을 느낀다.

중고교 시절 등 사춘기에 코로나로 인해 친밀한 인간관계를 형성할 기회를 빼앗기어 관계의 경험이 부족한 상태에서 "대학생인데 그 정도도 못하는가?"라는 주위의 시선이 힐책이나 비난으로 받아들여지는 경향이 있는 듯하다. 앞에서도 소개한 바가 있지만, 요즘 학생들이 토론이 안되고 자신을 드러내지 않는 특성이 있다고 한 얘기도 결코 나 혼자만의 감상이 아님을 이번 〈아사히 신문〉의 연재 기사를 통해 다시 한번 확인할 수 있었다. 과거에 비하면 스스로의 문제해결능력, 인간관계 형성이나 사회성에서 부족함을 느끼는 건 사실이다.

아무 조치를 취하지 않고 방치할 수도 없는 노릇인데 과거와는 달리 근래에는 학생들의 인권 문제를 비롯한 여러가지 제약 요인이 많아져, 교수 입장에서도 적극적인 지도가 오히려 저어되는 아이러니가 교육 현장에서는 일어나고 있다.

이 연재 기사를 보고 지금 일본의 대학의 교육 환경과 대학생들의 정신 건강이 과거에 비해 많은 문제를 안고 있다는 사실을 새삼 확인할 수 있었다. 그런데 기사대로 코로나로 인한 대면 기회의 부족이나 인터넷과 SNS의 발달로 인한 커뮤니케이션 기회의 부족 등이 주요 원인이라고 한다면, 일본뿐만 아니라 다른 나라의 대학생들도 모두 같은 현상과 문제를 안고 있어야 한다.

그러나 모든 나라의 대학생들이 지금 일본의 대학들이 겪고 있는 이런 문제를 안고 있다고는 생각되지 않는다. 물론 정도의 차이는 있겠지만, 어느 정도는 일치하리라고 추측된다. 오히려 일본 사회의 고질적인 문제 즉 앞의 공교육 과정에서도 언급한 창의성과 개성을 키워주기보다는 조화와 균일화를 꾀하는 교육과 자신을 어필하기보다는 '자제'와 '인내'를 요하는 교육을 받아온 결과로 봐야 하지 않을까 싶다. 물론 코로나로 인한 감수성이 예민한 시기에 많은 기회를 잃어버린 탓도 분명히 영향은 있을 것이다.

그렇지만 그 이전의 근본적인 교육의 문제를 언급하지 않을 수 없다. 대학에서 학생들의 정신적 케어를 확대하고 대응을 늘려가는 것도 물론 중요한 일이지만, 보다 근본적으로는 소·중·고교의 교육과정의 문제부터 다시 점검할 필요가 있다.

일본 학교 교육에 대한 소회

일본의 학교 교육은 소학교, 중학교까지 의무교육으로 되어 있으며, 인종이나 출신에 의한 차별 없이 누구나 공평하게 의무교육을 받고 있다. 우리집 아이들도 소학교와 중학교는 일본 공립 학교를 다녔기에 수업료 없이 학교에는 급식비만을 부담하는 정도로 교육과정을 이수했다.

물론 부모는 학부모 단체인 PTA(Parents Teachers Association) 활동이 순번제로 돌아오기에, 일정 기간 역할을 맡아서 학교와 연계하며 활동을 해야만 한다. 왜 '해야만 한다'는 표현을 썼는가 하면, 자녀의 원활한 학교생활을 위해서는 부모의 이런 활동이 학부모들의 입소문을 타고 평판이 되며 이는 결국 아이들의 교우관계에까지 영향을 미치는 경우가 있기 때문이다.

일본의 학교 교육에 대해 비판적인 시각에서 많이 회자되는 것이 있다. 지식이나 가치를 주입식으로 전달하여 시험을 위한 지식과 정답을 효율적으로 학습시키는 것에 중점을 두어왔다는 점이다. 즉 성인이 되어 곤란하지 않게 '정답이나 올바른 사회생활 방법을 익히는' 주입식 교육이 중심이 되었다는 의미이다.

어떤 과제나 사안의 문제를 파악하고 해결하는 과정을 통하여 문제해결능력이나 사회를 보는 안목을 키워가는 것보다는, 이미 정해진 정답을 무비판적으로 학습함으로써 모범적인 답안과 같은 사회인의 삶을 추구하는 교육이 어려서부터 이루어지고 있다.

따라서 성장기 아동의 개성이나 창의성 등이 발현될 수 있는 학습지도나 학풍보다는, 기성세대가 정해놓은 기존 사회질서와 규율을 지키며 사회성을 학습하고 체화시키는 과정이 중요시된다. 어려서부터 질서와 조화를 중시하는 도그마를 익히며, 각자의 능력이 균일화되어 가는 과정이 교육을 통해서 이루어진다.

앞에서도 소개한 엄격한 교칙은 사회의 룰과 사회인으로서 취해야 하는 올바른 행동양식을 고취시키기 위한 교육 수단의 하나로 기능한다. 두발에 관해 신경질적으로 관리와 규제를 하고, 양말의 색깔과 높이까지도 지정을 하여 통일된 복장을 통한 균일화를 도모한다. 이는 거칠게 표현하자면, 일본의 학교 교육은 자기주장이나 주체성보다는 순종적이고 균일화된 평균적 능력을 갖춘 인재를 양성하는 것이 목표인 듯이 보인다.

물론 학교의 엄격한 교칙이나 학풍에 의해 반강제적으로 강요를 하는 경우도 있겠지만, 조화와 질서를 중시하는 사회 풍조와 이에 별다는 저항이나 의문을 갖지 않는 기성세대 학부모들의 이해와 협조를 통하여 자발적으로 형성되고 유지되는 측면도 무시할 수 없다.

한 예로 대학 입학식장에 도열한 약 1,000명이 되는 신입생의 복장이 특별한 사전 지시가 없었음에도 불구하고, 남녀 구분없이 진곤색의 리쿠르트 슈트로 거의 통일이 되어 있는 모습을 매년 목도하게 된다. 이렇게 아무런 지시가 없어도 자발적으로 이루어지는 '조화'와 '통일'된 모습을 볼 때마다 놀라움을 넘어 감탄하게 된다.

세계적으로 봐도 일본 학교 교육의 학습효과는 톱레벨에 있음이 여러 데이터 등을 통해 증명되고 있다. 의무교육을 통해 기초 지식의 교육과 학습이 이루어지고 국민 전체의 수준이 상향 평준화되어 있다. 다만 아쉬운 점은 자주성이나 개성을 존중하며 이를 함양하는 교육이라기보다는 기존의 사회질서의 틀에서 룰을 잘 지키며 조화를 꾀하는 것이 보다 중시되는 교육이 이어지고 있다는 점이다.

나는 일본 대학생들이 자기 의견을 표출하는 걸 저어하는 경향이 강한 것이나, 어떤 주제를 놓고 토론을 하는 수업에서 한두 마디밖에 의사표시를 하지 못하는 현실을 늘상 경험하면서 지금까지 그들이 받아온 12년간의 초중등 교육과정이 어떠했던가를 묻고 확인한다.

실수와 실패를 관대하게 허용하기보다는, 그로 인하여 타인과 집단에 폐를 끼쳤다는 힐책을 두려워해야 하는 과정을 어려서부터 겪거나 또는 그러한 공기를 느끼면서 성장한 아이들이 대학생이라고 해서 하루아침에 180도 달라질 수가 없다. 이런 초중등 교육과정을 통하여 성장한 학생들이 대학생이 되었다고 해서 하루아침에 정부에서 요구하는 '창의적'이고 '자주적'인 참여에 의거한 수업이나 교육에 적응할 수 있겠는가?

일본 학교 교육 현장이나 사회는 실패와 실수에 좀 더 관용적이고, 이를 수용하고 격려하는 '포용 사회'가 될 필요가 있다. 또한 비록 남들과는 다른 '이단아' 내지는 '파천황' 같은 행동을 수용하며 육성할 수 있는 교육 풍토와 사회환경이 필요한 것이 아닐까?

마지막으로 어려서부터 공동체와 사회를 이해하고 자신도 사회 구성원으로서 어떻게 사회와 관계를 맺어가야 하는가 스스로 고민하고 정의하게 하는 교육이 절실하다.

예를 들어 '정치와 사회'에 관한 교육이 일본 학교에서는 부족하다. 교사는 '정치적 중립'을 지켜야 한다는 제약으로 인해 교사가 스스로 정치적 발언 등을 삼가하고 그런 문제를 다루기를 저어하는 이유가 클 것이다. 그렇지만 오히려 정치의 구조나 역할 등이 자신의 삶과 어떤 관련이 있으며, 장래 주권자로서 어떻게 정치와 관계를 맺어가야 하는가 생각하게 하는 교육을 어려서부터 실시해야 할 것이다.

이런 과정이 결여된 교육을 받고 성장한 후 대학생이 되었으니 하루아침에 이 사회의 모순적인 현상과 부조리한 현실에 비판적 시각을 갖고 토론해 보자고 해도 모두 꿀먹을 벙어리가 되어버리는 현실을 보면 미래의 일본 사회가 심히 걱정된다. 이렇게 초중등 교육과정에서의 '말하지 않고' '말할 수도 없고' '말도 시키지 않는' 교육이 아니라, 스스로의 생각과 의견을 꺼리낌 없이 표현하고 주장할 수 있는 개방적이고 관용적인 학교 교육으로의 전환이 필요하지 않을까 생각한다.

방향을 잃어가는 대학교육 현장

나는 2002년 한일 월드컵이 개최되던 해부터 현재의 대학에 근무하여 올해로 24년을 맞이한다. 2002년은 연호로 헤이세이 14년이 되며 헤이세이가 31년(2019년 5월 1일부터 레이와의 시작)으로 막을 내렸으니, 나는 헤이세이의 전반부는 학생(대학원생) 신분으로 지냈으며, 후반부 절반 정도는 학부생을 지도하는 교수의 신분으로 보낸 셈이 된다. 헤이세에 30년간을 학생과 교수 신분으로 보내면서 느낀 대학교육 현장의 변화와 문제점 등을 정리하고자 한다.

일본 대학의 현황

우선 일본 대학의 현황부터 간단히 살펴보도록 하자. 2024년 기준 일본의 대학 수는 813교이다. 국립대학 86교, 공립대학 103교, 사립대학 624교 등이다. 대학의 수는 1947년 대학설치기준 제정 이래 일관적으로 증가하고 있다. 재학 중인 학생 수는 학사부터 박사 과정까지 합하여 약 290만 명이며, 그중의 학부생이 90%이상을 차지하고 있다. 학부생의 78%가 사립대학에 다니고 있어 압도적으로 사립대학의 교육에 의존하고 있다.

해외와 비교해 보면, 인구 1,000명당 고등교육기관 진학자 수는 일본이 30.4명, 미국 59.8명, 영국 42.8명, 한국이 61명으로 일본의 대학 진학률이 한국, 미국, 영국과 비교하여 높은 편이 아님을 알 수 있다. 이를 대학원에 한정하여 보면 미국 9.38명, 영국 11.11명, 독일 13명, 한국 6.19명에 비해 일본은 2.02명으로 매우 낮음을 알 수 있다.

일본은 저출산·고령화 현상이 진행되고 있는 사회이다. 65세 이상 인구가 총인구에 차지하는 비율이 30%에 육박하고 있는 초고령사회이다. 거기에 더블펀치를 가하고 있는 것이 저출산 현상의 심화이다. 2024년 일본의 총인구는 1억 2,380만 명으로, 2011년 이후 14년 연속 인구가 감소하고 있다. 후생노동성이 발표한 2024년도의 인구동태를 보면, 한 명의 여성이 생애를 통하여 낳은 아이의 수를 나타내는 '합계특수 출생률'이 과거 최저였던 전년도의 1.20보다 낮은 1.15가 되었다. 이는 물론 과거 최저 출생율을 갱신한 것이 된다.

이토록 저출생률이 지속되고 있는 일본에서는 당연하게도

18세 인구 즉 대학 입학을 맞는 학령인구가 매년 감소하고 있다. 18세 인구가 피크였던 1966년에 약 249만 명이었던 것이, 2022년에는 약 112만 명으로 절반 이상 줄었다. 대학 진학률은 1966년에 약 29만 명이었던 것에 비해 2022년은 약 64만 명으로 역대 최고인 56.6%의 대학 진학률을 기록하고 있다. 대학 진학률이 늘고는 있지만, 증가폭이 매우 미온적인 것에 비해 출생율의 저하가 심화되고 있어, 10년 후인 2035년에는 약 59만 명으로 줄 것으로 예상되며, 2040년에는 대학 진학자 수가 46만 명으로 약 27%가 감소할 것으로 예상된다.

이와 같은 인구 감소 추세로 인해 일본의 대학은 신입생 확보에 사활을 거는 서바이벌 경쟁 체제로 돌입했다. 사립대학의 입학정원 충족율은 2024년 기준으로 41%만이 100%를 채우고 있으며, 나머지 약 60%의 사립대학은 정원 미달 사태를 맞고 있다. 좀 더 구체적으로 보면 정원의 90%대의 대학이 15%, 80%대가 14%, 70%대가 12%, 60%대가 9% 등으로 나타난다.

인구 감소가 명백한 시점에서 대학의 규모를 축소하는 정원 조절이나 학부의 통폐합 등을 통한 재편이 필수적인 것과 함께 신입생 확보에 총력을 기울여야 하는 처지의 대학들이 태반인 상황이다. 그와 동시에 신입생을 확보하지 못하는 사립대학이 약 60%에 달한다는 현실은 많은 대학이 경영 압박을 받고 있다는 말이 된다. 그러면 당연히 인건비 삭감을 비롯한 연구비와 제반 경비의 축소 등으로 교수들의 연구 환경과 교육 환경은 점점 악화 일로에 놓이게 된다.

이는 당연히 교육의 질이나 대학 본래의 역할인 연구의 실적과 수준 향상에도 영향을 미치게 된다. 특히나 인문사회학 분야의 대학은 과거와 비교하면 제반 환경이 나아지기는커녕 악화되어 간다. 정부의 연구개발비 등도 이공계와 의과대학 등의 특정 학부와 국공립 대학 위주로 편중되는 상태가 이어지다 보니, 대부분의 사립대학은 신입생 확보가 사활 문제가 될 수밖에 없다. 그러다 보니 과거 같으면 대학생으로 입학할 수 없는 수준의 학력이라도 신입생으로 받아들이게 된다. 소위 말하는 '전인全人입학시대'라 불리는 까닭이다. 따라서 일본의 대학들은 이제 '선택받는 대학'과 '선택받지 못하는 대학'으로 명확하게 구분되는 시대를 맞고 있다.

그런 의미에서도 일본의 대학생들 학력 수준은 과거 대학생의 학력에 비하면 결코 좋다고 할 수 없다. 이렇게 일본의 대학은 학령인구의 감소로 누구나가 입학을 할 수 있는 환경이 되었고, 졸업 또한 그다지 어려운 시스템도 아니다. 더구나 기업은 학생들의 성적이나 스펙을 과도하게 요구하지도 않다 보니, 학업이나 스펙 쌓기에 올인을 하지 않아도 된다. 거의 모든 학생이 4년 만에 대학을 졸업하게 되며, 기업이 여전히 신규 졸업자 일괄 채용의 고용 관행을 유지하고 있어 오히려 재학 중에 취업 활동에 더욱 열중하게 된다. 근래는 이런 취업 활동이 3학년 때부터 시작되는 조기 취직 활동 현상이 두드러진다.

대학의 관료화

일본의 대학교육 현장에서 30년 이상 지내면서 느끼는 가장 큰 변화는 현장의 관료화 현상이다. 과거에는 교수의 연구와 교육에 대한 자유도와 재량이 컸으며, 교육과 연구에 관한 결정권은 교수 회의의 심의 사항이었다. 그러나 이제 교수 회의는 심의권이 거의 없으며, 형식적으로 의견을 내는 정도의 자문기관으로 변모했다.

앞에서도 살펴본 대로 일본의 대학, 특히 압도적 다수를 차지하는 사립대학의 경우 입학정원을 충원하지 못하는 대학이 약 60% 정도나 되는 현실에서 대학이 정부의 보조금과 조성된 기금에 의존하는 경향이 증가하게 된다. 그 대가로 정부의 관리나 감독이 강화되고, 상대적으로 대학의 자율성은 저하되게 된다.

이런 환경에서 일본의 대학은 공통적으로 관료주의적 체제가 강화되게 되며, 특히 예산의 배분이나 연구의 자유도에 관해 정부의 영향이 커진다. 일본의 사립대학이 정부의 각종 명목으로 지급되는 보조금과 기금에 의존하고 있음은 삼척동자도 아는 사실이다. 정부가 "돈은 주되 간섭을 하지 않는다"며 통 크게 대학교육 정책을 실시하면 감지덕지이겠으나, 원래 보조금이나 기금이라는 것은 명확한 근거와 기준에 의거하여 산정이 되고 이를 달성해야 지급이 되는 것이 일반적이다. 그러다 보니 정부 지침이나 기준에 어긋나지 않게 대학은 이를 철저히 검증하여 그 수치를 달성하려 최선을 다하게 되는데, 근래 이런 경향이 더욱 심화되고 있다.

이러한 상황이 대학 연구 활동의 자유도를 제한하게 되고, 특히 기초연구나 장기적 시간이 필요한 연구에 대한 지원이 부족해지는 문제가 발생한다. 또한 대학의 연구 환경이 불필요한 사무 처리나 제도적인 제약에 묶여 뛰어난 연구자가 충분히 연구에 집중할 수 없는 환경으로 변모한다. 예를 들어 과학 연구비 기금이나 연구 자금이 지급될 때, 정부가 설정한 평가 기준이나 보고 의무가 엄정하게 요구되어 이런 점들이 대학교수나 연구자들의 시간과 자율을 압박하게 된다.

연구 자금의 관리나 공적 연구비 사용에 대한 너무도 촘촘하고 세세한 규제는 연구자의 자유와 여유를 박탈하게 되며, 연구자의 창의성이나 연구의 질적 향상보다도 성과 보고에 신경을 집중해야 되는 비효율적인 결과를 만들어낸다.

즉 교수들이 본래 전문 분야에 관한 연구에 집중해야 하지만 행정적인 업무 처리에 많은 시간을 빼앗겨 연구 활동의 질과 양에 영향을 미치게 된다. 이러한 관료주의적인 관리 체제는 연구에 필요한 유연성과 창조성을 훼손하며, 이런 것들이 결국 연구 발전을 방해하는 요인이 된다.

일본의 대학은 1991년 대학설치기준의 대폭적인 완화 정책에 따라 대학의 교육과정과 운영에 관한 재량권이 확대되었는데, 이와 동시에 대학을 점검하는 중요성이 증가하게 된다. 따라서 문부과학성은 대학 기관의 질적 보증을 통한 '대학인증평가' 제도를 도입하여 각 대학을 평가한다. 또한 이런 평가 과정을 통하여 교육과정의 성과를 가시화하고 수치화해야 한다. 예를 들어 '논리적 사고력' '과제 발견력' '주체성' '커뮤니케이션 능력' 등의 소위 말하는 범용적 능력까지 수치화 내지는 가시화를 하기 위한 노력을 요구한다.

이런 제도 개혁으로 정부가 대학에 요구하는 분야가 다양해지고 세분화됨에 따라 외부 전문 기관의 협력과 지원이 필요해졌고 아웃소싱이 빈번해진다. 그러면 당연히 대학의 재정

부담은 늘어가지만 그런 요구사항을 충족하지 못하면 보조금이나 기금의 혜택을 받지 못하는 최악의 경우도 발생할 수 있다. 그러니 울며 겨자먹기식으로 이런 일들을 반복적으로 계속 해나갈 수밖에 없다. 더구나 이러한 교육 분야의 다양한 비즈니스 업체는 교육 관료들의 재취업 기회를 제공하여 유대를 강화하게 된다.

결국 정부가 요구하는 보고서나 진척 보고, 회의에 많은 시간을 할당해야 한다. 특히 외부 평가나 예산 관리 등에 대한 보고 의무가 많아서 이런 것들이 일상적인 연구 활동의 방해가 되고 있다. 비생산적인 회의나 형식적인 서류 작성은 연구자에게 많은 시간적 부담을 주는 작업이다. 특히 대학 내 부처 간의 조정 회의나 서류 작업 루틴이 많은 경우, 교수가 연구에 몰두할 수 있는 시간을 확보하는 것 자체가 어렵다.

경우에 따라서는 자신의 연구 논문 몇 편을 쓸 수 있는 분량의 보고 서류를 작성해야 하는 경우도 있다. 과연 누구를 위한 보고서이며, 무엇을 위한 서류 작성인가. 연구의 취지와 목적과는 상관없이 정부가 원하는 형식과 기준에 맞는 보고 서류 작성에 대학도 점차 관료화되어 가고 있다. 대학 본래의 자유롭고 독창적인 연구 활동을 위한 충분한 시간은 점차 박탈되고, 다양한 규제와 절차가 방해가 되어 최첨단의 연구나 이노베이션의 성과가 탄생하기 어려운 환경으로 변모하게 된다.

일본의 집단주의와 개인주의

일본인이나 일본 사회를 가리켜 집단주의 문화가 강하다고 하는데, 알고 보니 반대로 철저한 개인주의의 나라인 것 같다. 북한처럼 집단으로 매스게임을 하는 행사 같은 것도 없고, 천황과 국가를 위해 목숨을 바치겠다고 하는 전전의 '1억 총 옥쇄' 같은 전체주의적 발상이나 조짐도 찾아보기 힘들다.

도심에서는 이웃이 누구인지도 모르고 사는 것이 일반적이며, 같은 직장의 동료라 하더라도 함께 점심을 먹으러 간다든가 서로 연락처를 공유하거나 카톡 같은 앱을 통해 사적인 친교를 유지한다든가 하는 것도 매우 드문 일이다.

작금의 일본 사회는 전전의 집단주의 같은 건 형체도 알아보기 힘들 정도로 자취를 감추었고, 개인의 사생활을 보호하고 일정한 선을 넘지 않는 것이 사회의 암묵적 룰이다. 오히려 개인의 파편화, 분절화가 진행되어 집단주의는커녕, 서구와 같은 개인주의가 팽배한 사회라고 하는 의견도 많다.

나의 경우에도 같은 동료라고 하여도 개인적인 전화번호나 카톡 같은 연락 수단을 서로 교환하지 않는다. 직장에서 공식적으로 공개되어 있는 이메일로 연락을 주고받는 것이 일반적이다. 그러다 학부장 업무를 맡게 되면서 이런저런 업무상의 의뢰나 지시를 해야 하는 일이 많다 보니 교원 연락처 데이터를 제공받아 이용하게 된다. 물론 대외적으로는 공개하거나 양도해서는 안 되는 건 당연하다.

일반적 통념으로 볼 때, '일본인=집단주의'이고 '미국인=개인주의'라는 이미지가 있다. 이는 실제로 비교 분석이나 실증적인 연구를 통한 주장이라기보다는 사회 통념상의 표상이라 할 수 있다. 아마도 전전의 일본군이 끝까지 항복을 하지 않으며 처절하게 저항하던 모습이나, 패전이 임박한 상태에서 본토결전을 앞두고 남녀노소 할 것 없이 죽창을 들고 각개전투 연습을 하던 모습들과 매치되는 점이 많을 것이다. 또한 뛰어난 일본론으로 평가받는 《국화와 칼》에서 일본인의 집단주의를 명시한 것에도 크게 영향을 받은 것 같다.

그러나 일본인의 집단주의에 대한 여러 실증적 연구의 결과를 보면 미국인이나 서양인 또는 중국인 같은 동양인과 비교했을 때, 일본인이 특별히 집단주의적 성향이 강하다는 결론은 얻을 수 없다고 하는 연구 논문이 다수 존재한다. 다만 표상 즉 이미지로서 일본인의 집단주의가 얘기되고 있다고 한다. 이처럼 각 분야 전문가들에 의한 실증적 비교 연구 등을 통하여 일본인의 집단주의에 대한 통념을 부정하는 연구 등이 많이 있으나, 내가 이방인의 입장에서 일본 사회의 구성원으로 일상 생활을 영위하며 조직 생활 체험을 통해 얻은 결론은 이러한 연구 결과와 결을 달리한다.

개인주의와 집단주의의 차이

우선 개인주의와 집단주의에 관한 개념을 간단히 정리하자. 개인주의와 집단주의의 현상이 어떤 과정과 상황에서 발호하고 기능하는가 하는 점에 초점을 두고 일본 사회를 보고자 한다.

개인주의는 말 그대로 개인에 초점을 맞추어 개인이 타인의 간섭 없이, 자신의 삶을 주체적이며 자주적으로 살아가며 개인의 이익과 자유, 권리를 존중하는 태도와 사상이다. 내가 방점을 두는 개인주의의 포인트는 자신의 태도와 사상이 주제적이고 자주적인가 하는 점이다. 따라서 이기주의와도 구별하여야 한다. 왜냐하면 이기주의는 타인의 권리를 고려하지 않지만, 개인주의는 자신의 권리뿐만 아니라 타인의 권리도 존중하여야 하기 때문이다.

이에 비해 집단주의는 개인보다는 조직이나 공동체, 사회 등 집단의 이익과 조화를 중요시하는 태도나 사상이라 하겠다. 개인주의가 각 개인의 가치와 선택을 중시하는 것과는 상반된다. 따라서 집단주의는 개인주의와 대립되는 개념이며 내셔널리즘, 공동체주의, 전체주의 파시즘, 군국주의처럼 극단으로 갈 수도 있다. 하지만 사회는 이런 개인주의와 집단주의가 공존하는 공간이며, 두 개념과 사상이 서로 대립되는 가치가 아니라 다양한 사회에서 서로 균형을 맞추며 공존하는 것이다.

일본의 개인주의와 집단주의

위와 같은 의미에서 일본 사회와 일본인의 가치체계나 태도를 살펴보면, 통상적으로 집단주의의 속성이 강한 이미지가 있었는데 현대 일본 사회는 매우 개인적이고 오히려 이기적으로 느껴질 만큼 타인에 대한 간섭과 관심이 매우 희박한 것을 알 수 있다. 앞에서 말한 일본인은 알고 보니 매우 파편화된 개인주의가 팽배하지 않은가 하는 생각이 들 정도다.

태평양 전쟁 때 전쟁에 임했던 일본인의 모습을 기술한 아래의 글을 확인해 보자.

(…) 많은 일본인은 소학교, 중학교에서 엄격한 틀 속에 갇히게 되지만 그런 상황을 별다른 고통으로 생각지 않고 성장했다. 선생님이 말하는 대로 전혀 자주성이 없이 교육칙어나 수신修身 교과서를 곧이곧대로 받아들인다. 전형적인 마조히스트 우등생이다. (…) 이윽고 16,17살이 되면 곧바로 학교를 떠나 지원병 또는 군속이 되어 점령지로 간다. 그러면 그곳에서 사디스트적 본능이 불끈불끈 솟아오른다. 내지(주: 일본)에서 수년간에 걸쳐 일본 정신교육을 받은 소년들은 점령지에 와서는 매일 밤 술에 떡이 되어 여자를 사고, 원주민 아녀자들을 자유로이 탐하며, 포로수용소에서 '외국인'의 목을 시험 삼아 자른 것을 자랑하는 걸 보았다 (…) 우리들 일본인은 평화 시에는 천황폐하나 관리들에게 굽신굽신하는 것과 같은 정도로 전시가 되면 타국민에 잔학한 행위를 일삼는다.[*]

위의 내용에서 알 수 있는 것은 일본인의 집단주의일까 개인주의일까. 내가 일본인의 집단주의와 개인주의를 구분하는 근본적 잣대는 어떤 행동 표출이 자의적(자발적)인가 타의적(타성적)인가 하는 점이다. 여기에는 그런 행동이 표출된 상황이나 환경도 밀접한 관계가 있다.

앞에서 예를 든 전쟁시 일본군의 잔학한 만행은 그런 면

---

[*] 오구마 에이지小熊英二 《'민주'와 '애국'―전후 일본의 내셔널리즘과 공공성'民主'と'愛国'―戦後日本のナショナリズムと公共性》, 신요사新曜社, 2002년, 726-727쪽(한국어판: 돌베개, 2009년)

에서 집단주의의 전형이라고 볼 수 있다. 우선은 전투에서 이긴 승자 또는 지배자로서 패자에 대한 혐오와 멸시 내지는 증오가 바탕이 된 환경적 요인에 크게 영향을 받은 행위인 것이다. 이런 환경적, 타성적 요인이 결합되는 경우에는 그와 같은 끔찍한 집단주의가 발호한다고 보는 것이 타당할 것이다.

1923년 9월 1일에 발생한 관동대지진으로 인해 도쿄를 비롯한 관동지역이 초토화되었을 때, 사회적 불안과 공포 그리고 불만이 향한 곳은 아무 죄 없는 조선인이었다. 이런 만행과 잔학 행위가 가능했던 건 집단주의의 광기로밖에 표현할 길이 없다.

이런 예는 이미 100년이 지난 과거의 사례이지 않느냐 하는 반문이 있을지도 모르겠다. 현대 일본인은 철저한 파편화로 개인주의적 성향이 두드러진다는 주장이 있다. 물론 평소 일상 속에서 보이는 행동 양태는 일본 사회의 개인주의 수용과 확대의 현상으로 볼 수 있다. 그러나 전전과 같은 환경이나 타의적으로 영향을 받을 수 있는 어떤 상황에 놓이게 된다면 일본인의 행동 표출은 지금과는 다른 양상으로 나타날 수 있다.

무라村 사회의 오키테掟와 집단주의

예를 들어 2000년대 들어 중동의 정세가 불안정해지고 알카에다, IS 등의 테러조직이 발호하던 시기에 세계 각국의 언론인과 종교 활동가 등이 인질로 잡혀 참수를 당하는 끔찍한 일들이 벌어지고는 했던 것을 기억하는 독자도 많을 것이다. 일본도 예외가 아니어서 일본인 여럿도 인질로 잡혔다가 석방이 되기도 했으나, 참혹하게 참수당한 일본인도 있었다.

자신의 아들이 중동에서 테러 조직에 의해 무참히 참수당한 일이 발생하자, 부모가 텔레비전에 나와 머리를 숙이며 "민폐를 끼쳐 죄송하다"며 대국민 사과를 하던 장면을 잊지 못한다. 컬처쇼크였다. 너무도 생경한 장면에 한동안 어안이 벙벙했던 걸 기억한다. 왜 자식을 희생당한 부모가 대국민 사죄성명을 해야 하는가 하는 의문에 한동안 혼란스러웠다.

이는 일본 사회의 뿌리 깊은 '타인에게 민폐를 끼쳐서는 안 된다'는 불문율인 '오키테*'를 어긴 것에 대한 사죄일 것이다. 오키테는 일본 사회가 과거 촌락공동체 시절부터 사회질서를 유지하기 위해 지켜온 관습의 하나로, 이를 어기면 엄중한 사회적 제재가 가해진다. 옛날의 무라하치부村八分라는 공동체의 제재가 전형적인 예다. 이런 관습은 현대 사회에 있어서도 요소요소에서 작동하고 있는 듯하다. 그래서 자식을 잃은 부모가 자식으로 인해 정부와 국민에게 민폐를 끼쳐 죄송하다는 의미의 사죄를 하는 것이다. 이렇게 함으로써 사회적 제재의 압박에서 벗어날 수가 있다.

이런 장면을 마주치게 되면 일본 사회는 아직도 과거부터

---

* 오키테掟는 옛 촌락공동체의 규칙을 가리키는 말이다. 예를 들면 농사의 물관리를 위한 권리 등 구성원의 사활이 걸린 중요한 문제에 관한 룰을 정하고, 이를 어긴 자는 그 마을에서 추방하거나 집단 왕따를 시키는 무라하치부村八分라는 매우 엄정한 제재가 가해졌다. 현대 사회에서는 결속이 강한 집단의 룰을 가리키곤 한다. 촌락공동체와 마찬가지로 위반자에게는 집단에서 추방하는 등의 제재가 가해진다.

이어져 오는 무라사회*라는 사회적 아비투스에서 자유롭지 못하다는 생각이 든다. 무라사회 역시 지역공동체의 질서를 유지하기 위한 과정에서 자연스레 형성된 통치체제의 하나이지만, 현대 사회에서도 이런 요소들은 곳곳에서 눈에 띈다.

이런 현상으로 일본인의 개인주의와 집단주의를 살펴보자면 앞의 예는 전형적인 집단주의의 한 유형으로 분류할 수 있다. 자신이 속해 있는 조직이나 공동체 더 나아가 사회와 국가에 대한 전통적인 오키테를 어겼을 때의 사죄 행위나 사회적 제재는 틀림없이 집단주의의 의식과 관념의 표출이라고 할 수 있다. 이렇게 무언가 큰 사건 또는 심상치 않은 일이 발생했을 때 드러나는 것이 일본 사회의 집단주의적 의식이다.

'가스누키'와 개인주의

평온한 일상생활에서는 이런 집단주의적 성향이나 의식이 표출되지 않는다. 어디까지나 집단과 사회에서 암묵적으로 요구하고 있는 오키테를 어기지 않는 범위 내에서는 개인의 자유와 방종이 허용되고 있기 때문이다. 예를 들어 일본의 오타쿠 문화를 보더라도 개인의 취미나 관심 영역에 집중하고 몰입하는 것은 어디까지나 개인의 영역에서의 선택일 뿐

---

* 무라사회村社会란 촌락으로 형성된 지역사회다. 특히 유력자를 중심으로 엄격한 질서를 유지하고 관습을 지키며 외부인을 받아들이지 않는 배타적 사회를 말한다. 관습을 어기면 무라하치부村八分 등의 제재가 있다. 이는 동류가 모여 서열을 만들고 정점에 있는 자의 지시나 판단에 따라 행동하거나 이익 분배를 꾀하기도 하는 폐쇄적인 조직·사회를 비유하는 말로도 쓰인다. 예를 들면 담합 조직·학계·정계·기업 등에 사용한다.

이고, 집단이나 사회에 민폐를 끼치거나 해를 가하는 일이 아니므로 아무런 제재도 관심도 받지 않는다. 이런 현상은 오타쿠 문화에만 적용되는 것이 아니다.

일본어에는 '가스누키ガス抜き'라는 말이 있다. 본래의 의미는 탄광이나 폐기물 처리 과정에서 가스 폭발을 방지하기 위해 가스를 제거하는 것을 뜻하는데, 비유적으로 조직 내에서 불만이 분출하지 않도록 해소시키는 경우에 많이 쓰인다. 인간관계에서의 문제점을 개선하는 의미로서 많이 사용되며, 일상생활에서도 불만이나 스트레스가 쌓여서 폭발하는 것을 피하기 위해 취하는 수단을 비유해서 말할 때 사용한다. 다른 표현으로 기분전환, 스트레스 해소, 울분 풀기, 기분 풀기, 리셋, 리프레시, 릴렉스 등이 있다.

일본 사회에는 이런 가스누키를 위한 수단들이 비교적 충실하게 제공되고 있으며 개인의 가스누키 차원에서 행해지는 행동들에 아무도 관심을 두지 않는다. 파친코를 자유롭게 즐길 수 있으며, 계절에 따라 스킨스쿠버와 스키를 즐길 수도 있고, 골프나 낚시, 캠핑, 등산, 하이킹, 게임 등 다양한 레저 스포츠나 엔터테인먼트 산업이 부족함 없이 제공되고 있다. 경마, 경정, 경륜 등 사행심을 부추키는 도박성 가스누키까지도 누구나 자유로이 즐길 수 있다.

이런 개인 차원의 가스누키를 자유로이 즐기며 타인의 영역에 함부로 개입하는 일도 없고, 일정한 선을 지켜주는 암묵적인 룰이 작용하기에 얼핏 보면 일본은 철저한 개인주의 사회라는 생각을 하는 것도 무리는 아니다. 일본 사회가 다테마에와 혼네가 비교적 철저한 사회라는 점을 감안하여 볼 때,

평상시 개개인이 사회에서 요구하는 도덕과 질서 등을 의식하며 원만한 사회생활을 위해 사회적 가면인 페르소나를 적절히 응용하고 있다는 점에 주목할 필요가 있다.

그러나 앞에서도 살펴보았듯이 일본 사회를 지배하고 있는 보이지 않는 '공기'와 '오키테'를 어겼을 때는 얘기가 달라진다. 조직이나 공동체에서의 제재를 비롯한 사회적 제재에 대한 두려움과 불안이 뒤따른다. 그런 의미에서 일본 사회는 개인주의인가 또는 집단주의인가를 구분하기 위한 명확한 잣대나 기준이 모호한 것이다.

설령 집단주의적 성향이 있다고 하더라도 이런 것들이 일상생활 속에서는 좀처럼 드러나지 않으며, 느끼지 못할 수도 있다. 다만 무언가 계기가 주어지거나 공동체 또는 사회적 관심을 끌 수 있는 사안이 있거나, 집단 및 조직 간의 충돌과 갈등을 유발할 수 있는 사태가 발생하였을 때는 어떨까. 그를 받아들이고 처리하는 방식에서 과거와 같은 집단주의적 성향이 나타날 가능성을 배제할 수 없다.

그러한 성향이나 행동이 어디까지나 성향이나 조짐으로만 나타날지, 아니면 폭력이나 배제를 포함한 광적인 집단주의로 발현될지는 일본 사회의 민주주의와 인권 의식의 성숙 정도에 따라 다를 것이다.

8. 일본인의 특성 파악하기

세계적 설문조사를 보면 일본인이 특히 상위를 차지하는 항목이 있다.

- 조상에겐 영적인 힘이 있다 ―34개국 중 1위
- 종교를 믿지 않는다 ―93개국 중 5위
- 자연은 지배하는 것이 아니라 공존하는 것 ―60개국 중 1위
- 리스크는 모두 피한다 ― 51개국 중 2위
- 직장에선 인간관계가 제일 중요 ― 81개국 중 1위
- 일보다도 여가가 중요 ― 79개국 중 1위
- 여가 시간은 혼자 보낸다 ― 34개국 중 1위
- 자기 나라에 긍지를 갖지 않고 있다 ― 95개국 중 4위
- 나라를 위해 싸우지 않는다 ― 90개국 중 1위

이런 조사의 결과를 토대로 일본인의 특성을 유추해 보면 다음과 같다.

우선 선조 신앙이 강하다. 조상에게 영적인 힘이 있다 믿는 비율이 높다 보니 조상의 묘지ぉ墓를 잘 가꾸고 돌보며 한식이나 중추철에는 대대적인 묘소 참배ぉ墓参り가 이루어진다. 종교는 특정 종교를 국한하여 믿지 않는다. 일본에 정착되어 있는 불교,

기독교, 신토 모두 다 종파나 교리에 관계없이 받아들인다.

교회에 간다고 기독교인이 아니며, 절에 간다고 해서 불교에 심취해 있는 것도 아니다. 또한 신사에서 두 손을 모아 소원을 빌며 참배를 하는 건 어디까지나 자신을 위한 소원을 빌기 위함이다. 교회나 성당 그리고 사원이나 신사에 가는 것은 우연히 그런 시설물들이 거기에 있기 때문에 자신을 위해 이용하는 것이다.

자연재해가 많은 나라의 특성일까? 자연은 지배하는 것이 아니고 함께 공존하는 것이라는 의식이 강하다. 새로운 삶이나 비즈니스를 위한 모험 따위는 하지 않는다. 조금이라도 리스크가 동반되는 일은 경원하며 안전 제일을 추구한다.

직장에서는 인간관계가 중요하므로 너무 친하지도 소원하지도 않은 적당한 선긋기를 하며 원만한 인간관계를 유지해야 한다. 직장 동료와는 공과 사의 영역을 분명히 구분하고, 사적인 영역에는 발을 들여놓아서는 안 된다. 넘어서는 안 되는 선이 있다.

경제 활동을 하는 건 어디까지나 생계유지와 충실한 취미 활동을 위한 수단에 불과하다. 따라서 필요한 만큼만 경제 활동을 하며 여가를 중요시한다. 여가는 가능한 자신만을 위한 시공간이 되어야 하므로 가족보다도 우선시된다. 가족 간에도 프라이버시는 중요하며 존중해야 한다. 부부라고 하더라도 이부자리는 따로 펴고 자는 것이 당연하다. 쉴 때와 잘 때는 혼자이고 싶다.

국가의 강요에 의해 전쟁에 동원되어 희생을 치른 과거가 있다. 국가를 위해 또다시 전쟁에 동원되어 무고하게 희생되는 일은 결단코 없어야 한다. 그런 심리가 기저에 있다. 따라서 나라를 위해 싸운다는 것은 이제 두 번 다시 겪고 싶지 않은 악몽이다.

　일본은 선진국이니 사는 환경으로서는 나쁘지 않다. 따라서 일본인으로 사는 것이 나쁠 것은 없다. 그러나 전전의 정부에 속아 희생당한 악몽과도 같은 역사가 있기에 정부를 신뢰하지 않는다. 따라서 국가에 대한 애국심이나 충성심 같은 건 없으며, 자긍심 또한 느끼지 않고 자신을 위해 살아갈 뿐이다. 그래서 정치에 무관심한 것인가?

일본 문화 예술이 쇠퇴한 이유 1
― 조화 과잉 사회의 역설

한류의 열풍으로 도쿄의 신오쿠보는 한국 거리로 둔갑한 지 오래되었으며, 핫플레이스로 자리매김하고 있다. 일본의 슈퍼나 편의점, 음식점, 패스트푸드점 어느 곳에서든지 손쉽게 김치를 비롯한 한국 요리, 한국 상품을 접할 수 있으며, 이젠 어느 누구도 김치 냄새, 마늘 냄새난다고 타박하는 사람도 없다.

내가 일본에 첫발을 디딘 30여 년 전에 비하면 그야말로 격세지감이다. 한국의 경제력과 민주화가 과거에 비해 현격하게 진전되고, 한류로 대표되는 K-POP, K-DRAMA, K-MOVIE, K-FASHION, K-FOOD 등의 문화 예술 분야의 공헌으로 한국의 위상이 부쩍 높아졌다.

반면, 일본은 과거 20세기 한때 아시아를 석권하고 서구 유럽 국가에서도 아시아 하면 일본을 떠올리게 할 정도로 압도적인 국제적 위상을 뽐냈지만, 현재 과거의 영화는 꼬리를 감췄다. 과거 한 수 아래로 보던 한국을 의식하고 노골적으로 견제해야만 하는 입장에 몰리게 되었으며, 문화 예술 등에서는 한국의 뒤꽁무니를 바라봐야 하는 처지에 놓이게 되었다.

이런 현실에 주목하며 여기서는 일본 사회의 변천 등을 중심으로 예술·문화 산업 쇠퇴(정체가 더 정확한 표현일 것이지만) 원인에 대해 살펴보고자 한다.

80년대 어수선한 한국과 동경의 대상이었던 일본 문화

내가 20대 청춘을 보낸 1980년대를 회상해 본다. 당시 한국은 86년 아시안 게임과 88년 서울올림픽 유치를 계기로 대대적인 인프라 정비 등 건설 붐이 한창이던 시절이었다. 반면 정치, 사회적으로는 80년 5월의 광주민주화운동을 비롯하여 전두환 신군부의 집권에 저항하는 대학생을 중심으로 한 민주화 투쟁이 정점에 달하던 시기였다.

1960년대 이후 장기간 이어진 군부독재 종식과 대통령 직선제 등의 민주화를 요구하는 학생과 재야, 시민사회를 신군부 정권은 강압적으로 제지하고 통제했다. 이에 대학가를 중심으로 한 시내 곳곳에서는 최루탄과 화염병이 날아다니고, 경찰과의 투석전으로 부서진 보도블록이 널브러져 있었다.

그런 숨막히고 가슴 답답한 시절, 20대 청춘이었던 내게 한줄기 즐거움을 안겨주는 것이 일본 문화였다. 일명 '망가'로 불리는 일본 만화를 비롯한 비디오테이프, 카세트테이프, 잡지 등을 통해서 선진국인 일본의 문화를 간접 체험하면서 심리적 오아시스를 찾았다. 하지만 이런 일본 문화도 자유롭게 접할 수 없었다.

일본 문화는 퇴폐적 왜색문화를 조장한다는 낙인이 찍혀 전면 수입·유통이 금지되던 시절이기 때문이다. 그러나 끓어오르는 탐구심과 넘쳐나는 충동적 호기심을 주체하지 못하던 치기 어린 청춘은, 금지된 즐거움과 쾌락을 찾아 청계천과 을지로 주변을 배회하며 이를 즐겼다. 영화 〈친구〉를 보면 부산과 일본을 오가는 보따리 장사를 하며, 일본에서 가져온 19금 비디오테이프를 어린 친구들끼리 몰래 보며 즐기는 장면이

나온다. 바로 그 시절이다.

당시 일본은 엄청난 경제력과 위상을 자랑하며 세계를 집어삼킬 듯한 기세였다. 앞에서도 소개한 에즈라 보걸 하버드 대학 교수의 《1등 국가 일본》(1979)이라는 책이 베스트셀러로 등극하며 세계는 일본을 모델로 삼아야 한다고 강조하기도 했다. 이 책은 일본의 성공 스토리를 떠받드는 책으로 일본에 관심 있는 사람들의 지적 호기심을 자극하기에 충분했다. 그만큼 일본의 기세는 드높았다. 머지않아 미국도 추월하여 세계 제1의 경제 대국으로 우뚝 서는 것이 아닌가 하고 회자될 정도였다.

당시 한국을 비롯한 아시아는 아시아의 4룡(한국, 대만, 홍콩, 싱가포르)이라는 말에 고무되어 오로지 성장에만 주력하던 시절이었고, 그 정점에는 일본이라는 롤모델이 존재했다. 일본은 압도적인 경제력을 바탕으로 음악, 영화, 애니메이션, 게임, 드라마, 잡지 등 문화 콘텐츠 분야에서도 아시아 시장을 석권하고 있었다. 당시 한국의 젊은이들도 이런 시대의 흐름에서 자유로울 수 없었다. 더구나 수입·유통 금지라는 족쇄가 채워진 터라, 더욱 호기심이 발동하여 이런 일본 문화를 흡수하며 탐닉했다.

일본어를 몰라도 길거리 리어카에서 판매하던 일본 엔카와 제이팝 테이프 몇 개 정도는 소장했다. 엑스재팬, 쇼넨타이, 히카루 겐지, 핑크 레이디, 미소라 히바리, 테레사 텐 등의 음악을 주로 접했다. 노래 가사의 의미는 제대로 모르지만 긴기라기니, 코이비토요, 블루라이트 요코하마, 가와노나가레니 미오마카세 등을 읊조리며 따라불렀다.

여대생은 일본 패션잡지 〈논노〉를 끼고 다니면 뭔가 트렌드에서 앞서가는 듯한 분위기를 풍기었고, 세계적 대히트 상품이었던 소니의 워크맨을 갖는 건 꿈같은 일이었다. 나는 소니보다는 값이 저렴한 아이와의 제품을 줄창 끼고 다니며 일본어와 일본 노래를 듣고는 했다.

이는 80년대에 청춘을 보낸 지금의 중장년 세대에겐 아련한 추억으로 남아 있는 젊은 시절의 자화상이기도 하다. 그만큼 일본은 압도적인 경제력을 바탕으로 문화, 예술 등 다양한 분야에 걸쳐 아시아 국가에서 지존의 위치를 차지하고 있었다.

그런 일본은 당시 나 같은 젊은이에겐 과거 식민지 지배와 피지배라는 역사를 공유한 극복과 경계의 대상인 동시에 경제와 문화 등에서 한국을 앞서가는 동경의 대상이 되기도 하는, 이율배반적인 이상한 나라였다.

90년대 일본에 살면서 느낀 문화 충격과 위용

나는 1990년 4월부터 일본 유학 생활을 시작했다. 유복한 집안의 유학생이 아니었기에 뭐든 닥치는 대로 아르바이트를 해야 했지만, 그 덕분에 10여 년간에 걸친 유학생 시절을 거치면서 자연스레 일본의 서민 문화와 하위문화를 함께 경험할 수 있었다.

당시 일본은 소문대로 선진국다운 면모를 갖추고 있었다. 80년대를 휩쓸었던 버블 광풍이 꺼지며 어수선한 사회 분위기이긴 했지만, 아직 잘나가던 시절의 여흥이 깨지지 않고 남아 있었다.

　도쿄의 롯폰기, 긴자, 아카사카, 시부야, 이케부쿠로, 신주쿠 등을 중심으로 한 유흥가는 여전히 불야성의 위세를 떨치고 있었고, 흥청망청하는 분위기와 열기도 남아 있었다.

　음악을 비롯한 망가, 애니메이션, 드라마, 게임, 출판 등 문화 콘텐츠 산업도 여전히 번창하고 있었다. 연일 TV에서는 당시를 풍미하던 고무로 데츠야小室哲哉라는 다재다능한 음악 프로듀서의 지원하에 제이팝 여신으로 등극하는 아무로 나미에 열풍을 전달하기 바빴으며, 이는 일본은 물론 동남아시아 지역에도 아무로 신드롬을 만들어내기도 했다.

　애니메이션 분야도 전성기를 맞고 있었다. 미야자키 하야오로 대변되는 지브리 스튜디오의 애니메이션은 물론이고 드래곤볼, 에반게리온, 도라에몽 등 수많은 애니메이션이 주말과 평일의 황금 시간대에 방영되고 이에 수반한 많은 캐릭터 산업도 전성기를 맞았다. 닌텐도와 소니의 플레이스테이션으로 대표되는 게임 엔터테인먼트 분야도 활황을 띠고 있었다.

　일본 TV에선 심야 시간이 되면, 이국땅에서 독수공방하며 궁상을 떨어야 했던 외로운 유학생의 심경을 달래주기라도 하듯 19금의 심야 방송으로 호기심을 자극했다. 낮 시간에는 다양한 드라마와 영화, 음악 등 일상에서 즐길 수 있는 예술, 오락의 문화 콘텐츠가 다양해 정신적으로 매우 풍요롭다는 인상을 받았다. 당시 일본어 공부를 위해 일본의 J-POP도 몇 곡 정도는 외워서 부를 정도로 열심히 따라 부르며 심취했던 기억이 난다. 참고로 당시 일본 TV에서 한국 아티스트는 조용필과 계은숙, 김연자 정도가 일본에서 활약한다고 가끔 소개되는 정도였다.

일본에서 생활하면서 가장 충격을 받았던 것 중 하나는 애니메이션이었다. 한국에서 어린 시절 흑백 TV 앞에서 동네 꼬마들과 함께 모여 즐겨 보았던 '마징가 제트' '소년 아톰' '알프스 소녀 하이디' '은하철도 999' '플란다스의 개' '엄마 찾아 3만리' 등 수많은 애니메이션이 거의 전부 일본 작품이었던 것이다.

내가 무지했던 탓이었겠지만 이런 애니메이션을 일본 친구들이 전부 알고 있는 것이 너무 신기하여, 어떻게 아느냐고 물어보며 확인하는 과정에서 이 작품들이 일본 작품이라는 걸 알게 되었다. 한국 작품이라고 착각하고 지냈던 자신의 무지를 실감했다. 동시에 이를 제대로 알리지 않은 한국 방송에 분노하고 상실감을 크게 느꼈었다.

1990년대는 일본의 버블이 꺼지고 불황기에 들어서는 과정이기는 했지만, 그 전 80년대의 영화도 아직 공존하던 시기였다. 그러나 20세기가 종말을 고하는 것과 함께 일본의 국제적 위상도, 문화 예술 분야도 서서히 열기가 식어가며 하향곡선을 그리게 된다.

21세기, 역전의 조짐이 보이기 시작한 한국과 일본

그렇게 1980년대엔 고공행진하고 90년대엔 주춤하기 시작한 시기를 거치면서, 일본은 파란만장한 흥망성쇠를 체험한 20세기를 뒤로하고 밀레니엄 21세기를 맞았다.

버블 경제가 파탄 난 혼란과 어려움 속에서 21세기를 맞은 일본 사회는 기존의 개척보다는 보신으로, 외향적 성향에서 내향적 성향으로, 공격보다는 방어로 자세와 태세를 전환하게 된다. 이런 양태는 사회 여러 분야에서 나타나지만, 그중에서도 경제와 사회 분야에서 두드러진다.

엔고의 혜택을 향락하던 해외 관광도 점차 줄어들고, 미국이나 유럽으로 향하던 젊은이들의 호기심과 그를 추동하던 서구에 대한 동경도 주춤하게 된다. 일본인의 유학도 점차 줄어들었다. 물론 이는 급격하게 이루어진 것은 아니고, 어디까지나 점진적으로 그런 경향이 더욱 강화되고 굳어지게 되었다는 의미이다.

과거 아시아 시장에서 일본이 문화 예술 분야를 석권하게 된 배경은 일본 문화 콘텐츠의 높은 퀄리티와 다양성 등이었다. 그러나 무엇보다 아시아에서 일본이 차지하는 위상과 경제력이 예술과 문화 부흥의 뒷받침이 되었다.

당시 아시아에서 일본은 유일무이한 선진국이었고 일본 사회나 그 문화는 다른 아시아 국가에게 롤모델이며 동경의 대상이었다. 그런 선진 문화를 받아들이고 추종하는 건 자연스런 현상이었다. 즉 국가의 경제력과 함께 문화 콘텐츠 산업도 동반 상승 효과를 만끽하던 시절이었다.

그러나 1990년대 버블이 붕괴되며 시작된 장기간 경기 침체로 일본의 기업은 해외 시장보다는 내수 시장에 주력하려는 방향으로 전환했고, 이러한 흐름은 점차 예술 문화 분야에도 영향을 끼치게 됐다. 해외에서의 일본의 영향력도 점차 감소해 갔다. 반면 이 시기에 중국이 급속도로 부상하기 시작했고, 한국은 경제성장과 민주화 진전으로 서서히 저력을 발휘하기 시작했다.

그 후로 일본은 한국, 중국 등과 격차를 벌리지 못했다. 쇠퇴하는 국가의 흐름을 바꿀 개혁이 나오지 못했다. 일본에서 좀처럼 이 흐름을 바꿀 개혁이 나오기 힘들었던 이유를 역사에서 찾을 수 있다.

변혁을 막는 일본의 사회적 환경

흔히 일본 사회는 한 번도 시민혁명을 경험하지 못한 나라라고 회자된다. 그럼 메이지 유신은 어떻게 평가할 것이냐는 반론이 있을 수 있다. 메이지 유신과 역사 속 수많은 민중 봉기인 잇키-揆 등의 사례를 들 수는 있을 것이다. 메이지 유신이 당시의 봉건사회를 타파하고 근대국가를 건설하는 사회 대변혁인 것은 맞지만, 일반 민중이 아닌 삿초(가고시마와 야마구치의 옛지명) 번을 중심으로 한 하급 무사들이 중심이 되어 일으킨 사회 변혁이다. 하급 무사라고는 하지만 기존의 사농공상으로 체계화된 봉건적 위계질서 속에 위치한 기득권 세력들에 의한 변혁이었다는 관점에서 본다면, 민중에 의한 시민혁명이라 볼 수 없다.

민중의 힘으로 사회를 변혁시키고 체제를 바꾸는 경험이 없었기에 이를 학습하지 못한 불행이 작금의 일본 사회의 발전 동력을 제어하고 개혁 의지를 억누르고 있는 것이다. 사회적 변혁이 필요함을 알면서도 행동하지 못하는 소심함과 그런 기제를 제어하는 눈에 보이지 않은 사회적 압력이 존재한다.

이를 흔히 쿠우키 즉 공기라고 하며, 이는 곧 조화와 질서라는 도그마에 흡수되어 사회 구석구석에 영향을 미친다. 이런 사회적 아비투스는 무언가 목표가 설정되고 그를 실행하기 위해 조직적으로 움직이게 되면 큰 효과를 발휘하며 시너지 효과를 내기도 하지만, 목표를 상실하고 리더십이 결여되어 사분오열되는 현상에 직면하게 되면 종전의 질서는 무너지고 무질서와 배제를 낳기도 한다.

이 단락의 주제인 일본의 문화 예술 분야에서도 마찬가지다. 변혁을 가로막으며, 다시 치고 올라갈 수 없게 발목 잡고 있는 쿠우키(공기)가 있다. 세 가지 에피소드를 소개한다.

에피소드 1 - 일본은 꿈을 이룰 수 없는 사회?

2020년 미국 아카데미상에서 한국 봉준호 감독의 '기생충'이 감독상, 작품상, 각본상, 국제장편영화상을 수상하는 4관왕의 쾌거를 이루면서 한국을 환호의 도가니로 몰아넣었다. 일본에서도 한국이 이룬 쾌거에 부러움이 엿보이는 방송을 연일 내보냈다. 그런데 나는 다른 뉴스에 주목했다. 이때 아카데미에서 일본인(과거) 한 사람도 수상을 했던 것이다.

일본 출신의 카즈 히로(일본명 츠지 카즈히로)가 2018년에 이어 두 번째로 메이크업·헤어스타일링 상을 수상한 것이다. 그런데 그의 인터뷰 내용이 일본 사회에 적지 않은 충격을 안겨줬다.

> 기자: 일본에서의 경험이 아카데미 수상에 영향을 주었는가?
>
> 카즈: 이런 말을 하는 건 죄송하지만, 나는 일본을 떠나 미국인이 되었다. (일본) 문화가 싫어졌고, 일본에서 꿈을 이루는 것이 어려웠기 때문이다. 그래서 (지금) 여기에서 살고 있다. 미안합니다.

일본 사회에서 자신의 꿈을 펼칠 수 없다고 판단하여 미국으로 갔으며, 미국에서 그 꿈을 이루었다는 대답이었다.

또 카즈 히로는

"일본인은 일본인이라는 것에 너무 집착을 하여 개인의 아이덴티티가 확립되지 않는 것 같다. 따라서 좀처럼 진보하지 못한다. 거기에서 빠져나오질 못한다. 가장 중요한 것은 개인으로서 어떤 존재인가? 무엇을 하고 있는가라는 점이다. 그래서 일본 국적을 버리는 것이 좋지 않을까 생각했다. 자신이 하고 싶은 것이 있다면 그것을 하는 데 있어서 무언가에 구속받을 이유가 없다. 그런 의미에서도 벗어나고 싶었다 할까 아무튼 그런 의미이다."

자신의 정체성을 확립하기 위해서 일본 국적을 버리는 것이 더 낫고 부담에서 해방되는 길이라는 것이다. 나아가 카즈 히로는 일본 사회와 교육에도 일침을 가했다.

"일본의 교육과 사회가 낡은 생각을 떨쳐버리지 못하고 있다. 게다가 일본인은 집단의식이 강하지 않은가? 그 안에서 틀에 맞게 살아가기 때문에 낡은 생각에 컨트롤되어 그걸 떨쳐버리질 못한다. (…) 주위에 신경을 너무 쓰면서 그 영향을 받으면서 행동하는 사람이 많은 것이 문제이다. 자신이 중요하게 생각하는 것을 위해 스스로 헤쳐나가는 사람이 없는 것. 그런 걸 바꾸지 않는 한, 100% 바뀌기에는 무리가 있다고 생각한다."

그는 일본인 특유의 타인에 대한 친절함을 인정하고는 있지만, 역시 자신이 하고 싶은 것을 실현하기 위해서는 주위에 신경 쓰지 않고 나아가는 것이 중요하다고 주장한다. 이처럼 장래에 성공하고 싶은 젊은이들에게 조언도 보내주고 있다.

에피소드 2 - 영화는 사회 비판을 해서는 안 된다?

일본의 고레에다 히로카즈 감독의 〈어느 가족万引き家族〉(만비키 가조쿠)이라는 영화를 둘러싼 일본 내의 반응을 보자. 이 영화는 2018년 제71회 칸에서 황금종려상을 수상한 수작이다. 칸 국제영화제에서 일본인 감독 작품이 황금종려상을 수상하는 것은, 1997년의 이마무라 쇼헤이今村昌平 감독의 〈우나기うなぎ〉 이후 21년 만의 쾌거다.

그러나 이 소식이 일본에 전해지자 평소 일본인의 국제적 활약에 누구보다도 재빨리 편승하던 당시 아베 수상은 축전도 축사도 보내지 않는다. 이에 프랑스 신문 〈르피가로〉는 "왜 아베 수상은 축하 코멘트를 하지 않는가?"라며 비판하기도 했다.

이 과정에서 수상자인 고레에다 감독은 "공권력과는 거리를 두고 싶다"며 홈페이지를 통해 자신의 심중을 밝힌다. 이에 일본 정부는 물론 많은 일본인들 사이에선 고레에다 감독의 수상을 축하하는 목소리와 함께 비판의 목소리도 드높았다. 비판의 주된 내용은 다음과 같다.

"정부의 보조금을 받아 영화를 만들었으면서 정부의 축사를 거절하다니 무슨 해괴망측한 소리냐."

"만비키(절도나 훔치는 행위를 뜻하는 일본어)를 하는 가족을
주인공으로 하다니 범죄를 조장하는 것이 아닌가?"
"어린애들의 먹는 모습이 너무 더럽다."
"만비키를 타이틀에 넣다니 용서할 수 없다."

에피소드 3 - 일본 사회의 '공조' 압력은 견디기 힘들다?

문화·예술 분야는 아니지만, 일본 노벨상 수상을 둘러싼
에피소드다. 2021년 노벨 물리학상을 수상한 일본계 미국인
마나베 슈쿠로眞鍋 淑郎는 일본에서 태어나 자랐으며, 도쿄대
학 대학원에서 박사학위를 취득한 후 1958년 미국으로 건너
갔다.

그 후 잠시 일본에 귀국하여 과학기술청에서 근무한 적도
있으나, 재차 미국으로 갔고 국적도 미국으로 바꿨다. 마나베
의 수상 소식에 일본 미디어는 당연히 열광하였고 직접 인터
뷰를 시도한다. 그런데 일본 방송과의 인터뷰에서 그는 미디
어의 기대와는 상반되는 답변을 내놓아 일본 열도를 당황하
게 했다.

'일본에 대한 메시지'를 부탁받은 마나베의 답변은 이랬다.

일본 정부 정책에 많은 분야의 전문가 의견이 어떻게 전
달되어 정치가에게 도달하는지 잘 모르겠습니다. 정치에
대한 어드바이스 시스템이 일본은 너무 복잡한 것 같아
요. 예를 들어 정부는 일본 학술회의에서 하는 조언을 듣
고나 있는지 모르겠고요.
(…)

미국에서는 말이죠. 불만을 말하자면 얼마든지 있지만요. 미국의 과학 아카데미에는 일본보다 다양한 의견이 밑에서 학자들로부터 올라옵니다. 그런 의미에서도 일본보다 훨씬 좋다고 생각합니다. 그래서 그런 점 등을 생각해 볼 필요가 있지 않겠습니까.

다른 기자회견 자리에서 일본인 기자가 '국적을 일본에서 미국으로 바꾼 이유'를 묻자 그는 다음과 같이 답했다.

그거 재밌는 질문이네요. 일본에서 사람들은 항상 서로 마음을 상하게 하지 않으려 신경을 씁니다. 매우 조화로운 관계성입니다. 이것이 일본 사람들이 쉽게 사이가 좋아지는 이유 중 하나입니다. 또한 무언가 질문을 하면 예스나 노로 대답합니다만, 일본인의 '예스'라고 해도 그것이 반드시 '예스'를 의미하는 것이 아니며, '노'일지도 모릅니다. 왜냐면 다른 사람의 감정을 상하게 하고 싶지 않기 때문입니다. 일본인이 무엇보다 하고 싶어 하지 않는 것은 누군가의 마음을 번거롭게 하는 것입니다.
미국에서는 하고 싶은 걸 할 수 있습니다. 다른 사람이 어떻게 생각하고 느끼든 그런 것까지 신경 쓰지 않아도 됩니다. 왜냐하면 실제로 나는 타인의 감정을 상하게 하고 싶지 않지만, 그렇다고 그들이 무슨 생각을 하고 있는지까지 파악할 정도로 그들을 관찰하지도 않습니다.
미국에서의 삶은 참 멋집니다. 나 같은 과학자가 연구를 하고 싶은 대로 뭐든 할 수가 있어요. 상사가 정말 관대하니까 하고 싶은 건 뭐든 다 하게 해줍니다. 컴퓨터 같은 것의 지출도 전부 해줍니다. 나는 지금까지 한 번도 연구 계획서를 써본 적이 없습니다. 나는 조화 속에서 살아갈 수가 없습니다. 그것이 일본에 돌아가고 싶지 않은 이유 의 하나입니다.

위의 세 가지 에피소드를 통하여 도출할 수 있는 것이 무엇일까. 일본 사회를 무겁게 짓누르고 있는 일종의 조화와 순응을 요구하는 사회적 아비투스 같은 것이 아닐까. 이런 사회 풍조는 문화 예술 분야라고 해서 예외일 수 없다.

더구나 사회적 비판과 문제 제기를 담아내어 예술로 승화시켜야 하는 분야에서, 이런 사회 풍조와 음습한 공기는 예술의 창작성과 도전 의식을 고취시키기보다는 억제하는 요인이 되고 있다. 이처럼 예술을 예술로 보지 않고 거기에 정치적, 사회적 이해관계나 가치관에 의한 비방이 난무하고 권력이 개입하여 압력이 가해지면, 예술의 가치와 진가는 애국 마케팅에 영합하는 내수용 소모품으로 전락하게 된다.

일본 문화 예술이 쇠퇴한 이유 2
— 오만의 정치에 억눌린 문화 대국

일본 문화·예술이 쇠퇴한 '정치적' 이유

1. 일본 사회의 우경화

뜬금없이 우경화 현상이 문화 예술 분야에 무슨 영향을

끼쳤는가 하며 의아해할 수도 있다. 일본의 우경화 현상 기조는 지나친 자국 우선주의를 중시하며, 기존의 역사를 '자학사관'이라고 비판한다. 이러한 현상은 새로운 국가주의 역사 교육을 강조하는 역사 수정주의자 등에 의해 시간이 갈수록 목소리가 드높아지고 있다. 이런 목소리는 일정한 세력을 형성하게 되며, 이는 곧 여론이 되어 사회적으로 영향을 끼치게 된다.

이들의 특징은 과거의 일본을 찬양하고, 현재의 일본 역시 최고라는 맹목적 국가관에 집착한다. 또한 일본 사회나 국가 권력에 대한 비판을 수용하지 않고 억압하려 한다. 21세기 들어 고이즈미 정권기부터 본격적으로 총리대신의 야스쿠니 참배가 시작된 것도 이런 역사 수정주의자들이 득세한 시점과 무관하지 않다.

이렇게 우익세력들이 힘을 얻고 사회가 우향우로 점차 기울게 되면, 건전한 사회비판과 문제 제기를 하며 창작 활동을 하는 영화나 드라마 같은 문화 예술 분야는 위축될 수밖에 없다.

한 예를 들어보자. 〈신문기자〉라는 일본 영화가 있다. 이 영화는 2022년 사망한 아베의 수상 재임 시절 사학비리 스캔들을 파헤치는 내용인데, 배우들을 캐스팅하며 많은 어려움을 겪어, 결국 한국 배우(심은경)를 주인공으로 캐스팅할 수밖에 없다고 전해진다. 이 일화는 그 진위 여부를 떠나 일본 사회에 드리워진 예술에 대한 음습한 단면을 드러내고 있는 것이다.

2. 문화 콘텐츠 사업에 대한 정치권의 인식과 대응

21세기 초, 한일 정상은 김대중 대통령(1998년 2월 25일
~2003년 2월 24일)과 고이즈미 준이치로 수상(2001년 4월 26일
~2006년 9월 26일)이었다. 이 두 정상이 문화 예술 산업에 어
떤 마인드를 갖고 있었으며, 그를 위해 어떤 정책을 펼쳤는가
를 살펴보면 한일 간 차이가 일목요연하다.

2006년 미일 정상회담 후, 고이즈미 수상은 엘비스 프레
슬리의 옛집 '그레이스 랜드'를 방문하여 신이 난 듯 기타를
들고 '러브 미 텐더'를 부르며 파안대소했다. 평소 그는 일본
의 락밴드 X-JAPAN의 열혈팬이며, 오페라와 영화 감상이 취
미라고 할 만큼 문화 예술을 즐겼다고 알려져 있다.

그러나 음악을 비롯한 문화 예술 분야에 대해 특별한 정
책을 주도하거나 실행했다는 일화는 들려오지 않는다. 어
디까지나 개인적인 차원에서 예술을 즐기고 심취했던 것
같다.

반면 김대중 대통령은 문화 콘텐츠에 대한 해박한 지식과
관심으로 적극적인 문화 산업 육성 정책을 실현하여, 작금의
한류 열풍 토대를 만드는 데 지대한 공헌을 했다. 특히 그전
까지 수입·유통이 금지되어 있던 일본 문화 개방은, 당시 많
은 반대 여론을 돌파하면서까지 실행한 결단력이 오늘날 일
본에 한류 붐을 일으키는 원동력이 되었음은 아무리 강조해
도 지나치지 않다.

일본의 TV 방송이나 유튜브, 미디어 등에서는 한국 영화
가 국제영화제 등에서 수상하고, 한국 드라마가 세계적 관심
을 받고, BTS가 빌보드차트 1위를 하고, 블랙핑크의 유튜브

동영상 재생수가 10억 회를 넘어가는 등, 한류 붐이 전 세계를 강타하고 있는 배경에는 국가의 전폭적인 지원이 있었다고 말한다.

이는 마치 문화 예술 분야에 국가권력이 개입하여 만들어 내고 있는 것 같은 뉘앙스를 풍기기도 하는데, 현재 일본도 국가기관인 문화청에서 국가보조금으로 문화 예술 콘텐츠 사업을 지원하고 있다. 중요한 건 '지원하되 간섭하지 않는다'는 대전제가 제대로 지켜져서 국가의 지원이 얼마나 문화콘텐츠산업 육성에 실질적 공헌을 하고 있는지일 것이다.

고레에다 감독의 영화 '어느 가족'이 2018년 칸 국제영화제에서 황금종려상을 수상하고도, 일본 정부와 국내 팬들로부터 축하와 격려보다는 질타와 비난을 받게 되는 이런 현상을 보고 있노라면, 과연 이들이 진정으로 문화콘텐츠를 육성하고 국제 경쟁력을 키우려 고심하는지 의문이다.

이런 현상도 따지고 보면 일본 사회의 우경화와 무관하다 할 수 없다. 국가나 권력 그리고 일본 사회의 치부를 드러내고 고발하는 부류의 영화는 인정할 수 없다는 비뚤어진 국가주의의 단면인 것이다.

2022년 6월 20일의 〈아사히 신문〉 보도에 의하면, 재무성 자문기관 '재정제도 등 심의회'는 분과회에서 적자폭이 확대되고 있는 관민펀드인 쿨재팬 기구Cool Japan Fund Inc.(해외수요 개척 지원기구)에 대해 개선이 이루어지지 않을 경우, 통폐합도 염두에 두고 검토한다고 한다.

이 쿨재팬이라는 기구는 2013년 아베 정권 때 일본의 애니메이션, 음식 등 일본 독자적인 상품을 해외에 판매하는 사업을 지원할 목적으로 정부와 민간기업의 출자로 설립된 기구이다.

정부의 출자액은 2022년 3월 말 시점으로 1,066억엔이었다. 한국 돈으로 환산하면 1조원이 넘는 금액이다. 2020년부터 코로나19로 인한 투자처 기업의 판매 부진 등으로 2020년 누적 적자가 231억엔에 달하였고, 이에 대한 개선책을 꾀하였으나 2021년에는 309억 엔으로 적자폭이 늘어났다고 한다.

이에 대해 분과회에서는 포스트 코로나 이후의 경제회복과 함께 쿨재팬 기구의 수익이 개선되리라는 전망을 제시했으나, 위원회에서는 '펀드 청산도 검토해야 한다'는 의견이 나왔다. 이런 의견이 나왔다는 것은 지원이 목적이라기보다 사실상 투자가 본 목적이었다고 볼 수 있다. 투자가 본 목적인만큼 간섭이 없기란 쉽지 않다.

일본에는 쿨재팬 기구뿐 아니라 관민이 합동으로 설립한 펀드나 공동으로 추진하는 사업 등이 많이 눈에 띈다. 비뚤어진 국가주의를 추구하는 점으로 볼 때 과연 정부는 출자만 하고 간섭은 하지 않는지 궁금하다. 일본에서는 "돈도 내지만, 구치 다시ㅁ쁘ㄴ(간섭, 참견)도 함께 한다"는 말이 상식적으로 통용되는 만큼 가능성은 낮다고 본다.

또한 이런 정부 출자 사업에는 기존의 업계 위계에 따른 기득권 세력의 독점 현상도 빈번하다. 정부와 시행 업자 사이에 끼어들어 중개 역할을 하며, 소득을 챙기는 일명 '중간 단체(나카누키)'가 불로소득에 가까운 이익을 취한다. 이런 구조가 용인되고 받아들여지는 사회적 배경에는, 앞에서 살펴본 자민당 일당 지배체제의 장기화에 따른 기득권의 구조적 공고화와 무관하지 않다.

예술은 아티스트와 제작자 등 제작 과정에 참여하는 모든 사람들이 고통을 인내하며 창조해 낸 결과물이다. 그렇게 탄생한 작품에 대한 평가는 소비자의 몫이다. 그러나 작품의 내용과 퀄리티에 대한 평가가 아닌, 외부적인 정치적 요소를 개입하여 평가하고 비난하는 행위는 아티스트와 제작자가 문화 예술 콘텐츠를 제작함에 있어 외부 정치 요소를 고려하도록 유도한다. 문화 예술의 발전은커녕 발목을 잡게 되는 것이다.

3. 소극적 글로벌화 & 뒤처진 디지털화

21세기 일본은 글로벌화에 소극적이었고 급속도로 진행되는 디지털화의 흐름에도 '아날로그의 미학'에서 벗어나지 못하며 정보통신화 사회의 변화와 적응에 뒤처져 왔다. 일본 사회가 헤이세이의 장기 불황에 빠지면서 기업들은 해외 시장을 노리고 과감한 투자와 진출을 하기보다는 매력적인 국내 시장에 눈을 돌리게 된다.

1억 2,000만이 넘는 일본 내수 시장은 기업에게 매력적이다. 굳이 투자리스크를 감수하면서까지 해외 진출을 하지 않아도 내수를 일정 정도 점유하게 되면 안정적인 경영이 가능하다.

과거 지구촌을 구석구석 누비며 정력적인 영업을 하던 일본 기업 샐러리맨의 흔적을 찾아볼 수 없게 되었고, 해외보다는 국내 시장 점유에 힘을 기울이는 양상을 띠면서 국내 업종 간 경쟁이 치열해졌다. 그 결과 고품질, 고가격으로 대표되는 각종 고퀄리티 상품이 양산되지만, 결국 일본 국내에서만 통용되는 '갈라파고스 현상'에 직면하게 되었다.

문화 예술 분야 역시 이런 추이에 영향을 받았다. 해외 시장 공략을 목표로 하기보다는 국내 소비자의 입맛에 맞는 콘텐츠 개발에 힘쓴 것이다. 헤이세이 불경기 들어 어린 소녀들을 중심으로 한 아이돌 그룹이 대거 등장하면서 국내 아이돌 산업의 새로운 장을 연 것이 좋은 예이다.

이런 아이돌 그룹의 특징은 가창력과 댄스 등 퍼포먼스 능력보다는 비주얼을 중요시한다. 일본어 표현으로 '가와이(귀엽다. 예쁘다)'함을 우선적으로 내세우며, 부족한 부분은 아이돌과 팬이 함께 키워간다는 콘셉트이다. 이렇게 국내용으로 기획되고 꾸며진 아이돌 그룹은 여타 한국 아이돌 그룹처럼 해외 시장에서 가치를 높게 평가받지 못한다. 애초부터 국내용으로 디자인되고 개발된 콘셉트이기 때문에 일본 내에서만 머물다 끝난다. 많은 일본 엔터테인먼트 업계가 글로벌화를 외치지만, 정작 글로벌화의 추세는 외면하는 형국이라 하겠다.

또한 일본 사회가 디지털화 흐름에 뒤처지면서 유튜브와 SNS를 이용한 각종 홍보와 마케팅 전략도 지지부진하다.

일본 문화·예술이 쇠퇴한 '사회적' 이유

1. 각계각층 기득권의 견고함

자민당 일당우위 지배체제가 전후 60년 이상 이어지고 있는 현상에서 보듯이, 일본 사회는 각계각층의 기득권이 견고하다. 이는 연예 엔터테인먼트 등 문화 예술 분야에서도 두드러진다.

'쟈니즈'(株式会社ジャニーズ事務所, Johnny & Associates, Inc.) 라는 거대 연예 프로덕션이 있었다. 남자 가수 부문에서 압도 적인 위상을 갖고 있었다. 일본에서 유명세를 타고 있는 남자 그룹 또는 솔로 가수는 거의 쟈니즈 사무소 소속이었다.

과거 아이돌 스타로는 곤도 마사히코近藤 真彦, 히카루 겐지 光GENJI, 시부가키타이シブがき隊, 쇼넨타이少年隊 등이 있고, 해산 전의 스마프를 비롯하여, 아라시嵐, 칸자니関ジャニ, 도키오TOKIO, 헤이세이점프Hey! Say! JUMP, 긴키키즈KinKi Kids, 브이식스V6 등의 쟁쟁한 남자 가수들이 쟈니즈 소속이(었)다.

이런 쟈니즈 프로덕션이 2019년 7월 공정거래위원회로부 터 '주의' 처분을 받게 된다. 원래 스마프의 멤버였던 3명의 지상파 TV 출연에 압력을 행사한 혐의라고 한다.

대략적인 개요는 이렇다. 일본의 인기 절정 남성 그룹 스 마프는 독립을 둘러싸고 쟈니즈 경영진과 불협화음이 발생하 였고, 결국 해산하게 된다. 그룹은 해산했지만, 멤버들은 각 자 연예 활동을 꾸준히 하고 있었는데, 쟈니즈가 전 스마프 멤버들이 출연하는 TV 프로에는 쟈니즈 소속 아이돌을 출연 시키지 않는다는 식으로 압력을 행사하며 이들의 활동을 방 해한 것이다.

이처럼 특정 프로덕션이 연예계에 지대한 영향력을 행사 할 수 있을 정도로 성장하고 거의 독점에 가까운 형태를 유지 하며 제국을 구축해 왔다. 연예계에서 성공하기 위해선 우선 적으로 거대한 영향력을 행사하는 실력 있는 프로덕션 소속 이 되어야 한다. 그리고 이후 사생활은 물론 연예 활동에 대 해 하나부터 열까지 프로덕션의 지시에 따라 움직여야 한다는 건 일본 연예계의 불문율이다.

일본 예능사업소 업계는 버닝 프로덕션이라는 소속사가 막대한 영향력을 행사한다. 업계에는 '일본음악사업협회'라는 거대한 단체가 있는데, 이 단체를 쥐락펴락하며 버닝 프로덕션은 예능계 최대 권력을 행사하고 있다. 코미디 계통에서는 요시모토 코교吉本興業, Yoshimoto Kogyo Co., Ltd.가 압도적인 위치로 군림하고 있다.

공고한 기득권이 군림하는 이런 구도 속에서는 새로운 트랜드에 대한 시도나 자유로운 경쟁으로 절차탁마하는 과정이 어려워진다. 새로운 신규 참여자가 이런 대열에 합류하기란 사실상 불가능에 가깝다. 기존의 짜인 틀과 범주 속에서 활약하며, 인기를 구가하는 것으로 만족할 수밖에 없을 것이다. 경쟁이 없는 영역에서 새로운 창조나 발전을 기대하기란 힘든 일이다.

한 가지 흥미로운 점은 일본 시장에 진출한 한국의 종합콘텐츠 프로덕션 CJ-ENM이 최근 새로운 바람을 불어넣고 있다고 한다. 이로 인해 향후 어떤 변화가 일어날지 귀추가 주목된다.

2. 조화와 동조를 강요하는 사회적 아비투스

앞에서도 다룬 일본 사회에 만연하고 있는 '조화와 동조' 과잉이라는 사회적 아비투스는 문화 예술 분야에서도 나타난다. 이를 극복하는 것이 절실히 필요하다.

오해를 방지하기 위해 한 가지 첨언하자면, 일본 사회에서 '질서'와 '조화'를 강요한다는 건 무조건 맞는 말은 아니다.

맞는 말이기도 하고 틀린 말이기도 하다. 질서나 조화라는 개념은 수치화할 수 없는 형이상학적인 개념이기도 하지만, 관점에 따라 전혀 다른 해석이 가능하기도 하기 때문이다.

그러나 대체적으로는 맞는 말이다. 본인 또한 30년 넘는 시간을 일본에서 생활하며 뼈저리게 느끼는 바 중 하나가 조화와 동조라는 아비투스가 강하게 작용하는 점이다. 무언가 의견이 있어도 조직의 논리와 반대되거나 어긋나는 주장이면 이를 마음대로 개진하고 주창할 수 없는 분위기가 강하다. 이런 사회적 아비투스를 뒷받침하는 것이 바로 조화라는 도그마이며, 이를 위해 결국은 동조를 강요받게 되는 경우를 수도 없이 경험하게 된다.

창의성과 사회 비판 의식을 가져야 하는 문화 예술 분야는 다른 분야보다 이런 사회적 아비투스에서 자유로워야 하는데 그렇지 못하다 보니 발전이 힘들 수밖에 없다. 앞에서 예로 든 거대 독점 프로덕션이나 관민 합동펀드에서 신규 투자보다는 내수 시장의 확보와 유지에 초점을 맞추면, (아무리 특출난 인재라도) 그 누가 반대되는 주장을 할 수 있을까.

반대되는 주장 혹은 다양한 주장이 없다 보니 과거와 같은 과감한 투자가 이뤄지거나 자유롭게 문화 예술 작품을 구상하고 제작하는 일은 일어날 가능성이 희박하다. 세간의 풍문에 의하면 드라마나 영화 등의 제작비용과 환경 등도 그다지 좋지 않다고 한다. 과거 일본의 국운이 상승할 때는 이런 문화 콘텐츠 분야도 더불어 '상승 효과'를 보았지만, 일본의 국운이 정체하면서 동시에 문화 콘텐츠 분야도 주춤하고 있다.

3. 일본인과 일본 사회의 오만과 편견

　지금까지 살펴본 대로, 과거 일본이 아시아의 맹주로 군림했던 시절이 확실히 존재한다. 그러나 1990년대를 기점으로 일본은 정체를 거듭하고 있으며, 그 사이 한국을 비롯한 다른 아시아 국가들은 일본을 뒤쫓으며 성장과 발전을 했다.

　그러나 일본 사회에서는 아직도 1979년 에즈라 보걸의 책 제목이었던 '재팬 애즈 넘버원Japan as Number One'이라는 주술에 함몰되어 있는 사람들의 모습이 흔히 목도된다.

　가령 한국의 드라마 '오징어 게임'이 세계적인 흥행에 성공하며 대성공을 이루자, 일본 사회에서는 일본 것을 모방 또는 표절한 드라마라는 비난이 일었다.

　비난의 진위여부는 제쳐두고, (상식적 표절의 기준을 넘지 않는 선에서) 일본의 어떤 드라마나 애니메이션 등과 비슷한 착상이나 구성이 있다고 하더라도, 오징어 게임에서 일본의 어떤 놀이와 비슷한 놀이가 나왔다고 해도, 그게 작품성을 비하하고 표절이라고 폄훼할 수 있는 것인가.

　무릇 드라마나 영화 같은 작품에 100% 오리지널 창조 작품이 존재하기는 하는 것인가? 그 어떤 수작이라도 이전의 수많은 다양한 작품이 구상에 적지 않은 영향을 주었을 것이고, 그를 모티프로 하여 새로운 작품이 만들어지는 것이 당연한 것이 아닌가 싶은데, 일본에서는 이런 점을 무시하고 오로지 비난을 위한 비난을 하는 사람들이 있다.

　과거 일본이 전후 부흥하면서 서양 제품을 마구 카피하고 모방하면서 하나하나 개선하고 발전시켜 나갔던 시절은 까맣게 잊고 있다. 속된 말로 '개구리 올챙이 적 생각 못하'는 경우다.

이처럼 일본 사회는 아직도 자신들은 과거 잘나가던 선진국 시절의 모범국이며, 최근 세계적으로 활약하며 각광을 받고 있는 한류의 문화 콘텐츠는 일본 문화의 아류이니 표절이니 하면서 애써 폄하하려는 목소리가 사라지지 않고 있다. 이런 오만이 일본 문화 콘텐츠 성장을 방해하고 있다.

자신들의 문화 콘텐츠가 한류에 밀리고 있다면 무엇이 잘못되었고 어떤 점이 부족했는가를 가령 한류의 성공을 보면서 겸허하게 받아들이고 배우려는 자세와 의지가 필요할 터인데, 알량한 자존심이 이를 용납하지 못하는 듯하다. 전형적인 오만이라고밖에는 달리 표현할 수가 없다.

일본이 메이지 유신에 성공하면서 아시아에서 제일 먼저 근대국가로 거듭나고 발전할 수 있었던 원천에는 바깥 세계에 대한 경외심과 두려움이 큰 동인이 되었다. 섬나라라는 지역적 한계를 벗어나 해외의 뛰어난 문물을 가감 없이 받아들여 자기들 것으로 변형, 조화시켜가면서 국가의 틀을 만들고 산업을 일으키고 문화를 부흥시킬 수 있었다.

여기에는 바깥 세계의 뛰어난 문물을 인정하고 받아들이는 겸허함이 있었으며, 바깥 세계에 대한 호기심이 이런 외국 문물의 수용을 가능하게 했다. 이를 토대로 일본 사회의 근면성과 성실성이 조화를 이루며 부흥할 수 있었다.

그런데 현재의 일본은 1990년대 이후 30년째 장기 정체의 늪에서 헤어나지도 못하고 있으면서 아시아 최고 선진국이자 세계 제2위 경제 대국이었던 과거의 영화에만 취해 있다. 지금 일본에 필요한 것은 메이지 유신 때와 같이 사회 경제적 혼란과 어려움에 처해 있다는 자각과 이를 극복하기 위해 타국의 앞선

부분을 겸허히 인정하고 배우려는 자세가 아닐까.

일본의 사례를 반면교사로

일본의 국위와 문화 콘텐츠가 과거에 비해 그 위력을 잃고 있지만 과거 잘나가던 시절부터 지금까지 쌓아온 이미지와 유형무형의 자산은 결코 무시할 수 있는 것이 아니다.

언제 어느 때 다시 과거와 같은 일본 열풍을 불러일으키게 될지 아무도 장담하지 못한다. 그만큼 개인의 능력이나 유무형의 자산 규모 등으로 볼 때, 하루아침에 쉽게 무너지고 마는 이름뿐인 선진국은 아니라고 생각한다.

지금 한류가 세계적으로 각광받고는 있지만, 이런 열풍 또한 영원할 것이라고는 누구도 장담하지 못한다. 문화 콘텐츠 분야가 국운 상승과 함께 동반 상승하는 관계라는 것을 생각할 때, 현재의 한류를 유지·발전시키기 위해선 꾸준히 경제 성장과 국위를 유지해야 한다. 지금 잘나간다고 방심하고 오만하게 되면 일본의 전철을 밟지 말라는 법이 없다.

과거 일본이 아시아의 롤모델 역할에 안주하고 방심하고 있던 사이에 한국에 그 자리를 뺏기게 되었듯이, 다른 나라가 지금 한류의 한국을 롤모델로 하고 있다면, 언젠가 그 자리의 주인이 바뀔 가능성도 배제할 수 없는 것이다. 문화 콘텐츠를 발전시켜 나아감에 있어서 우리가 최고라는 방심은 없어야 하며, 우물 안 개구리의 관점에서 벗어나 인류 보편적이며 글로벌한 가치를 창조하기 위해 노력해야 하며, 권력은 개입하지 않아야 한다. 일본을 반면교사 삼아야 한다.

불가사의한 나라 일본 1
— 권력에 저항하지 않는 순종적인 일본인을 만드는 주범

에피소드 1

홍콩에서 범죄인 인도 법안 일명 '송환법'을 둘러싼 격렬한 데모가 연일 뉴스가 되던 2020년 8월의 어느 날. 서너 명의 학생이 빈 강의실에서 샌드위치와 삼각김밥으로 점심을 해결하면서 잡담을 나눈다. 우연히 동석한 나는, "요즘 홍콩에서 격렬한 데모가 일어나고 있는데, 어떻게 생각하느냐?"라며 소소한 호기심에서 질문을 해봤다.

그랬더니 "왜 그렇게 위험하게 데모를 하는지 모르겠다"라며 한 학생이 말문을 열자, "그래 보기만 해도 야바이(위험)하던데"라며 추임새를 넣는 학생의 말을 받아, 다른 학생이 "일본은 데모가 없어서 참 좋아. 그치?"하며 동의를 구하는 듯한 발언을 하자, 모두 "맞아 맞아"하면서 맞장구를 친다. 단지 호기심으로 던진 질문에 둔기로 머리를 얻어맞은 기분이었다.

요즘 일본의 젊은이들이 패기가 없고 꿈을 갖지 않는다고 하며, 기성세대들은 젊은이들의 이런 삶의 자세를 비난까지는 아니더라도 걱정과 염려 가득한 시선으로 바라본다. 일본의 젊은 남자가 '초식 동물화'된 지도 이미 오래전이고, 이전의 유도리ゆとり 세대가 좀 더 분화되어, 요즘은 사토리悟り 세대라는 네이밍까지 붙었다.

요즘 젊은이들의 특성을 '욕심이 없다' '연애에 흥미도 없으며' '여행도 가지 않는다' '휴일도 집에서 홀로 지내기를 선호한다' '조직에 친화되지 않는다'라고들 한다. 반면, 자신에게 도움이 되거나 플러스가 되는 일에는 매우 흥미를 가지며 그렇다고 쇼와 시대와 같은 무조건적인 조직에의 귀속 의식도 희박하여 납득이 되지 않는 일은 하지도 않고, 어울리려고 하지도 않는다고 바라보는 시선도 있다.

하지만 이것이 일정한 연령대의 젊은이들에게만 보이는 현상일까?

장기간에 걸친 불황으로 과거 일본 경영의 트레이드마크처럼 회자되던 종신고용제나 연공서열제가 파괴되어 가는 과정에서 나타나는 현상이 아닐까. 내가 하고자 하는 얘기는 일본인의 자기 권리나 자기 의견을 공공연하게 표출하는 것을 꺼리는 아비투스가 이 사회에 짙게 드리우고 있다는 점이다.

앞서 언급한 학생들은 홍콩 민주화 데모가 민주주의가 발달하지 않아서 그렇다고 했다. 개발도상국에 데모가 많은 이유 또한 민주주의가 아직 성숙하지 않아서이며, 일본은 민주주의가 성숙한 나라라서 데모가 없다는 식의 무비판적 의식을 드러냈다. 지금의 젊은이들이 아무런 의문도 없이 이런 생각을 갖고 있다는 사실이 더 쇼킹한 일이었다. 한데 과연 젊은이들만의 일일까?

에피소드 2

"면역력을 높여주어 코로나에 듣는 것 같습니다"고 하자 가글액이 졸지에 매장에서 사라졌다. 이는 한때 낫토가 코로나에 면역력을 키워주는 것 같다는 소문이 돌자 각 슈퍼의 매대에서 낫토가 동나버리는 현상과 일치한다. 2020년 8월 4일.

코로나 대책으로 인기 급상승 중인 요시무라 히로후미 오사카 부지사府知事가 기자회견에서 특정 성분이 함유된 가글액이 코로나19에 효과가 있다는 연구 성과를 소개하며 가글 사용을 권장했다.

그러자 순식간에 약국과 슈퍼에 진열된 가글액이 동나고, 인터넷에서는 정가의 몇 배에 달하는 가격으로 되파는 소동으로 이어졌다. 이처럼 일본에서는 높으신 분(?)이 한마디 하면, 그 파급력이 크다. 코로나 예방에 마스크를 하고 손을 잘 씻고 외출 후 입가심을 하는 건 기본 상식이다. 입가심만 잘해도 코로나에 효과가 있다고 하는 말이 과연 얼마나 신빙성이 있는가 조금만 생각해 보면 알 수 있으련만, 요즘 주목받는 오사카부 지사의 말씀이라고 해도 이처럼 일사불란하게 그 말을 믿고 움직이는지 이해하기 힘든 현상이다.

일본에서는 옛날이나 지금이나 높으신 분들의 한마디가 사회에 끼치는 영향력이 생각보다 큰 것 같다. 아니 높으신 분이나 관료 그리고 저명한 학자나 저널리스트, 유명 연예인이나 스포츠 스타 등의 한 마디 한 마디를 가감 없이 받아들이는 현상을 자주 목도한다.

앞선 에피소드와 연관해서 살펴보고자 하는 것은, 지금 일본에서 벌어지고 있는 현상에 과연 젊은이들의 변화가 주목과 비난을 받아야 하는가에 관한 강한 의구심이다. 왜냐하면 코로나19에 의한 피해와 고충은 남녀노소 경계가 없으며, 그 중에서도 고령자와 지병이 있는 사람에게는 더 치명적일 수 있다는 점에서 오히려 중장년층의 불만이 더 높을 수 있을 것이라 여겼기 때문이다. 그러나 중장년층은 정부의 대책에 특별히 불만을 나타내거나 행동으로 표출하지 않는다. 요즘 젊은이들이 패기가 없다느니, 무슨 생각을 하는지 모르겠다느니 하는 식의 중·장년층의 젊은이를 향한 우려가 설득력을 갖지 못하는 이유이다.

더구나 코로나 초기의 마스크와 생필품 등의 사재기 현상을 보면 사재기의 주역은 젊은이들이 아니라 오히려 중장년층의 오지상, 오바상들이었다. 왜 이런 현상이 벌어지는가? 일본인들은 왜 자신의 생명과 생활에 직접적인 영향을 끼치는 정치의 무능과 무책임에 분노하기보다는 정부의 잘못된 정책임을 알면서도 끝까지 정부를 믿고 따르고 있는가. 그에 대한 의문이 가시지 않는다. 마치 전전의 패전 프로세스를 보는 것 같다면 과언일까.

물론 SNS나 인터넷 익명 게시판 등을 통하여 정부에 대한 분노와 불만을 쏟아내는 건 흔히 볼 수 있으나, 그렇다고 불만이나 부조리를 해소하기 위한 뭔가 움직임이 있는 것도 아니다. 그저 개인의 스트레스와 불만 해소 차원의 행위에 그치는 게 보통이다. 여전히 투표율은 낮고 정치에 무관심한 채, 앞으로 세계 제1의 채무국으로서 엄청난 국가부채를 짊어지며 저출산, 고령화가 심화된 사회를 지탱해 나가야 한다는 과중한 역할을 강요받고 있는 현실에 대해서도 무덤덤하다.

그래서인가? 일과 후의 이자카야에서는 하루의 노동을 마친 자신을 격려하며 직장에 대한 불만이나 상사의 뒷담화를 안주로 스트레스를 푸는 것이 일상화된다. 이런 술자리에서의 뒷담화는 정말 끝이 없다. 일상 속에서 자신의 속내를 속시원히 털어놓을 수 없는 환경에서 쌓이는 스트레스나 업무상의 인간관계의 트러블 등을 이런 뒷담화를 통해 보상받고 위로받고자 하는 것 같다. 이 사회에 뒷담화가 유난히 무성한 이유이기도 하지만 그래도 정치에 대한 불만 같은 건 나오지 않는다.

일본의 민주주의가 성숙하여 정부 정책에 불만을 표시하고 반대하는 시위나 행동이 없는 것인가? 일본의 정치 지도자나 파워 엘리트들은 모두 선량한 철인哲人이라서 부정부패가 없으며, 한국처럼 임기 종료 후 법의 심판을 받는 수상이나 전직 고위 공무원이 없는 것인가? 이런 소박한 의문에서 출발하여 과연 어떤 메커니즘이 일본인 또는 일본 사회를 이토록 순한 양으로 변화시키고 있는가 그 주범(?)을 찾아보고자 한다.

불가사의한 나라 일본 2
— 역사에서 배우지 못하는 국가의 미래는…

NHK TV에서 역사 다큐멘터리를 편성했다. 태평양 전쟁 전투 중 일본군 패전의 과정을 그린 다큐였다. 방송을 보면서 지금 정권의 코로나19에 대한 3무(무능, 무대책, 무책임)와 태평양 전쟁 당시의 일본군 수뇌부와 어쩌면 이리도 공통점이 많은지 내심 놀랄 정도였다.

지금부터 84년 전에 있었던 일, 위기 상황을 맞았을 때 국가의 대처 능력이나 지도자의 리더십과 부처 이기주의 및 책임 회피로 인해 이역만리 정글에서 외롭게 공포에 떨다 굶어 죽어가던 병사들의 모습이었다. 이것이 시대와 형태만 바뀐 채 재연되는 것 같아 섬뜩한 느낌마저 들었다면 지나친 비약일까?

과달카날 전투

과달카날 전투. 아마도 전쟁사나 밀리터리 덕후가 아닌 사람에겐 생소한 이름일 수도 있다. 과달카날 전투는 제2차 세계대전 동안 남태평양 솔로몬 제도에 있는 과달카날섬과 그 주변에서 벌어진 연합군과 일본군 사이의 일련의 지상전과 해전(1942. 8~1943. 2)을 가리킨다. 일본군은 2만 4,000명의 전사자를 냈고, 미군은 1,600명이 전사하고 4,200명이 부상당한 전투였다. 수천 명이 말라리아와 열대병을 앓다 죽어갔다.

여러 번의 해전으로 일본군은 전함 2척, 순양함 4척, 경항공모함 1척, 구축함 11척, 잠수함 6척을 잃었으며, 미군은 순양함 8척, 중 항공모함 2척, 구축함 14척 등 양측에서 각각 군함 24척씩을 잃었다(다음 백과). 이런 전황 기록보다는 일본이 1941년 12월 7일 진주만을 기습 공격하여 미국이 본격적으로 제2차 세계대전에 참전한 이래, 미드웨이 해전과 함께 태평양 전쟁에 있어 공수의 전환점이 된 의미 있는 전투였다는 사실이 보다 중요하다.

약 반 년간에 걸쳐 미군과 일본군이 비행장을 둘러싸고 육상과 해상에서 벌인 치열한 전투였다. 처음 전황은 일본군에게 유리했었다. 그랬던 것이 일본군의 대패로 막을 내리면서 2만 명이 넘는 일본군 사망자를 낸 전투였다. 그 패배의 원인

인 대본영의 모습과 작금의 코로나19에 대처하는 일본 정부
의 모습이 겹치어 보인다.

일본군 사망자 2만 명 이상의 대참패
: 이치키 지대支隊(본대에서 나누어져 별도로 행동하는 부대)의 전멸

1942년 8월 18일, 야심을 틈타 섬에 상륙한 이치키 키요나
오一木 清直 대좌(대령)가 지휘하는 이치키 지대가 미 해병대에
게 빼앗긴 비행장을 탈취하기 위해 기습 공격을 감행한다. 미
국드라마 〈더 퍼시픽The Pacific〉 파트 1에 이 야간 전투신이 리
얼하게 나온다.

무모한 야간 기습 작전을 감행하여 부하를 거의 전멸시킨
이치키 키요나오 대좌. 일본군의 주특기인 기습 공격, 그것도
야간에 공격을 감행했으나 이치키 지대 916명 중 777명이 사
망하는 대참패를 기록한다. 이 전투의 지휘관이었던 이치키
대좌는 실전 경험이 풍부하고 유능한 지휘관으로 높은 평가
를 받던 인물이다. 그런 그가 진지 탈환을 목표로 야간 기습
공격을 감행했음에도 어째서 이런 대참패를 초래했을까? 이
치키 대좌는 후일 너무 많은 부하를 잃은 자책감에 권총 자살
로 생을 마감한다.

일본의 고질적인 조직의 병폐: 육군과 해군의 대립과 갈등

그럼 이치키 지대가 전멸하기 전으로 잠깐 타임 슬립해 보
자. 일본은 진주만 공격 이후 아시아 지역에서 연전연승하며
전선을 확대하던 중 미드웨이 해전에서 참패하게 된다. 그 후
일본은 하와이와 호주를 잇는 라인에 위치한 과달카날섬에

비행장을 설치하여 제공권을 장악하며 이 루트를 차단하려고
한다.

이를 위해 일본군이 상륙하여 비행장 건설에 박차를 가하
게 된다. 그런데 활주로가 완성 직전인 1942년 8월 7일 미 해
병대가 비행장을 탈취하기 위해 섬에 상륙하고, 방심하고 있
던 일본은 미 해병대의 압도적인 전력에 허무하게 패배하고
만다. 비행장을 빼앗기고 많은 병사가 포로가 된다. 물론 이
소식은 바로 일본 도쿄의 대본영에 보고된다. 당연히 높으신
분들께서 격노하며 당장 이를 다시 탈환하기 위한 작전을 짠
다. 원래 무능한 리더일 수록 아는 게 없으니 격노만 하게 되
는 건 한일 양국의 공통 현상인가 보다.

이때 일본은 육군과 해군이 서로 견제하며 공적을 올리고
자 하면서도 육해군의 공동작전을 실시하게 된다. 당연히 전
략적 요충지인 비행장의 재탈환이 급선무다. 이를 위해 연합
함대가 우선 해상 공격으로 미 해군을 격파하는 작전을 실행
에 옮긴다.

연합함대의 지휘는 미카와 군이치三川軍— 해군 중장이 맡
는다. 미카와는 야간 공격에 탁월한 재능을 갖는 맹장으로 불
리는 인물이다. 미카와는 야간 기습 공격으로 섬 해안에 정박
해 있던 미군 함정 4척을 침몰시키며 일본군은 피해가 제로
인 대승을 거둔다. 하여간 일본군의 기습 공격은 세계 톱 클
래스인가 보다. 이를 사보섬 해전이라 하고 일본에선 제1차
솔로몬해전이라고 부른다.

일본 대본영에서는 당연히 승리에 도취하고, 〈아사히 신
문〉을 비롯한 언론은 황군의 승리를 1면 톱으로 보도한다. 일

본 국내 역시 황군의 승리에 축제 분위기가 되는 건 안 봐도 비디오다. 그러나 이는 일본군 비극의 서막에 불과했음을 당시에는 아무도 알지 못했다.

승리에 도취한 판단 미스가 낳은 참패

일본 연합함대의 기습 공격에 패배한 미 해군은 섬에서 철수하게 된다. 그러자 미 해병은 섬에 고립된다. 미 해군의 철수 소식을 접한 대본영은 공세를 가하려면 이때라며 이번에는 육군의 지상전 공격에 대한 작전을 세운다. 해군이 선공으로 승리를 거두었으니 육군이라고 지고 있을 수는 없는 노릇이었다. 어서 승전보를 천황폐하에게 보고해야만 했다.

이때 미 해군이 철수를 했다면, 남아 있는 병력이 얼마나 되는지 파악하는 것이 무엇보다 중요했다. 이에 해군의 한 참모는 섬에 남은 미 해병의 숫자는 적어도 1개 사단 즉 1만 5,000명은 된다고 보고를 한다. 실제로는 1만 900명이 남아 있었기에 거의 정확하게 맞춘 보고였다.

그러나 제1차 솔로몬 해전에서 거둔 승리에 취해 있던 대본영은 미 해군이 철수했다는 정찰기로부터의 보고를 토대로 철수하는 배에 많은 병사들이 승선하여 철수하였을 것이라 판단한다. 미군은 겁쟁이라서 한번 크게 혼난지라 꼬리를 감추고 도망갔음이 틀림없다는 식의 정신 승리에 가득 찬 대본영 지휘관들은 해군 참모의 보고를 묵살하고, 대략 2,000명 정도가 남은 것으로 추정하게 된다.

또한 냉정하고 침착한 전황 분석가로 알려진 최전선의 제17군 참모장인 후타미 아키사부로二見秋三郎 소장도 적어도 미 해병이 7, 8,000명은 남아 있을 것이라고 주장한다. 후타미가 이런 주장을 하며 좀 더 신중하게 적군의 정세를 파악한 후 공격을 해야 한다고 하자, 다른 부하 참모들이 여기서 주저하다가는 절호의 기회를 놓칠 수 있으며 황군의 강인한 정신력으로 연전연승할 수 있다며 맹렬히 반대한다.

결국 해군 참모와 후타미 참모장의 신중론은 조직의 동조 압력에 의해 힘을 잃게 되는데, 대본영 육군 측 또한 해군에게 선점당한 승전보에 초조해진 가운데, 해군의 재촉에 못 이겨 당초 예상의 2,000명으로 추정한 작전을 세워 진격 사인을 내게 된다. 그것이 이치키 지대의 약 900명에 의한 야간 기습 공격이었던 것이다. 실제로 미 해병은 1만 900명이 주둔하고 있었으니 병력에서만도 10배 이상의 차이였고, 무기를 비롯한 화력에서도 압도적인 열세를 극복하지 못한 이치키 지대는 전멸을 하고 만다.

미국드라마 〈더 퍼시픽〉 파트 1에서 야간에 격전을 치른 후 날이 밝아 해변가에 널브러진 일본군 전사자를 확인하는데, 그게 바로 이치키 지대 병사들이다. 여기까지의 과정에서 드러난 문제점을 현재 상황과 연계시키면서 정리해 보자.

우선 조직의 대립과 충돌이다. 대본영은 육군과 해군으로 나누어져 있었다. 둘의 관계에서 '다테마에'는 협업과 공동작전 수행이지만, 사실은 서로가 경쟁자로 의식하며 전쟁 공적을 상대에게 넘기고 싶지 않은 '혼네'가 작용한다. 이는 현대판 부처 이기주의의 전형으로 설명할 수 있다. 과거 대본영의 이런 패착이 현재에도 일본 관료제의 '성청省庁할거주의'의 형태로 나타나고 있으며, 국익이 우선되는 것이 아니라 부처(성

청)의 이익이 우선되는 모습을 보인다. 부처의 이익은 있으되 국익은 없다省益あって国益なし는 비판에서 자유롭지 못하다.

둘째는 동조압력이다. 당시 코로나 사태를 맞아 우왕좌왕하며 뒷북만 치는 아베 정권의 대응을 두고 비판이 많지만, 이런 비판의 목소리가 제대로 힘을 얻지 못하고 파급력이 약한 이유 중의 하나가 전체적인 여론(공기)에 밀려나기 때문이다. 즉 '정부 하는 게 미덥지는 않지만, 그래도 나름대로 뭔가 하는 것 같으니 믿고 따르는 게 좋다. 괜히 나서서 사태를 더 크게 만들지 말아라'라는 분위기가 사회적으로 팽배하고, 이에 따르지 않는 자에게는 이지메나 노골적인 해코지 등의 사회적 제재가 따른다는 점이다.

따라서 자신의 주장이 아무리 옳다고 생각해도 다수의 의견과 흐름(공기)에 묻혀가는 것이 일신을 위해서도 바람직하다는 동조압력이 강하게 작용한다. 미 해병의 잔여 병력 수를 거의 정확하게 예측한 해군 참모나 후타미 소장의 주장은 어디까지나 개인의 의견에 불과할 뿐 전체적인 대세의 의견이 아니었기에 묵살되어 버린 것이고, 이는 곧 이치키 지대의 기습 공격이 허무하게도 전멸로 막을 내리게 된 것이다.

세 번째로는 '정신 승리'에 유난히 집착하는 점이다. 물질문명과 자본주의의 퇴폐에 찌든 나약한 정신의 소유자인 미군에 비해, 천황의 군대는 사무라이 정신으로 무장한 강인한 군대이다. 서양인들이 물질문명에서는 앞섰지만 동양인은 정신문명에서 앞선다. 미군은 무기와 보급 면에서 앞서지만 정신력이 나약하니 그 점을 집중 공략한다는 식의 정신을 유난히 강조한 것이 일본군의 특징이었다.

이런 정신 승리의 유산은, 현재의 코로나 사태를 보더라도 일본인은 특이한 DNA를 갖고 있다느니, 팩터 X 라느니, 심지어는 'This is a pen'과 '코레와 펜데스'라는 웃지 못할 코미디까지 보여주는 걸 보면, 여전히 정신 승리의 파토스를 극복하고 있지 못하고 있는 것으로 보인다.

불가사의한 나라 일본 3
― 무모한 희생을 강요하는 정신론

앞서 약 900명의 이치키 부대가 야간 기습 공격을 실시했으나, 미군의 압도적인 병력과 화력에 막혀 일루강 어구에서 전멸에 가까운 대패를 당한 것까지 살펴보았다. 이 전투를 '일루강 도하전'이라 한다. 이치키 부대 괴멸의 이유는, 도쿄의 대본영이 미군 잔류 병사의 숫자가 1만 명도 넘는 것을, 2,000명 정도로 잘 못 추정한 판단 미스의 결과였다.

일본군이 과달카날섬에 비행장을 건설하는 데는 약 2,200명의 조선인 노동자를 포함한 2만 8,000명의 설영대의 밤낮없는 가혹한 노동이 있었다. 그런 전략적으로 매우 중요한 비행장을 완성 직전에 미 해병에게 빼앗긴 것이다. 일본군의 입장에서는 얼마나 황당하고 분했을까 짐작이 간다.

일본으로서는 미드웨이 해전에서의 패배로 인한 사기 저하는 물론 이제 지상전에서만큼은 패배할 수 없는 저간의 사정과, 하와이와 호주를 잇는 루트를 차단하면서 제공권을 제압한다는 큰 의의가 있던 전투의 시작이었다. 그런 만큼 비행장을 차지한 미군은 제공권 장악에 유리한 형국을 만들어갈 수 있었다. 반대로 일본군은 비행장 탈환을 위해 그들이 할 수 있는 모든 공격을 하늘과 바다, 지상을 가리지 않고 전개하게 된다.

흔히 말하는 물불 가리지 않는 총력전이었다. 이는 바꿔 말하면, 사무라이 황군 병사들이 야마토 다마시이大和魂(일본의 혼)로 무장하고 진검승부를 펼치는 것을 의미한다.

이치키 부대의 참패를 만회하기 위한 복수전이 시작되고

이치키 지대의 참패로 불리해진 전세를 역전하기 위해 대본영은 새로운 부대를 파견하기로 한다. 정글전에 정통하단 평판의 가와구치 키요다케川口清健 소장이 지휘하는 가와구치 지대였다.

이리하여 병력과 물품을 과달카날섬에 수송하게 되는데, 그 과정에서 미군 기동대의 방해 활동이 시작된다. 이를 계기로 연합함대 사령부는 항공모함 등의 함대 수 척을 보내 섬 해역의 제해권 확보를 통한 안전한 수송 루트 구축을 꾀하려 한다. 이로 인해 미일 기동대가 과달카날섬 해역에서 또다시 치열한 격전을 치르게 되는데, 이를 '제2의 솔로몬 해전'이라 한다. 이 해전으로 미일 양국 해군은 서로 막대한 타격을 입히고 입었다. 승자도 패자도 없는 서로에게 깊은 상처만 주는 난타전이었다.

그러나 이 해전을 계기로 미군은 비행장을 활용한 제공권 장악에 유리한 형세를 차지하고, 상대적으로 일본은 병력과 물자의 수송이 곤란에 처하게 된다. 그때까지 물자를 수송하던 수송선 대신 미군기의 공격에 대비한 구축함을 이용한 수송을 시작한다. 당연히 수송선에 비해 구축함을 통한 병력과 물자 수송은 한계가 있을 수밖에 없다. 이때부터 일본군의 물자 상황은, 그렇지 않아도 미군보다 압도적으로 빈약한 상태에서 더 악화된다. 이 무렵 미군기의 공격을 받아 해안에서 침몰한 수송선의 잔해가 지금도 과달카날섬의 인근 해역 물속에 잠들어 있다.

패배를 부른 일본군 특유의 무데뽀 돌격 정신

가와구치 소장이 지휘하는 부대는 양동 작전과 사령부 기습 공격이라는 비책을 들고 나선다. 좌우로 병력을 나누어 공격을 퍼붓는 양동 작전을 펼쳐, 미군이 그 방어에 집중하는 틈을 타서 다른 정예 기습 부대가 직접 미군사령부를 집중 타격하여 함락하는 전술이었다. 그러면 지휘체계를 잃은 미군이 좌충우돌하는 틈을 타 비행장을 탈환한다는 작전이었다. 후일 역사가들은 만일 이 작전이 성공했다면 미군은 지휘체계를 잃게 되므로 사기 저하는 물론 과달카날섬 전투의 모든 형국이 바뀌었을 것이라 회상한다.

가와구치 부대의 야습과 반자이 어택

약 6,000명의 가와구치 지대는 9월 13일 야밤에 일제히 공격을 개시한다. 일본군의 기습 공격에 적잖이 당황한 미 해병은 큰 혼란에 빠진다. 양쪽에서 몰려오는 일본군의 반자이 어택에 겁도 났을 것이다. 일본군의 전투력에 겁이 나는 것이 아니라 소총에 착검하고 기관총 세례를 받으면서도 죽음을 두려워하지 않고 '덴노헤이카 반자이'(천황 폐하 만세)를 외치며 달려드는 그 무모함에 치를 떨고 당황했다고 참전 용사는 회상한다.

2019년에 공개된 전투일지 비밀 파일은 당시의 급박한 전황을 상세히 기록하고 있다. 그 기록을 보면 가와구치 지대의 양동 작전에 미군이 적잖이 당황하며 궁지에 몰렸었음을 알 수 있다. 그러나 가와구치 지대는 공격 목표였던 미군 사령부 점령은 끝내 이루지 못한다. 결국 미 해병의 철통 같은 방위 라인을 뚫지 못한 것이다. 이렇게 양동 작전과 전면 기습 공격은 사령부가 목전에 보이는 곳까지 다가갔으나 치열한 공방전 끝에 실패로 끝난다.

이 전투에서 가와구치 부대의 사망자는 633명으로, 이치키 지대의 공격에 비하면 경미하였지만, 이 기습 공격에 실패하고 퇴각한 후부터 일본군의 치명적인 비극이 시작된다.

이치키 부대에 이어 가와구치 부대의 기습 공격도 실패한 이유

이 양동 작전의 패배 요인을 보자면, 첫째로 화력이 부족했다. 미 해병은 수륙양용차를 비롯해, 계속해서 신형 무기와 중화기를 업그레이드하면서 진지와 철조망 팬스를 구축하는 등, 방어망에 만전을 기하며 일본군의 주특기인 기습 공격에 대비한다. 이에 비해 일본군의 장비는 미비한 수준이었다. 이는 해상과 제공권을 미군에게 빼앗기면서 제대로 보급 수송이 이루어지지 못한 것이 큰 원인이지만, 애초 일본군의 무기는 러일전쟁 때의 수준이었다고도 하니 시작부터 화력에서 상대가 되지 않은 셈이다.

또한 이런 병력과 물자 수송 단계에서 후타미 아키사부로 참모장이 해군이 수송선을 구축함으로 변경한 것에 격노하며, 수송선으로 바꿔 보낼 것을 강력히 요구하였다고 할 정도로 해상 수송의 어려움을 겪었다. 이는 제공권을 미군에게 빼앗긴 결과다. 이처럼 대본영 그리고 연합함대 사령부와 최전선 부대와의 의사소통과 시의적절한 결정이 제대로 이루어지지 않고, 엇박자가 나고 있음이 실패의 요인이었다. 지금 코로나19 대책에서 중앙정부와 지자체의 견해와 대응이 엇박자를 내어 국민을 혼란하게 하는 현상과 비슷하다.

또한 미군은 정보전에서도 일본군을 압도했다. 미군은 최신 장비를 활용하여 음향으로 일본군의 동선을 파악하고 있었고, 현지 주민을 고용하여 스파이로 활용하며 일본군의 생생한 정보를 수집하고 방어책을 준비하고 있었다. 이는 마치 미드웨이 해전에서 일본군의 암호 해독에 성공하여 연합함대의 작전을 미리 읽고 있었던 것과 유사한 상황이다.

'이것만 읽으면 전쟁에서 이긴다'는 정신 무장론

이에 비해 일본군의 전술은 잘나가던 시절의 전투 방식을 그대로 고집하는 우둔함을 보인다. 즉 러일전쟁과 중일전쟁 그리고 태평양 전쟁으로 이어지는 과정에서 과거 연전연승했던 추억에만 집착하며 시대에 맞는 새로운 전술과 화력을 소홀히 했다. 잘나가던 1980년대의 영화만을 회상하고 그리워하며, 시대의 변화에 걸맞은 이노베이션에 게을렀던 헤이세이 일본의 양상도 이때의 행태와 비슷하다.

과거의 큰 전쟁에서 결과적으로 승리를 거두었기에 당시 잘 먹혔던 방식을 고수하는 것이다. 그건 그렇다 치더라도 왜 일본군은 최신 중화기로 무장한 미 해병에 맞서면서 소총에 착검한 뒤 돌진하는 무데뽀 전투 방식을 고집했을까 상식적으로 이해하기 힘든 부분이 있다.

이는 앞에서도 언급한 정신 승리가 일본군 내의 금과옥조가 되어버린 '정신 무장론'이 그 배경이다. 실제로 대본영이 1941년 책자로 만들어 병사들에게 배포한 '이것만 읽으면 전쟁에 이긴다'라는 황당무계한 정신론이 일본군의 무데뽀 정신을 만들어냈을 것이다. 즉 서양인들이 물질문명에서는 앞섰지만, 동양인은 정신문명에서 앞선다. 미군은 무기와 보급 면에서 앞서지만 정신력이 나약하니, 그 점을 집중 공략한다 등의 내용을 골자로 하는 책자이다.

이 책자의 디테일한 기술을 보면, '미군의 상하 정신적 단결은 완전히 제로다' '상대는 중국 병사 이하의 겁쟁이로 전차도 비행기도 고철 덩어리를 긁어모은 것이다. 그러니 우리가 이기는 건 뻔한데, 어떻게 멋지게 이기느냐가 문제다' '미국의 자본 물질주의에 물든 나약한 병사들이므로 잠수함 같은 좁은 곳에서 적응을 못 한다' 등….

이렇게 전쟁 상대국인 미국에 대한 무지가 한심함을 초월한다. 일본군은 이런 황당한 책자 내용을 달달 외워가며 정신 무장을 했을 것이다. 80년대 내가 군복무를 할 때도 '군인복무규율'이나 지휘관 이름 등을 달달 외워야 했었는데 당시 일개 병사가 왜 이런 것들을 줄줄이 외워야 하는지 이해하기 힘들었던 걸 기억한다. 나는 국민교육헌장도 전부 암기해야 했던 세대이니 모두 당연한 듯이 받아들이기는 했지만, 아마도 이런 전전의 일본군의 잔재가 당시 80년대의 한국 군대에서도 이어지고 있었던 것이 아닌가 싶다.

아무튼 이런 황당무계한 책자를 금과옥조로 외워가며 일본군은 전의를 불태우고 미군을 겁쟁이, 물질주의에 타락한 게으름뱅이 정도로만 생각하고 있었다면, 전쟁 이전에 이미 일본은 지고 있었던 것이다. 지피지기 백전불태라는 손자의 병법을 소환하지 않더라도, 최소한 전쟁 상대국에 대한 정확한 정보가 필수 불가결할 텐데 말이다. 설사 화력과 군수 물량에서 나는 차이를 극복하고자 이런 정신론에 의지할 수밖에 없었다는 사정을 감안하더라도 이건 너무 지나쳤다.

또한 대본영을 비롯한 수뇌부가 이런 미국과의 엄연한 차이를 알고 있으면서 이를 은폐하고 병사들의 무모한 희생을 강요하는 정신론에 입각한 반자이 돌격을 강요하며 전쟁을 치렀다면 문제는 더 심각하다. 국민에게 제대로 된 정보공개를 하지 않으면서 무조건 정부의 방침과 시책에 따르라고 하는 지금은 그때보다 나아졌는가?

대본영의 지시와 작전에 의문을 품더라도 이를 외부로 표출하지 못하고 초개와 같이 목숨까지 버려가면서 따라야 했던 병사의 입장을 생각해 본다. 물론 상명 하달과 무조건 명령 복종 같은 엄한 규율이 요구되는 전시의 군대라는 특수성을 고려하더라도, 자신의 목숨까지 바쳐가면서 따라야 할 만큼 가치가 있었던 것인가 하는 생각에 이른다.

정치하기 좋은 나라

최근에 다시 읽은 책이 있다. 일본의 태평양 전쟁 당시 중요한 전투의 패배 원인을 분석한 《실패의 본질失敗の本質》(주오문고中公文庫)이다. 이 책은 1991년 초판 발행 이후 중앙공론 문고 74쇄를 찍고 있는 장기 베스트셀러다. 그 책을 읽으며 팬데믹 당시 코로나 대책에서 드러나는 일본 정치의 무능과 무책임이 비단 아베-스가 정권에 국한된 이야기가 아님을 새삼 확인할 수 있었다. 동서고금 역사를 보면 어느 시대나 무능한 리더는 존재한다. 그런 무능한 리더로 인해 수많은 민초가 희생되고 막대한 국가적 손실을 입게 되었을 경우, 그에 대한 책임 추궁과 처벌을 통하여 다시는 그런 과오가 반복되지 않도록 하는 조치가 필요하다. 그런 법적·사회적 제어 기능이 작용하고 정비되면 또다시 그런 우를 범하는 일은 적어질 것이다. 그러나 그를 기피하거나 등한시했을 경우에는 또다시 그런 우행을 범하게 되며, 무고한 희생과 손실이 뒤따르게 된다. 프로이센의 재상 비스마르크는 "현명한 자는 역사에서 배우고, 어리석은 자는 경험으로 배운다"고 하지 않았던가.

전술한 책에는 다음과 같은 내용이 있다.

일본군은 결과보다도 프로세스를 평가했다. 개개의 전투에 대해서도 전투 결과보다는 리더의 의도라든가, 하고자 하는 의욕이 평가되었다. 과달카날에서 파면된 가와구치 소장의 파면 이유는 항공기지 돌격에 대한 결심 부족이었다고 한다. 그러나 패배는 이미 알려진 대로 츠지 참모의 지도에 의한 결과였다.

또 임팔 전투에서는 점령지 코히마 사수 명령에 보급의 결여를 이유로 무다구치 군 사령관의 명령에 불복하고 철퇴한 제31사단장 사토 코도쿠 중장의 책임 문제가 불거졌지만, 결국 정규 군법회의도 열리지 않고, 항명 사건의 책임자로서 사토 중장을 "정신이 이상해졌다"라는 형태로 퇴역시키고 있다.

동시에 작전 전체의 직접 책임자인 무다구치 사령관도 군 사령관에서 경질되기는 했지만, 나중에 육군 예비과 사관학교장으로 임명됨으로써 책임 추궁 그 자체는 애매한 형태로 마무리되었다. (335쪽)

위의 인용문에서 알 수 있듯이 일본의 패전에 직간접적으로 크게 영향을 미치는 중요한 전투에서 실패한 리더들의 책임이 유야무야되거나 솜방망이 처벌로 끝나버린 것을 알 수 있다. 이토록 정작 책임을 져야할 지도자들에겐 솜방망이 처벌이나 면죄부를 주는 반면, 일반 병사의 생명이나 인권은 존중은커녕 국가 존속을 위한 부속품 취급을 당한다. 아래는 이와 관련한 다른 책의 서술이다.

병사의 생명 경시가 가장 극단적으로 나타난 것이 보급의 무시였다. 병사의 건강과 생명을 유지하기 위해서 없어서는 안 되는 것이 병참선의 확보이며 보급, 수송의 유지이다. 그런데 정신주의를 강조한 일본군에는 보급, 수송에 대한 배려가 결여되었다. '무사는 안 먹고도 이쑤시개를

한다武士は食わねど高楊枝'든지, '적의 식량을 빼앗아 사용한다
糧を敵に借る'고 하는 말이 상용되었는데, 그건 보급, 수송을
무시하고 작전을 강행한다는 뜻이다.*

태평양 전쟁 당시 일본군의 패인을 보더라도 무능한 지휘
관의 정세 판단 오인과 무모한 작전 미스 등으로 인해 큰 참
패를 초래했으나, 이들에 대한 엄격한 처벌이 이루어지지 않
고 계속 전장에서 지휘관으로 활동을 하게 된다. 이런 방만한
조직 관리와 운영이 작금의 일본 정치는 물론이고 일본 사회
에 만연해 있는 것은 아닌지 묻고 싶다.

또한 국가와 지도자의 명령에 따라 사선을 넘나들며 전투
를 치르는 병사들에 대한 인권은커녕 생명 경시 풍조는 상상
을 초월한다. 시대가 바뀐 오늘날에도 코로나 사태 등을 겪으
면서 이런 양상이 그다지 변하지 않았다고 느껴진다면 과민
반응이려나. 아베 전 수상이 지병 악화를 이유로 임기 도중
자진사퇴했을 때에도, 당시 지지율 최저를 기록하던 아베 정
권에 대한 지지율이 돌연 반등하였다. 그리고 숱한 부정 의혹
에도 불구하고 아무런 책임 추궁도 이루어지지 않은 채, 사퇴
일 년이 지난 시점부터 이미 자민당의 킹 메이커 역할을 하며
위세를 떨쳤다.

스가 수상 역시 자민당 총재 선거 불출마 선언을 하자 지
지율이 반등하는 조짐을 보였으며, 그 여파로 자민당의 지지

---

[*] 후지와라 아키라藤原彰, 《천황의 군대와 중일전쟁天皇の軍隊と日中戦争》, 오쓰키
서점大月書店 2006년, 10-11쪽

율은 소폭이지만 상승했다. 아베-스가로 이어지는 이 9년간, 특히 코로나19가 시작된 이후 일본 사회의 모순과 문제점을 여실히 드러낸 공로 때문이려나. 책임 있는 자리에 있던 자가 그만두게 되면, 다시 지지율이 반등하는 이 기이한 현상에 고개가 꺄우뚱해진다.

다시 말하지만, 팬데믹 당시 코로나 감염 확대와 의료 붕괴는 분명히 스가 총리의 실정이 원인이다. 물론 근본적인 책임은 전임자인 아베 전 총리에게 있다. 코로나에 대해 변변한 대책도 강구하지 않고, 정권을 내던지고 자신의 정치적 야망만을 위해 도쿄 올림픽을 2년이 아니라 1년만 연기한 것이 모든 일의 원흉이다. 그러나 스가 총리는 아베 전 총리의 노선을 그대로 이은 것뿐 아니라, 전임자 이상으로 경제를 우선하며 코로나19를 경시했다. 감염 재확대 속에 GoTo에 이상할 정도로 집착을 보이고, 도쿄 올림픽을 강행하여 감염 폭발을 초래했다. 감염 확산 후의 대책도 마지못해 긴급사태 선언을 발령했을 뿐이며 제대로 된 보상과 대책은 없었다. PCR 검사 확대와 의료 제공 체제 정비를 요구하는 목소리가 아무리 절박하여도 "백신 접종을 추진한다"라는 옹고집을 보이며, 의료 체제의 확대에는 꼼짝도 하지 않았다. 게다가 그 "백신 접종"도 완전히 뒤처지고 공급 부족으로 당시 선진국 중에서는 최하위 수준의 접종률이었다. 이러한 무위 무책이 의료 붕괴를 초래하고, 자택 방치로 사망자가 속출하는 사태를 낳았다.

스가 총리는 아베 정권의 관방 장관 시절부터 모리토모·가케학원 문제와 '벚꽃을 보는 모임' 문제의 의혹 은폐를 위해 공문서 변조와 은폐를 방관하는 등, 민주주의에 불가결한 정보공개와 절차를 무시하는 행위를 반복해 왔다. 코로나19에 대한 정부의 대책도 중구난방 식의 뒷북치기 대응이 이어지는 가운데 국민은 희생을 강요당했다.

이런 책임은 당연히 국정 최고 책임자인 수상에게 있다. 그런데 아베에 이어 스가 수상이 퇴진을 결심하자, 그간의 실정에 대한 문책성 발언은 순식간에 사라지고 한결같이 입을 모아 "그동안 수고하셨습니다" 등등의 감사와 위로의 말이 넘쳐난다. 권력자에게 끝까지 책임을 추궁하지 않으면 권력자들은 반성은커녕 사임으로 모든 과오를 덮으려고 할 것이고, 후임자들 역시 똑같은 전철을 되풀이할 것이다. 실패한 역사에서 교훈을 얻지 못하면 앞으로도 실패는 반복될 것이다.

9. 일본인이 행운으로 여기는 No.1~3

일본인들이 새해 첫 꿈에서 나타나면 그해 운수 대통이라고 구전되는 것이 세 가지 있다. 일본어로는 一富士二鷹三茄子라고 쓰며 '이치후지 니타카 산나스'로 읽는다. 1위는 후지(산)이고, 2위는 매, 3위는 가지를 말한다. 그런데 여기서 상식적으로 생각할 때, 1위 후지산은 왠지 그럴 것 같지만, 2위를 차지한 타카(매)는 용맹한 조류이긴 하지만, 그게 운수나 재수와 무슨 관련이 있을까 궁금해진다.

더구나 3위를 차지한 가지에 이르러서는 이런 궁금증이 더욱 증폭된다. 슈퍼에서 야채를 사더라도 가지는 천지에 널려 있고 누구나 손쉽게 접할 수 있는 흔하디흔한 채소인 점을 생각하면 더욱 궁금증이 심화된다.

우선 이 단어를 읽는 방법인데, 1위 후지산은 후지不死, 2위 타카鷹의 매는 다카이高い(높다, 비싸다 등)으로, 3위 가지를 뜻하는 나스茄子는 이루다 성취하다라는 의미의 동사 나스成す를 의미한다고 한다.

여기까지 살펴보면 아하! 그렇구나 하고 무릎을 칠 것이다. 그런데 일본어를 아는 사람은 후지산의 '후지富士'와는 달리 죽지 않는다는 의미의 '不死'는 '후지'가 아니라 '후시'라고 읽는데, 억지춘향 아니냐고 반론을 할 수도 있다. 물론 그 반론은 맞지만, 일본어의 특징인 애매모호성이나 다변성을 먼저 이해하여야 한다.

불사不死는 확실히 후시라고 읽기에 그걸 끌어다가 후지산의 후지로 맞추는 건 억지가 있어 보이지만, 예를 들어 불사신不死身이라는 단어를 일본어로 읽을 때는 '후시미'가 아니라 '후지미'로 읽는다. 이렇게 어떤 때는 후시였다가 어떤 때는 후지로도 읽힌다는 의미이다. 좋게 말하면, 상황에 따라 적절히 대응하는 유연성이 보이지만, 나쁘게 보면 일관성이 결여된 언어 습관을 가졌다고도 하겠다.

위의 세 가지가 운수와 재수를 가져다주는 복된 것으로 승화된 배경에는 두 가지 유력한 설이 있는데, 하나는 지금의 후지산이 위치한 시즈오카현의 옛 지명인 스루가노쿠니駿河国에 존재하는 '가치'가 높은 것의 순위에서 유래했다고 하는 설이 있다.

후지산, 아시다카야마愛鷹山(시즈오카현 동부에 있는 산), 그리고 가을 첫 출하된 가지의 가격이 높았(비쌌)다는 것에서 유래했다고 하는 설이다. 그리고 다른 유력한 설은 도쿠가와 이에야스가 가장 선호한 것들이 순서대로 후지산과 매(사냥), 그리고 가을 첫 출하된 가지였다는 것에서 유래했다고 한다.

아무래도 권력과 통치체제에 순종적인 삶을 마다하지 않는 일본 사회 구성원들의 심성으로 볼 때, 전자보다는 후자 쪽이 더 설득력이 있어 보인다. 쇼군께서 좋아하시는 것이니 나도 그를 따라함으로써 조금이라도 쇼군 사마의 은총과 혜택을 입고자 하는 바람이 이런 설을 만들어내지 않았을까 추측해 본다.

그런데 여기서 또 한 가지 궁금한 것은, 1위 후지산은 일본인에겐 한국인의 백두산 같은 존재일 터이니 그렇다 치고, 2위 또한 도쿠가와 이에야스가 유년 시절부터 오랜 유배 생활을 보낸지라 그의 취미가 매를 키우고 사냥하는 것이라 널리 알려진 바, 매가 2위를 차지한 것까지는 알겠는데, 아무래도 3위의 가지는 이해가 쉽지 않다. 당시 가지가 그토록 귀한 채소였는지 아님 채식주의자여서 그랬는지 도통 알 길이 없기 때문이다.

하지만 일본 속담을 보면 '가을 가지는 며느리에게 먹이지 말아라秋茄子は嫁に食わすな'라는 말이 있다. 이를 보면 예부터 가을 가지는 일본에서 귀하고 비싼 채소였던 것만은 확실해 보인다.

일본인의 변화무쌍 처세술

일본인은 체제 순응이 재빠르며 얄미울 정도로 현실적이고 실리적이다. 명분이나 체면 따위는 아랑곳하지 않는다. 일례로 2차대전 중 미군과 그토록 처절하고 지독하게 전쟁을 치렀던 그들이 1945년 8월 15일 천황의 포츠담 선언을 받아들이는 무조건 항복 방송, 소위 옥음玉音 방송 이후 점령군으로 진주하는 미군을 열렬히 환영하며 맞아들이는 모습이 있다.

일본은 항복 후 3일이 되는 8월 18일. 당시 내무성에서 연합군의 본토 진출을 맞이하기 위해 기막힌 안을 내놓는다. 바로 '특수위안시설特殊慰安施設'의 설치다. 전쟁에서 지면 일본 여자들은 전부 미군의 첩이 된다는 소문을 당시의 고위 관료들이 정말 그리 믿고 있었는지, 소위 '양갓집 규수'들에게 무슨 일이 일어날지 모른다는 걱정에 그 방파제로 연합군을 위한 위안소 즉 공창 시설을 만들기로 한다.

그리고 바로 특수위안시설협회가 만들어져 위안부 모집에 나선다. 영업에 필요한 부녀자는 기생, 창기, 여급, 매춘부, 상습 밀매음범 등을 중심으로 모집을 하게 된다. 전쟁에 패한 불과 3일 후의 일이니 놀라지 않을 수 없다. 내무성 경보 국장이 각 부현의 장관(지금의 부현 지사)에게 점령군을 위한 서비스 걸을 모집하라는 지시를 내리고, 이런 하명을 받은 경찰 서장들이 사방팔방으로 손을 써서 국가를 위해 매춘에 나서 달라고 부탁하는 꼴이 되었다.

무릇 매춘을 단속해야 하는 경찰이 나서서 매춘을 알선하고 다닌 셈이다. 그 결과 8월 27일에 도쿄의 오모리大森에서 공창소가 개업한다. 그날 연합군 제1진이 도쿄에 진출하는 날인지라 그날에 맞추어 오픈을 하는데, 당시 1,360명의 매춘부가 준비를 하고 있었다는 기록이 남아 있다.

당시 특수위안시설협회의 이사였던 모 씨가 훗날 잡지와의 인터뷰에서 밝힌 내용을 보면, 당시 대장성 주세主税 국장이던 이케다 하야토池田勇人(후일 수상이 됨)의 "돈이 얼마나 필요하느냐?"는 질문에, 협회 부이사장이 "1억 엔 정도입니다"라고 답하자, 이케다가 말하길

"1억 엔 정도로 순결을 지킬 수 있다면 싼 거다"라고 했다.

물론 여기서 말하는 순결은 양갓집 규수의 순결을 말한다. "이런 걸 보면 그토록 철저하게 곤조를 부리며 싸웠던 일본인이 전쟁에 패한 순간 빌빌거리는 모습이 한심할 따름이다. 이런 것들이 우리 일본 민족이 신용받지 못하는 면이 있지 않나 싶다. 어떤 쪽으로도 빌붙는 습성이 있다"*며 일본 역사연구의 대가이며 작가인 故한도 카즈토시半藤一利는 지적한다.

3부에서 언급한 일본 속담 '강자에게 붙어라'를 여기서도 적용할 수 있다. 직장이나 사회에서 상사나 윗사람에게 뭔가 납득이 되지 않는 말을 들었을 때 솔직하게 자기 의견을 주장할 것인가 고민해 본 경험이 있을 것이다. 부하나 동료, 가족이라면 몰라도 좀처럼 자신의 기분을 드러내기 어려운 상대일 경우에는 곤란에 처하게 된다. 결국 아무 말도 못하고 상

---

* 반도 가즈토시半藤一利, 《쇼와사 전후편昭和史 戦後編 1945-1989》, 헤이본사平凡社, 2006년

대방 말대로 따르는 경우가 많을지도 모른다.

'강자에게 붙어라'는 이런 경우에 들어맞는 말이다. 결국 위세나 권력이 있는 사람에겐 반항하지 않는 것이 상책이다라는 의미이다.

잘 알려진 대로 태평양 전쟁 당시 일본군은 자국 병사가 적의 포로가 되는 것을 '불명예스러운 사태'로 인식하였으며, 적군에 포위되어 살아남을 가능성이 없어져도 투항하는 대신 옥쇄(자결 또는 자결적 돌격에 의한 전사)를 택하였다. 그렇게 '항복을 하느니 차라리 죽는 것이 낫다'며 철저 항전을 외치며 싸웠던 일본이었다. 영화나 다큐에서 흔히 볼 수 있는 가미카제 특공대나 반자이 어택, 반자이 계곡에 몸을 던져 자결하는 장면들이 떠오른다.

이런 일본군과 일본인의 행동은 1941년 당시 육군대신이었던 도죠 히데키가 소위 '전진훈戰陣訓'으로 시달한 "恥を知る者は強し。常に郷党家門の面目を思ひ, 愈々奮励してその期待に応ふべし, 生きて虜囚の辱を受けず, 死して罪過の汚名を残すこと勿れ"에서 유래한다고 전해진다.

의미는 '부끄러움을 아는 자는 자신의 행동에 책임을 지며, 주위의 기대에 보답하려 노력한다. 살아서 포로가 되는 수치를 당하지 말고, (차라리) 죽어서 죄과의 오명을 남기지 말아라'이다. 반자이 어택을 비롯한 철저 항전을 전개했던 일본이 패전하자마자 이렇게 태도를 180도 바꾸는 것을 보면, 위의 속담이 말하는 그대로 행동하는 것을 알 수 있다.

아울러 국민에게는 강제적인 언론통제가 실시되고 있었다. 1943년초부터 '적국어를 사용하지 마라' '적국 음악을 듣지 마라'는 명령이 내무성과 정보국으로부터 있었다. 카페나 댄스 같은 용어는 이미 금지어가 되었고, 야구의 스트라이크도 '요시 잇뽕'이라는 식이었다. 전철 안에서 영어 교과서를 갖고 있던 학생이 대중의 면전에서 심하게 힐책당하고 경찰에 신고되기도 했다.

아무튼 미국이나 영국과 관련된 문화나 언어, 교의 등은 모두 일상생활에서 사라졌던 것이다. 실로 말기적인 심리 상태가 만들어져 가는 조짐이었다. 지도자들이 자신들에게 유리한 정보만을 들려줌으로써 국민에게 기묘한 도취감을 안겨주고 결국 그건 국민이 사고하기를 포기하게 한다. 즉 인간을 기계화하려 한 것이다. 이에 항거하여 전쟁에 비관적인 의견을 말하거나 지도자를 비판하거나 하면 금방 통보를 하는 자에 의해 경찰에 연행되는 상태였다*.

이렇게 일본은 군관민을 비롯한 사회 전체가 전쟁을 위한 요새가 되었고 적성국에 대한 적개심이 극에 달했던 것이다. 그런데 이랬던 일본 사회가 전쟁에서 패하여 점령군의 진주를 받아들이면서 그 태도가 돌변하는 모습은 상상의 범위를 초월한다.

정부와 미디어뿐만 아니고 일반 대중들도 미군이 도쿄로 진주하는 도로의 연도에 서서 손 흔들고 인사하며 환영하는 모습을 보인다. 점령군인 미군은 애초에 패전을 인정하지 않는 민중에 의한 테러나 저항을 염려했다고 하는데, 예상과는

---

* 호사카 마사야스保阪正康, 《그 전쟁은 무엇이었나あの戦争は何だったのか》, 신초사 新潮社, 2005년, 154-155쪽.

474

달리 자신들을 환영하는 군중의 모습을 보고는 오히려 당황하고 놀랐다고 한다.

실제로 맥아더 원수가 일본 점령군 사령관으로 부임했을 때 이를 열렬히 반기고 환호하는 일본인들의 모습은 기이하기조차 하다. 1945년 9월 27일 더글러스 맥아더는 패전국 일본의 통치자인 히로히토 천황과 미국 대사관 공저에서 회견을 하고, 다음 날 그 사진이 각 신문에 게재된다.

역사적이라고도 얘기되는 이 사진을 보면, 소화 천황은 연미복을 입은 직립부동한 왜소한 자세이고, 맥아더는 선글라스는 쓰지 않았지만 노타이와 평퍼짐한 군복 차림을 하고 허리춤에 손을 얹은 채 여유 있게 서 있는 모습이었다. 두 사람의 신장 차이에서 오는 열세는 물론이고, 사진에서 느껴지는 승자의 우월함과 패자의 초라함이 극명하게 드러나는 사진이라 하겠다.

이 사진에 많은 일본인들이 충격을 받았다고 한다. 그래서인가. 그 후 많은 일본인이 맥아더 원수 앞으로 편지를 보냈다고 하는데, 그 숫자가 자그마치 50만 통에 달한다고 전해진다. 편지를 보낸 건 정치가와 의사 같은 엘리트층부터 농민, 주부에 이르는 일반 대중과 나아가 소학교 학생까지도 있었다고 한다.

편지의 내용은 '세계의 주인님' '우리의 위대한 해방자'라고 맥아더를 찬미하며, 일상 속의 시시콜콜한 불만까지 빼곡히 적은 것이 태반이었다고 전해진다. 그중에는 절대권력인 미군을 동경하여 '미군에 입대하고 싶다'고 애원하는 편지, '미국 스파이로 고용해 달라'는 내용, '당신의 아이를 낳고 싶다'는 여성의 구애 편지 등 다양한 내용의 편지가 있다고 전해진다.

이처첨 상황과 환경의 변화에 따라 카멜레온처럼 태도가 돌변하는 일본인의 속성을 두고 일찌기 메이지明治시대부터 다이쇼大正시대까지 활약한 문호 나쓰메 소세키는 〈나는 고양이로소이다〉에서 '강자에게 붙어라' 정신으로 서양인에 줏대 없이 끌려다니는 일본인을 엄하게 꾸짖는다. 소세키가 살던 시대는 일본이 서양 열강을 따라잡기 위해 정치에서 문화에 이르기까지 뭐든지 따라하며, 서양의 문물을 배우고 흉내 내며 받아들이던 시기였다. 소세키는 흉내에 정신이 없는 일본인에 대해 부끄러움과 한심함을 느꼈는지도 모르겠다.

8월 15일은 '패전'이 아니라 '종전'이다?

한국의 8월 15일은 일제 강점 지배로부터 해방된 광복절이며 국경일이다. 말 그대로 일제의 식민 통치로부터 해방된 날이며, 대한민국이라는 이름 아래 자주적인 삶을 되찾은 뜻깊은 날이다. 반면 일본은 전쟁에서 패하고 연합국의 통치를 받게 되는 패전국의 입장으로 이날을 맞는다. 따라서 역사적 사실로 볼 때, 일본의 8월 15일은 '패전일'이 되는 것이다.

그러나 일본에서는 '패전일'이라는 용어를 사용하지 않는다. 정식 명칭으로는 '종전 기념일'이다. 전쟁이 끝난 걸 기념하는 날이라는 의미이다. 물론 전쟁이 끝난 것은 분명한 팩트이니 그 표현 자체가 잘못된 것은 아니다. 따라서 '전쟁이 끝난 것'은 사실이며, 그것을 종전이라 표현하는 것 자체를 틀렸다고만 할 수도 없다.

그러나 전쟁뿐만 아니라 모든 일에는 끝과 종료가 있으면 반드시 시작과 개시가 있으며 원인과 과정과 결과가 있는 법이다. 하지만 종전이라는 표현은 전쟁의 종료를 강조하는 말이지 전쟁의 원인이나 과정을 주 대상으로 하지 않는다. 따라서 전쟁 시작과 전쟁 수행 과정에 대한 프로세스가 생략되거나 축소되어 상대적으로 관심의 영역에서 벗어날 수 있다. 여기에 패전이라는 용어를 피하고 종전이라는 용어를 선택하는 의도가 엿보인다고 하면 과민 반응일까?

일본에 살다 보면 매년 8월을 맞는 기분이 묘해진다. 8월 6일과 9일을 맞아 히로시마와 나가사키의 원폭 피해에 대한 위령제가 열리고, TV에서는 원자폭탄의 참상과 잔혹성을 다룬 특집 방송이 방영된다. 태평양 전쟁과 일본 대공습의 피해와 참상 등 전쟁에 관련된 특집 방송이 매년 반복된다. 앞에서도 언급한 종전 기념일을 맞아 역사를 기억하고 잊지 않으며, 다시는 이런 잔혹한 폭력이 있어서는 안 된다는 의도의 방송일 것이다.

그러나 늘 이런 특집 방송과 다큐멘타리를 보면서 느끼는 건 전쟁의 피해자로서의 참상은 지극히 잘 전달이 되지만, 정작 일본이 전쟁의 가해자였다는 시점은 찾아보기 힘들다. 매년 그 전쟁을 기억하고 잊지 않기 위해서 특집 방송을 편성할 때는 일본이 그 전쟁의 피해자이기도 하지만, 동시에 가해자이기도 했다는 인식에서 출발해야 하는 것이 아닌가 하는 의문이 든다.

전쟁에서 패배하였음은 자명한 사실임에도 패전이라든가 패배했다 라는 말이 아닌 '종전'과 '끝났다'라는 용어를 선택함으로써 전쟁을 일으키고 수행한 책임과 전쟁의 가해자라는 의식이 희석되는 것이 아니던가?

나의 이와 같은 회의적 시각에 대해 당시 일본 국민이 패전을 종전이라 부른 것은 "단순히 '패전'이란 말이 싫다는 이유만이 아니라, '일억 총 병사'가 되어 '일억옥쇄'될 때까지 싸워야 하는 총동원 체제가 싹 사라졌다는 안도감이 있었으며, 이제 더는 싸우지 않아도 된다, 전쟁은 끝났다 라고 안심하는 마음과 '종전'이라는 말이 딱 들어맞는 국민적 실감이 있었다"*라고 하는 견해가 있다.

마찬가지로 종전이라고 하는 것은 단지 태평양 전쟁이 끝났다는 것이 아니고, 일본은 1945년 8월 15일부로 두 번 다시 전쟁을 하지 않을 것이니까 일본의 전쟁이 끝났다 라는 의미로 '종전'이라 부르고 있는 것이며, 그런 의미에서 '패전'이라는 표현보다 훨씬 더 무거운 의미가 있다고 하는 주장도 있지만, 이는 궤변에 지나지 않는다 생각한다.

또한 "패전하고 나서 한동안 대부분의 일본인에게는 대동아 전쟁을 되돌아볼 여유가 없었다. 적어도 전장이 되지 않았던 본토 사람들에게는 태풍이 지나간 것처럼 대전쟁이 끝났다. 더하여 정부가 굴욕적인 뉘앙스의 패전이 아닌 스스로 전쟁을 마무리한 것 같은 종전이란 말을 처음부터 사용한 것이

---

* 반도 가즈토시半藤一利, 《역사와 전쟁歷史と戰爭》, 겐토사幻冬舍, 2018년, 136쪽.

어떤 의미에서는 사고 정지 상태를 초래했다. 일본의 패전은 패배라는 사실을 외면하는 과정이 아니었는가? 라고 비판을 받는 이유이다"* 라는 분석이 있다.

이렇듯 일본 스스로도 왜 패전이 아닌 종전인지 명쾌한 대답을 내놓지 못한다. 그런 일본 특유의 애매모호한 상태로 전후 80주년을 맞는다. 내년에도 8월이 되면 어김없이 전쟁의 피해자로서의 일본의 모습이 강조될 것이다. 가해자로서의 일본은 머나먼 과거의 기억으로 물러나게 된다.

이런 상태로 침략전쟁의 사실史實은 풍화되어 가고, 책임 있는 자리에 있는 리더 그 누구도 '침략전쟁'이라는 말을 입에 담지 않게 된다. 이제는 그 비인도적이고 처참한 전쟁으로 인해 일본이 미군에 의한 대공습과 원폭 피해를 입었다는 피해자의 상흔만이 기억될 것이다. 역사는 단순한 과거의 기록이 아니라, 현재를 살아가는 우리에게 지혜를 제공하는 소중한 자산이다. 우리는 역사를 통해 지금을 응시하며, 미래를 보다 잘 살아가기 위한 지혜와 교훈을 얻을 수 있어야 한다.

역사를 잊어서도 축소와 미화해서도 안 되는 이유

앞에서도 얘기했듯이 일본은 올해 '패전' 80주년을 맞는다. 물론 한국은 광복 80주년이 된다. 역사를 되돌아보면 인

---

* 하다노 스미오波多野澄雄, 《일본의 역사 문제日本の歷史問題》, 주코사中公社, 2022년, 3쪽.

간의 절제되지 않은 욕망과 권력이 폭주하고 그에 대한 사회적 제어기능이 작동되지 않을 때, 전쟁과 폭력에 의해 얼마나 많은 비극과 참상을 만들어내는지 동서고금의 사례가 보여주었다. 여기에는 우리 모두의 공감대가 형성되어 있다.

그러나 자신이 과거 침략국 또는 지배자였던 입장과, 반대로 침략과 지배를 받았던 피지배자 입장에서 받아들이는 과거는 다른 것 같다. 더구나 당시를 경험하고 살았던 세대가 사라지고 나면 양자 입장의 괴리는 더욱 두드러지게 된다. 나는 과거 한반도를 강점 지배·통치했던 일본에서 오랜 기간을 생활하고 있다. 그런 환경에서 매년 패전과 광복이라는 두 역사적 사실史実을 놓고 8월을 맞는 심정이 복잡해진다.

물론 나 자신은 식민 통치기를 경험한 세대가 아니며, 내 가족 중에서도 이제 그 시대를 살아온 사람은 아무도 없다. 즉 이젠 과거의 역사가 되었다고 할 수 있다. 그러나 그런 과거의 사실史実들은 교육과 학습을 통하여 계승되며 기억되고 있다. 반면, 가해자였던 나라에서는 그런 과거는 잊고 싶고 또는 죄과를 조금이라도 축소하고 미화하고자 하는 반동이 계속 이어지며 점점 그 수위를 높혀간다.

예를 들어 아베 정권은 전전의 일본의 죄과에 대한 반성을 다루는 교육을 '자학사관'이라 비난하며, 보다 국가에 대한 긍정적이고 자신감을 갖게 하는 역사 교육이 필요하다며 애국심을 고취시키기 위한 교육 정책 방향을 개편하기도 했다. 이 '역사 수정주의'는 여전히 기능하며 숨쉬고 있다. 이런 현상은 비단 역사적 사실에 대해서만 한정된 현상이 아니고 약자에 대한 배제와 차별이라는 또 다른 형태를 띠고 모습을 드러낸다.

2025년 7월 20일에 실시된 일본 참의원 선거는 여당 자민당의 참패로 막을 내렸지만 여느 때보다 뜨거운 선거이기도 했다. 가장 핫한 이슈는 '일본인 퍼스트'를 내세우며 '일본인을 위한 정치'를 하겠다고 공언하고, 외국인 배제와 차별을 공론의 장에서 노골적으로 외치는 신생정당이 주권자의 큰 지지를 받아 대약진하는 결과를 낳았다는 것이다(참정당).

일본과 일본 사회가 향하는 곳은 어디인지 앞으로 어떤 사회가 전개될지 희망보다는 불안이, 기대보다는 우려가 앞선다. 과거의 역사를 직시하지 않고 반성하지 않는 사회와 밝은 미래는 공존하기 어려울 것이다.

그런 의미에서 "물론 전후 80주년을 맞는 현재 당시를 살지 않은 후세들에게 책임은 없다는 주장이 있다. 그러나 국가는 연속성을 가진 존재로서 별개이며, 전후 태어난 국민에게도 일정한 의무가 발생한다. 식민지 지배에 대한 사과나 보상을 국가가 충분히 하고 있지 않은 경우에는 제대로 실시하도록 정부에 요구하는 의무가 발생한다", 만일 "식민지 지배를 지지하고 있던 '부정의不正義의 구조'가 청산되지 않고 지금도 계속 살아 있는 경우에는, 우리가 시정하기 위해 적극적으로 움직이지 않는 한, 그 구조가 사회 속에서 계속 재생산된다. 그중에서도 주목해야 할 부정의는 차별과 배제이다"라는 영국 역사학자의 인터뷰*는 시사하는 바가 크다.

---

* 2025년 7월 8일 〈아사히 신문〉 온라인 https://digital.asahi.com/articles/AST771PC0T77UPQJ00JM.html?pn=11&unlock=1continuehere

일본이 타산지석으로 삼는 한국의 실패한 정책

얼마 전 일본 NHK 방송의 시사평론 프로그램 '시론·공론'에서 흥미로운 주제를 다루었다. 이 방송은 10분 정도의 분량으로 각종 흥미로운 주제에 대한 콤팩트한 내용을 논설위원이 각종 자료와 데이터 등을 토대로 원인과 과정 등을 소개한다. 이날 테마는 '한국의 저출산 대책은 왜 실패했는가?'였다.

당연히 한국에 대한 테마이니 관심을 갖고 시청했다. 만일 이 방송이 NHK가 아닌 민영방송이었다면 시청을 하지 않았을 것이다. 이유는 앞의 일본 미디어의 혐한 방송 편에서 밝힌 대로다. 10분이라는 한정된 시간 속에서 한국의 장래를 좌우할 중요 테마인 저출산 대책을 전부 논하는 건 애초 불가능한 일이겠지만, 나름 원인과 과정을 알차게 구성한 내용이었다. 방송에서 소개된 내용을 요약하여 소개하면 다음과 같다.

한국 저출산 현상과 요인

한국의 출생율은 1970년대의 4.53에서 2022년에는 0.78명을 기록했다. 이는 7년 연속 하락하는 가운데 최저치를 경신한 수치다. OECD 국가가 한결같이 저출산 문제를 안고 있지만, 출생률 1.0명이 무너진 것은 한국이 유일하며 일본도 저출산 문제가 심각한 나라이지만 그래도 한국보다는 조금 나아 현재 1.2명 정도를 유지하고 있다.

저출산 진행 과정을 보면 과거 한국의 1980년대에는 1~14세의 어린이가 34%를 차지하고 있었는데, 계속 하락하여 10%

대로 내려갔으며 향후 2050년에는 8.9%로 될 전망이다. 반면에 저출산과 함께 노령화가 급속도로 진행되고 있어 과거 80년대 3.8%에 불과했던 65세 이상 인구는 급증하고 있으며, 2050년에는 39.8를 차지할 것으로 예측된다. 이쯤되면 한국은 어린아이는 찾아보기 힘든 늙은 나라가 되는 형국이다.

그럼 이런 급속한 저출산 현상을 만드는 요인이 무엇인가 하면, 우선 가장 큰 문제로 결혼을 하지 않는 비율이 증가하고 있다는 사실이다. 1980년대에는 한 해 약 40만 건의 혼인이 이루어졌으나 점차 줄어 2021년에는 그 절반 이하로 혼인 건수가 줄어들었다.

결혼을 하지 않아 애를 낳을 일도 없을 것이니 당연한 결과일지도 모르겠다. 혼인 적령기라 할 수 있는 30대의 비혼인 비율을 보면 1990년에 남자 9.5%, 여자 4.1%였던 것이 2020년에는 남자 50.8%, 여자 33.6%를 나타내고 있다. 30대 남자 절반은 결혼을 하지 않고 있으며, 여자도 10명 중 약 4명은 결혼을 하지 않는다는 수치가 된다.

그럼 이토록 비혼율이 급증하게 된 이유는 무엇인가를 생각해 봐야 하는데, 우선 서울의 집값 폭등이 하나의 원인으로 생각된다. 결혼 5년 이내의 신혼 가정을 대상으로 조사한 바에 의하면, 주택을 보유하고 있는 비율은 37.2% 이고, 아이의 비율은 0.62명으로 한 명이 안 된다. 마이홈도 마련하기 힘들지만 아이도 낳지 않는다는 사실을 통계가 나타낸다.

두 번째로는 너무 부담스런 교육비를 들고 있다. 한국은 어려서부터 각종 학원을 비롯하여 사교육에 쏟아붓는 비용이 만만치 않으며, 경쟁에서 이기는 자녀로 키우기 위해서는 막대한 교육비를 지출해야 하는데 이런 점들이 젊은 세대에게 는 큰 부담으로 다가온다는 점이다.

물론 한국 사회도 이런 저출산 문제를 수수방관하고 있는 것은 아니다. 롯데 같은 기업에서는 남성에게도 1개월 이상 육아 휴가를 의무화하는 등의 변화를 보이고 있으며, 한국 정부도 노무현 정부 때부터 이런 저출산 문제를 두고 진지하게 대책을 강구하며 막대한 예산을 투입해 왔다.

노무현, 이명박, 박근혜, 문재인, 그리고 지금의 정권도 각각 저출산 현상을 맞아 대책을 강구하고 예산을 투입하고 있다. 노무현 정권 때부터 지금까지 이런 저출산 대책에 쏟아부은 예산이 대략 280조원에 달한다. 그러나 이렇게 막대한 돈을 쏟아부었지만, 출생율은 점점 낮아져 1.0의 벽을 깨더니 결국은 0.8의 벽도 붕괴되었으니, 결국 막대한 예산을 투자한 정책은 실패하였다고 보는 것이 타당할 것이다.

그러면 이토록 막대한 자금을 쏟아붓고도 저출산 대책이 효과를 보지 못하는 이유는 무엇인가. 방송에서는 일본어로 번역되어 히트를 친 '82년생 김지영'이란 책을 소개하면서 한국 사회의 여성에 대한 사회적 역할과 관습이 발목을 잡고 있다고 소개한다.

즉 한국 여성의 결혼과 출산에 대한 의식을 살펴보면, '혼인이 부담스럽다'가 64%, '아이가 있으면 취업이나 커리어에 제약을 받는다'가 77.2%로 나타났다. 결혼 자체가 부담스러운데다 자신의 취업이나 커리어에 막대한 영향을 끼친다 생각하는 여성이 압도적으로 많다는 점이다.

그 결과 근래 한국 사회에서 젊은 세대에서 나타나고 있는 현상의 하나로 '3포 세대(연애, 결혼, 출산을 포기)'를 넘어 '5포 세대(3포에 취업과 내집)'가 사회현상으로 나타나고 있음을 지적한다. 이렇듯 경제적 효율이나 노동 우선이라는 오랜 가치관이 자리잡고 있는 한국 사회에서 그런 구습이 변하지 않는 한 자신의 미래에 희망을 갖지 못하고 불안을 느끼지 않을 수 없는데, 이런 현상을 바꾸지 않는 한 저출산에 근본적인 해결책은 되지 않을 것이라 매듭을 짓는다.

그러면서 논설위원은 방송 마무리 멘트로 한국의 이런 저출산 대책이 실패한 원인을 일본은 잘 살펴보면서 일본 저출산 대책의 타산지석으로 삼아야 한다며 방송을 맺는다.

다 맞는 말이고 더할 말은 있지만 뺄 말은 없었다. 다만 내게는 방송 말미의 일본 사회가 한국의 저출산 대책 실패를 '타산지석'으로 삼아야 한다는 논설위원의 마무리 멘트가 계속 귀에 맴돌았다.

한국이 경제성장을 이루는 과정에서 일본을 모델로 한 것이 떠올랐기 때문이다. 일본의 성공한 케이스는 벤치마킹하기도 하고, 실패한 것은 타산지석으로 삼은 것이 작금의 한국의 발전과 성장에 일정 정도 기여해 왔다고 생각한다.

그랬던 한일 관계였는데 이젠 한국의 실패한 정책을 일본이 타산지석으로 삼자는 말이 공영방송에서 나오는 걸 보면서 한일 관계의 위상 내지는 입장에 적지 않은 변화가 있음을 감지했다. 내가 유학을 시작한 1990년대에 비하면 격세지감이라 하지 않을 수 없다.

참고로 지금 쓰고 있는 이 책이 바로 이런 90년대 이후의 한일의 위상과 관계 변화에 주목하며 일본의 실패한 부분을 한국이 타산지석으로 삼았으면 하면서 쓰고 있는데, 언젠가 입장이 뒤바뀌어 일본에서 한국의 실패를 거울 삼자는 책이 나오는 건 아닌지 묘한 기분이다.

왜 나는 굳이 책임 있는 위치를 의식했는가

나는 도쿄에 인접한 지바현에 있는 사립대학 법학부 교수로 근무하고 있다. 직위는 법학부장으로 학부생 수 1,000~1,200명이 되는 학생과 교수 약 80명(시간 강사 포함)으로 구성된 학부를 책임지는 보직을 맡고 있다. 학부장은 호선제로 임명되는 학과장과는 달리, 교수들의 직접 투표로 뽑는 선출직이며 임기는 2년이다. 나는 2018년 4월에 첫 학부장 임기를 시작하여, 2025년 11월 현재 4기 8년째 법학부장직을 맡고 있다.

나는 이곳 일본 사회에서는 마이너리티이다. 설령 내가 아무리 뛰어난 능력과 자질이 있다고 하더라도, 일본인 속의 재일 한국인의 한 사람에 불과하며, 마이너리티의 한계를 벗어날 수 없다. 그렇기에 일본 사회의 룰이나 가치관을 존중하며 그 안에 동화되어 살아가는 선택을 하면 직장 및 지역사회와의 불협화음도, 가시적인 차별도 받지 않고 안온하게 살아갈 수 있을 것이다. 실제로 그런 선택을 할 수밖에 없기도 하다.

나는 전임강사로 취직이 되고 나서 얼마간 시간을 보내며 일본 대학사회와 조직의 논리에 대한 관찰을 어느정도 마치고 나름대로 얻은 결론이 있었다. 기본적으로 연공서열과 종신고용제에 의거한 조직 원리 위에 규정과 매뉴얼 지상주의를 모토로 운영되는 조직에서는 적당히 주위와 조화하며 지내는 것이 현명한 처세라는 사실이다.

새로운 개선이나 혁신을 위해 아이디어를 제안하여도 일이 진척되지를 않는다. 그래서 그 과정을 하나하나 더듬어 복기해 보니 조직 구조상 말단의 의견이 최종 결정권자까지 도달하기에는 넘어야 할 산과 절차가 복잡하고 험난하다는 사실을 깨닫게 되었다.

또한 이미 정해진 레일에 따라 승진과 커리어를 쌓아가기 위해서는 가능한 주변과 풍파를 일으켜서도 아니되고, 인사상의 불이익을 당하지 않으려면 조직의 로직에 잘 조화하며 지낼 필요가 있다. 하고 싶은 말이 있어도 참고, 불만이 있어도 드러내지 않으며, 있는 듯 없는 듯 공기와 같은 존재가 되어 조직의 쿠우키(공기)에 맞추어 지내는 것이 필요하다.

그렇게 홍길동같이 숨죽이고 지내며 커리어 정점을 찍기 위해 필요한 실적이나 경력을 쌓기 위한 수도자의 시간을 가졌다. 그렇게 8년의 시간을 기다린 결과, 최단 기간에 정교수로 승진을 하게 되었다. 문제는 그때부터 그동안 하고 싶어도 하지 못했던 말부터 모든 걸 거리낌 없이 쏟아 내기 시작했다는 것이다.

보통 일본인의 상식으로는 흔치 않은 경우일 것이다. 나는 1980년대 군복무를 만기로 마쳤고 대학에서는 비록 운동권 학생은 아니었지만 독재 정권에 맞서 싸우는 학우들을 응원하며 함께 최류탄도 마셔보고 백골단에 쫓기며 삼십육계 줄행랑을 치던 경험을 했던 세대로서, 권력과 권위에 저항하는 반골기질이 남아 있었던 것 같다.

내가 조직의 장이 되고자 결심을 굳히게 된 이유는 조직 논리와 운영 방침은 아무리 문제 제기를 하고 비판을 하여도 바뀌지 않는다는 사실을 깨닫고 나서이다. 따라서 조직을 변화시키는 길은 결국 본인이 결정을 내릴 수 있는 위치에 올라 개혁을 이끌어가는 수밖에 없다는 결론에 도달했다. 그래서 정교수로 승진할 때까지는 때를 기다리며 움츠리면서 최단 기간의 승진을 위해 자신의 연구와 교육에만 집중하였다.

그리고 정교수로 승진이 된 해부터 그동안 후진들을 압박하고 새로운 개혁을 방해하던 저항 세력들과의 논쟁을 벌이며, 소위 '앙시앵 레짐'과 투쟁하는 개혁의 선봉에 서는 역할을 마다하지 않았다. 그런 과정을 통하여 동료들의 신임과 응원을 받게 되면서 자연스레 학부장 선거에서도 압도적 지지로 당선하게 되었으며, 지금까지 학부 운영을 책임지는 역할을 맡고 있다.

왜 개인적인 과거사를 무용담처럼 늘어놓았는가 하면, 나는 지금까지 일본 사회와 조직의 병폐 등에 대한 비판을 많이 해왔지만 비판을 아무리 열심히 하여도 바뀌는 건 아무것도 없다는 사실을 말하기 위함이다. 결국 의사결정에 영향을 미칠 수 있는 포지션에 있는 사람들의 의식 개혁과 결단 그리고 조직 구성원들의 인습에 구속되지 않는 자유로운 사고와 행동이 받쳐주지 않는 한, 조직은 좀처럼 변화하지 않는다.

그동안 학부장 직을 수행하면서 얼마나 많은 변화를 이끌어내고 개선했는가 돌아보면 의문이 들지만, 세상에는 산 넘어 산이 있는 것을 미처 깨닫지 못했었다. 물론 지금까지 학부의 새로운 시도를 통해 많은 것들을 변화시키고 개선해 왔지만, 최종적으로는 또 다른 큰 벽이 있음에 포기하고 단념해 버리는 경우도 있다.

그래서 요즘 고민의 시간을 보내고 있다. 과연 또 한 스텝 위를 보고 도전을 해봐야 하는 건지, 아님 이제 60줄로 들어선 자신의 인생을 위해 보직이나 직위 따위 다 내려놓고 평교수로 돌아가 연구와 교육에만 집중하며 조금은 여유로운 교수 생활을 하다 정년을 맞아야 할지를 두고 말이다.

글을 마무리하며

지금까지 헤이세이 30년과 현재에 이르기까지 일본이 정체하고 있는 이유를 다양한 관점에서 살펴보았다. 전공 분야인 정치와 행정에 관해서는 많은 지면을 할애하여 비교적 촘촘하게 검토해 보았지만, 전공 외 분야인 경제, 산업, 사회, 교육, 문화·예술, 역사 등에서는 다소 중구난방식의 체계적이지 못한 구성이 된 건 아닌지 우려스럽다.

본문에서는 일본인 전문가의 견해 등을 많이 소개하였는데 이는 본인의 부족한 지력을 보충하고자 하는 의도도 있었지만, 그보다는 내가 주장하는 현상의 해설과 논리가 결코 개인의 뇌피셜 내지는 감정론에 의한 망론妄論이 아님을 일본인 전문가들의 주장을 빌어 증명하고자 하는 의도이기도 하다. 아울러 중간중간 나와 가족의 경험담 등을 매개로 하여 글을 이어가는 경우가 있었던 점을 돌이켜 보면, 이 책은 오롯이 학술 서적이라기 보다는, 나의 30여 년에 걸친 일본 생활을 통해 체득하고 터득한 경험과 지식을 바탕으로 한 르포이며, 에세이라고도 할 수 있다.

책의 본래 취지가 일본의 헤이세이 30년에 걸친 정체의 원인이 무엇이었는가를 규명하고 파헤치는 것이었기에, 당연히 일본이라는 나라와 사회, 일본인들이 갖고 있는 모순과 문제

490

점에 대한 지적과 비판이 주가 될 수밖에 없다. 물론 책의 내용에 대한 독자들의 비판은 모두 내가 감당해야 할 부분이다. 그렇지만 이 책의 내용은 일본 사회와 일본인에 대한 개인의 르상티망에 의한 감정의 배설이 아닌, 학자의 양심으로 한 땀 한 땀 써서 모은 총화이다. 단편적이고 파편적인 일본 정보를 단순히 배열화하는 것이 아니라, 나의 삶 속에 투영되고 여과되는 내면화 과정을 거친 후 활자화된 글임을 강조하고 싶다.

지금까지는 헤이세이 30년과 현재까지를 통틀어 문제점과 과제 등을 파헤쳐 왔는데, 그럼 '앞으로 일본은 어떻게 될 것인가?'라고 하는 전망에 대해서도 부족하지만 지력을 총동원하여 그려보는 것으로 책을 맺으려고 한다.

우선 현재 한 치 앞을 내다보기 어려운 상황에 놓인 일본 정치가 어떻게 전개될지 전망해 보고자 한다. 그리고 일본 사회가 정체로부터 탈출할 수 있는지, 탈출을 하고자 한다면 어떤 점의 개선이 필요한지를 제안하면서 마무리하고자 한다.

미래 일본 정치의 시나리오

자민당 정치의 한계와 다카이치 사나에

2025년 7월 20일에 실시된 참의원 선거에서 당시 이시바 수상이 이끄는 자민당이 의석수를 잃으며, 연립정권 파트너인 공명당(당시)과 의석수를 합하여도 과반수에 미치지 못하는 패배를 당했다. 이는 2024년 10월의 중의원 선거와 2025년 6월의 도쿄 도의회 선거 패배에 이은 3연속 패배로, 야구로 치면 연속 스트라이크 삼진 아웃을 당한 셈이다. 이로써 1955년 자민당 창당 이래 중의원과 참의원 양원에서 집권 여당이 과반수를 차지하지 못하는 완벽한 여소야대의 구도가 되었다. 국회 의석수에 정치력의 연원을 두고 있는 의원내각제에서 양원 모두 여소야대라는 상황은 매우 치명적이다.

이시바 수상이 취임 1년도 지나지 않은 상태에서 선거 3연패라는 성적표를 받았기에, 작금의 자민당 쇠퇴의 책임이 마치 이시바 개인의 책임인양, 자민당 내에서는 이시바 퇴진론이 들끓었다. 그러나 그전의 기시다 총리 시절의 선거(2021년 10월 중의원, 2022년 7월 참의원, 2023년 4월통일지방선거)에서도 모두 패했다는 사실을 간과해서는 안 된다. 다만 2022년 7월 10일에 실시된 참의원 선거는 기시다 정권의 지지율 하락 등으로 애초 패배가 예상되었던 선거였지만, 아베 전 수상의 갑작스런 피살로 인해 그 성격이 '추모 선거'가 되어 자민당이 8석을 늘렸다. 그러나 아베의 피살만 없었다면 패배가 분명한 선거였다. 또한 그전의 스가 총리도 재임 중 실시된 2021년 4월의 중·참 보궐선거에서 전부 패하였다.

자민당이 아베 이후 선거에서 연전연패하고 있는 것이다. 지난 이시바 정권의 선거 3연패는 결국 수상 개인의 책임이라기보다는 자민당 정치의 근원적인 문제를 드러내는 결과이다. 자민당이 근래 선거에서 연전연패하면서 60년 이상 이어오던 집권 여당의 위치가 매우 위태로워졌다. 자민당 연패의 최대 원인을 몇 가지로 정리해 보면 다음과 같다.

첫째로 자민당 정치의 부패와 신뢰 상실이다. 기시다 정권 때 불거진 정치 비자금 문제, 특히 아베파의 검은돈에 관한 설명책임accountability이 이루어지지 않았다. 처분도 솜방망이 식이어서 국민들의 분노와 실망이 커졌다. 거기에 더해 아베 전 수상의 피살 원인이 되기도 한 자민당과 특정 종교와의 유착 구조에 대한 해명 또한 유야무야한 상태로 매듭지은 것이 유권자의 신뢰를 잃게 했다.

두 번째로는 정책 결정 프로세스가 불투명했다. 예를 들어 마이넘버 카드 문제, 방위비 증액, 원전 재가동 등의 중요 정책을 실시하면서 국민에게 제대로 된 설명도 없이 일방적으로 강행하는 통치 스타일이 반감을 샀다. 즉 정치의 설명책임과 투명성이 결여된 것이다.

세 번째로는 이권 구조와 세습 정치에 대한 비판을 들 수 있다. 형식적으로는 파벌이 해체되어 파벌정치가 해소된 듯이 보이지만, 실상은 여전히 파벌정치가 기능하고 있음을 본문에서도 확인한 바 있다. 아울러 자민당 국회의원의 3할 이상이 세습의원이며, 거물 정치가 대부분 또한 세습의원으로 여전히 자민당 정치는 '얼굴'과 '백그라운드'라는 구태 정치를 탈피하지 못하고 있다. 능력보다도 여전히 '지반·간판·가방'이 중시되고 있는 것이다. 당내는 파벌정치로 인해 정책보다는 권력투쟁이 우선시되는 구조가 여전히 횡행하고 있다.

네 번째로는 고령화한 지도층과 현실과의 괴리를 들 수 있다. 자민당을 이끄는 리더들은 대부분 고령자들로 40~50대 이하 세대와의 가치관의 갭을 극복하지 못하고 있다. 구체적으로는 자민당 정치의 미래 비전을 보여주지 못하고 있으며, 10대부터 40대까지의 젊은 층과 교감 능력이 떨어진다. 또한 SNS나 유튜브 등을 활용하지도 못하고 있다. 이는 10대부터

40대까지 유권자의 자민당 지지가 상대적으로 적고, 50대 이상부터 지지율이 높아지는 것에서 단적으로 드러난다.

무엇보다도 중요한 원인은 잃어버린 30년으로 회자되는 장기 침체에서 좀처럼 탈출하지 못하고 있다는 것이다. 엔저와 소비자물가 상승을 임금 상승이 따라가지 못하는 현실에서 유권자의 자민당 정치에 대한 기대가 실망과 분노로 바뀌었으며, 이제 인내가 임계점에 달했다. 즉 자민당 정치가 전후 복구와 고도 경제성장과 부흥을 이끌어온 공로로 버블 경기가 붕괴된 이후 지속된 경기 침체에도 '구관이 명관'이라는 식으로 선택을 받아왔다. 그러나 코로나19를 계기로 일본 정치와 행정의 무능과 무책임이 드러나고 일본 사회의 희망이 없다는 폐색감이 더욱 짙어지면서 반자민당 표가 늘어나게 된다.

그렇게 60년 이상을 장기 집권해 오던 자민당의 영구 집권 체제가 드디어 붕괴될 조짐이 보이면서 자민당 정치에 식상해 있던 국민들에게 한줄기 희망의 빛으로 다가온 것이 다카이치 사나에였다. 다카이치는 자민당 총재가 되기 전부터 넷우익을 중심으로 한 인터넷 공간에서 엄청난 인기를 구가했다. 이렇듯 인터넷 공간을 비롯한 비교적 젊은 층의 높은 지지율에 고무된 다카이치 총리는 갑작스런 해산 총선거를 통하여 중의원 의석을 일거에 단독 2/3 이상을 차지하는 역사적 대승을 거둠으로써 정치적 기반을 견고히 다지게 되었다.

다카이치가 앞서 자민당 정치의 문제로 지적했던 세습 정치에 대한 비판과 지도층의 고령화로 인한 젊은 세대와의 교감 부족, 디지털 시대에 뒤처진 정당이라는 이미지를 극복하면서 대승을 이끌어냈음은 아무리 강조해도 지나지치 않다. 다카이치가 지금까지의 수상들과는 다른 비세습 정치인으로 여성이라는 핸디캡을 극복하고 입신출세한 수상이라는 이미지를 부각한 것이 주요했다. 유튜브와 쇼츠 영상, SNS 등의 디지털 시대의 유용한 수단을 최대한 활용해 밝고 강력하며 긍정적인 이미지를 확대하며 기존 자민당의 구태의연한 이미지를 불식시키는 전략이 큰 효과를 보았다.

앞으로 전개될 일본 정치

정치를 논할 때 빈번히 인용되는 격언 중에 토크빌의 "모든 민주주의 국가에서 사람들은 그들 수준에 맞는 정부를 갖는다In every democracy, the people get the government they deserve"는 말이 있다. 이 말이 갖는 의의에 일본 정치를 대입하면서 살펴보기로 한다.

1955년 이후 지금까지 일본 국민들은 자민당 정치를 평가하고 지지해 왔다. 비록 지지율이 전 유권자의 20~30% 정도밖에 안 되는 자민당이지만, 지금까지 60년 이상 집권당의 위치를 고수해 온 것도 결국은 국민의 지지이든 무관심이든 일본 국민들의 선택의 결과인 것이다. 그런 자민당의 위치가 최근 크게 흔들리고 있었다. 그런데 2025년 10월 다카이치 정권이 출범하면서 분위기와 상황이 크게 바뀌었다. 다카이치 수상의 높은 지지율이 바탕이 되어 자민당이 기사회생하게 된 것이다. 본문에서도 살펴본 2026년 2월의 해산 총선거의 결과는 자민당 창당 이래 최고의 성적을 거둔 역사적 승리였다.

이번 선거를 통해 자민당이 단독으로 중의원의 2/3 의석을 확보하였으므로 다카이치 1강 체제가 시작된다. 참의원에서 부결된 안건도 중의원에서 재가결하면 성립이 가능하다. 헌법 개정을 위한 발의와 찬성도 가능하게 되었다. 다만 양원의 한 축인 참의원에서는 여전히 자민당과 일본유신회 연립정권이 과반수를 차지하지 못하고 있다. 따라서 참의원의 역할과 비중이 증가하게 될 것이다. 자민당 독주에 브레이크를 걸 수 있는 유일한 수단이 참의원밖에 없기 때문이다. 그런 의미에서 다카이치 자민당은 연립 파트너인 일본유신회 외에도 국민민주당 같은 보수 정당에 호의적인 스탠스를 취하며 연정을 꾀할 수도 있을 것이다. 그래야 참의원에서도 어떻게든 과반수를 확보할 수 있고, 이는 향후 정국을 풀어나가는데 유리하고 효과적이기 때문이다.

또한 다카이치 자신도 이렇게까지 엄청나게 큰 차이로 이기리라고는 미처 예상하지 못했을 것이다. 자민당이 압도적 의석을 차지한 것 자체는 정치생명을 건 도박에서 대박을 터트린 결과였기에 앞으로 총재로서의 당내 영향력이 크게 상승할 것이다. 이제는 당내의 온건 보수파를 비롯한 다카이치의 노선과 결을 같이하지 않는 세력들의 견제와 비토를 적절히 컨트롤하며 당내 결속을 다져가야 하는 과제가 남아 있다.

본문에서도 검토했지만, 자민당은 따지고 보면 연립정당과도 같은 구도이다. 더구나 단독 316석이라는 역대 최대의 의석을 차지한 만큼 다양한 스펙트럼을 갖는 정치인들의 집합체가 되었다. 자민당은 일본 사회 기득권층을 대표하는 집단이다. 다카이치 총리가 여성의 몸으로 입신출세한 비세습 정치가인데다, 업무 스타일은 정시에 퇴근하고 회식도 하지 않으며, 네마와시(사전 조정)도 싫어하는 정치인이라고 한다. 이런 점들이 기존 자민당 정치에 식상한 유권자들에게는 신선하게 느껴지며 구태를 혁파하고 새로운 정치를 펼칠 것이라는 기대감을 심어주는 듯하다. 그런 유권자들의 기대에 과연 얼마만큼 부응할 수 있을까? 다양한 기득권 대표 집단인 자민당 내에서 다카이치 총재의 리더십과 능력이 발휘될 수 있을지 주목된다.

아무튼 중의원에서 단독으로 2/3 이상을 차지했다는 사실 자체만으로도 다카이치 정권의 장기 집권을 위한 토대가 구축되었다. 2028년 여름의 참의원 선거까지는 이제 선거도 없다. 거칠 것이 없다. 따라서 국정 운영에 탄력을 받을 것이다. 다카이치의 색깔을 드러내는 정책을 거침없이 추진할 수 있을 것이다. 헌법 개정도 염두에 두고 참의원에서는 개헌에 호의적인 야당 세력과의 연대도 모색할 것이다. 국내의 산적한 문제들을 앞으로 어떻게 해결해 나가는지 두고 볼 일이다.

대내적으로는 계속해서 지지층을 확보하기 위해 내셔널리즘을 자극하는 기존의 포퓰리즘 정치 노선을 유지할 것이다. 대외적으로는 대만 문제를 둘러싼 중국과의 마찰이 당분간 이어질 것으로 보인다. 치킨게임의 양상으로 이어질 가능성이 크다. 다만 한국과의 관계에서는 총리가 되기 전처럼 강경한 자세를 취하기 어려울 것이다. 중국과 대립하고 있는 와중에 한국마저도 사이가 틀어지게 되면, 동북아시아에서 일본은 고립될 가능성이 있다. 그런 의미에서도 대한국 정책은 당분간 우호적인 기조를 유지할 것으로 생각된다.

문제는 다카이치 정권이 이제 출범한 지 이제 4개월이 지나고 있다는 점이다. 즉, 아직 아무것도 보여준 것도 성과를 낸 것도 없다. 이제부터가 시작인 셈인데, 중의원 독식이라는 혜택받은 환경에서 시작하는 것이니만큼 자신의 정책을 막힘없이 펴나갈 수 있을 것이다. 장기 집권을 위한 플랜이 가동될 것이다. 그러나 그만큼 부담도 커졌다. 다카이치는 국회를 해산하면서 "소수 여당이라 일을 하고 싶어도 못 한다"고 하소연하며 지지를 확대했다. 그러나 이제 이런 변명은 통하지 않는다. 압도적인 의석수를 차지했다는 것은 자신의 의지대로 정책을 실현해 갈 수 있는 무대의 막이 올랐음을 의미한다. 이런 최고의 환경에서 가시적인 성과를 내지 못한다면 그에 따른 책임도 매우 클 수밖에 없다.

자민당의 기사회생과 야당의 지리멸렬이 의미하는 것

2026년 총선의 결과를 보면 자민당 대승, 보수 일본유신회와 국민민주당의 선방, 극우 참정당의 약진, 총선 첫 데뷔인 팀 미래의 약진이 돋보였다. 한편 자민당에 맞서기 위해 당시 최대 야당이었던 입헌민주당과 공명당이 합당하여 새로 창당한 중도개혁연합이 118석을 잃는 대참패를 기록하며 풍비박산이 났다. 또한 진보세력 공산당과 레이와 신센구미도 의석수의 절반을 잃는 패배를 감수해야 했다. 이는 자민당 일당 독주 구도를 확고히 하는 결과임과 동시에 리버럴을 표방하는 야당의 궤멸을 의미한다. 동시에 2025년 여름의 참의원 선거와 마찬가지로 극우정당 참정당이 중·참 양원에서 두 자릿수 의석을 차지하며 존재감을 드높이게 되었다.

자민당이 여전히 변함없는 국민적 지지를 받아서 대승을 한 것이라기보다는 다카이치 사나에라는 개인 정치가의 인기와 기대에 편승하여 자민당이 승리한 것에 불과하다. 다카이치는 여자 아베로 불리울 정도로 자민당 내에서는 우익 성향이 두드러진 정치가였다. 여기에 극우정당 참정당의 약진에서 보이듯이 전체적으로 유권자의 표심이 다카이치와 참정당 같은 우익 성향의 정치세력을 지지한 결과이다. 반대로 진보정당의 위치에 있던 공산당과 레이와 신센구미의 패배와 함께 제1야당 중도개혁연합의 참패에서 나타났듯이 소위 진보세력에 대한 냉정한 심판이 내려진 선거였다.

이번 총선은 일본 사회가 우클릭하고 있음이 드러난 선거였으며 자민당은 다시 일당 독주 체제의 확고한 발판을 마련했다. 이제 다카이치 자민당의 독주에 브레이크를 걸 수 있는 야당세력이 존재하지 않는다. 물론 참의원이 자민당과 일본유신회의 연립정권을 합해도 과반수에 모자라는 상태여서 참의원의 역할이 중요하게 되었지만, 참의원에서도 야당과 자민당이 정책에 따라서는 협조와 공조를 통하여 국정을 운영하게 될 것으로 보인다. 예를 들어 헌법 개정을 위해서는 중·참 양원에서 2/3의 동의와 찬성이 필요한데, 참의원에서는 국민민주당이나 참정당 같은 야당도 개헌에 찬성을 하는 입장이므로 연대와 공조가 얼마든지 가능하다.

이처럼 다카이치 자민당의 독주가 예상되는 구조가 되었지만 자민당이 압도적 지지를 얻어 압도적인 의석 수를 차지한 것이 아니라는 점을 확인할 필요가 있다. 소선거구제의 문제점에서도 지적한 바 있듯이, 자민당의 상대 득표율이 49%

에 불과하다는 것은 나머지 50%는 자민당을 지지하지 않는다는 의미이다. 자민당의 비례대표 득표율도 36.7%에 불과하다. 그러나 의석 수는 2/3를 넘는 316석이다. 이런 결과는 선거제도의 모순에서 기인하는 것이지만 그와 함께 다카이치 개인에 대한 기대와 희망에 투표를 한 결과로 해석할 수 있다.

다카이치 수상이 선거를 치르며 '국론을 이분하는 정책'을 적극 추진하겠다고 강조한 것으로 보아 향후 일본 사회의 분열과 갈등을 확대하고 증폭시킬 수 있다. 헌법 개정, 부부 별성 금지, 스파이 방지법, 방위력 증강, 무기 수출 규제완화, 국가 정보국 창설, 일본 국기 훼손죄 제정, 외국인 정책 엄격화 등의 정책을 적극 추진하겠다고 공언하고 있는데, 압도적 의석수로 강경하게 밀어붙이는 경우 반발과 대립으로 사회적 갈등을 조장하고 확대할 수 있다.

그러나 실제로 국민이 가장 바라는 것은 잃어버린 30년의 굴레에서 하루 빨리 탈출하는 것이다. 답답한 폐색감에서 탈출하기 위한 정책이 무엇보다 우선시되어야 하며, 그 결과에 따라 다카이치의 지지율도 변동할 여지가 크다. 국론을 이분하는 우익 성향의 정책 추진보다도 우선은 먹고사니즘의 해결이 급선무이다. 그런 의미에서 다카이치가 주구장창 주장해 온 '책임 있는 적극 재정'의 실체가 과연 일본 서민들의 생활에 어떤 영향을 미칠지에 따라 향후 자민당과 다카이치 정권의 운명이 결정될 것이다.

그렇지만 원칙적으로 2028년 여름까지는 선거도 없으니 당장 다카이치 정권이 끝나는 일도 없을 것이고, 최소한 다음 선거까지는 이어질 것이다. 현재는 야당다운 야당이 존재하지 않고 야권이 소수 야당의 난립으로 지리멸렬한 상태에서 국정이 운영되어야 하는 상황이다. 따라서 다카이치 자민당의 독주가 예상되며 장기 집권을 위한 기반 구축에 한층 힘을 기울이며 권한을 강화해 나갈 것이다.

소비자물가 상승에 따른 민생고의 해결과 같은 직접적인 과제는 물론이고, 앞에서 얘기한 국론을 이분하는 주요 정책도 과감히 추진하려고 할 수 있다. 이는 중의원에서 압도적 다수 의석을 확보한 지금이 다카이치와 자민당을 지지하는 보수 우익 성향의 지지자들이 염원하는 정책을 실현할 절호의 찬스이기에 더욱 현실성을 띠게 된다.

야당이 유명무실한 정치의 과제

당분간 선거가 없고 선거가 실시된다고 하더라도 자민당의 독주를 견재할 만한 거대 야당이 존재하지 않게 된 데다, 소수 야당이 난립하는 구도가 되어 더욱 자민당에게 유리한 형세가 되었다. 지역구 상대 득표율이 49% 정도여도 의석은 80% 이상을 차지하게 되는 기현상이 바로 소수 야당들에 의한 표 갉아먹기의 결과 자민당이 어부지리의 혜택을 톡톡히 누리고 있는 사실을 보여주고 있다. 선거제도의 개선과 야권의 통합이 이루어지지 않는 한 이제 자민당을 대적할 정당은 존재하지 않는다. 즉 자민당이 큰 과오나 중대한 실책을 범하지 않는 이상 당분간 정권교체나 자민당이 또다시 소수 여당으로 전락하는 일은 발생하기 어려운 구도가 되었음을 의미한다.

많은 유권자들이 현실의 답답함을 느끼는 폐색감을 제공

한 것도 다름 아닌 자민당이었지만, 다카이치라는 아이콘이 모든 걸 다 덮어버리는 가공할 위력을 발휘했다. 기시다 정권 때 불거진 정치 비자금 문제로 솜방망이식이기는 했지만, 처분 대상이었던 의원들이 이번 선거에 자민당 공천을 받아 거의 전부 당선을 하였다. 정치인의 정치자금법 위반이나 위법한 행위에 대한 책임 문제 등 모든 게 다 덮혀버렸다. 본문에서도 언급한 바 있지만, 평소 야당에 대해서는 매우 엄중한 잣대를 들이대며 비난을 하던 사람들은 도대체 어디로 사라진 것인가. 일본 사회의 약자에게 강하고 강자에게 약한 모습의 단면을 드러낸 결과 만들어진 구도라 하지 않을 수 없다.

야당이 존재는 하되 여당의 독주를 견제할 수 없는 미약한 존재에 불과한 앞으로의 일본 정국은 여러모로 우려스러운 점이 많다. 여전히 정치적 무관심이 개선되지 않고 있으며, 젊은 층의 정치 참여가 늘어났다고는 하지만 통계로 나타나는 숫자를 보게 되면 여전히 저조하다. 정치에 참여는 하되, 오마카세 민주주의의 형태라고 할 수 있는 '관객 민주주의'의 형태를 띠고 있다. 주권자로서 직접 정치 현장의 플레이어가 되기보다는 관객석에 앉아 상황을 관전하면서 여론의 흐름과 대세에 편승하는 경향이 엿보인다. 따라서 정쟁에서 승리하기 위해서는 여론의 형성과 확대 전파가 중요해지고 커뮤니티, SNS, 유튜브 등을 활용한 이미지 정치가 점점 힘을 발휘할 가능성이 크다. 현실보다 가상의 세계에서 정치를 논하고 평가하는 시대가 막을 열고 있는 것이다.

일본 사회의 최대 과제는 잃어버린 30년으로 대변되는 경제의 정체를 벗어나는 것이다. 버블 붕괴 후 저성장이 30년 이상 이어지고 있으며, 그로 인한 빈부 격차와 장래에 대한 불안이 확대됐다. 이는 저출산·고령화가 동시에 진행되는 가운데 전체 인구 감소와 경제활동인구 감소로 인한 경제의 구조적 제약 요인으로 이어지고 있다. 다카이치 정권이 내걸고 있는 '강하고 풍요로운 일본 열도'가 어떤 정책을 통하여 어떻게 구현되는지 지켜볼 필요가 있다. 지금까지는 정치에 대한 실망과 불신 기조에 함몰되어 변혁을 하고자 하는 의지도 행동도 보이지 않았지만, 다카이치라는 새로운 아이콘을 통해 일본의 변혁을 기대하는 표심이 집결했다. 그 결과가 자민당 단독 2/3 의석 확보이다. 다카이치 정권의 책임이 그 어느 때보다도 엄중하고 무겁다.

다카이치 자민당의 독주 체제가 갖추어지고 야당의 존재가 거의 지워진 현 상황에서 앞으로 다카이치 총리는 강력한 정권 기반을 활용한 정책을 추진해 갈 것이다. 이를 헤겔의 변증법 이론인 '정·반·합正反合, Thesis-Antithesis-Synthesis'에 대입시켜 생각해 보면 향후 일본 정치의 과제가 보인다. 이 이론은 우리가 살고 있는 사회가 정(정립)-반(반박)-합(통합)의 과정을 거치며 발전하고 진보한다고 본다. 이처럼 여야간 또는 보수와 진보의 이념과 정책 등의 대립과 갈등을 통해 더 높은 수준의 통합이 이루어지는 것이 기대된다는 전제하에 현재 일본의 정치 상황을 살펴보자.

우선 다카이치 자민당의 '독주'가 '정Thesis'이라고 할 때, 이에 대한 '반Antithesis'으로서 야당의 견제 역할이 기능해야 하는데, 과연 현재와 같은 군소 야당으로 자민당의 독주를 견제할 수 있을까. 원래 테제와 안티테제의 갈등과 충돌 속에서 더 높은 수준의 사회적 합의인 '합Synthesis'에 도달하여 이를 구현하면서 더 나은 단계로의 지속적인 향상을 기대할 수 있어야 하는데, 안티테제의 역할과 기능이 기대되지 않는 현재의 일본 정치 구도가 우려스럽기만 하다.

일본이 정체를 극복하기 위한 조건

일본이 잃어버린 30년에서 탈출하기 위해서는 단순히 경제의 성장세를 회복하는 것만이 아닌 사회 전체의 구조적 개혁이 필요하다. 과거의 경제 정체나 인구감소, 저출산, 나아가 노동 시장의 경직성, 과도한 규제 등이 산적한 결과 일본은 장기간에 걸친 저성장을 경험했다. 그러나 정체로부터 탈출하는 성공을 거두기 위해서는 몇 가지 요소가 동시에 실현되어야 한다.

우선 이노베이션과 기술혁신을 가속해야 한다. 일본은 전반적으로 뛰어난 연구개발 능력을 갖추고 있음에도, 이를 상업화하기 어려운 문제를 안고 있다. 예를 들면, 일본 기업은 기술혁신에 너무 신중을 기하는 경우가 많아 속도를 내지 못하는 경향이 있다. 이를 타파하기 위해서는 리스크를 자연스레 받아들이고, 실패를 허용하는 문화를 가꾸어나갈 필요가 있다. 일본 사회는 신중하기보다는 과감해져야 한다. 매뉴얼 만능주의의 도그마에서 벗어나야 한다.

앞으로 새로운 성장산업 분야가 될 AI 인공지능이나 로봇 기술, 바이오 테크놀로지, 그린 에너지, 우주 항공, 양자 컴퓨터 등 첨단기술의 추진이 불가결하다. 그를 위한 정부의 지원도 중요하다. 구체적으로는 기술개발에 대한 보조금이나 세제우대 정책, 연구자와 기업의 연계를 지원하는 인프라 정비 등을 통해 새로운 성장산업을 육성하며, 기존 산업의 혁신을 촉진할 필요가 있다.

두 번째로 노동시장의 개혁과 유연성을 향상시켜야 한다. 일본 노동시장의 경직성을 지적하지 않을 수 없다. 종신고용제나 연공서열제도 등 전통적인 고용 관행이 여전히 뿌리 깊으며 젊은이나 여성, 시니어 세대가 노동시장에 참여하기 어렵고, 젊은 세대에 동기부여가 주어지지 않는 근로환경을 개선해야 한다. 장시간 노동의 문제도 있다. 노동자의 워라밸을 확보하여야 하고, 유연한 노동시간 유지와 비정규직의 처우 개선, 육아 휴가와 돌봄 휴가 장려 등을 통하여 유연하고 다양한 근로환경을 만들어가야 한다. 여성의 원활한 사회 진출을 위한 정책도 재정비하고, 남녀평등 사회로 나아가야 할 것이다.

세 번째로 규제완화와 정부 역할의 재정립이 필요하다. 일본의 과도한 규제가 경제 자유도를 제한하여, 특히 신규 사업이나 외국 기업의 진출을 방해하는 요인이 된다. 규제완화를 통한 자유경쟁 시장 체제를 만들어 경제를 활성화시킬 필요가 있다. 규제개혁으로 신산업의 발전을 꾀하여야 하며, 정부는 법제 정비와 공평한 시장 운영을 강화하여 부정행위나 카르텔에 의한 나카누키와 같은 독점 및 착취 방지에 힘을 기울여야 한다. 또한 관료주도의 정책 결정 과정에도 민간의 의견이 다양하게 반영될 수 있는 체제를 만들어야 한다.

넷째로 교육 개혁과 인재 육성이다. 글로벌화와 테크놀로지의 진전에 대응할 수 있는 인재를 육성할 필요가 있다. 특히 디지털 스킬이나 창조적인 문제해결 능력을 갖춘 인재를 육성하는 것이 향후 경쟁력을 지탱하는 기반이 된다. 구체적으로는 STEM(science, technology, engineering and mathematics, 과학, 기술, 공학, 수학)분야의 교육 강화와 영어 교육의 철저는 물론, 비판적 사고력을 함양하는 교육 개혁이 필요하다.

일본의 교육제도는 여전히 주입식 교육방식 요소가 강하다. 이를 개선하기 위해서는 스스로 문제해결능력을 고양하는 실천적 학습을 강화하여야 하며, 조화와 균형을 중시하는 풍조에서 개성과 창의성이 발현될 수 있는 교육 환경으로의 변화가 필요하다. 또한 국제적 시야를 갖춘 인재를 육성하기 위해서는 대학의 국제화를 추진하여, 유학생을 수용하고 해외연수제도를 보다 충실하게 활용할 수 있도록 정비해야 한다. 일본의 대학생들이 외국 대학과의 교류 기회를 활용하기보다는 국내에 안주하며 학생들의 '내재화' 경향이 짙어지고 있는데, 이런 소극적인 성향을 극복하기 위해서는 국제화를 위한 인센티브 등이 장려되고 지원되어야 할 것이다.

다섯째로 사회보장제도의 지속가능성을 확보해야 한다. 일본은 저출산·고령화가 동시에 진행되어 사회보장제도가 국가 재정을 압박하고 있다. 이에 적절한 대응이 필요한데 연금제도, 의료제도, 돌봄보험제도 등의 개혁이 요구된다. 더구나 평균수명도 점차 늘어나는 일본은 세계 최장수 국가이다. 현행 제도를 유지하면 노년층의 증가로 경제활동인구가 받는 사회보장비의 압박이 더욱 심각해진다.

젊은 층을 비롯한 경제활동인구의 부담을 줄이기 위한 대책을 강구해야 한다. 연금 지급 연령의 상향 등을 비롯한 의료비 부담률의 재고를 논의해야 할 때다. 재정 효율화를 위한 개선이 시급하다. 고령자도 계속 활동을 할 수 있도록 시니어 노동시장을 정비하고, 사회보장의 지급과 부담의 밸런스를 조정해야 한다.

여섯째로 외교 전략 강화와 국제경쟁력 향상이다. 일본은 지정학적으로 중요한 위치에 있어 외교 전략의 강화가 불가결하다. 기존의 미국 일변도의 외교 정책에서 벗어나 중국을 비롯한 한국, 북한 등과의 관계 개선과 함께 평화적 동북아 질서 구축을 위한 밸런스 외교가 필요하다.

미국 일변도의 추종 외교는 트럼프 2기에 전개되는 상호관세 문제를 보더라도 동맹의 의미조차 찾기 힘들어 보인다. 보다 자주적인 외교 정책으로 ASEAN이나 인도, 호주 등과 연계를 강화해 나갈 필요가 있다. 국제경쟁력 제고를 위한 자유무역협정이나 경제연계협정 등을 맺어 국제경쟁력 강화를 도모하는 것이 중요하다. 또한 외국인 투자 유치와 외국 기업과의 연계를 강화함으로써 글로벌한 관점에서 경제의 활성화를 도모할 필요가 있다.

마지막으로 국민의 의식 개혁과 사회적 신뢰를 구축해야 한다. 이 부분이 가장 중요하다. 일본은 사회적 신뢰가 높은 사회이면서도 폐쇄적인 문화와 과도한 동조압력 등이 문제로 지적된다. 이런 문제를 개선하기 위해서도 보다 다양성을 존중하는 문화와 창조적인 활동을 지원하고 격려하는 사회적 환경을 갖출 필요가 있다. 근본적인 문제해결을 위해 초·중·고교로 이어지는 교육의 현장에서부터 기존 교육 방식의 재고가 필요하다.

또한 굴절된 내셔널리즘을 부추기며 국수주의 체제를 선동하는 극우적 성향의 정치세력에 대한 엄정한 심판과 격리가 필요하다. 보다 더 글로벌한 마인드와 국제화에도 관심을 가져야 한다.

이상은 개인적인 관점에서 현재 일본 사회의 정체 현상을 극복하기 위한 기본 전제로서의 제안에 불과하다. 보다 전문적이고 체계적이며 실용적인 제안이 다양하게 이루어져야 하겠지만, 내가 마지막으로 강조하고 싶은 것은 '정치의 기능과 역할'이다. 즉 정치가 제대로 기능하며 제 역할을 할 때 비로소 경제도 사회도 재생을 위한 도전과 도약이 가능하다.

이 책의 첫머리에서도 다루었지만, 일본의 잃어버린 30년의 시발점이 된 것이 1985년의 플라자 합의이다. 당시 침체하는 미국 제조업의 부흥을 위한 목적으로 일본의 엔고를 강요한 합의였는데, 2025년 또다시 미국에 의해 일본은 상호관세 조정으로 매우 큰 곤욕을 치르고 있다. "일본에게 미국은 어떤 존재인가"라는 질문에 신중하게 숙의하고 방향을 설정해야 할 것이다. 미국 일변도의 추종적인 외교 정책으로는 일본의 국익이 보장되지 않는다. 오히려 믿고 따르던 미국에 뒤통수를 맞아 그 후유증에 시달려온 경험을 상기할 필요가 있다.

흔히 "영원한 우방도 영원한 적도 없다"고 하지만 중요한 건 우방국과의 우호적인 관계를 유지하면서도 자국의 이익을 극대화할 수 있는 현명한 외교이고, 그를 가능하게 하는 것은 정치의 역할이다. 그러기 위해서도 유능한 정치가를 리더로 선출해야 한다. 정치가 제대로 기능하기 위해서는 정치에 대한 주권자의 관심과 참여가 절대적으로 필요하다. 정치에 무관심하고 정치를 타자화하여 '오마카세 민주주의'의 심화를 방조하거나, 반대로 정치인을 아이돌 화하여 맹목적으로 추종하는 팬덤 정치가 만연하게 되면 일본 사회의 밝은 미래는 기대하기 힘들다.

기존 정치와 정부에 대한 불만이나 분노를 해결하려고 극우적 사상에 함몰된 정치가에게 의탁할 것이 아니라, 주권자 스스로가 사회 변혁을 위한 자각과 행동을 저어하지 말아야 한다. 작은 시냇물이 만나 강물을 이루고 강물이 다시 합쳐져 큰 바다를 이루듯, 일본 시민사회의 시냇물이 되는 실천적 행동과 적극적 정치 참여가 필요하다. 다시 한번 강조하지만 "모든 민주주의 국가에서 사람들은 그들 수준 에 맞는 정부를 갖는다"는 격언을 일본은 깊게 되새겨야 한다.

에필로그

최근 지구 온난화로 인한 이상 기온 현상이 전에 없이 혹독하다. 연일 35도를 넘는 무더위가 이어지는가 싶다가도, 갑작스런 게릴라성 집중호우로 세상이 졸지에 물폭탄을 맞고 수재민이 발생한다. 과거와는 다른 이런 자연의 변화무쌍한 돌발 상황에, 대응도 그때그때 상황에 맞추어 신속하고 유연하게 해야 하는 시대가 되었다. 이는 사는 인간계도 마찬가지인 것 같다. 비록 과거에는 효과적이고 평가가 높았던 시스템이었다 하더라도 시대의 변화와 추세에 대응하며 따라가지 못하고 과거의 성공에 함몰되어 구태의연한 방식을 고집하다 보면, 어느덧 시대에 뒤떨어진 채 앞서가는 그룹의 후진後塵을 뒤집어쓰는 신세로 전락하게 된다.

헤이세이 30년간의 일본이 이런 과정을 밟은 셈이다. 아날로그 시대의 지존이었던 일본이 아날로그의 미학에서 탈출하지 못하고 디지털 시대를 맞는 변화와 추이에 재빠르게 대응하지 못한 대가는 생각보다 혹독했다. 일본에서 생활을 한 지 정확이 36년이 되어간다. 그동안 많은 우여곡절과 변화가 있었다. 유학 초기에 겪고 느꼈던 일본 생활의 신선함과 경외심은 사라진 지 오래다. 근래에는 너무 틀에 박힌 정형적인 사회 시스템이 답답하게만 느껴지고 불편을 느낄 때가 많아졌다. 내가 나이를 먹고 매너리즘에 빠진 탓이 아닐까 생각을 해본다.

개인적인 성향의 차이일지도 모르겠지만 사람이 살면서 하루하루가 매일 새롭고 흥분되는 삶은 없을 것이다. 그저 루틴화된 일상을 하루하루 무사히 지내며 그 과정에서 희로애락을 맛보며 살고 있을 뿐이다. 그러나 일견 변화가 없는 무료해 보이는 삶일지라도 소중하기는 마찬가지이다. 내게는 일본 생활이 그렇다. 특별히 재미가 있지도 않고 흥미를 유발하는 일도 좀처럼 없지만, 왠지 편하고 마음이 놓인다.

일본에 정착한 지 어언 36년을 맞고 있지만, 아직도 적응이 안 되고 주변과 조화하기 힘든 점도 있다. 친절한 일본이지만 살아가기 위한 생존 전략이 담긴 사회적 페르소나로 느껴지며, 인간관계는 드라이하고, 인내를 강요하는 사회적 공기(쿠우키)에 지치기도 한다. 무언가 다이내믹하고 호기심과 흥분을 불러일으키는 삶을 지향하는 사람에겐 일본은 맞지 않을 것이다. 그러나 조용히 자신만의 삶을 향유하고 소확행을 느끼며 안빈낙도하고자 하는 사람에게 일본은 천국일지도 모르겠다.

이 책을 쓰게 된 계기는 출판사(생각의힘)의 기획 제안에서 시작되었다. 2021년 10월에 시작된 기획이 이제야 탈고를 하니 자그마치 4년 이상 걸린 셈이다. 처음부터 엄청난 대작을 준비하느라 시간이 걸린 것이 아니라, 오롯이 나의 게으름으로 인한 지연이었다. 한 가지 핑계를 얹자면 일본의 정체에 비해 한국의 성장과 도약이 대비되는 상황에서 기획된 내용이었는데, 그 후 한국 사회는 성장보다는 정체가, 도약보다는 분열과 대립이 격화되고 민주주의가 대위기를 맞는 상황에 이르게 되었다.

그런 고국의 상황도 정상화되어 가며 진통을 겪던 2025년 1월에는 사랑하는 어머니와 이별을 해야 하는 아픔을 맞았다. 불효자식을 평생 걱정과 사랑으로 감싸주신 어머니와의 이별은 큰 아픔이었고 상실이었다. 상을 치른 후, 생전에 책을 만들어드리겠다는 약속을 지키지 못한 죄책감에 마음을 가다듬고 원고를 정리하기 시작하여 이제야 완성하게 되었다. 오롯이 늙은 자식에 대한 모정이 이끌어준 덕분이다. 원고는 새로 쓴 것 외에도 그동안 틈틈이 SNS와 블로그에 적어 두었던 글을 다듬고 새로 쓰면서 정리하였다. 현재와 시제가 일치하지 않는 부분도 있는 것은 이런 연유에서다.

마지막으로 독자들에게 이 책을 출판하면서 전달하고 싶은 게 두 가지 있다. 하나는 나와 같은 세대는 특히 그렇겠지만, 과거의 일본과 한국 그리고 현재의 한국과 일본은 많은 변화가 있었고 그에 따라 두 나라를 보는 관점이나 수용하는 방식도 그런 변화에 맞출 필요가 있다는 점이다. 당연한 이야기를 새삼 거론하는 것 같지만 의외로 중장년 세대에는 아직도 일본에 대한 관점이 찬미와 비하 둘 중 하나의 시선인 경우가 많은데, 그럴 필요가 없다는 말을 하고 싶다.

그렇게 좋다던 일본이라는 나라에서 실제로 오랜 시간 살아보니까 '뭐 그다지…'가 솔직한 느낌이고, 반면에 그렇게 싫다는 나라에서 지내보니 '생각보다 괜찮네'라는 것이 솔직한 심정이다. 즉 특별히 띄워줘야 할 만큼 뛰어나지도 않고, 그렇다고 쌍심지를 켜고 깎아내려야 할 정도로 형편없지도 않다는 말이다. 그냥 '살 만하다'. 역사 문제나 영토 문제 등은 차치하고, 개인이 추구하는 삶에 따라 일본이라는 사회가 맞고 안 맞고의 문제는 있을 것이다. 따라서 일본을 볼 때는 그냥 있는 그대로, 느끼는 그대로 보고 받아들이라 권하고 싶다.

일본에 대한 과도한 찬사는 스스로 낮은 자존감을 드러낼 뿐이며, 비굴해 보인다. 반면 일본을 향한 지나친 비하는 역설적으로 스스로 내재하고 있는 콤플렉스를 드러낸다.

마지막 하나는, 생각하는 것보다 한국의 국제적 위상과 영향력이 매우 커졌다는 사실이다. 36년 전 일본에 처음 왔을 때의 한국의 위상과 지금은 비교도 할 수 없다. 한국인이라는 이유만으로 부동산에서 계속 퇴짜를 맞으며, 방 한 칸 제대로 얻을 수 없었던 시절이 있었다. 그러나 이제는 일본의 젊은이들이 한국을 배우기 위해 유학을 하고, 한국의 대표 기업이 일본의 자존심이라 여겨지는 기업을 인수한다는 뉴스가 나오는 시대이다. 이런 현상을 한일 역전이라고 하는 표현도 있지만 그런 표현의 적절성에 대한 판단은 유보하더라도, 현실적으로 한국의 위상과 영향력은 과거와는 비교도 할 수 없을 정도로 달라졌다.

과거 나의 학창 시절에는 늘 한반도 '주변 강대국' 또는 '4개 강국'이라는 말을 학교 교육에서도 미디어에서도 귀에 못이 박히도록 들으며 성장했다. 이는 미국, 중국, 소련(지금은 러시아), 일본을 가리키는 말이었지만, 이제는 한국이 그 강대국이라는 나라들과 어깨를 마주하며 국제 사회의 일원으로 활약할 수 있는 위치가 되었다. 물론 국내에는 다양한 문제가 산적해 있고 앞으로도 한층 노력을 계속해야 할 것이다.

다양한 문제를 안고 있지만, 현명하고 슬기롭게 잘 극복하며 좀 더 많은 사람이 더불어 살기 좋은 그런 나라를 만들어 갈 것이라 믿고 싶다. 그런 의미에서 이 책이 일본의 잃어버린 30년과 같은 실패를 하지 않기 위한 타산지석의 단초를 조금이라도 제공할 수 있다면 망외의 기쁨이라 하겠다.

마지막으로 출판 기획 이후 하염없이 늦어지는 원고에 일절 독촉도 부담도 주지 않고, 오로지 인내하며 기다려주신 출판사 생각의힘 김병준 대표와 졸고가 빛을 보기까지 세심한 배려와 정성을 다해 서포트해 주신 박승기 편집자에게 지면을 빌어 감사의 말씀을 전한다. 출판 시장이 불황이라는데 이 책이 조금이나마 경영에 도움이 될 수 있으면 하는 바람을 가져본다.

끝으로 홀로 고고한 선비 놀이에 취해 사는 나를 언제나 믿고 서포트해 주는 반려자 박귀영, 아빠에게 무한 신뢰를 보여주는 큰아들 상헌과 사랑스런 두 딸 영연, 지연 그리고 홀로 가족과 떨어져 고국에서 군 생활을 하고 있는 막내 병헌이가 2026년 여름 무사히 병역 의무를 마치고 집으로 돌아오기를 기다리며 가족에게 고마움을 전한다. 이 책을 마지막 작별 인사도 드리지 못한 불효에 용서를 구하며 어머니 영전에 바친다.

2025년 마지막 달력 한 장을 남기고
아비코我孫子의 연구실에서
이 헌 모

참고문헌

- 국중호 편저, 《수평화된 한일관계》, 박영사, 2023년
- 루스 베네딕트, 《국화와 칼》(김윤식/오인석 옮김), 을유문화사, 2019년
- 박상휘, 《선비, 사무라이 사회를 관찰하다》, 창비, 2018년
- 서정민, 《일본이라는 이웃》, 동연, 2022년
- 이헌모, 《도쿄 30년, 일본 정치를 꿰뚫다》, 효형출판, 2018년

일본 서적

- デニス・ウェストフィールド《日本という呪縛》（西原哲也訳、徳間書店）、2023年
- 野口悠紀雄《日本が先進国から脱落する日》プレジデント社、2022年
- 野口悠紀雄《アメリカはなぜ日本より豊かなのか?》幻冬舎、2024年
- 橘玲《日本人》幻冬舎、2012年
- 橘玲《上級国民 下級国民》小学館、2019年
- 佐藤優《官僚の掟》朝日新書、2018年
- 佐藤優《日本を壊した政治家たち》五月書房、2025年
- 加谷珪一《日本はもはや「後進国」》秀和システム、2019年
- 加谷珪一《貧乏国ニッポン》幻冬舎、2020年
- NHKスペシャル取材班編《日本人はなぜ戦争へと向かったのか》新潮社、2015年
- NHKスペシャル取材班編《中流意識》講談社、2023年
- 文部省《民主主義》角川ソフィア文庫、2018年
- 永濱利廣《日本病》講談社、2022年
- 大橋牧人《それでも昭和なニッポン》日本経済新聞出版、2024年

- 泉房穂《社会の変え方》ライツ社、2023年
- 蔵前勝久《自民党の魔力》朝日新聞出版、2022年
- 兼原信克 외 3인《官邸官僚が本音で語る権力の使い方》新潮社、2023年
- 高市早苗《日本を守る強く豊かに》WAC、2024年
- 適菜収《日本崩壊 百の兆候》KKベストセラーズ、2025年
- 白井聡《主権者のいない国》講談社、2021年
- 白井聡《国体論 菊と星条旗》集英社、2018年
- 白井聡《長期腐敗体制》角川新書、2022年
- 白井聡《永続敗戦論 戦後日本の核心》講談社、2016年
- 白井聡・望月 衣塑子《日本解体論》朝日新書、2022年
- 白井聡・内田樹《日本戦後史論》徳間書店、2015年
- 中川右介《世襲 政治・企業・歌舞伎》幻冬舎、2022年
- 森口朗《奴隷国家ニッポン》扶桑社、2024年
- 池田清彦《自粛バカ》宝島社、2020年
- 池田清彦《多様性バカ 矛盾と偽善が蔓延する日本への警告》扶桑社、2024年
- 日本経済新聞社編《「低学歴国」ニッポン》日本経済新聞出版、2023年
- 岡田憲治《なぜリベラルは負け続けるのか》集英社、2019年
- 岡田憲治《言いたいことが言えないひとの政治学》晶文社、2024年
- 岡田憲治《政治学者、PTA会長になる》毎日新聞出版、2022年
- 岡田憲治《言葉が足りないとサルになる》亜紀書房、2010年
- 村松岐夫《政と官の五十年》第一法規、1989年
- 倉山満《検証 検察庁の近現代史》光文社、2018年
- 倉山満《自民党はなぜここまで壊れたのか》PHP新書、2024年
- 倉山満《検証 内閣法制局の近現代史》光文社、2022年
- 牧原出・坂上博《きしむ政治と科学》中央公論新社、2023年
- 小林吉弥《田中角栄名言集》幻冬舎、2023年
- 森永卓郎《日本人「総奴隷化」計画1985―2029》徳間書店、2025年
- 森永卓郎《なぜ日本人だけが成長できないのか》角川新書、2018年
- 現代ビジネス編《日本の死角》講談社、2023年
- 矢部宏治《知ってはいけない 隠された日本支配の構造》講談社、2017年
- サム田渕《日本はなぜ世界から取り残されたのか》PHP新書、2024年

- 吉見俊哉《平成時代》岩波新書、2019年
- 吉野太喜《平成の通信簿 106のデータでみる30年》文芸春秋、2019年
- 太田肇《日本型組織のドミノ崩壊はなぜ始まったのか》集英社、2025年
- 山崎雅弘《戦前回帰「大日本病」の再発》学研プラス、2015年
- 山家悠紀夫《日本経済30年史 バブルからアベノミクスまで》岩波新書、2019年
- 鮎川潤《腐敗する「法の番人」》平凡社、2024年
- 金子勝《裏金国家 日本を襲う「2015年体制」の呪縛》朝日新書、2024年
- マーティン・ファクラー《安倍政権にひれ伏す日本のメディア》双葉社、2016年
- ロバート・ツチガネ《アメリカでは常識のニッポン人取扱説明書》豊田有恒訳、祥伝社、2004年
- NHK放送文化研究所編《現代日本人の意識構造》第九版、NHKブックス、2020年
- 谷本真由美《世界でバカにされる日本人》ワニブックス、2018年
- 森村誠一《新版 悪魔の飽食》角川文庫、1983年
- 戸部良一他《失敗の本質 日本軍の組織論的研究》中公文庫、1991年
- 菊澤研宗《組織の不条理 日本軍の失敗に学ぶ》中公文庫、2017年
- 小熊英二《私たちの国で起きていること》朝日新書、2019年
- 小熊英二《日本社会のしくみ》講談社、2019年
- 小熊英二《＜民主＞と＜愛国＞―戦後日本のナショナリズムと公共性》新曜社、2002年
- 小熊英二《社会を変えるには》講談社、2012年
- 小熊英二《＜日本人＞の境界》新曜社、1998年
- 小熊英二・樋口直人編《日本は「右傾化」したのか》慶應義塾大学出版会、2020年
- 石破茂他《自民党という絶望》宝島社、2023年
- R・ターガート・マーフィー《日本呪縛の構図》（上・下、仲達志訳）早川書房、2015年
- 本郷和人・蓑原俊洋《「外圧」の日本史》朝日新書、2023年
- 坂本貴志《本当の日本経済》講談社、2024年
- 阿部謹也《近代化と世間 私が見たヨーロッパと日本》朝日新聞出版、2014年
- 嶋田博子《職業としての官僚》岩波新書、2022年
- メアリー・C・ブリントン《縛られる日本人》池村千秋訳、中央公論新社、2022年
- 河合薫《働かないニッポン》日本経済新聞出版、2024年
- 柳沢高志《孤独の宰相 菅義偉とは何者だったのか》文藝春秋、2021年
- 山内昌之・細谷雄一編《日本近現代史講義》中央公論新社、2019年

- 御厨貴・芹川洋一《日本政治 コロナ敗戦の研究》日本経済新聞出版、2021年
- 公益社団法人東京都医師会編《1200日の闘い 東京都医師会・東京都、コロナ対策の記録》平凡社、2025年
- 加藤陽子《それでも、日本人は「戦争」を選んだ》朝日出版社、2009年
- 中塚明《日本人の明治観をただす》高文研、2019年
- 中塚明《司馬遼太郎の歴史観》高文研、2009年
- 小倉和夫《日本人の朝鮮観》日本経済新聞出版、2016年
- 半藤一利・保坂正康《日中韓を振り回すナショナリズムの正体》東洋経済、2014年
- 半藤一利《歴史と戦争》幻冬舎、2018年
- 半藤一利《昭和史 戦前篇 1926-1945》平凡社、2009年
- 半藤一利《昭和史 戦後篇 1945-1989》平凡社、2009年
- 内田樹編《日本の半知性主義》晶文社、2015年
- 内田樹編《街場の日韓論》晶文社、2020年
- 山本七平《なぜ日本は変われないのか 日本型民主主義の構造》さくら舎、2011年
- 山本七平《日本人とは何か。》祥伝社、2006年
- 山本七平《日本はなぜ敗れたのか 敗因21カ条》角川新書、2004年
- 山本七平《「常識」の研究》文藝春秋、2015年
- 三谷博《愛国・革命・民主 日本史から世界を考える》筑摩書房、2013年
- 牧原出《「安倍一強」の謎》朝日新書、2016年
- 中野晃一《右傾化する日本政治》岩波新書、2015年
- 大下英治《安倍官邸「権力」の正体》角川新書、2017年
- 池田信夫《「強すぎる自民党」の病理》PHP新書、2016年
- 池田信夫《「空気」の構造》白水社、2013年
- 村上誠一郎《自民党ひとり良識派》講談社、2016年
- 中北浩爾《自民党―「一強」の実像》中央公論新社、2017年
- 乾正人《自民党崩壊 維新は天下を盗れるか》ビジネス社、2024年
- 村木厚子《日本型組織の病を考える》角川新書、2018年
- 濱本真輔《日本の国会議員》中公新書、2022年
- 浅羽祐樹《韓国化する日本、日本化する韓国》講談社、2015年

- 塚田穂高《徹底検証 日本の右傾化》筑摩書房、2017年
- 古賀茂明《官邸の暴走》角川新書、2021年
- 古賀茂明《国家の暴走》角川書店、2014年
- 中島義道《「思いやり」という暴力》PHP文庫、2016年
- 鴻上尚史《「空気」と「世間」》講談社、2009年
- 鴻上尚史《「空気」を読んでも従わない》岩波書店、2019年
- 望月衣塑子・前川喜平・マーティン・ファクラー《同調圧力》角川新書、2019年
- 望月衣塑子・特別取材班《「安倍晋三」大研究》KKベストセラーズ、2019年
- 養老孟司《バカの壁》新潮社、2003年
- 宇野重規《民主主義とは何か》講談社、2020年
- 野本響子《日本人は「やめる練習」がたりてない》集英社、2019年
- 安田浩一《ネットと愛国 在特会の「闇」を追いかけて》講談社、2012年
- 大石久和《国土が日本人の謎を解く》産経新聞出版、2015年
- 石井妙子《女帝 小池百合子》文藝春秋、2023年
- 田中秀明《官僚たちの冬》小学館、2019年
- 塩原俊彦《民意と政治の断絶はなぜ起きた》ポプラ社、2016年
- 橋本健二《新・日本の階級社会》講談社、2018年
- 飯尾潤《日本の統治構造》中公新書、2013年
- 明石順平《人間使い捨て国家》角川新書、2019年
- 北岡伸一《官僚制としての日本陸軍》筑摩書房、2012年
- 保坂正康《あの戦争は何だったのか》新潮新書、2005年
- 崔 勝淏《日本的雇用の経営学》八千代出版、2020年
- 適菜収ほか《「アベ友」トンデモ列伝》宝島社、2018年
- 藤原彰《天皇の軍隊と日中戦争》大月書店、2006年
- 波多野澄雄《日本の歴史問題》中公新書、2022年
- 吉田裕《日本軍兵士―アジア・太平洋戦争の現実》中公新書、2017年